青岛大学学术专著出版基金资助

『演繁露』註

周翠英◎著

中国社会科学出版社

圖書在版編目(CIP)數據

《演繁露》註／周翠英著．—北京：中國社會科學出版社，2018.9
ISBN 978-7-5203-1408-4

Ⅰ.①演… Ⅱ.①周… Ⅲ.①筆記小説-中國-古代②《演繁露》-注釋 Ⅳ.①I242.1

中國版本圖書館CIP數據核字(2017)第302652號

出 版 人	趙劍英
責任編輯	任　明
責任校對	李　莉
責任印製	李寡寡

出　　版	中國社會科學出版社
社　　址	北京鼓樓西大街甲158號
郵　　編	100720
網　　址	http://www.csspw.cn
發 行 部	010-84083685
門 市 部	010-84029450
經　　銷	新華書店及其他書店

印刷裝訂	北京君昇印刷有限公司
版　　次	2018年9月第1版
印　　次	2018年9月第1次印刷

開　　本	710×1000　1/16
印　　張	31.25
插　　頁	2
字　　數	500千字
定　　價	148.00圓

凡購買中國社會科學出版社圖書，如有質量問題請與本社營銷中心聯繫調換
電話：010-84083683
版權所有　侵權必究

註釋説明

一　作者生平和主要著述

程大昌（1123—1195），字泰之，南宋徽州休寧（今安徽省黄山市休寧縣）人。徽州古稱新安，因此南宋陳騤《南宋館閣録》、陳振孫《直齋書録解題》等又稱其爲"新安人"。據周必大《程公神道碑》和《宋史》載：程氏世積善尚義，程大昌曾祖父晟娶洪氏，祖士彦娶金氏，父旳累贈正奉大夫，娶妣淑人陳氏。程大昌穎悟殊常，十歲能屬文，紹興癸亥年（1143）重立太學，"年甫冠矣，一試即預選，學官争爲延譽"。紹興二十一年（1151）中進士，詔賜吴縣主簿，丁父憂未上任。服除，"著《十論》言當世事，獻於朝，宰相湯思退奇之，擢之太平州教授"。從此程大昌的仕進之路雖曲折但逐步上升且升遷頻繁：紹興年間從太平州教授到兵部郎官，乾道年任國子司業、兼權禮部侍郎，"一時文柄舉屬公，其成就人才不可計，凡今老師、宿儒多公門生也"，淳熙元年（1174）由秘閣修撰、刑部侍郎到權尚書，紹熙五年（1194），以龍圖閣學士致仕，"無意仕進，得謝於家，盡發所藴，著書立言，啓迪後生"。慶元元年（1195）卒，年七十三，謚文簡，積官宣奉大夫爵新安郡開國公，食邑二千一百户。卒後，觀文殿大學士、益國公周必大爲之撰《程公神道碑》，《宋史·儒林傳》有傳。

程大昌歷仕高宗、孝宗、光宗三朝四十餘年。在四十餘年的政壇生涯中，程大昌施展自己的政治才華，"以該洽直諒見知"於上，"使於四方，仁心庇民"，官位顯赫，政績卓著，成爲南宋著名政治家。同時，在繁忙的政事之餘，程大昌又醉心於文化研究。學術湛深，於諸經皆有論説，著述宏富，曾多次被召入宫爲孝宗講學，給後人留下了寶貴的精神財富，成爲南宋傑出的思想家、文學家、哲學家。其著作在當時及元明時期多次被選爲學校教材，明修《永樂大典》也廣引程氏著作，他的《易原》《禹貢論》《禹貢後論》《山川地理圖》等幾乎全書征引，清修《四庫全書》以完帙輯出，這些文獻因之得以保存，流傳至今。

程大昌交游廣泛，與周必大、范成大、陸游、洪適、洪邁、芮國器、朱熹等，或同居館職，或同處玉堂，交誼深厚。尤其與理學大家朱熹過從甚密，書信往來，探討學術和當時社會問題。朱熹曾對程大昌的《易老通言》推崇備至，稱讚此書"立言之旨奧博，非先儒思慮所及"。程、朱二人同爲新安理學奠基人物，新安理學作爲中國思想史上有重大影響的學術派別之一，二人功不可沒。程大昌與南宋中期名臣、文壇領袖周必大交情莫逆，他們同科進士，紹興三十年二人又同試館職，同殿稱臣，程氏墓志即爲周所撰。

程大昌以學識淵博著稱於世，據《宋史‧藝文志》《直齋書錄解題》《文獻通考》等著錄，程大昌著述如下："易類"有《易原》十卷、《易老通言》十卷（《宋史》歸道家類）；"書類"有《書譜》二十卷、《禹貢論》五卷、《禹貢論圖》五卷、《禹貢後論》一卷；"春秋類"有《演繁露》十四卷和《續演蕃露》六卷（《宋史‧藝文志》歸於"類事類"）；"故事類"有《北邊備對》六卷；"地理類"有《雍錄》十卷，《考古編》十卷、《續考古編》十卷；"別集類"有《程大昌文集》二十卷、《詩論》一卷等。周必大在《程公神道碑》稱讚道："蓋其自幼至老，機祥卜祝無所信，玩好技藝無所嗜，惟通經評史，考古驗今，一事未詳，一理未窮，弗措也。""偉歟程公，絕類離倫。氣以直養，業以勤精。"

二　本書內容與主要學術價值

《演繁露》因《春秋繁露》而作，據《四庫全書總目》載，南宋紹興年間《春秋繁露》初出，其本不完，程大昌以之爲僞書，故"發己意，乃自爲一編擬之，而名之以《演繁露》"。[1] 高似孫《緯略》自序云："嘉定壬申（五年，1212）春，程氏準新刊尚書公《演繁露》成，以寄先公。[2] 先公得書，晝夜看不休。雖行野中，必與俱。對賓客飯，亦不舍。似孫從旁問曰：'書何爲奇古，而耽視若此？'先公曰：'是皆吾所欲志

---

[1] 四庫全書總目提要［M］‧卷一百十八‧子部二十八‧雜家類二。
[2] 高文虎，紹興三十年（1160）進士。

者，筆不及耳。'"[1] 高似孫之《緯略》亦直接引用《演繁露》多條。宋人俞鼎孫之《儒學警悟》是中國叢書之濫觴，該叢書匯集了當時著名學術著作七種，程大昌占兩種，其中之一便是《演繁露》。《演繁露》爲時人所重，由此略見一斑。

程大昌學術觀點對南宋及以後領導階層皆有所影響，從宋到明，《演繁露》曾幾度被作爲教科書使用，據清代于敏中等敕撰《天禄琳琅書目》卷二載，淳熙辛丑（1181），《演繁露》六卷曾成爲泉州軍州學本。明人編纂的《永樂大典》中也大量引用和收錄程大昌的各種著述。四庫館臣亦稱此書"名物典故考證詳明，實有資於小學"。《四庫全書總目》視《演繁露》體例爲一種特定風格，在收錄的著作中，至少有五種以上以《演繁露》作標準進行評價。比如對於宋邢凱編纂《坦齋通編》的評價是"略如程大昌《演繁露》、洪邁《容齋隨筆》之體"。[2]

自宋到明爲《演繁露》作序跋的人有十五位之多：宋代有刊刻者程覃、陳應行、俞成爲之跋，明代有刊刻者程煦、鄧渼、陳塏爲之跋。彭元瑞在《知聖道齋讀書跋尾》、張元濟在《學津討原》、余嘉錫在《四庫提要辨證》、葉德輝在《郋園讀書志》中都爲《演繁露》做過序跋，傅增湘《藏園群書題記》中則爲宋本、嘉靖本、萬曆本分別作跋。陳應行得到《演繁露》後"披讀展玩，曠若發蒙，始嘆曰：'人之有疑不决者，得其書，豈不大有開明乎？'"鄧渼稱"其辨名正誤，出史入經，證據精覈，好古者所必資之"。

《演繁露》正編不分類，續編分制度、文類、詩事、談助四類，全書七百二十四條。其條目少則數行，多則上千言，皆簡要切題。征引之文遍及四部，皆詳明出處，比之兩宋數百部筆記著作，更爲嚴謹規範，此雖非大昌首創，但筆記類著述如本書者當以本書爲首，這爲後世規範治學樹立了榜樣。

《演繁露》所記內容，從現代學科分類角度看有天文、地理、名物制度、物理光学、度量衡、工艺技术、音樂樂器、動植物、飲食、服飾、民風民俗等，涵蓋了政治、經濟、文化、生活等各個領域，堪稱百科全書式辭典。

---

1 楊守敬：日本訪書志 [M]. 卷七. 影印版.
2 四庫全書總目提要 [M]. 卷一百十八·子部二十八·雜家類二.

《漢語大辭典》二百十一七處引用《演繁露》释义；世界著名科技史家李約瑟撰寫的《中國科學技術史》頻頻引錄《演繁露》中的科技內容；"花信風""梅雨"等條則被《中國氣象學史》等著作引用；"博""樗蒲""投""采""盧雉"等條，成爲今人研究古代博弈史的重要參考文獻；"餛飩"條、"村"條曾分別爲梁實秋《饞非罪》、錢鍾書《管錐編·毛詩正義導讀》所引。其他天文、歷史、飲食、家具、音樂等領域論著也頻頻引用《演繁露》中相關條目作爲論據。

　　考據訓詁、辯疑解惑、訂訛糾謬是作者用力所在，亦是《演繁露》的價值所在。據程氏"自序"云："間因閱古有見，不問經史、稗説、諧戲，苟從疑得釋，則遂隨所遇縑簡，亟疏錄，以備忽忘。"如卷一"徐吕皮"條，程氏引用宋武珪撰《燕北雜禮》證明"徐吕皮"就是少數民族所謂的"黑斜喝里皮"，認爲"徐吕也者，'斜喝里'聲之轉者也"，運用古聲通轉知識揭示名稱之間的演變關係。卷六"大宅"條、續卷五"將毋同""從孫甥""婿之父爲姻"等條分別解釋了這些詞語的意義和來源，如"大宅"條説明古人稱臉爲宅，因面是"眉目口之所居，故爲宅"。

　　程大昌學識淵博、詳於禮制，不僅在中央各部擔任過要職，也曾多次外放任地方官吏，熟悉宋代的政治經濟、民生民風，並且有機會觀看宋代秘閣中的藏書和重要史料文獻，因此《演繁露》記載的大量史實真實可信，成爲《宋史》之外研究兩宋政治經濟文化的重要史料，可彌補正史之不足。如續集卷一"政和官制"條記載了政和年間官制改革的情況，而《宋史·職官志》中對此的記載則很粗略。

　　尤爲可貴的是程大昌勇於對權威的觀點、定案的史實提出質疑，書中有很多條體現了這一點，《漢書·于定國傳》稱于定國"爲廷尉，天下無冤民"，但程氏在卷九"于定國無冤民"條舉楊惲之死以反駁班固的觀點：楊惲兩次下獄，第二次被判以"大逆不道"罪而腰斬致死，主審官就是廷尉于定國。楊惲是司馬遷的外孫——丞相楊敞之次子，他廉潔無私，雖好告發人短，招致人怨，但罪不至死，而于定國卻判以死罪，程氏以此説明于定國"爲廷尉，天下無冤民"的説法不完全屬實。

　　當然《演繁露》也有不盡如人意的地方，如陳塏"刻《演繁露》序"指出的"周公謹議其六幺、羽調之不協爲未考，王厚伯議其潘尼《太僕箴》之誤、搏黍爲鶯之未詳所出"。另外本次整理亦校出訛誤百餘條（有些錯誤當屬刻工），但這僅僅是《演繁露》之"千百之一二，固足爲演

《繁露》之助，又何足爲文簡公病乎"！[1]

三　版本源流以及底本與校本的確定情況

據刻書題跋知，《演繁露》在宋朝有多次刊刻，第一次在1181年，由泉州州學刊刻問世，第二次是"嘉定壬申（五年，1212年）春，程氏準新刊尚書公《演繁露》成"，第三次爲嘉定十三年（1220），其子程覃付梓刊行。至明嘉靖己酉年，程大昌族裔孫程煦因"舊本歲久湮沒、抄錄又皆訛舛"而重刻《演繁露》，是爲嘉靖本。今以宋本十卷勘正嘉靖本，各卷次第悉符，文字極少訛誤，"是其源出宋刻可斷言也"。[2] 嘉靖本流傳極罕，於是萬曆年間鄧渼又重刻之。萬曆本因輾轉傳抄，脱誤滋甚，脱文十七條，"視嘉靖本乃大不如"。[3] 然"鄧刻雖未爲善本，而此書流布乃端賴此一線之延，嘉靖本既不可見，則得此亦聊以慰情，故近代收藏家如瞿氏鐵琴銅劍樓、丁氏善本書室皆以此本著錄，在此陋本亦幾稀如星鳳矣"。[4] 及至《學津討原》，張海鵬"又依鄧本覆刊，而漏失差訛益失其真"。四庫全書本以兩淮馬裕藏本爲底本，此底本從條目順序和缺目位置及其訛錯情況看當是萬曆本，[5] 本書在刊印時對萬曆本的錯訛有了部分補正，但與嘉靖本比依然缺六條，卷之四缺"旌節""梅雨""佛骨"，續卷一缺"永厚陵方中""台諫官許與不許言事"等條，續卷二少"唐世疆境"條。

關於卷數，程大昌、陳應行、程覃等人的刻書題跋均未提及。《續古逸叢書》影宋本和宋刻本内容完全一致，皆爲十卷，可以肯定二者是同一版本。明鈔儒學警悟本六卷，適當嘉靖本十一至十六卷，除卷三條目與嘉靖本卷十三完全相同外，其餘各卷條目都有出入，較之嘉靖本相應卷目共缺二十六條。儒學警悟本與宋本合起來正相當於嘉靖本的正集十六卷。《儒學警悟》有宋刻本，題《程大昌泰之演蕃露》，題下有小註云："元計六卷，别錄十卷刊於乙集。"其餘所見版本都是正集十六卷、續集六卷。

嘉靖本條目最全，前十卷和宋刻本基本相同，與嘉靖本相比，萬曆

---

[1] 見嘉靖本前陳塏"刻《演繁露》序"。
[2] 見傅增湘《明嘉靖本演繁露跋》，載《藏園群書經眼錄》，中華書局1983年版。
[3] 見嘉靖本前陳塏"刻《演繁露》序"。
[4] 見傅增湘《明萬曆本演繁露跋》，載《藏園群書經眼錄》，中華書局1983年版。
[5] 見《儒學警悟》繆荃孫序。

本、學津本缺十七條半，[1] 四庫本缺六條。

對於以上幾個版本的優劣，傅增湘在《宋本演蕃露跋》中有過中肯的評價，他説宋刻本"字體方整，鐫工精雅，在宋本中可推爲上駟，惜只存十卷"，"嘉靖本視宋刻爲近，萬曆本則奪失弘多""至《學津討源》本，則從鄧氏本出，沿訛襲謬，更不足言矣"。

本次整理，前十卷使用宋刻本爲底本，正集十至十六卷及續集六卷以嘉靖本爲底本，用儒學警悟本、學津本、四庫本等進行校勘。前十卷又用嘉靖本校勘。

四　本次註釋主要內容

本次整理整合諸本内容共得七百二十四條，其中條目相同、内容相近篇目十八條，[2] 條目相近，内容相近條目九條。關於本書目録及内容順序，正集前十卷宋刻本和嘉靖本基本相同，只是嘉靖本將宋本卷九的"浯"條、宋本卷十的"天鹿辟邪"條放在了卷十四和卷十五，本次整理依宋本仍放在卷九、卷十。至於宋刻本卷十的"嘉慶李"條，嘉靖本與四庫本、學津本放在卷十五，但内容稍有不同，采取兩存的方法以便互相參看。"蒲盧"條嘉靖本在卷十一和卷十五目録里重出，但正文未重出，依正文放之卷十五。其餘正集卷十一至十六，續集卷一至卷六采用嘉靖本順序。

本次整理是在《〈演繁露〉點校》基礎上進行的，底本有疑誤而校本校改的徑改，底本有疑誤而校本不改的保留原文且出校説明。對於避諱一律回改。本次註釋主要做了以下幾個方面的工作：

（一）表明引句出處

《演繁露》中不少引文未標明出處的摘句引用，對於這部分，一律標明出處，共計千餘處。如卷一"牛車"條，註明"睆彼牽牛，不以服箱"見《詩·小雅·大東》，并對"睆"和"服"進行了簡單註釋。

1　卷之四缺"旌節""梅雨""佛骨"，卷之十少"揖（此條脱後半）""笄""時臺""臺榭""吴牛喘月""韋弦""養和"等條，卷十六少"蟠塚""立仗馬""銅柱""兩漢闕""玉食"等條，續卷一缺"永厚陵方中""臺諫官許與不許言事"等條，續卷二少"唐世疆境"條。

2　卷七有"堨"條，卷十五有"遏"内容近似，"遏""堨"二字相通，故亦可視爲同名條目。

（二）註釋生僻詞語、轉義詞語

如對"服匿"條中"畢羅、鑒虚"註釋，因爲它們作爲食品名稱人們非常生疏。再如註釋"陷河"條中的"貴人""驛馬"，因爲作爲術數家的術語其本來意義有了轉移。

同樣對難以理解的人名（如散宜生）、地名（如敷淺原）、官職（如中黄門）、機構（如鸞臺）、著作（如《鄴中記》）名稱等也做了註解。

（三）對難以理解句子解釋説明

如續卷一"殿試不落人"條有"是春，以進士群辱歐陽修之故，殿試不落一人"等句，一般人難以理解，因而本書對"進士群辱歐陽修"及"殿試不落一人"的原因，據《續資治通鑒長編》進行了註釋和補充。卷七"馬人"條引用《周禮》説"禁原蠶"是"爲妨馬也"，即養蠶對馬有害，這是古人的"蠶馬同氣"觀，本文對此引用《周禮》進行了解釋。

縱觀程大昌學術演進之路，我們發現《演繁露》是其中重要的一環，在衆多著作中，《演繁露》的地位非常突出，起着承上啓下的作用。然而當今的學者對《演繁露》知之甚少，因而本次整理註釋具有特别重要的意義。

五 注釋凡例

1. 對於少於十字的詞語或短語注釋，寫出標目然後注釋，如"眷注：垂愛關注"。

2. 對於引文出處的注釋，直接注釋，不出標目。

3. 對於超出十字的短語或句子的注釋，標目用"××（開頭兩字）"至"××（結尾兩字）"共××字表示，如"'又李'至'信之'共二十字"。

另，本書是國家社科基金重大委托項目"《子海》整理與研究"之子課題"《讀書雜誌》等子書整理"（項目編號：12AWTJ06）的研究成果之一。本書是在筆者完成的《〈演繁露〉點校》的基礎上進行的，文字校勘及其題跋、年號注釋均可參考此書。

目 録

《演繁露》自序 ……………………………………………………（1）

卷之一 ……………………………………………………………（3）

秘書省書繁露後 ………………………………………………（3）

牛車 ……………………………………………………………（5）

徐吕皮 …………………………………………………………（7）

陷河 ……………………………………………………………（7）

服匿○斯羅 刁斗 ………………………………………………（9）

日圓○與日說通 ………………………………………………（10）

驪唱不入宮○腰喝 ……………………………………………（11）

學官 ……………………………………………………………（12）

漢官稱府 ………………………………………………………（13）

韶鳳石獸 ………………………………………………………（13）

左符　魚書 ……………………………………………………（14）

淇奧 ……………………………………………………………（14）

卞山 ……………………………………………………………（16）

行李 ……………………………………………………………（16）

水碧 ……………………………………………………………（17）

碑厄 ……………………………………………………………（17）

江左度量尺比唐制 ……………………………………………（18）

玉食1 …………………………………………………………（18）

交戟 ……………………………………………………………（19）

祐室 ……………………………………………………………（20）

若干 ……………………………………………………………（20）

邸閣 ……………………………………………………………（20）

巖廊	(21)
和香	(21)
雷○力救反	(22)
行馬	(22)
筮遠日	(23)
先輩前進士	(23)
花信風	(23)
金鎰	(24)
花犀帶	(24)

卷之二 .... (25)

牙旗牙門旗鼓	(25)
筌蹄○筍	(27)
几	(28)
石蜜	(30)
護駕	(30)
盉盂	(31)
紫泥封詔	(31)
車渠	(32)
霞皺	(32)
牛衣	(33)
玉卮無當	(33)
以華陽隱居代名○花書	(34)
馬纓	(34)
坫	(35)
《六帖》1	(36)
古每一官別鑄印	(36)
神道	(37)
䡾	(37)
爊槊	(38)
五馬	(38)
鶻突	(39)
絲杉	(40)

虚封 …………………………………… (41)

萱草 …………………………………… (41)

碑生金 ………………………………… (41)

牙盤 …………………………………… (42)

鐐鑪 …………………………………… (43)

燭 ……………………………………… (43)

答人問九江説 ………………………… (44)

卷之三 ………………………………… (47)

誕馬 …………………………………… (47)

卜教 …………………………………… (48)

流離 …………………………………… (49)

闌出 …………………………………… (50)

十數改用多畫字 ……………………… (51)

大衍虚一 ……………………………… (53)

北虜於達魯河鈎魚 …………………… (54)

古用玉非純玉 ………………………… (54)

蓍以七爲數 …………………………… (55)

鴻毛 …………………………………… (56)

河豚 …………………………………… (56)

禹冢 …………………………………… (56)

背子中襌 ……………………………… (57)

躧○音躧 ……………………………… (58)

《緗素雜記》 ………………………… (58)

宿州虹縣 ……………………………… (58)

舞馬 …………………………………… (59)

渾姓 …………………………………… (59)

怪石 …………………………………… (59)

菩○婕妤 ……………………………… (61)

富貴昌宜侯王 ………………………… (61)

桔槔水車 ……………………………… (62)

東堂桂 ………………………………… (62)

含章梅妝 ……………………………… (63)

太守黃堂 …………………………………………………（63）
　　赤米 ……………………………………………………（64）
卷之四 ……………………………………………………（65）
　　如五器卒乃復 …………………………………………（65）
　　飴餳 ……………………………………………………（66）
　　父之稱呼 ………………………………………………（67）
　　詔黃 ……………………………………………………（67）
　　儀鸞 ……………………………………………………（69）
　　七牢百牢 ………………………………………………（69）
　　太廟先於階下西向拜 …………………………………（70）
　　秸服 ……………………………………………………（71）
　　更點 ……………………………………………………（73）
　　秉心塞淵馬三千 ………………………………………（73）
　　寢廟游衣冠 ……………………………………………（75）
　　旌節 ……………………………………………………（75）
　　梅雨 ……………………………………………………（78）
　　佛骨 ……………………………………………………（79）
　　頌琴 ……………………………………………………（81）
　　折俎 ……………………………………………………（81）
　　黃麻白麻 ………………………………………………（82）
　　魚袋 ……………………………………………………（83）
　　蝗 ………………………………………………………（84）
卷之五 ……………………………………………………（85）
　　辱井 ……………………………………………………（85）
　　印文扁榜添"之"字 …………………………………（86）
　　諱 ………………………………………………………（87）
　　丁錢 ……………………………………………………（87）
　　有如皎日 ………………………………………………（89）
　　麒麟 ……………………………………………………（90）
　　卿 ………………………………………………………（90）
　　生祠 ……………………………………………………（91）

東鄉 …………………………………………………… (92)
男生小運起寅，女生小運起申 ………………………… (93)
齒路馬有誅 …………………………………………… (94)
厠 ……………………………………………………… (95)
鐵甲皮甲水犀鮫魚 …………………………………… (97)
市馬 …………………………………………………… (98)
往省括于度則釋 ……………………………………… (99)
什一稅 ………………………………………………… (100)
洛陽橋 ………………………………………………… (102)
註疏○箋傳 …………………………………………… (103)

卷之六 ………………………………………………… (105)

博 ……………………………………………………… (105)
樗蒲 …………………………………………………… (106)
投○五木瓊櫨玖骰 …………………………………… (107)
采 ……………………………………………………… (108)
盧雉 …………………………………………………… (109)
五白梟犍 ……………………………………………… (111)
長短句 ………………………………………………… (111)
角 ……………………………………………………… (112)
鼓吹 …………………………………………………… (112)
佛牙 …………………………………………………… (113)
大宅 …………………………………………………… (114)
烏鬼 …………………………………………………… (115)
樂營將弟子 …………………………………………… (115)
白屋 …………………………………………………… (115)
金鋪 …………………………………………………… (116)
六蠧 …………………………………………………… (117)
淘 ……………………………………………………… (117)
臘鼓 …………………………………………………… (118)
搏黍 …………………………………………………… (118)
平 ……………………………………………………… (119)
李白墓 ………………………………………………… (120)

景鐘 ………………………………………………………（120）

卷之七 ……………………………………………………（122）
　　黄銀 ………………………………………………………（122）
　　渾儀渾象 …………………………………………………（123）
　　烟脂 ………………………………………………………（124）
　　行香 ………………………………………………………（125）
　　印書 ………………………………………………………（127）
　　放牛租 ……………………………………………………（128）
　　駢脅 ………………………………………………………（128）
　　兜鍪爲突厥 ………………………………………………（129）
　　海不波溢 …………………………………………………（129）
　　方寸 ………………………………………………………（129）
　　方册 ………………………………………………………（130）
　　端午彩索 …………………………………………………（130）
　　繒 …………………………………………………………（131）
　　端匹 ………………………………………………………（131）
　　錦纏頭 ……………………………………………………（131）
　　唐人行卷 …………………………………………………（132）
　　水土斤兩重輕 ……………………………………………（132）
　　東臺西臺南臺 ……………………………………………（132）
　　正色間色○流黄 …………………………………………（133）
　　馬後樂 ……………………………………………………（134）
　　涼州梁州 …………………………………………………（134）
　　絹一匹 ……………………………………………………（134）
　　麵一斗 ……………………………………………………（135）
　　大斗大尺 …………………………………………………（135）
　　肩輿 ………………………………………………………（135）
　　進士試徹夜 ………………………………………………（136）
　　楬 …………………………………………………………（136）
　　棱觚○音孤 ………………………………………………（136）
　　洪州石爲城 ………………………………………………（137）
　　霓裳 ………………………………………………………（137）

馬人 …………………………………………………… (138)
章臺 …………………………………………………… (139)
周鼎 …………………………………………………… (139)
持節○舉要 …………………………………………… (140)
霸陵折柳 ……………………………………………… (141)
頌繫 …………………………………………………… (141)
蘇塗 …………………………………………………… (142)
謎 ……………………………………………………… (142)
秬鬯 …………………………………………………… (142)

卷之八 …………………………………………… (144)
褐裘背子道服襦裙 …………………………………… (144)
月受日光 ……………………………………………… (145)
養不吠之犬 …………………………………………… (146)
立乘車 ………………………………………………… (147)
日食加時 ……………………………………………… (147)
物產有無 ……………………………………………… (148)
州麾 …………………………………………………… (148)
羽扇 …………………………………………………… (149)
吹鞭 …………………………………………………… (150)
尺蠖 …………………………………………………… (150)
土部魚 ………………………………………………… (151)
易 ……………………………………………………… (151)
龍門 …………………………………………………… (153)
滎澤 …………………………………………………… (154)
薇 ……………………………………………………… (155)
朱朱盧盧 ……………………………………………… (155)
倍葰 …………………………………………………… (156)
清河 …………………………………………………… (156)
白紗帽 ………………………………………………… (157)
匆匆 …………………………………………………… (157)
九鼎 …………………………………………………… (157)
納粟拜爵 ……………………………………………… (158)

大家 …………………………………………………… (158)

罷太守銅魚 ……………………………………… (159)

三關 …………………………………………………… (159)

上宫 …………………………………………………… (159)

爵 ……………………………………………………… (160)

汴 ……………………………………………………… (161)

螢囊 …………………………………………………… (161)

卷之九 …………………………………………………… (163)

厨傳 …………………………………………………… (163)

于定國無冤民 …………………………………… (163)

澄心堂紙 ………………………………………… (164)

十金 …………………………………………………… (164)

白蓮花 ……………………………………………… (165)

浮石 …………………………………………………… (165)

嘌 ……………………………………………………… (166)

鞠 ……………………………………………………… (166)

小步馬 ……………………………………………… (167)

案字 …………………………………………………… (168)

酴醾 …………………………………………………… (168)

蓒菲 …………………………………………………… (168)

菩薩石 ……………………………………………… (169)

鑵魚 …………………………………………………… (169)

箠鞭 …………………………………………………… (169)

五伯 …………………………………………………… (170)

華陽 …………………………………………………… (170)

魚笱 …………………………………………………… (171)

方書 …………………………………………………… (171)

朱書御札 ………………………………………… (171)

背嵬 …………………………………………………… (172)

竹箞 …………………………………………………… (173)

半池 …………………………………………………… (173)

三宫三殿 ………………………………………… (173)

象魏 ……………………………………………………… (174)

繫馬 ……………………………………………………… (174)

都盧緣 …………………………………………………… (175)

上元觀燈四日 …………………………………………… (175)

上中下褚衣 ……………………………………………… (176)

閥閱 ……………………………………………………… (176)

衣錦夜行 ………………………………………………… (176)

榮戟當斧鉞 ……………………………………………… (177)

朱衣非舊制 ……………………………………………… (177)

扁舟五湖 ………………………………………………… (178)

丈二之組 ………………………………………………… (178)

刺 ………………………………………………………… (179)

天子服璽 ………………………………………………… (179)

浯 ………………………………………………………… (180)

箭貫耳1 …………………………………………………… (180)

五稷 ……………………………………………………… (181)

丹圖 ……………………………………………………… (181)

象刑 ……………………………………………………… (182)

卵翼 ……………………………………………………… (182)

窗牖 ……………………………………………………… (182)

宰相直筆 ………………………………………………… (183)

櫓 ………………………………………………………… (183)

公侯干城 ………………………………………………… (183)

玉堂 ……………………………………………………… (184)

孔子食昌歜追文王 ……………………………………… (184)

餛飩 ……………………………………………………… (184)

漆雕几 …………………………………………………… (184)

嶧山 ……………………………………………………… (185)

石墩銘 …………………………………………………… (186)

棋道 ……………………………………………………… (186)

卷之十 ………………………………………………… (188)

白板天子 ………………………………………………… (188)

襘	(188)
鎗	(189)
白日衣綉	(189)
齊鼓盆甕爲樂	(189)
地圖一寸折百里	(190)
羽檄	(190)
太公丹書	(190)
白接䍦	(191)
龜符	(191)
金吾1	(192)
羲和	(192)
胡床	(192)
百丈1	(193)
鄣扇1	(194)
螭魚	(194)
金馬碧雞祠	(194)
鳳栖梨	(194)
碧落觀	(195)
旌表門閭	(195)
鐘釜	(196)
明皇孝經	(197)
黃屋左纛	(197)
犀車	(197)
殺青	(198)
尋常	(198)
神道碑	(198)
墓石	(198)
石室	(199)
三尺	(199)
獲生人亦爲級	(200)
枥栗	(200)
鐵券1	(200)

八投	(201)
齊斧	(201)
銅柱	(201)
古貝	(202)
銅作兵	(202)
飛子	(202)
籟	(203)
瓊	(203)
夷玉	(203)
球	(204)
追鋒車	(204)
酺○音蒲	(204)
筝	(205)
篆	(205)
《説文》剱叚二字重出	(206)
天鹿辟邪	(206)
先馬 1	(206)
屋楹數	(207)
葉子	(208)
壓角	(208)
鐵甲	(209)
嘉慶李 1	(209)
黎明	(210)
犬戎雞林	(210)
霜月皇極日	(210)
束帛又端匹	(211)
拜稽首	(212)
宰木拱	(212)
箯	(213)
郹郭	(213)
揖	(214)
笄	(214)

時臺	(214)
臺榭	(215)
吳牛喘月	(215)
韋弦	(215)
養和	(216)

卷之十一 ……………………………… (217)
左右史螭陛侍立	(217)
罘罳	(220)
上林賦	(222)
萬年枝	(223)
啐酒	(224)
唐宮人引駕出殿上	(225)
臚岱	(226)
革甲	(226)
紫荷	(226)
山玄玉水蒼玉	(227)
玉振	(227)
綉衣使所始	(228)
五王桃李	(228)
帖職	(229)
爊	(229)
鎰	(229)
一金	(230)
茶與欝雷	(230)
犀毗	(230)
鼓角	(231)
夾纈	(232)
珧	(232)
鹽如方印	(233)
銅葉盞	(233)
七秩	(233)
金扣器	(234)

八鹽	(234)
馬乳蒲萄	(234)
叠	(235)

卷之十二 (236)

侯鵠	(236)
琵琶皮弦	(237)
冒絮	(237)
玉樹	(238)
甲庫	(239)
僧衣環	(240)
疇人	(240)
登席必解襪	(241)
兩觀	(241)
社日停針綫取進士衣裳爲吉利	(242)
六幺	(242)
文史	(243)
笛曲梅花	(244)
金蓮燭	(244)
知後典	(244)
墓石志	(245)
卷白波	(246)
玉衣	(246)
襆頭垂脚不垂脚	(247)
換鵝是《黃庭經》	(248)
骨朵	(249)
爵公	(250)
如律令	(250)
桃笙	(251)
漢爵級所直	(251)
白駒非日景	(252)
冠帔	(252)
俗語以毛爲無	(253)

唐婦人有特敕方許乘檐朝謁 …………………… (253)
唐時三品得服玉帶 …………………………………… (254)
古者戮不必是殺 ……………………………………… (255)

卷之十三 ………………………………………………… (257)
廉察 …………………………………………………… (257)
竹林啼 ………………………………………………… (257)
鐵瓮城 ………………………………………………… (258)
古服不忌白 …………………………………………… (258)
桃葉 …………………………………………………… (260)
千里不唾井 …………………………………………… (260)
牛魚 …………………………………………………… (261)
茅三間 ………………………………………………… (261)
蕃語 …………………………………………………… (262)
三姑廟 ………………………………………………… (262)
躙柳 …………………………………………………… (263)
平白地腸斷 …………………………………………… (264)
沓拖 …………………………………………………… (264)
簡册 …………………………………………………… (264)
皂衣 …………………………………………………… (265)
白銅鞮 ………………………………………………… (265)
明妃琵琶 ……………………………………………… (266)
香 ……………………………………………………… (266)
雞栖老人城 …………………………………………… (268)
毛裘 …………………………………………………… (268)
烏鬼 …………………………………………………… (269)
石鑄器 ………………………………………………… (270)
錢塘 …………………………………………………… (270)
欸乃 …………………………………………………… (271)
百子帳 ………………………………………………… (271)

卷之十四 ………………………………………………… (273)
金吾 2 ………………………………………………… (273)

跳蕩 ……………………………………（273）

一唱三嘆 ………………………………（274）

擊缶 ……………………………………（276）

彤管 ……………………………………（276）

馬匹 ……………………………………（277）

虎賁 ……………………………………（277）

官橦貴私橦賤 …………………………（277）

屋幾楹 …………………………………（278）

洋州 ……………………………………（279）

浙江 ……………………………………（279）

箭貫耳 2 ………………………………（280）

衙 ………………………………………（280）

酎 ………………………………………（281）

漢藏書處 ………………………………（281）

箭括 ……………………………………（282）

南墳西墳 ………………………………（283）

臚傳 ……………………………………（283）

古爵羽觴 ………………………………（284）

交床 ……………………………………（285）

金爲兵器 ………………………………（286）

袒免 ……………………………………（286）

卷之十五 ……………………………（290）

不托 ……………………………………（290）

凡將 ……………………………………（291）

幀 ………………………………………（292）

鄒邾 ……………………………………（294）

百丈 2 …………………………………（295）

曲逆 ……………………………………（295）

蒲廬 ……………………………………（296）

無恙 ……………………………………（296）

垛殿 ……………………………………（296）

遏 ………………………………………（297）

相雞狗術	（297）
先馬 2	（298）
選案黃紙	（298）
鼻祖	（299）
葉子	（299）
嘉慶李 2	（300）
林養	（300）
托子	（300）
六更	（301）
腰舟	（302）
狸首	（303）
障扇 2	（303）
唐緋章服以花綾爲之	（304）
瑟瑟	（305）
殿	（305）
漢三公	（307）
千金	（307）
衛霍冢	（308）

卷之十六 （309）

爰契我龜	（309）
鐵券 2	（310）
六州歌頭	（311）
檢	（312）
木蘭	（312）
鼎子	（313）
九卿	（313）
建康新亭	（317）
《六帖》 2	（318）
度	（318）
魚袋	（319）
麒麟	（321）
蟠冢	（322）

立仗馬	(323)
銅柱	(323)
兩漢闕	(324)
玉食 2	(325)
護駕	(326)

續集卷之一　制度 ……………………………………… (327)
以兵代民役	(327)
饑民強盜人穀米	(327)
三司借內藏錢	(328)
改官用職司	(329)
張亢	(330)
講讀官坐立	(331)
殿前三司軍職	(332)
殿試不落人	(332)
階級法	(333)
鄉兵保捷義勇等	(334)
潁昌府順昌軍	(335)
密院進入文字押字	(336)
外人得分同居物產	(336)
配流法	(337)
差除行詞	(338)
呂公著論臺諫	(339)
兩制	(341)
濮王	(341)
讀疑	(342)
試銜	(342)
莊獻不入景靈宮	(343)
政和官制	(343)
高麗境望	(344)
謝花在殿上殿下	(345)
忌日惟宰執不入	(346)
到官呈告敕	(346)

宰執宮觀降再任指揮 …………………………（346）

永厚陵方中 ………………………………………（347）

臺諫官許與不許言事 ……………………………（348）

太祖右文 …………………………………………（349）

續集卷之二　制度 ………………………………（351）

知州 ………………………………………………（351）

宗子取解取應額 …………………………………（352）

大赦改京官 ………………………………………（354）

舊已授差遣不待闕 ………………………………（354）

徽州苗絹 …………………………………………（355）

黜責帥臣亦降召命 ………………………………（357）

萬壽觀 ……………………………………………（357）

舉子稱習進士 ……………………………………（357）

令甲令丙 …………………………………………（358）

郊後謝太一宮 ……………………………………（358）

初禁礬 ……………………………………………（359）

諫官不兼他職 ……………………………………（359）

諫官始得面論事 …………………………………（359）

郎中致仕與一子官 ………………………………（360）

帶館職出外 ………………………………………（360）

枌榆 ………………………………………………（360）

張公吃酒李公醉 …………………………………（361）

參知政事知外郡 …………………………………（361）

監司 ………………………………………………（361）

女樂隸太常 ………………………………………（361）

納錢度僧道 ………………………………………（362）

江南丁口錢 ………………………………………（362）

收茶征聽民自賣茶 ………………………………（363）

驛券出樞密 ………………………………………（363）

內中 ………………………………………………（364）

新亭 ………………………………………………（364）

三司使 ……………………………………………（364）

方鳩俟功	(365)
馬步殿三司	(365)
父子同省人以爲非	(365)
避親	(366)
直學士	(366)
元祐入仕數	(366)
唐世疆境	(367)
寄禄官階官	(367)
京朝官實封札子	(368)
元絳知潁州使服學士金帶如舊	(369)
舉官連坐自謝濤始	(369)
摘文堂	(369)
吳越改元	(370)
裴延齡科草	(370)
預買	(371)
周田畝數	(371)
羨道墓志	(372)
台鈞銜	(372)
聖節進馬	(372)
誕日設齋用樂	(373)
入兩閣門吉凶異制	(373)
差考試道卒有恩澤	(373)
簽樞	(374)
臨奠已罷執政	(374)
改劭字	(374)
納陛	(375)
四川總領財賦結總領在四川上	(375)
當講官口義	(376)
不兼經筵遇講讀即赴	(376)
知州不該舉京官職官即令通判舉	(377)
丞郎	(377)

續集卷之三　文類 ……………………………………………（378）

　韓文用古法 ……………………………………………（378）

　古文相似 ………………………………………………（378）

　大體 ……………………………………………………（379）

　月旦十五日 ……………………………………………（380）

　不愆于素 ………………………………………………（380）

　賽越王神文 ……………………………………………（381）

　主在與在 ………………………………………………（381）

　先天 ……………………………………………………（382）

　古語相襲 ………………………………………………（383）

　仁者必有勇 ……………………………………………（384）

　碑碣 ……………………………………………………（385）

　不遷怒 …………………………………………………（385）

續集卷之四　詩事 ……………………………………………（387）

　蝶粉蜂黄 ………………………………………………（387）

　取日虞淵 ………………………………………………（387）

　斬無極 …………………………………………………（388）

　吴越分境 ………………………………………………（388）

　蒲萄緑 …………………………………………………（389）

　水落魚龍夜 ……………………………………………（389）

　山空鳥鼠秋○杜詩 ………………………………………（389）

　荆州爲南京 ……………………………………………（390）

　東坡用杜詩 ……………………………………………（390）

　張籍後不盲 ……………………………………………（390）

　火齊 ……………………………………………………（391）

　木難 ……………………………………………………（391）

　酒浮蟻 …………………………………………………（392）

　評詩 ……………………………………………………（392）

　莫射雁 …………………………………………………（392）

　春風不度玉門關 ………………………………………（393）

　會意 ……………………………………………………（393）

　天闕象緯逼 ……………………………………………（394）

唐史記杜甫死誤 …………………………（394）
劉禹錫蘇子瞻用孔子履事 ………………（395）
思古刺今 …………………………………（395）
沙河塘 ……………………………………（396）
鳳池鵝 ……………………………………（396）
玉魚葬地 …………………………………（397）
端午飛白扇 ………………………………（398）
竹批雙耳峻 ………………………………（398）
笋根雉子 …………………………………（398）
乞爲奴 ……………………………………（399）
有鞭不施安用蒲 …………………………（399）
早時金碗出人間 …………………………（400）
半夜鐘 ……………………………………（400）
小卻置之白玉堂 …………………………（400）
蹄間三丈 …………………………………（401）
玉衣晨自舉 ………………………………（401）
村 …………………………………………（402）
騎白鳳 ……………………………………（402）
橫海鱗 ……………………………………（403）
冰柱雪車 …………………………………（403）
盧仝茶詩 …………………………………（404）
使君公 ……………………………………（404）
帕頭讀道書 ………………………………（405）
三句一韻 …………………………………（405）
嚔 …………………………………………（405）

續詩事 …………………………………（406）

天子呼來不上船 …………………………（406）
羅趙 ………………………………………（406）
萬壽白雲杯 ………………………………（407）
半段鎗 ……………………………………（407）
桃李喻所薦士 ……………………………（408）
婿乘龍 ……………………………………（408）

金釵十二行	(408)
婁豬艾豭	(409)
麻没橐駝	(409)
何遜梅花詩	(410)
金斗	(410)
萬壽三元	(411)

續集卷之五　談助 ……………………………(412)

漢馬負重	(412)
漢奏報疾	(412)
貢禹年七十一生子	(413)
鼓樓警盗	(413)
彭祖無八百歲	(414)
夷亭	(414)
湖州東門外上塘路	(415)
佛師老子	(416)
曹丕不爲侯必爲太子	(416)
將毋同	(417)
桑無附枝	(418)
泉冽酒香	(419)
不揚	(419)
陛下	(420)
杜君	(420)
五岳真君	(420)
武后稅浮屠	(421)
《史記》自抵牾	(421)
小小倉	(421)
警枕	(422)
粉盤	(422)
蠟茶	(422)
攝官奉使	(423)
信	(423)
逐鹿	(424)

浮橋 …………………………………………………（424）

大薑 …………………………………………………（424）

笠澤 …………………………………………………（425）

內子 …………………………………………………（425）

桐油 …………………………………………………（426）

烏桕 …………………………………………………（426）

槵子數珠 ……………………………………………（426）

複名單書一字 ………………………………………（426）

婿之父爲姻 …………………………………………（427）

彌甥從母 ……………………………………………（427）

從孫甥 ………………………………………………（428）

硯 ……………………………………………………（428）

漢酒薄 ………………………………………………（428）

稅契 …………………………………………………（429）

騙馬 …………………………………………………（429）

下官 …………………………………………………（430）

續集卷之六　談助 …………………………（431）

殿下 …………………………………………………（431）

社公 …………………………………………………（431）

豆粉糝 ………………………………………………（432）

脾析 …………………………………………………（432）

兵厨○設廳　設厨 …………………………………（432）

土山頭 ………………………………………………（433）

蕭寺 …………………………………………………（434）

保長 …………………………………………………（434）

呂溱 …………………………………………………（434）

歐陽曄 ………………………………………………（435）

孫明復 ………………………………………………（435）

字以表德 ……………………………………………（436）

竄名 …………………………………………………（436）

潢匠 …………………………………………………（436）

惟師曾是百年人 ……………………………………（437）

拜	(437)
悔	(438)
蒸餅	(438)
下馬錢	(439)
回面避家妓	(439)
庶姓作揚州	(440)
秘書有競	(440)
鈴下威儀	(441)
被受	(441)
樂天知蘇州久方開宴	(442)
李娟	(442)
下檐得替例物	(442)
磔棄市	(443)
弔服	(443)
不識草書	(444)
唐憲銜使頭使下	(444)
水精宮奏天樂	(447)
語訛	(447)
樂府雜錄	(447)
矢貫左右目	(448)
外舅	(448)
鄭玄牛識字	(448)
會心處不在遠	(449)
正朝酒從小起	(449)
附錄	(450)
參考文獻	(463)
後記	(466)

《演繁露》自序[1]

　　《大學》致知必始格物，聖人之教，初學亦期其多識鳥獸草木之名也。麟、騅、騻、鵲、荇、蘋、棠、樸，豈遽是道？若未明八者之爲何物、八物之爲何似，而曰吾能得《周南》《召南》之所以言，蓋望而知其爲罔也。是學也，先秦則《爾雅》，入漢則《繁露》，其後轉而爲《釋名》《廣雅》，正謬刊誤，皆小學也。而論事談理者必稽焉，如辨方正位之不容不仗土圭也。五三而上，制器備物，人以爲道，故《爾雅》得與經比。《繁露》以下，既雜載後世之制，則其書往往晦伏不揚，此貴耳賤目之失也。對道而言，則有迹者爲器；本事而論，則有質者爲物，何可限古今而論深淺也？以仲舒之識，精通天人性命，而《繁露》之書，事物名義，悉所研極，苟其未及，仲舒顧可忽而不竟歟？予常有意於是，而聞見不博，且日力窮於應物，未能極欲。間因閱古有見，不問經史、稗說、諧戲，苟從疑得釋，則遂隨所遇縑簡，亟疏録以備忽忘。雖不皆關涉治道，而會心賢己，棄之可惜，因加凡最而並輯之，①題其帙曰《演繁露》，以便尋繹。非敢自列於董氏，以其董出而董名之，自識其意焉耳。韓退之曰："《爾雅》註蟲魚，定非磊落人。"誠可恧矣。②然有退之之學則可，無退之之學而遺迹談虛，恐援據所及，"金根""金銀"或相貿易，③益可赧矣。④淳熙庚子正月，新安程大昌泰之寓吳興書。

註釋：

①凡最：猶言總目，名目。

②恧：慚愧，方言詞。《說文·心部》："恧，慚也。"《方言》卷六：

1　本條宋本無名稱，據學津本加。"演繁露"宋刻本亦作"演蕃露"，嘉靖本、儒學警悟本、學津本皆作"演繁露"。本書均作"演繁露"。

"忢，慚也。山之東西，自愧曰忢。"

③"金根""金銀"：金根車：以黃金爲飾的根車，帝王所乘。《後漢書·輿服志上》："秦並天下，閱三代之禮，或曰殷瑞山車，金根之色。"劉昭註："殷人以爲大路，於是始皇作金根之車。殷曰桑根，秦改曰金根。"唐李綽《尚書故實》載，韓愈之子"性頗闇劣，嘗爲集賢校理，史傳中有説'金根車'處，皆臆斷之曰'豈其誤歟？必金銀車'，悉改'根'字爲'銀'字"，後因以"金根"爲文字遭謬改之典。

④赧：羞愧。

卷之一

秘書省書繁露後

　　右《繁露》十七卷，①紹興間董□所進。臣觀其書，辭意淺薄，間掇取董仲舒策語雜置其中，輒不相倫比，臣固疑非董氏本書矣。又班固記其説《春秋》凡數十篇，《玉杯》《繁露》《清明》《竹林》各爲之名，似非一書。今董□進本，通以《繁露》冠書，而《玉杯》《清明》《竹林》特各居其篇卷之一，愈益可疑。他日讀《太平寰宇記》及杜佑《通典》，頗見所引《繁露》語言，顧董氏今書無之。《寰宇記》曰："三皇驅車抵谷口。"《通典》曰："劍之在左，蒼龍之象也；冠之在首，玄武之象也。四者，人之盛飾也。"此數語者，不獨今書所無，且其體致全不相似，臣然後敢言今書之非本真也。牛享問崔豹：②"冕旒以繁露者何？③"答曰："綴玉而下垂，如繁露也。"則繁露也者，古之冕旒似露而垂，是其所從假以名書也。以杜、樂所引，④推想其書，皆句用一物以發己意，有垂旒凝露之象焉。則"玉杯""竹林"同爲托物，又可想見也。漢魏間人所爲文，有名連珠者，其聯貫物象，以達己意，略與杜、樂所引同。如曰"物勝權則衡殆，⑤形過鏡則影窮"者，是其凡最也。以連珠而方古體，其殆"繁露"之所自出歟？其名其體，皆契合無殊矣。

　　淳熙乙未，予佐蓬監，⑥館本有《春秋繁露》，既嘗書所見於卷末，而正定其爲非古矣。後又因讀《太平御覽》，凡其部彙，列叙古《繁露》語特多，如曰："禾實於野，粟缺於倉，皆奇怪，非人所意，此可畏也。"⑦又曰："金干土則五穀傷，土干金則五穀不成。"⑧"張湯欲以鶩當鳧，祠祀宗廟，仲舒曰：鶩非鳧，鳧非鶩，愚以爲不可。"⑨又曰："以赤統者，幘尚赤。"⑩諸如此類，亦皆附物著理，無憑虛發語者，然後益自信予所正定不謬也。《御覽》，太平興國間編輯，此時《繁露》之書尚存，今遂逸不傳，可嘆也已。

註釋：

①右：古人從右向左書寫，故常用"右××"形式介紹某書。

②牛享問崔豹：晉崔豹《古今註》一書，皆以牛享問、崔豹答之形式成文。牛享，當爲作者虛構人物。崔豹，字正熊，一作正能，東晉漁陽（今北京市密雲縣）人，官至太子太傅丞。

③冕旒：古代最尊貴的一種禮帽，平頂。冕，禮帽。旒，禮帽前後端垂下的玉串。天子的禮帽有十二旒，諸侯以下遞減。見《周禮·夏官·弁師》。

④以杜、樂所引：指前文所引的杜佑《通典》和樂史《太平寰宇記》中的内容。

⑤勝：超過。權：秤錘。衡：秤杆。殆：危險。

⑥蓬監：本卷"日圓"條作"少蓬"，秘書少監的別稱。《宋史·儒林三·程大昌傳》："進秘閣修撰，召爲秘書少監。"洪邁《容齋四筆·官稱別名》："唐人好以它名標榜官稱……秘書監爲大蓬，少監爲少蓬。"

⑦《春秋繁露·郊語》："人之言：醞去烟，鴟羽去眯，慈石取鐵，頸金取火，蠶珥絲於室，而弦絕於堂，禾實於野，而粟缺於倉，蕪夷生於燕，橘枳死於荆。此十物者，皆奇而可怪，非人所意也。夫非人所意而然，既已有之矣，或者吉凶禍福、利不利之所從生，無有奇怪，非人所意，如是者乎？此等可畏也。"按，文中列舉的十種現象皆奇怪現象，非人所能料想，故"可畏"，下邊接著說孔子認爲"君子有三畏：畏天命，畏大人，畏聖人言"。

⑧見《春秋繁露·治亂五行》。金、土：五行之兩元素。干：觸犯，冒犯。按，董仲舒繼承並發揚了《尚書·洪範》中的五行思想，認爲宇宙由木、火、土、金、水五種不同屬性組成。此五種不同的屬性相生相勝，構成一合理的宇宙關係。但宇宙常因五行失序處於一種不合理的荒謬狀態，導致日月星辰、春夏秋冬運行失序，產生災異。"金干土""土干金"就是五行失序造成的兩種災異現象。

⑨見《春秋繁露·郊義》。按，"鶩"與"鳧"皆爲鳥類，野曰鳧，家曰鶩。張湯欲以"鶩"代"鳧"祭祀宗廟，董仲舒認爲名實不相應，故"以爲不可"。

⑩《春秋繁露·三代改制質文》："正赤統者，大節綬，幘尚赤，旗赤，大寶玉赤，郊牲騂，犧牲角栗。"赤統：董仲舒《春秋繁露·三代改制質文》提出三統說，謂周朝以子月（農曆十一月）爲歲首，以赤色爲上色，稱赤統。幘：一種帽子。又見李昉《太平御覽·服章部·幘》。

牛車

漢初馬少，故曰"自天子不能具醇駟，將相或乘牛車"。①言惟天子之車然後有馬，然亦不能純具一色，至將相則時或駕牛也。自吳、楚誅後，諸侯惟是食租衣稅，無有橫入，②故貧者或乘牛車，則此之以牛而駕自緣貧窶，③無資可具，非有禁約也。漢韋玄成以列侯侍祠，天雨淖，不駕駟馬車而騎至廟下，有司劾奏，削爵。④則舍車而騎，漢已有禁矣。東晉惟許乘車，其或騎者，御史彈之，則漢法仍在也，至其駕車遂改用牛。王導駕短轅犢車，⑤犢，牛犢也。王愷之八百里駁，駁亦牛也，言其色駁而行速，日可八百里也。石崇之牛疾奔，人不能追。⑥此其所以寶之也。《南史》：吳興太守之官，皆殺軛下牛以祭項羽，⑦知駕車用牛也。豈通晉之制皆不得駕馬也耶？予於是考案上古駕車則皆駕牛，無用馬者，故《易》曰"服牛乘馬"也。⑧又曰"皖彼牽牛，不以服箱"，⑨則牛服之謂也。至古之耕卻不用牛，孔子弟子中有冉耕，乃字伯牛，豈前此未以牛耕耶？《詩》"十千爲耦"，⑩"長沮、桀溺耦而耕"。⑪沮、溺二人相對自挽犁也。《甘誓》"御非其馬之正，汝不共命"，⑫《詩》曰"四牡騑騑"⑬"蕭蕭馬鳴"⑭"有車鄰鄰，有馬白顚"，⑮則車皆馬駕也。然則此時牛既不耕，又不駕車，則將何用也？至於馬既駕車，車重而鈍，又未有人知用馬爲騎，直至《六韜》方著騎兵，⑯《詩》《書》中元未之有，此制殆難考也。

註釋：

①見《漢書·食貨志》。顏師古註："醇，不雜也。"醇駟：謂四匹毛色一樣的馬。

②"自吳"至"橫入"十七字：指七王之亂後，諸侯失去了額外收入，只靠租稅過活。橫入：額外收入。

③貧窶：貧窮、貧乏。

④"漢韋"至"削爵"二十八字：《漢書·韋賢傳》："（玄成）後以

列侯侍祀孝惠廟，當晨入廟，天雨淖，不駕駟馬車而騎至廟下。有司劾奏，等輩數人皆削爵爲關内侯。"按，韋玄成，字少翁，魯國鄒人，丞相韋賢之子。少好學，謙遜俠士，尚氣節，以父任爲郎，後封侯。時韋玄成以列侯陪同漢宣帝祀孝惠廟。

⑤王導駕短轅犢車：據《晉書·王導傳》載，王導妻"善妒"，得知王導"處衆妾"之別館後前往問罪，"導恐妾被辱，遽令命駕，猶恐遲之，以所執塵尾柄驅牛而進。司徒蔡謨聞之，戲導曰：'朝廷欲加公九錫（九種禮器，爲當時最高禮遇）。'導弗之覺，但謙退而已。謨曰：'不聞餘物，惟有短轅犢車，長柄塵尾。'"

⑥石崇之牛疾奔，人不能追：《世說新語·賞譽第八》："（石崇）與愷出遊，極晚發，爭入洛城。崇牛數十步後，迅若飛禽，愷牛絶走不能及。"

⑦軛下牛：駕車的牛。《南史·李安民傳》："吴興有項羽神護郡聽事，太守到郡，必須祀以軛下牛。"

⑧服牛乘馬：見《周易·繫辭下》："正義曰：'今服用其牛，乘駕其馬。服牛以引重，乘馬以致遠，是以人之所用，各得其宜。'"

⑨見《詩·小雅·大東》。朱熹《詩經集傳》："皖，明星貌。牽牛，星名。服，駕也。"

⑩見《詩·周頌·噫嘻》。耦：二人一組的耕作方法。《荀子·大略》："禹見耕者耦，立而式。"楊倞註："兩人共耕曰耦。"

⑪見《論語·微子》。鄭玄註曰："長沮、桀溺，隱者也。耜廣五寸，二耜爲耦。"

⑫見《尚書·甘誓》。言中間駕車的兵士如果不勝任駕車的技術，也是不奉行命令。

⑬見《詩·小雅·四牡》。毛傳："騑騑，行不止之貌。"

⑭見《詩·小雅·車攻》。蕭蕭：馬嘶鳴聲。朱熹《詩經集傳》："蕭蕭、悠悠皆閑暇之貌。"

⑮見《詩經·秦風·車鄰》。朱熹《詩經集傳》釋"鄰鄰"爲"衆車之聲。"

⑯《六韜》：即《太公六韜》，兵書。《漢書·藝文志》諸子略兵家類中不見著録，但在"伊尹五十一篇"中列"《太公》，二百三十七篇"。《隋書·經籍志》載："《太公六韜》五卷，周文王師姜望撰。"從南宋開

始，《六韜》一直被疑爲僞書。

徐呂皮

今使北者，其禮例中所得，有韋而紅，光滑可鑒，問其名，則徐呂皮也。問其何以名之，則曰："徐氏、呂氏二氏實工爲此也。"此説出於虜傳，信否殆未可知矣。予案《燕北雜禮》所載虜事曰：①"契丹興宗嘗禁國人服金玉犀帶及黑斜褐里皮並紅虎皮靴。②及道宗即位，③以爲靴帶也者，用之可以華國，④遂弛其禁，再許服用，此即靴帶之制矣。"及問徐呂皮所自出，則曰："黑斜喝里皮謂回紇野馬皮也，用以爲靴，騎而越水，水不透裹，故可貴也。紅虎皮者，回紇獐皮也，揉以硇砂⑤須其軟熟，用以爲靴也。"本此而言，則知"徐呂"也者，"斜喝里"聲之轉者也。然斜喝里之色黑，而徐呂之色紅，恐是野馬難得而硇砂熟韋可以常致，故染而紅之，以當獐皮也。爲欲高其名品，遂借斜喝里以爲名呼也。

註釋：

①《燕北雜禮》：宋武珪撰，又稱《燕北雜記》《燕北雜録》。《四庫全書·別史類·契丹國志》載："圭書今不傳，其言略見曾慥《類説》。"按，此書記契丹（遼）人種田、狩獵、治安、軍事等方面情況。

②契丹興宗（1016—1055）：即契丹耶律宗真，遼第七位皇帝，1031—1055年在位。

③道宗（1032—1101）：即耶律洪基，遼第八位皇帝，1055—1101年在位。

④華國：光耀國家，顯示國家的富足。

⑤硇砂：礦物，黃白色粉末或塊狀，味辛鹹，古代常用來加工皮革。

陷河

沈存中曰："今之推五行三命者，①皆借事物以寓其理，如'驛馬''貴人'之類是也。②"然"貴人""驛馬"，今世術人悉皆知而用之，惟"陷河"一名，人固不知，亦復不講，故沈氏之言曰："西域有沙地，極虛軟，人馬履之，隨步頺洞，③如行幕上。或值甚虛處，陷入其中，輒不可出，是爲陷河也。"術者既廢此說不用，亦無人能知"陷河"之爲何物何理也。石晉天福四年，④嘗遣使册命于闐，以平居誨爲制置判官。⑤居誨《行程記》曰："自沙州至樓蘭城二千餘里。自樓蘭行三月，過一處名陷河，須束薪排連，填匝兩岸，乘勢急走，乃始得過。駝馬比人稍重，即須卸去所載，獨以身行，可也。若適遇鋪薪不接之處，不問人駝皆陷矣。駝雖軀體壯大，苟其陷焉，亦遂全體淪沒，才能露出背峰，一入遂不可救。"故此之陷河也者，即沈氏謂命家借之以喻沉滯者也。⑥驛馬者，陰陽相交，第第接續，⑦如《詩》所謂"驛驛其達"者，⑧正其義也。夫其"驛馬""陷河"對立而命之名，則"陷河"之與"驛馬"，必如"長生"之對"七殺"也。⑨三命家既有其名而無其義，則古說之傳乎今者，多不具矣，何可責其必驗也。

註釋：

①五行：金、木、水、火、土，最早出現於《尚書》的《甘誓》與《洪範》中，春秋戰國後逐漸術數化，即用五行之相生相剋推衍占卜。三命：說法各異，術數家指受命、遭命、隨命。鄭玄註《禮記·祭法》"曰司命"曰："司命主督察三命。"孔穎達疏："案《援神契》云：'命有三科，有受命以保慶，有遭命以謫暴，有隨命以督行。'受命謂年壽也，遭命謂行善而遇凶也，隨命謂隨其善惡而報之。"唐宋以後，星命術士以人生辰之年、月、日所屬幹支推算命數，亦稱"三命"。

②驛馬：原指古代爲國家傳遞公文、軍事情報、物資等的馬。因其激躍奔騰，通達天下四方，術數家多用之表示奔波、搬家、轉職等與移動有關的事象。命有驛馬，一生多動。此術語多見於《禮記》《易經》。貴人：顯貴之人。術數家用之表示逢凶化吉、遇事人幫之象。

③澒洞：虛空、空闊貌。

④石晉：後晉。石敬瑭滅後唐稱帝，國號晉，史稱後晉、石晉（936—946），天福（936—944）爲其年號。

⑤制置判官：官名。宋沿唐制，於團練、宣撫、制置、轉運、常平諸使設置判官輔助處理事務。

⑥命家：星命家。依據星命術推算人之命運者。

⑦第第：次第，依次。

⑧驛驛其達：見《詩·周頌·載芟》。朱熹《詩經集傳》："驛驛，苗

生貌。達，出土也。"

⑨七殺：古代法律規定的七種殺人罪的合稱，即謀殺、劫殺、故殺、鬥殺、誤殺、戲殺、過失殺。詳《唐律疏議》。

服匿○斯羅　刁斗

南唐張僚使高麗，記其所見曰："麗多銅，田家饁具皆銅爲之。①有溫器名服席，狀如中國之鐺，其底方，其蓋圓，可容七八升。"案《齊雜記》云："竟陵王子良得古器，②小口、方腹、底平，可著六七升，以示秘書丞陸澄之，澄之曰：'此名服匿，單于以賜蘇武。'子良視其款識，果如所言。"夫東夷之謂"服席"，即北狄之謂"服匿"者也，語有訛轉，其實一物也。僚之回也，舟至冷泉，麗兵來衛，中有銅器，晝以供炊，夜以擊警。用顏註驗之，③即刁斗矣。東夷，箕子之國也，猶知重古，三代俎豆，④至漢尚存。則刁斗尚其傳習而近者也，若銅厮羅，其義絕不可曉。案張僚記：新羅國一名斯羅，而其國多銅，則厮者，斯聲之訛者也，⑤名盆以爲厮羅，其必由此也。中國古固有盆矣，皆瓦爲之，故可叩擊以爲樂節者，以其有聲也。相如請秦王擊缶，楊惲謂家本秦也，拊缶而呼烏烏，皆瓦爲之質，未至用銅也。若其以銅爲質，固不知始於何時。然其以"斯羅"爲名，而至今仍之，則斯羅也者，本其所出以爲之名也。後世固有改用黃白二金，且鍛且鑄者矣，而其易盆名以爲斯羅者，則其祖本由新羅來，不可掩也。於是酒器之有"豐"也，⑥樂之有"阮咸""嵇琴"也，⑦食品中之有"畢羅""鑒虛"也，⑧皆本其自而立之名也。則易盆名以爲厮羅，自當本之新羅無疑也。

註釋：

①饁具：往田頭送飯的器具。《說文》："饁，餉田也。"

②竟陵王子良（460—494）：南齊蕭子良，字雲英，齊武帝蕭賾的次子，封竟陵王，官至司徒。

③用顏註驗之：指顏師古註引孟康語。《漢書·蘇武傳》："三歲餘，王病，賜武馬畜，服匿，穹廬。"顏師古註："孟康曰：服匿如罌，小口大腹方底，用受酒酪。"

④俎：古代祭祀或宴會時盛放牲體的禮器，木製漆飾，有四足。豆：

古代食器，形似高足盤，或有蓋。

⑤聲之訛：指斯、廝因聲同而形訛。

⑥豐：古代禮器，形狀像豆，用以承酒觶。《說文》："豆之豐滿者也。"《儀禮·公食大夫禮》："飲酒實于觶，加於豐。"鄭玄註："豐，所以承觶也，如豆而卑。"

⑦阮咸、嵇琴：皆樂器名。阮咸爲撥弦樂器，形似今之月琴。《新唐書·元行沖傳》："有人破古冢，得銅器似琵琶，身圓，人莫能辨。行沖曰：'此阮咸所作器也。'命易以木，弦之，其聲亮雅，樂家遂謂之阮咸。"嵇琴即二胡，南宋陳元靚《事林廣記》曰："'嵇琴'本嵇康所制，故名'嵇琴'。二弦，一竹片軋之，其聲清亮。"按，"阮咸制阮"與"嵇康制嵇琴"當屬人們對音樂大師的追憶和美化。

⑧畢羅、鑒虛：皆食品名。宋黃朝英《緗素雜記》卷二"湯餅"曰："余案《資暇集》論畢羅云：'蕃中畢氏、羅氏，好食此味，因謂之畢羅。'""元和中，有奸僧鑒虛，以羊之六腑特造一味，傳之於今。時人不得其名，遂以其號目之曰'鑒虛'。"

日圓○與日說通

古謂日輪規環千里，①特言其周廣當然者耳，而無有言其如何其圓者也。沈括取銀圓爲喻，曰：月如銀圜，本自無光，日耀之乃有光。其圓非圓，乃月與日相望，其光全耳。及其闕也，亦非真闕，乃日光之所不及耳。此喻最爲精審，予已詳著之矣。淳熙丙申三月，予爲少蓬，②太史局言：③"朔日巳時，日食西北隅，食至一分半而復。已而，日行加巳，呼請臺官，即道山下，以盆貯油，對日景候之。時既及巳，雲忽驟起，少選雲退，④則日輪西北角微有虧缺，約其所欠，殆不及一分。蓋食巳而復，非不及一分半也。其年，某人○忘其名。使虜，自北而迴，正當食時，其行適及河北，自北望之，則日輪虧及十分之二。"是太史之言，固不能精，亦不全謬也。予因此之見，益知沈括銀圜之說確與之合也。⑤臨安距河北，則向南二千餘里矣，日食西北，人在東南，故從東南見之，闕處全少，是以十其分而闕僅及一也。至於人在河北，日並東南，故其食處多現，而遂十分虧二，以此見日輪正圓，可驗也。此如東京所鑄渾儀，今在臨安清臺，則於西北兩柱移低兩寸，以順天勢，其痕迹尚在，可驗也。南北異地，於以準望天度，則臨安與汴京自是不同也。

註釋：

①日輪：太陽，日形如車輪而運行不息，故名。規環：周長。
②少蓬：秘書少監別稱，見"秘書省書演繁露後"條"蓬監"註。
③太史局：太史令。始自秦漢之掌管天文曆法的長官，隋以前爲太史令，隋改爲太史監，唐宋稱太史局。
④少選：一會兒、不多久。
⑤沈括銀圜之説：指上文説的"月如銀圜，本自無光，日耀之乃有光"。

騶唱不入宮○腰喝①

舊尚書令、僕、中丞騶倡得入宮門，止於馬道○馬道是許人上馬處也。郭祚爲僕射，奏言非盡敬之宜，騶倡不入宮自此始也。②案，騶倡者，騶從之傳呼也。朱仲遠爲行臺僕射，③請準朝式，在軍鳴騶，廢帝笑而許之。④史臣謂其任情，則是僕射在朝得用騶唱，而茬軍則否，⑤軍國異容之義也。在軍而乞從朝儀，所以名爲任情也。梁制，"尚書令、僕、御史中丞各給威儀十人，⑥其八人武冠絳鞲○音溝，⑦唱呼入殿，引喤至階；⑧一人執儀囊，⑨不喤○喤音橫。"《類篇》曰"喧也"，⑩則七人同聲唱導，故曰喧也○《通典》二十二。絳鞲六人，所謂騶也。

註釋：

①騶唱：古時貴官出行時傳呼喝道，亦指喝道的差役。下文又作"騶倡"。騶，古時養馬兼管駕車的人。腰喝：吆喝。
②"郭祚"至"始也"二十一字：郭祚，字季祐，北魏人，曾爲尚書右僕射。僕射，官名，唐宋左右僕射爲宰相之職。《魏書・郭祚傳》曰："時議定新令，詔祚與侍中、黃門參議刊正。故事，令、僕、中丞騶唱而入宮門，至於馬道。及祚爲僕射，以爲非盡敬之宜，言於世宗，帝納之。下詔：'御在太極，騶唱至止車門；御在朝堂，至司馬門。'騶唱不入宮，自此始也。"
③朱仲遠：北魏爾朱仲遠，爾朱彥伯之弟，歷官大將軍、徐州刺史兼尚書左僕射。爲人貪暴，廢帝對他的"請準朝式，在軍鳴騶"的無理要

求"笑而許之"。詳《魏書·爾朱彥伯傳》。行臺：出征時隨其所駐之地設立的代表中央的政務機構。

④廢帝：指北魏节閔帝元恭，498—532年在位。

⑤莅：管理，治理。

⑥見《隋書·百官志上》。僕：僕射。威儀：指皇帝特賜給官員的隨從。

⑦韝：臂套，用皮製成。射箭、架鷹時縛於兩臂束住衣袖以便動作。

⑧引喤：同"騶倡"。

⑨儀囊：隋代御史中丞前，儀衛所執，接受彈章、訴辭的袋子，用以接受彈章、訴辭。

⑩指《類篇》釋"喤"爲"喧也"。

學官

官者，管也。一職皆立一官，使之典管也，故官舍所在，皆名爲官。其曰學官者，學舍也。五帝官天下，①以天下爲公，而使仕者任之，是爲官矣。三王家天下，②則以天下爲己有者也。然則學官之義可想矣。渭口有船官，餘杭有鹽官，成都有錦官，齊出三服，③有工官，④其爲官一也。

註釋：

①五帝官天下：指王位禪讓制度。五帝，《大戴禮記》《史記》指黃帝、顓頊、帝嚳、堯、舜等五位聖明君主。

②三王家天下：指王位世襲制度。三王，指夏、商、周三代之君，具體各不相同，主要有三種說法：一爲夏禹、商湯、周武王。《穀梁傳·隱公八年》："盟詛不及三王。"范寧註："三王，謂夏、殷、周也。夏后有鈞臺之享，商湯有景亳之命，周武有盟津之會。"二爲夏禹、商湯、周文王。《孟子·告子下》："五霸者，三王之罪人也。"趙岐註："三王，夏禹、商湯、周文王是也。"三爲商湯、周文王、周武王。《尸子》卷下："湯復於湯丘，文王幽於羑里，武王羈於王門。越王栖於會稽，秦穆公敗於崤塞，齊桓公遇賊，晉文公出走。故三王資於辱，而五霸得於困也。"

③三服：春服、冬服、夏服。

④工官：秦漢時管理官府手工業的官署。

漢官稱府

漢時，廷尉治亦稱府○《倪寬傳》，①御史亦稱府○《朱博傳》。②

註釋：

①治：任職所在地，治所。《漢書·倪寬傳》："時張湯爲廷尉，廷尉府盡用文史法律之吏。"

②御史亦稱府：《漢書·朱博傳》："是時，御史府吏舍百餘區，井水皆竭。""博乃見丞掾曰：'以爲縣自有長吏，府未嘗與也，丞掾謂府當與之邪？'"

韶鳳石獸

《黃圖》曰：①"文王立辟廱，而知人之歸附；靈臺、靈沼，而知鳥獸之得其所，以爲音聲之道與政通，故合樂以識之。"②案，此類而言，即簫韶儀鳳，③非真有鳳來也；擊石拊石，非真有獸舞也。若聲若舞，皆寫鳳獸而入諸形容焉耳。若以爲真有儀舞，則"祖考來格"亦真有神像顯然降格也乎？④《周禮》：樂合而天地神祇皆至，是亦此理也。《大武》之舞，⑤周人世世用之，五成而分，周公左，召公右，豈世世真有周、召來集舞佾之前也歟？⑥以此求之，則夫立爲象類而真有感格，⑦益可驗矣。《詩》曰："於論鼓鐘。"⑧論者商度其制而求以橅放之也。⑨

註釋：

①《黃圖》：《三輔黃圖》，著者、時代不詳，今存。程大昌《雍錄》認爲是唐肅宗後人作，然北魏酈道元《水經註》嘗引此書，則其成書年代最晚當在南北朝。《隋書·經籍志》（二）："《黃圖》一卷，記（秦漢時期）三輔宮觀、陵廟、明堂、辟雍、郊時等事。"

②又見《毛詩註疏》卷二十三孔穎達疏。孔穎達疏曰："辟廱，宮也。""靈臺，王養禽獸之處。"靈沼：池沼名。

③簫韶儀鳳：與下文"擊石拊石""祖考來格"皆見《尚書·虞書·益稷》。簫韶：舜樂名。儀：引來，招來。《尚書·虞書·益稷》曰："簫

韶九成，鳳皇來儀。"

④祖考：祖宗。格：至。降格：降臨，到來。

⑤《大武》：《周禮·春官·大司樂》："以樂舞教國子，舞《雲門》……《大濩》《大武》。"鄭玄註："《大武》，武王樂也。"

⑥來集：前來彙聚。舞佾，古代儀禮之一，多人縱橫排成行列的舞蹈。佾，舞蹈行列。

⑦感格：謂感於此而達於彼。

⑧見《詩·大雅·靈臺》。於（wū）：嘆美聲。論：通"倫"，有次序。大意是，啊呀，鐘鼓節奏美啊！

⑨橅放：模仿。

左符　魚書①

漢太守之官，必得左符以出，至郡用以爲驗。蓋右符先已留州，故令以左合右也。唐世刺史亦執左魚至州與右魚合契，亦其制也。唐世左魚之外，又有敕牒將之，②故兼名魚書。《唐書》曰："開成二年，幽州節使史元忠奏當管八州準門下牒，追刺史右魚各一隻。臣勘自天寶末年，頻有干戈，並皆失墜。伏乞各賜新銅魚。可之。"③○《貨》三百五十五。後有詔，刺史已有制書爲驗，左魚不給。

註釋：

①左符：符契的左半。《漢書·文帝紀》顏師古註："符與郡守，各分其半，右留京師，左以與之。"

②敕牒：詔書的一種。《新唐書·百官志二》："凡王言之制有七：一曰冊書，立皇后、皇太子，封諸王，臨軒冊命則用之……七曰敕牒，隨事承制，不易於舊則用之。"

③又見《太平御覽》卷二百五十五、《冊府元龜》卷六十一。史元忠（？—841），唐朝將領，任盧龍（今北京附近）節度使，841年被殺。追：追補，補救。《玉篇·辵部》："追，救也。"

淇奧

《詩》："瞻彼淇奧，綠竹猗猗。"①陸璣《草木疏》援《爾雅》云：

"菉，王芻也。"郭璞云："即菉蓐草也。"予謂不然。《史記》漢世河役云："下淇園之竹以爲楗。"②淇水古屬衛地。又《詩》："籊籊竹竿，以釣于淇。"③亦衛地也。夫惟衛竹之大可爲河楗，而其竿之長可以垂釣，則其不爲王芻之草亦已明矣。本朝之初，試文必本註疏，不得自主己説。嘗試館職，④有以緑竹爲題者，試人賦竹，⑤以爲釣淇之竹。而蒞試者咎其不從訓故，⑥黜之不取。富韓公嘗辨有司之誤矣。⑦

註釋：

①見《國風·衛風·淇奥》。緑：通"菉"，下文引《爾雅》作"菉"。

②見《史記·河渠書》。淇園：衛國園林名，產竹。裴駰《集解》引晉灼曰："淇園，衛之苑也，多竹篠。"楗：通"楗"，司馬貞《索隱》："楗者，樹於水中，稍下竹及土石者也。"顏師古註引如淳曰："樹竹塞水決之口，稍稍布插按樹之，水稍弱，補令密，謂之楗。"

③見《詩經·衛風·竹竿》。籊籊（tì）：竹竿長而細。

④試館職：擔任館職官職。館職，指唐宋時，於昭文館（唐時又稱弘文館）、史館、集賢院等處擔任修撰、編校等工作的官職。按，宋·洪邁《容齋隨筆·館職名存》："國朝館閣之選，皆天下英俊，然必試而後命。一經此職，遂爲名流。其高者曰集賢殿修撰、史館修撰、直龍圖閣、直昭文館、史館、集賢院、秘閣；次曰集賢、秘閣校理。官卑者曰館閣校勘、史館檢討。均謂之館職。"

⑤試人：參加考試的人。

⑥蒞試者：主管考試的人。

⑦富韓公嘗辨有司之誤矣：富韓公，即富弼（1004—1083），字彥國，北宋洛陽（今河南洛陽東）人，官至樞密使，進封韓國公致仕，世稱富韓公。按，《續資治通鑒長編》卷二百二十二："賜右贊善大夫吴安度進士出身。先是，宰臣富弼言：'安度召試舍人院，聞考試入三等，論四等，止以"綠竹青青"詩不依註解作王芻蓋竹，遂定入五等，改一官，報罷。竊詳安度命意，必謂王芻蓋竹柔脆常草，不足興詠衛武公有德之人，以註説迂曲，非詩人本意也。又按《史記·河渠書》"下淇園之竹"，則知淇澳之竹，祗是竹箭之竹也。又據陸德明《釋文》，青止音菁，茂盛之貌，故安度直以綠竹茂盛立爲題意，於理甚通，未爲不識題義。乞賜再

卞山

　　湖州卞山，其形嵯峨，略如弁狀，故東坡初至湖，詩曰："聞有弁山何處是，爲君四面意求看。"①及其至郡已久，凡詩所賦而及此山，則字皆爲"卞"，不復爲"弁"。蓋《圖經》云：②卞姓居之，故其山名卞也。至《風土記》則曰：③"烏程縣岇山，望之有黄氣紫雲，大吳故以葬焉。"〇《御覽》八。其字又加"山"爲"岇"，不知孰是。案《左氏·昭九年》爲"弁髦"，④杜預釋之曰："弁，冠也。"陸曰："弁亦作卞。"然則卞、弁古蓋通用矣。謂山形爲"弁"，亦與"卞"通。

註釋：

①見蘇軾《間送苕溪入太湖》詩。

②《圖經》：附有圖畫的書籍或地理志，又稱圖志、圖記，是方志的一種編纂形式。此指唐·陸羽《吳興圖經》。

③《風土記》：當爲周處之《風土記》。宋·樂史纂《太平寰宇記》卷九十四："周處《風土記》云，卞山當作冠弁之弁。"周處（238—299），字子隱，孫吳吳郡陽羨（今江蘇宜興）人，官至散騎常侍。周處年少時爲禍鄉里，後改過自新，留下"周處除三害"的傳說。

④弁髦：《左氏·昭九年》："豈如弁髦，而因以敝之。"正義曰："弁謂緇布冠。髦謂童子垂髦。"

行李

　　《左氏·襄八年》子員謂鄭"有楚命，亦不使一介行李告于寡君"。則行李當爲使人，今人謂出行資裝爲行李，固失之矣。唐李涪曰："'使'字山下安人，人下安子，蓋古'使'字也。傳《左氏》者誤書'峚'爲'李'，故一字釐爲二字。①"涪之此語亦未必可據。《昭十三年》鄭會晉于平丘，子產争承曰：②"諸侯靖兵，好以爲事，行理之命，無月不至。"杜註曰："行理，使人通聘問者。"則是正指使人爲行理也，此最明證也。古字多通用，理、李同也。若以行李爲行裝之具，恐無所本也。

註釋：

①釐：分，分開。

②承：次第，等次。《廣韻·蒸韻》："承，次也。""子產争承"指子產在昭公十三年的平丘之盟中争辯進貢物品的輕重和次序一事。

水碧

李太白詩多言"采水碧"。①碧，玉類也，水中有此碧也。字書曰："碧者，玉之縹青者也。"《水經》於穀水源派載《山海經》之言曰：②"絟麻間，其中多碧。"《玉篇·玉部》引《山海經》亦云："商山下多青碧。郭璞曰：'亦玉類也'。"此之謂碧，即王褒謂爲碧雞之碧也。③古大夫佩水蒼玉，其殆用此乎？今信州水精，④其品下而不瑩者，多爲縹青之色。

註釋：

①李白《入彭蠡經松門觀石鏡緬懷謝康樂題詩書游覽之志》有"水碧或可采"句。

②派：水的支流。《說文·水部》："派，別水也。"

③王褒謂爲碧雞之碧：據《漢書·王褒傳》載，漢宣帝五鳳三年，方士奏言益州有金馬碧雞之寶，宣帝令"俊才"王褒前往益州祭祀召致使來，因諸蠻叛亂，王褒最終未至，中途寫作《移金馬碧雞頌》一文遥祭。

④水精：水晶，晶瑩剔透如水之精英。宋洪邁《夷堅支志丁·靈山水精》："水精出於信州靈山之下，唯以大爲貴。"

碑厄

王闢之《澠水燕談》云：①景祐初，姜遵奉太后意，②悉取長安碑石爲塔材。因援楊大年《談苑》敘五行德金石厄以傷之。③傷之誠是也，然此何足怪？隋文帝嘗誚世之立碑者曰："若欲求名，一卷史書足矣，不然徒爲人作鎮石耳。④"案《水經》："洛陽天淵池中，有魏文帝九花樓殿基，悉是洛中故碑累之。"然則尚矣。

註釋：

①《四庫全書總目提要》載："《澠水燕談錄》十卷，舊本題宋齊國王闢之撰，《宋·藝文志》作王關之，蓋以'闢''關'形近而誤。"
②姜遵：字從式，宋代淄州長山人，宋真宗咸平進士，累官至給事中。按，《宋史·姜遵傳》載："遵長於吏事，爲治尚嚴猛，所誅殘者甚衆。在永興，太后嘗詔營浮屠，遵毀漢唐碑碣代磚甓，既成，得召用。"
③楊大年（974—1020）：名億，建州浦城（今屬福建浦城縣）人，北宋文學家。淳化中賜進士，官至工部侍郎。著有《談苑》。
④鎮石：壓物的石塊或建築的基石。

江左度量尺比唐制

《通典》叙六朝賦稅而論其揔曰："其度量三升當今一升，秤則三兩當今一兩，尺則一尺二寸當今一尺。"註云："當今謂即時。"即時者，當佑之時也。①唐時一尺，比六朝制一尺二寸也。《王制》曰：②"古者周尺八尺爲步，③今以周尺六尺四寸爲步。古者百畝，當今東田百四十六畝三十步。古者百里，當今百二十一里六十步四尺二寸六分。"

註釋：

①佑：指《通典》的作者杜佑。
②《王制》：《禮記·王制》。
③步：古代長度單位，其制歷代不一。

玉食 1[1]

《王嘉傳》"玉食"，註言"精好如玉"。①《周禮》"王齋則供玉食"，②是真以玉參饌也。③玉不可炊，如何可食？當是參粒爲禮，如今人服藥耳。《書》曰："惟辟作福，惟辟作威，惟辟玉食。"④三者一類也。作福、作威，非尋常刑賞之有定別者也，天子時出意見，特有賜予誅治也。

---

[1] 卷十六亦有"玉食"條，但內容完全不同。

故曰"功多有厚賞",⑤"予則孥戮汝",⑥皆出賞罰之外,以作威作福也。再以其類推而求之,則玉食也者,非常饌也。當齋之時,特設此玉,如特作之威福,非常法也,亦如漢武以玉屑和露之類也。⑦後世乃欲求服玉之法,殆失本意矣。

註釋:

①《漢書·王嘉傳》:"箕子戒武王曰:臣無有作威作福,亡有玉食;臣之有作威作福,玉食害於而家,凶於而國,人用側頗辟,民用僭忒。"師古註曰:"《周書·洪範》載箕子對武王之辭也。玉食,精好如玉也。而,汝也。頗,偏也。僭,不信也。忒,惡也。"

②見《周禮·天官·玉府》。鄭玄註曰:"玉是陽精之純者,食之以禦水氣。鄭司農云:王齊當食玉屑。"

③玉參饌:言把玉粒儿掺到飲食中服用。

④見《書·洪範》。辟:天子,國君。《爾雅·釋詁一》:"辟,君也。"

⑤見《書·泰誓下》。

⑥見《書·甘誓》及《湯誓》。《甘誓》孔傳:"孥,子也。非但止汝身,辱及汝子,言恥累也。"孔穎達正義曰:"《詩》云'樂爾妻孥',對'妻'別文,是'孥'爲子也。非但止辱汝身,並及汝子亦殺,言以恥惡累之。"

⑦玉屑和露:《漢書·郊祀志》:"(武帝)其後又作柏梁、銅柱、承露仙人掌之屬矣。"師古曰:"三輔故事云:'建章宮承露盤,高二十丈,大七圍,以銅爲之,上有仙人掌承露,和玉屑飲之。'"

交戟

交戟之內。案,《通典》衛尉公車令曰:①胡廣曰:②"諸門部各陳屯夾道,其旁設兵,以示威武,交節立戟,③以遮呵出入也。④"

註釋:

①衛尉公車令:又作公車司馬令。《通典·職官七》:"秦屬衛尉,漢因之,掌殿司馬門,夜徼宮中,天下上事、四方貢獻及闕下凡所徵召公車

者，皆總領之。"

②胡廣（91—172）：字伯始，東漢南郡華容（今湖北監利）人。正直博學，官至太傅、録尚書事，封安樂鄉侯。

③交節：交換符節。立戟：謂豎戟以刺。

④遮呵：遮擋，呵斥。

祏室

宗廟神主皆設石函，①藏諸廟室之西壁，故曰"祏室"②。室必用石者，防火也。○《通典·祭》。

註釋：

①函：匣，盒子。《通典·告禮》："博士秦静議曰：祭訖，奉誥册文，脯、醢、酒，告太祖廟，藏册於石函。"

②祏室：藏神主的地方。《説文·示部》："祏，宗廟主也。周禮有郊宗石室。"據《通典·禮八》，"周制，公羊説：主藏太廟室西壁中，以備火災。西方，長老之處，尊之也。《春秋左氏傳》疏曰：主祏於宗廟。言宗廟有祏室，所以藏神主"。

若干①

若干者，設數之言也。干，猶個也。若個，猶言幾何枚也。又説，干者十幹，自甲至癸也，②亦以數言也。○《漢·食貨志》。

註釋：

①若干：《漢書·食貨志》："或用輕錢，百加若干。"顏師古註曰："若干，且設數之言也。干，猶個也。謂當如此個數耳。而胡廣云：'若，順也。干，求也。當順所求而與之矣。'"

②自甲至癸：指甲、乙、丙、丁、戊、己、庚、辛、壬、癸十天干。

邸閣

爲邸爲閣，①貯糧也。《通典·漕運門》後魏於水運處立邸閣八所，俗名爲倉也。②

註釋：

①邸、閣：皆是古代官府所設儲存糧食等物品的倉庫。

②"後魏"至"倉也"十六字：《通典·漕運》："後魏自徐揚内附之後，仍代經略江淮，於是轉運中州，以實邊鎮，百姓疲於道路。有司請於水運之次，隨便置倉，乃於小平、石門、白馬津、漳涯、黑水、濟州、陳郡、大梁凡八所，各立邸閣。每軍國有須，應機漕引，自此費役微省。"

巖廊

舜游巖廊。①李試：②"義訓曰：屋垂謂之宇，宇下謂之廡，步檐謂之廊○俗書檐爲簷，峻廊謂之巖。"漢宣帝選六郡良家子便弓馬者爲羽林郎，③一名巖郎，言其禦侮巖除之下。④註曰："《後漢志》曰：'言從游獵，還宿殿階巖下室中，故號巖郎。'"○《通典》十八。

註釋：

①舜游巖廊：《漢書·董仲舒傳》："制曰：蓋聞虞舜之時，游於巖廊之上。"文穎註曰："巖廊，殿下小屋也。"晉灼曰："堂邊廡巖廊謂嚴峻之廊也。"

②李試：當作"李誡"，本書卷十一作"李誡"，學津本改"李試"爲"李氏"。下引文見李誡《營造法式》。李誡，官通直郎試將作少監，紹聖四年奉敕撰輯《營造法式》，元符三年書成奏上，三十四卷。

③便：熟習。

④禦侮：抵抗外來欺侮。巖除：石頭臺階。

和香

梁武帝祀地用上和香。①杜佑註："以地於人近，宜加雜馥。"②案，雜馥即合諸香爲之，言不止一香也。梁武帝祭天，始用沉香，③古未用也。○《通典》四十三。

註釋：

①梁武帝（464—549）：南朝梁開國皇帝，502—549 年在位。天監四年（505），郊祭大典首用焚香之禮。

②見《通典·禮五》杜佑註。

③鄭樵《通志·郊天》："梁武帝制……其南郊，明堂用沉香，取天之質，陽所宜也；北郊用上和香，以地於人親，宜加雜馥。"

霤〇力救反

五祀有中霤。① 《左氏》"三進及霤"，② 《通典》曰："古者穴居，故名室曰霤。"許叔重《說文》曰："屋水流也。"③ 以今人家準之，則堂中有天井處也。許說確也。

註釋：

①五祀：祭祀住宅內外的五種神。鄭玄《月令》註："五祀，門、户、中霤、灶、行也。"中霤：中室。鄭玄《月令》註："中霤猶中室也。古者複穴，是以名室爲霤。"

②《左傳·宣公二年》："三進及溜而後視之。"陸德明《音義》："溜，屋霤也。"孔穎達《正義》曰："溜謂檐下水溜之處，入門伏而不省，起而更進，三進而及於君之屋溜。言迫於公之前。"

③許叔重：即許慎（58？—147），字叔重，東漢汝南召陵（今河南漯河）人，著有《說文解字》和《五經異義》等。

行馬

晉魏以後，官至貴品，其門得施行馬。行馬者，一木橫中，兩木互穿，以成四角，施之於門，以爲約禁也。《周禮》謂之陛梐〇音互，今官府前乂子是也。①

註釋：

①乂：《玉篇·又部》："乂，古文叉，測加切，指相交也。"

筮遠日[1]

旬之外日爲遠日。

註釋：

[1]筮：古代用蓍草占卜的一種迷信活動。遠日：與"近日"對言。《儀禮·特牲饋食禮》："若不吉，則筮遠日。"鄭玄註："遠日，旬外之日。"賈公彥疏："《曲禮》吉事先近日，此冠禮是吉事，故先筮近日，不吉乃更筮遠日。是上旬不吉，乃更筮中旬；又不吉，乃更筮下旬。"

先輩前進士

唐世呼舉人、呼已第者爲"先輩"，其自目則曰"前進士"。[1]案，魏文帝黃初五年，立太學，初詣學者爲門人，滿一歲，試通一經者補弟子；不通一經，罷遣。弟子滿二歲，試通二經者補文學掌故；不通經者，聽須後試。故後世稱先試而得第者爲"先輩"由此也。"前進士"云者，亦放此也，猶曰早第進士，而其輩行在先也。○《通典》五十三。

註釋：

[1]目：稱，稱呼。《穀梁傳·隱公元年》："段，鄭伯弟也。何以知其爲弟也？殺世子母弟，目君。以其目君，知其爲弟也。"范寧註："目君，謂稱鄭伯也。"

花信風

三月花開時風名"花信風"。初而泛觀，則似謂此風來報花之消息耳。案，《呂氏春秋》曰："春之德風，風不信，則其花不成。"乃知"花信風"者，風應花期，其來有信也。○徐鍇《歲時記·春日》。

金鎰[1]

枚乘《七發》曰：① "射千鎰之重。" 賈逵《國語註》曰："一鎰，二十四兩。"○《文選》三十四。

註釋：

①枚乘（？—前140）：字叔，淮陰人，西漢辭賦家，文學侍從，因在"七國之亂"前後兩次上諫吳王而顯名。《漢書·藝文志》著錄"枚乘賦九篇"，今僅存《七發》。

花犀帶

《唐會要·章服》："大和六年，敕一品二品服色，許服犀玉及斑犀。"案，斑犀者，犀文之黑黃相間者也。此時止云斑犀，至近世，其辨益詳。黑質中或黃或白，則爲正透；外暈皆黃而中涵黑文，則名倒透。透即通也。唐世概名"通天犀"，若"正透""倒透"之別出於近世也。今世士夫便服而繫犀帶，惟兩府始服"正透"，從班已下即服"倒透"。本無定制，直是以"正透"爲重耳。

1　卷十一有"鎰"條，內容不同。鎰：古代重量單位。本條曰"一鎰，二十四兩"，《玉篇·金部》："鎰，二十兩。"

卷之二

牙旗牙門旗鼓

　　大將所建牙旗，劉、馮《事始》兼載兩義：①其一謂以象牙飾旗，其一謂以爪牙爲義，然終無的據。②○《御覽》三百三十九。至其所引兵書，則曰："牙旗者，將軍之精。凡始建牙，必以制日。制日者，其辰之在五行，以上剋下之日也。"又引《尚書》曰："門旗二口，色紅，八幅，大將牙門之旗，出引將軍前列。"③又引《黃帝出軍訣》曰："牙旗者，將軍之精。金鼓者，將軍之氣。"④又引《後漢書》："光武徇河北，收韓歆，置鼓下，將斬之。"⑤註云："中將軍最尊，自執旗鼓。若置營，則立旗以爲軍門，並設鼓，戮人必於其下。"合此數者言之，則軍門對立兩旗，是爲牙旗，其已審矣。特不知真飾以牙耶？或止取爪牙以爲義也？⑥《真人水鏡經》曰："《周禮·司常職》云：軍旅，會同，置旌門。"⑦夫以旌爲門，即旗門也，此其説有本也。後世軍中遂置牙門將，郭子儀、李光弼在朔方皆嘗爲之。魏博特置驍鋭可倚仗者，⑧使爲護衛，名爲牙兵。而典摠此兵者，其結銜名爲押衙。⑨至於官府早晚軍吏兩謁，亦名爲衙。宇文化及爲秦王浩丞相，⑩於帳中端坐，白事者默然不應，下牙時，方收啓狀與張愷參決之，⑪則是以朝晡而集爲牙也。⑫呼謂既熟，雖天子正殿兵衛受朝謁，亦名正衙。當是因牙門之義展轉以爲此名也。《黃帝出軍》曰："有所征伐，作五采牙幢。青牙旗引住東，赤牙旗引住南，白牙旗引住西，黑牙旗引住北，黃牙旗引住中。"⑬是凡大將行住，不以何地，皆有牙旗隨之，不止軍門有二牙旗也。《魏志》曰："典韋爲張邈士，牙門長大，衆莫能勝，韋一手建之。"⑭此即牙門大旗矣。《吳志》："陸遜討費棧，以兵少，乃益施牙幢，分布鼓角，賊即破散。"⑮既云"益施牙幢"，則不止二旗矣。凡滕輔、袁宏、顧愷之、陳子昂，⑯皆有祭牙、禡牙文，⑰其所謂牙，即牙旗也。再詳此義，恐旗有飾牙之理，蓋既不專以門旗爲牙旗，而五方之旗，皆名爲牙，恐欲重其體，故飾之以牙也耶。《詩》之"象齒""五輅"之"象""輅"，[18]其爲用象，亦已久矣。

註釋：

①劉、馮《事始》：指唐·劉存撰《事始》和五代·馮鑒在其基礎上撰的《續事始》，二書皆雜引經史以推原事物之始。

②的據：確實可信的依據。

③口：面，量詞。

④《黄帝出軍訣》：相傳爲黄帝撰，皆爲排兵戰陣之法，今不存，《藝文類聚》《初學記》《太平御覽》《事物紀原》《玉海》等類書引用較多。此句見《太平御覽》卷三百三十八《兵部六十九》。

⑤見《後漢書·岑彭傳》。韓歆：東漢南陽人，字翁君，封扶陽侯。光武帝劉秀討伐河内，韓歆不應，光武大怒，把韓歆置於旗鼓下面，想殺掉他。

⑥爪牙：勇武衛士。

⑦《周禮註疏》卷二十七："凡祭祀，各建其旗；會同、賓客，亦如之，置旌門。""凡軍事，建旌旗，及致民，置旗弊之。"會同：泛指朝會。

⑧魏博：地名，又名天雄，唐河朔三鎮之一，安史之亂後期，不服朝廷管制。

⑨結銜：署銜，在文書上題署官銜。

⑩宇文化及（？—619）：隋煬帝近臣，618年禁衛軍兵變，弒隋煬帝，立秦王楊浩爲帝，自稱大丞相。也曾自立爲帝，國號"許"，年號"天壽"，立國半年後被殺。秦王浩（？—618），隋文帝楊堅之孫，宇文化及篡位後被鴆而死。

⑪"於帳"至"決之"共二十五字：據《隋書·宇文化及傳》載，宇文化及占居六宫後，"其自奉養，一如煬帝故事"，在軍帳中端坐處理國家大事，卻不能獨自裁決。有白事者，皆默然不應，等奏事者離開後才同與其"日夜聚博"的"刎頸之交"醫正張愷等商量裁決。啓、狀皆爲上行文書。

⑫朝晡：朝時（辰時）至晡時（申時）。

⑬《黃帝出軍》：即《黃帝出軍訣》，此句亦見《初學記》《太平御覽》等。牙幢：即牙旗。

⑭見《三國志·典韋傳》。典韋（？—97）：陳留己吾（今河南商丘市）人，東漢末年曹操部將，膂力過人，本屬張邈，後歸曹操。張邈（？—195）：字孟卓，東平壽張（今山東陽谷）人，東漢末年陳留太守。建：豎起，樹立。

⑮見《三國志·陸遜傳》。陸遜（183—245）：字伯言，吳郡吳縣人，孫權稱帝後被任命爲丞相，曾經采用多設"牙旗"的戰術打敗費棧。費棧：三國時魏國人，初爲丹楊賊帥，受曹操印綬爲蘄春太守，與吳開戰，被陸遜打敗。

⑯滕輔、袁宏、顧愷之、陳子昂：皆爲不同時代有名文人。滕輔：東晉太學博士。袁宏：字彥伯，小字虎，時稱袁虎，東晉文學家、史學家。顧愷之：字長康，晉代畫家。陳子昂（661—702）：字伯玉，唐朝梓州射洪（今四川省射洪）人，唐詩革新的先驅者。

⑰禡牙文：同祭牙文，古時出兵舉行祭旗禮時寫的文章。禡，《説文·示部》"禡，師行所止，恐有慢其神，下而祀之曰禡。"

⑱象齒：象牙。《詩經·魯頌·泮水》曰："憬彼淮夷，來獻其琛。元龜象齒，大賂南金。"五輅：古代帝王乘坐的五種車子。"輅"，亦作"路"。《周禮·春官·巾車》："王之五路：一曰玉路，錫樊纓，十有再就，建大常，十有二旒，以祀。金路，鉤樊纓，九就，建大旂，以賓，同姓以封。象路，朱樊纓，七就，建大赤，以朝，異姓以封。革路，龍勒，條纓，五就，建大白，以即戎，以封四衛。木路，前樊鵠纓，建大麾，以田，以封蕃國。"

筌蹄〇笱

"得兔者忘蹄，得魚者忘筌"。①筌與蹄，世人習聞其名，而不能察其果爲何物也。《戰國策》魏魋謂建信君曰：②"人有置係蹄者而得虎，③虎怒決蹄而走。④虎非不愛其蹄也，不以環寸之蹄而害七尺之軀。"然則蹄也者，其虎足之爪或指也歟。故曰環寸也，言其圍一寸也。《唐韻》曰："蹄，獸足也。"《左氏》："胹熊蹯不熟。"⑤蹯即熊掌也。係蹄者，以繩爲機，縻繫其蹄也。⑥決蹄者，知其縻繫不可復解，故自剔去其足。魏魋之謂"如人遭蝮螫而自斷其腕"者也。⑦以類求之,則兔蹄者,亦設繩以縻兔也歟。筌者,魚笱也。○出《廣韻》。笱者,以竹爲器,設逆鬚於其口,魚可入不可出也。《文選》有"冥筌",李善曰:"取魚之器也。"《詩》曰:"寡婦之笱。"又曰"敝笱在梁。"⑧又曰:"毋逝我梁,毋發我笱。"⑨蓋橫溪爲梁,梁旁開缺透水,而設笱以承其下,魚墮梁已,即覺水淺,急趨旁闕,以求入溪,既入,即陷笱中,見者發笱而取之也,相戒"毋發我笱"者,⑩懼其發取已獲之魚也。

註釋:

①《莊子·外物》:"筌者所以在魚,得魚而忘筌;蹄者所以在兔,得兔而忘蹄;言者所以在意,得意而忘言。"筌:同"荃",成玄英疏:"荃:魚笱也,以竹爲之,故字從竹。亦有從艸者。"蹄:捕兔的工具,成玄英疏:"蹄:兔罝也。"

②魏慜:戰國時有名辯士。建信君:戰國末期趙國趙孝成王、悼襄王之男寵,權傾朝野。詳《戰國策·趙策三》。

③係蹄:用繩纏住獸足的捕獸工具。

④決蹯:斷絕腳掌。決,斷。蹯,指獸的腳掌。

⑤見《左傳·宣公二年》。胹,煮也。

⑥縻繫:捆縛。

⑦蝮:一種毒蛇。螫:咬。

⑧見《詩經·國風·齊風·敝笱》。梁:捕魚水壩。河中築堤,中留缺口,嵌入笱,使魚能進不能出。敝:破舊。

⑨見《詩·邶風·谷風》。逝:往,去。發:打開。

⑩戒:通"誡",告誡。

几

"几"與"案"自是兩物。几者,坐具也,曲木附身,以自捧抱,故《釋名》曰:"几,庪也,①所以庪物者也。"其音軌,其義則閣也。②《漢武內傳》帝受王母真經,庪黃金之几。是以几而貯閣經文也。《鄴中記》曰:③"石虎所坐几,悉雕畫爲五色花。"則几者,所以坐也,非案類也。《語林》曰:④"孫馮翊往見任元褒,門吏憑几見之。孫請任推此吏,⑤吏曰：'得罰體痛，以橫木扶持，非憑几也。'孫曰：'直木橫施，植其兩足，便爲憑几。何必狐蹲鵠膝，曲木抱腰。'"用此推之，則几之形象可想，大率如今之胡床，頂施曲木，而俗以"抱身交床"名之是其象矣。第古無繩床，⑥既爲坐具，必是施板。《竹林七賢論》曰：⑦阮籍在袁孝尼家醉，⑧起，扶書几板爲文。王逸少見門生家棐几滑淨，⑨因書真草，其父刮去。是皆有板可書也。孟子隱几而臥，⑩南郭子綦隱几而坐，嗒然似喪其耦，⑪皆其事也。必以几閣其手，故得以寄其逸也。若《周禮》玉几、漆几，用材設飾則有別，若其形制無二也。

註釋：

①庪：置放，收藏。

②閣：同"擱"，下同。

③《鄴中記》：晉陸翽撰，原書已佚，僅存輯本。石虎（295—349）：五胡十六國後趙的皇帝，在位僅一年（349），廟號太祖，謚號武帝。

④《語林》：東晉裴啓著，今存輯佚本。志人小說，記錄魏晉士人的品題風氣。下引文亦見《太平御覽》卷七百十《服用部十二·几》引。

⑤推：究查，審問。

⑥第：副詞，只是，只。繩床：即上文"胡床"，坐具，可以折叠，以板爲之，並用繩穿織而成。詳見卷十四"交床"條。

⑦《竹林七賢論》：東晉戴逵著，兩卷，原文已佚，清·嚴可均《全晉文》中有輯錄。

⑧此事又見《世說心語·政事第三》。袁孝尼：名准，字孝尼，三國魏人，嘗欲從嵇康學《廣陵散》，終未果。

⑨逸少：王羲之字。棐几：用榧木做的几桌。棐，通"榧"，木名。《晉書·王羲之傳》："（羲之）嘗詣門生家，見棐几滑淨，因書之，真草相半。後爲其父誤刮去之，門生驚懊者累日。"

⑩孟子隱几而臥：《孟子·公孫丑下》："孟子去齊，宿於晝，有欲爲王留行者。坐而言，不應，隱几而臥。"趙岐註"隱几"曰："隱倚其几而臥也。"

⑪嗒然：失意、忘懷的樣子。耦：匹對，此處指與精神相對立之軀體。見《莊子·齊物論》。

石蜜

《太平御覽》："《異物志》曰：交趾甘滋，[①]大者數寸，煎之，凝如冰，破如博棋，謂之石蜜。""《涼州異物志》曰：石蜜之滋，甜於浮萍。非石之類，假石之名，實出甘柘，變而凝輕。"[②]註云："甘柘似竹，煮而曝之，則凝如石而甚輕。"又魏文帝詔曰："南方龍眼、荔枝，寧比西國蒲桃、石蜜。"合此數説觀之，既曰柘漿所凝，其狀如冰，而名又爲石，則今之糖霜是矣。又有崖蜜者，蜂之釀蜜，即峻崖懸置其窠，使人不可攀取也。而人之用智者，伺其窠蜜成熟，用長竿繫木桶，度可相及，則以竿刺窠，窠破，蜜註桶中，是名崖蜜也。

註釋：

①甘滋：甘蔗。《齊民要術·五穀》："《異物志》曰：甘蔗遠近皆有，交趾所産甘蔗特醇好，本末無薄厚，其味至均。圍數寸，長丈餘，頗似竹。斬而食之，既甘。迮取汁如飴餳，名之曰糖，益復珍也。又煎而曝之，既凝而冰，破如磚，其食之，入口消釋，時人謂之石蜜者也。"

②見《太平御覽·蜜》。滋：味。甘柘：同甘蔗。

護駕

《六典》"侍中護駕"，[①]又"左補闕掌扈從乘輿"。[②]扈即護也。近説引相如賦"扈從横行，出乎四校之中"，[③]則失之矣。師古曰："扈，跋扈也。言其驍勇，不循行列，而自跋扈行乎四校之外也。"不專以護衛爲義也。

註釋：

①《唐六典·門下省》："大駕出，則次直侍中護駕。"侍中：官名。《新唐書·百官志一》："唐因隋制，以三省之長中書令、侍中、尚書令共議國政，此宰相職也。"

②《唐六典·門下省》："左補闕拾遺，掌供奉諷諫扈從乘輿。"左補闕：唐代官職。《新唐書·百官志二》："門下省有……左補闕六人，從七品上；左拾遺六人，從八品上。"

③見《漢書·司馬相如傳》載《上林賦》。扈從：隨侍皇帝出巡的人員。四校：天子射獵時的四支扈從部隊。

盋盂

《東方朔傳》："置守宮盂下。"①註："盂，食器也，若盋而大，今之所謂盋盂也。盋音撥。"今僧家名其食鉢爲鉢，則中國古有此名，而佛徒用之耳。

註釋：

①守宮：即壁虎，又名蝎虎。因其常守伏于宮牆屋壁以捕食蟲蛾，故名守宮。舊說將飼以朱砂的壁虎搗爛，點於女子肢體以防不貞，謂之"守宮"。顏師古註曰："守宮，蟲名也。術家云以器養之，食丹砂，滿七斤，搗治萬杵，以點女子體，終身不滅，若有房室之事，則滅矣。言可以防閑淫逸，故謂之守宮也。今俗呼爲辟宮，辟亦禦捍之義耳。"

紫泥封詔

漢朝，中書以武都紫泥爲璽室，加綠綈其上。①案，此即是紫泥渾裏其匣，而泥匣之外更加綠綈也。《漢·趙皇后傳》曰："中黃門田客持詔記，②盛綠綈方底，封御史中丞記。"其曰"方底"，即詔函矣。紫泥所封，即方底之函矣，函外又以綠綈裏之也。"御史中丞記"即謂中約書者是矣。約書云者，約，結也，以繩或帶結封，而書字其上也，即封緘也。

註釋：

①東漢·衛宏《舊漢儀》："皇帝六璽皆白玉螭虎劍文……皆以武都紫泥封，青布囊，白素裏。"中書：中書令，漢代設，負責傳宣詔令。武都紫泥：指武都（今甘肅省隴南市）出的粘土，紫青色，故稱武都紫泥，常用以封詔書。璽室：印盒。綈：橘紅色的絲織物。《說文·糸部》："綈，帛丹黃色。"

②中黃門：漢代宦官名。《漢書·百官公卿表》顏師古註："中黃門，奄人居禁中在黃門之內給事者也。"詔記：皇帝親自撰寫的詔書。《資治

通鑒·漢紀·孝成皇帝》胡三省註曰："詔記，手記也。後世謂之手記，光武所謂'詔書、手記不可數得'。手記出於上手；詔書則下爲之，以璽爲信。"

車渠

《尚書大傳》曰：① "散宜生輩之江淮之浦，②取大貝如車渠，陳於紂庭。"然則車渠非大貝也，③特貝之大者可比車渠耳。不知車渠又何物也。○《御覽》六百四十七。車者，車也。渠者，轍迹也，孟子謂"城門之軌"者是也。④

註釋：

①《尚書大傳》：舊本題漢伏勝撰，今存輯本。
②散宜生：西周開國功臣，與南宮适、閎夭、太顛爲"文王四友"。
③車渠：亦作"硨磲"。當前詞典有兩解：一爲車轍、車輪；一爲貝類。程氏同意漢鄭玄、晉郭璞、唐陸德明等人看法，認爲車渠不是一種貝類。但沈括《夢溪筆談·謬誤》："海物有車渠，蛤屬也。大者如箕，背有渠壟，如蚶殼，故以爲器。致如白玉，生南海。《尚書大傳》曰：'文王囚於羑里，散宜生得大貝如車渠，以獻紂。'鄭康成乃解之曰'渠，車罔也'，蓋康成不識車渠謬解之耳。"宋周去非《嶺外代答·硨磲》："南海有蚌屬曰硨磲，形如大蚶，盈三尺許，亦有盈一尺以下者。惟其大之爲貴，大則隆起之處心厚數寸，切磋，其厚可以爲杯，甚大，雖以爲瓶可也。"
④《孟子·盡心下》："城門之軌，兩馬之力與？"軌：車輪輾過的痕迹。

霞帔

唐睿宗召司馬承禎問道，①遂賜絳霞紅帔以還，公卿賦詩送之。今世之謂霞帔者，殆起此耶。○出《實賓錄》二十五。②

註釋：

①唐睿宗（662—716）：李旦，武則天所生，唐朝第五位皇帝。司馬

承禎（647—735）：字子微，自號白雲子，唐代河內溫人，《舊唐書》有傳，"薄於爲吏，遂爲道士"，擅長"符籙及辟穀導引服餌之術"。武則天、睿宗、玄宗時皆曾召其入京，賞賜甚豐。見《歷世眞仙體道通鑒》卷之二十五。

②《寶寶錄》：宋·馬永易撰。《宋史·藝文志》作三十卷，已佚，《永樂大典》本作十四卷。

牛衣

"王章臥牛衣中"，註："龍具也。"①龍具之制，不知何若。案《食貨志》："董仲舒曰：'貧民常衣牛馬之衣，而食犬彘之食。'"然則牛衣者，編草使暖以被牛體，蓋蓑衣之類也。

註釋：

①見《漢書·王章傳》。牛衣：顔師古註："牛衣，編亂麻爲之，即今俗呼爲龍具者。"

玉卮無當

《韓子》曰：堂溪空見昭侯曰：①今有玉卮無當，②瓦器有當，君渴，將何以？曰：以瓦器。空曰：爲人主，漏泄群臣之語，猶玉卮無當也。昭侯於是每與空話事歸輒獨臥，惟恐漏言於妻妾也。案，左思賦嘗引"玉卮無當"以譏揚雄，而曰"假言珍怪""如玉卮無當"。③而卮當之爲何物，無有能言者。今以《韓子》求之，則當者，底也〇當，平聲。以玉爲卮，信美矣，而其下無底，則水漿迸散，不若瓦器有當，乃爲適於用也。〇《御覽》。

註釋：

①堂溪空：《韓非子》作"堂溪公"。堂溪，複姓，一說戰國後期人，一說西周晚期人。空、公蓋聲之轉。

②玉卮：古代盛酒的器皿。當：底。玉卮無當：謂玉卮無底，後多比喻東西雖好，卻無用處。晉左思《〈三都賦〉序》："且夫玉卮無當，雖寶非用；侈言無驗，雖麗非經。"

③"假言珍怪""如玉卮無當"：見左思《〈三都賦〉序》。

以華陽隱居代名○花書

陶隱居以諸王侍讀解職，①遂自稱華陽隱居，書疏亦以此代名。○出《太平廣記》。國初人簡牘往來，其前起語處皆書名，後結語處即以花書代名，②不再出名也。花書云者，自書其名，而走筆成妍，狀如花葩也。中書舍人六員，凡書敕，雜列其名，濃淡相間，故名爲六花判事。花書之起，其必始此矣。韋陟書名如五朵雲，③亦其事也。王介甫當神宗正眷註時，④其書"石"字爲"□"，人皆效之。故時人嘲之曰"表德皆聯甫，花書盡帶圈"，⑤蓋有以也。⑥

註釋：

①陶隱居（456—536）：字通明，名弘景。因隱居在江蘇茅山的華陽洞，故自號華陽陶隱居。宋末蕭道成爲相，曾引陶弘景爲諸王侍讀。《南史》有傳。解職：解除職務。
②花書：亦稱花押，舊時文書契約末尾的草書簽名或代替簽名的特種符號。
③據《新唐書·韋陟傳》，韋陟，字殷卿，善文采，"常以五采箋爲書記，使侍妾主之，以裁答受意而已，皆有楷法。陟唯署名，自謂所書'陟'字若五朵雲，時人慕之，號郇公五雲體"。
④眷註：垂愛關注。
⑤表德皆聯甫，花書盡帶圈：是時人對模仿名人命名的現象的嘲諷。王安石，字介甫，北宋神宗熙寧時用事，權傾朝野，時人往往以"甫"爲字。
⑥有以：猶有因，有道理。

馬纓

建隆元年，涇州都校李玉謀害節使白重贊，①先遣人市馬纓一，②即僞造制書云重贊謀逆，③令夷其族。謂都校陳延正曰："使人致此去矣。"上聞大驚，鞫之，玉棄市。又李飛雄竊得馬纓，遂詐稱詔，斬邊帥，人初亦信之。④即知馬纓者，使人用以爲驗也，新築人請繁纓以朝即此也。⑤今州郡惟帥臣乘馬乃始有纓。建康有之，它帥不製也。

註釋：

①李玉：五代末宋初燕州人，馬步軍教練使。李玉性情凶悍狡詐，與重贊平素有隙，建隆元年（960）暗使人買來馬纓並僞造制書云"重贊謀逆，令夷其族"。得到詔書的重贊把制書和馬纓密封起來，遣人呈送給朝廷。宋太祖察驗得知是僞造制書後，斬李玉首並棄市示衆。白重贊（909—970）：五代末宋初憲州樓煩人，重贊年少即從軍，作戰勇猛，後官至護聖都指揮使。李玉構陷白重贊事見《宋史·白重贊傳》。

②馬纓：挂於馬頸的帶飾，爲諸侯身份的標識物，即下文的"使人用以爲驗"。

③制書：皇帝命令的一種。蔡邕《獨斷》："其（皇帝）命令：一曰策書，二曰制書，三曰詔書，四曰戒書。"

④"又李"至"信之"共二十字：據《續資治通鑑長編·太宗》，"秦州節度判官李若愚有子曰飛雄，凶險無行"，曾"私市馬纓"，索馬，又"矯稱制以巡邊爲名"，"掠巡驛殿直姚承遂"，至清水縣，捉縛都巡檢周承縉等官吏。

⑤新築人請繁纓以朝：《左傳·成公二年》："新築人仲叔於奚救孫桓子，桓子是以免。既，衛人賞之以邑，辭。請曲縣，繁纓以朝，許之。"杜預註："繁纓，馬飾。皆諸侯之服。"

坫

《論語》反坫也者，①乃是藉爵之器。②兩邦君酬酢，飲已而反置爵其上，③是名爲坫也。沈存中記國初人有用反坫爲屏者，沈以爲誤，爲其下文又有塞門。塞門，屏也，不應重以屏出也。案，許氏《說文》云："坫，屏也。"不知許氏別有據否，亦恐許誤。

註釋：

①反坫：《論語·八佾第三》："邦君爲兩君之好，有反坫，管仲亦有反坫。"何晏集解引鄭玄註："反坫，反爵之坫，在兩楹之間。"反：後作

"返",下同。坫:土築的平臺,在兩楹之間。

②藉:古時祭祀朝聘時陳列禮品的草墊。《說文·艸部》:"藉,祭藉也。"此爲襯墊之意。爵:古代酒器,用以盛酒和溫酒。《說文·鬯部》:"爵,禮器也。"

③飲已而反置爵其上:言主客互相敬酒後把空酒杯放還在坫上,此爲周代諸侯宴會時的一種禮節。

《六帖》1[1]

白樂天作類書,名《六帖》。①《通典·選舉門》載唐制曰:"開元中,舉行課試之法。帖經者,以所習經掩其兩端,中間惟開一行,裁紙爲帖,凡帖三字,隨時增損,可否不一。或得四、得五、得六者爲通。"此《六帖》之名所從起也。《六帖》云者,取中帖之數以名其書,②期於必遂中選也。

註釋:

①《六帖》:唐白居易撰,收錄唐代文獻中律、令、格、式的若干條文。宋知撫州孔傳撰《後六帖》三十卷,無名氏合兩書爲一書,因而又名《白孔六帖》。本應六十卷,然有人把六十卷分作一百卷。六帖名始於帖經,宋張耒撰《詩說》言"白居易以名類書,殊無所取義",《唐志》稱此書爲白氏經史事類,《六帖》蓋其別名。

②中帖之數:言以中帖多者"六"名其書也。

古每一官別鑄印

孔琳之當桓玄時,①建議曰:"古者,皇王傳國之璽及公侯襲封之印皆奕世傳用,無取改作。今世惟尉之一職獨用一印,至於內外群臣,每遷悉改,終年刻鑄,金銀銅炭之費,不可勝言。愚請衆官印即用一印,無煩改作。"②○本傳十七。

---

[1] 卷之十六亦有同名條目,內容較此條爲詳。

註釋：

①孔琳之（369—423）：字彥琳，會稽山陰人。晉代名士，領本州大中正，封爲祠部尚書。當：面見。桓玄（369—404）：字敬道，一名靈寶，譙國龍亢（今安徽懷遠）人，東晉名將桓溫之子，末期桓楚政權建立者。

②見《宋書・孔琳之傳》。

神道

《李廣傳》：丞相李蔡得賜冢地，盜取三頃賣之。又盜取神道外壖地一畝，①葬其中，世之言神道者始此。○《西漢》二十四。又霍光塋起三土闕，②築神道。神道，言神行之道也。○《長安志》。

註釋：

①神道：墓道，神行之道。壖地：城下宮廟外及水邊等處的空地或田地。"壖"同"堧"，《玉篇・土部》："堧，韋昭曰：'河邊地也。'張晏云：'城旁地也。'俗作壖。"

②三土闕：《漢書・霍光傳》作"三出闕"，土木結構，樓基和墩臺均系夯築，外用磚包砌，古代建築最高級別陵墓，帝王宮殿專用。《漢書・霍光傳》載，霍光去世後，其子"禹既嗣爲博陸侯，太夫人顯（霍光妻）改光時所自造塋制而侈大之。起三出闕，築神道，北臨昭靈，南出承恩，盛飾祠室"。塋：墳墓，墳地。

卷

司馬遷言李陵"矢盡道窮，士張空拳"。①文穎曰："拳，弓弩拳也。"師古曰："拳音卷，與綣同。卷、綣音皆去權反。"又《陵傳》："陵發連弩射單于。"張晏曰：②"三十絭共一臂。"案，絭是弩弦，張之則滿，臂即弩樁也。③空卷，言上弦使滿而無矢可射，承上"矢盡"爲文也。○《西漢》十四。

註釋：

①見《漢書·李廣傳》。

②張晏：東漢末年至三國初年人，字子博，中山（今陝西省淳化縣南）人，曾註《漢書》，顏師古重註《漢書》多引其言。

③楅：簡化字作"桩"。弩楅，謂箭的幹部。

犦槊

《宋景文筆記》曰："宣獻宋公著《鹵簿記》，至犦槊，不能得其義。予後十餘年始得之，其說曰江左有瓟槊，爲其首大如瓟，是其義也。"①案字書：㼐，小瓜也，蒲卓反。字或爲"瓟"，同一音也。②予案《爾雅》，"犦牛，犁牛也"。③此獸抵觸，④百獸無敢當者，故金吾仗刻犦牛於槊首，⑤以碧油囊籠之。《荊楚歲時記》所說亦與《爾雅》同。⑥今金吾仗以犦槊爲第一隊，則是犦槊云者，刻犁牛於槊首也。它說皆非也。

註釋：

①《宋景文筆記》：北宋宋祁（998—1061）撰，今存。景文，宋祁之謚號。

②瓟：小瓜。《爾雅·釋草》："㼐瓟，其紹㼐。"郭璞註："俗呼瓟瓜爲㼐。"

③犁牛：一種野牛，背上肉凸起，像駝峰。

④抵觸：以角相撞。

⑤金吾：古時負責皇帝大臣警衛、儀仗以及巡行京師、掌管治安的武職官員。金吾仗：禮官所執器仗。槊：古代兵器長矛。

⑥《荊楚歲時記》：南朝梁宗懍撰，凡三十七篇，今存。

五馬

太守五馬，莫知的據。古樂府"五馬立踟躕"，①即其來已久。或言《詩》有"良馬五之"，②侯國事也。然上言"良馬四之"，下言"良馬六之"，則或四或六，元非定制也。漢有駟馬車，正用四馬，而鄭玄註

《詩》曰："《周禮》州長建斾。"③"漢太守比州長，法御五馬。玄以州長比方漢州，大小相絕遠矣。周之州乃反統隸於縣，比漢太守品秩殊不侔，④不足爲據。然鄭後漢時人，則太守之用五馬，後漢已然矣。至唐白樂天《和深春二十》詩曰："五匹鳴珂馬，雙輪畫轂車。"至其自杭，分司有詩曰：⑤"錢唐五馬留三匹，還擬騎來攬擾春。"⑥老杜亦曰："使君五馬一馬驄。"⑦則是真有五馬矣。若其制之所始，則未有知者。

註釋：

①見樂府詩《陌上桑》。
②"良馬五之"與下文的"良馬四之""良馬六之"，均見《詩·鄘風·干旄》。
③斾：畫有鳥隼的旗。《爾雅·釋天》："錯革鳥曰斾。"
④侔：相等，等同。《說文·人部》："侔，齊等也。"
⑤分司：此指白居易。唐宋之制，中央官員在陪都（洛陽）任職者稱爲分司。如白居易《達哉樂天行》："達哉達哉白樂天，分司東都十三年。"
⑥見白居易《分司》。
⑦見杜甫《冬狩行》。

鶻突

《師友談紀》云：①"錢穆父尹開封，②剖決無滯，東坡朝次譽爲霹靂手。③穆父曰：'敢云霹靂手，且免鶻鷺蹄。④' 即俳優以爲鶻突者也。"⑤鶻突者，胡塗之反也。⑥殷芸《小說》曰：⑦"孫邕醇粹有素。⑧魏武帝初置侍中，舉者不中選，遂下令曰：'吾侍中欲得渾沌。' 渾沌氏，古之賢人也。於是臣下方悟，遂舉邕，帝大悅。"此語著於《釋稗》，⑨《釋稗》訓之曰："世俗之俳言也。鶻者渾之入，突者暾之入，渾者渾之去，沌者暾之去也。"⑩用此言觀之，則謂愚無分別，名爲鶻突，由來古矣。《釋稗》不書名氏，其書引王介父解義，⑪即近世人也，或作陸農師。⑫

註釋：

①《師友談紀》：宋李廌（1059—1109）著，一卷，今存。此書記蘇

軾、范祖禹、黄庭堅、秦觀、晁説之、張耒等所談，故名《師友談記》。

②錢穆父（1034—1097）：名勰，字穆父，杭州人，蘇軾好友。歷官中書舍人、工部户部侍郎，進尚書，加龍圖閣直學士，知開封。

③朝次：朝列，此指上朝。霹靂手：斷案的快手。

④鶻鷺蹄：又作"葫蘆提""胡盧蹄"，言糊里糊塗，馬里馬虎，與"霹靂手"之義相反。

⑤俳優：古代以樂舞諧戲爲業的藝人。鶻突：亦作"鶻鴒""糊塗""胡塗""渾沌"，與"鶻鷺蹄"義同。

⑥反：反辭，即重復之辭。《荀子·賦篇》："與愚以疑，願聞反辭。"楊倞註："反辭，反覆敘説之辭。""鶻突者，胡塗之反也"，謂鶻突是胡塗的同義詞。

⑦殷芸（471—529）：字灌蔬，陳郡長平（今河南西華東北）人，南朝梁文學家。其作品《小説》是我國歷史上第一部以"小説"爲書名的短篇小説集。

⑧孫邕：字宗儒，樂安青州人也。仕曹魏，爲光録大夫關内侯，以儒雅知名於世。據《晉書》載，鄭沖與孫邕、何晏、曹羲、荀顗等共《論語》諸家訓詁成《論語集解》。醇粹：精純不雜。

⑨《釋稗》：北宋孔平仲撰，已佚，小説類著作。

⑩入：入聲。去：去聲。"渾與鶻""敦與突"音近，陽入對轉；"渾與渾""沌與敦"四聲別義。此處旨在表明語音相近，意亦相近，即鶻突、渾沌意義相近。

⑪解義：王安石著有《三經新義》與《字説》。

⑫陸農師：即陸佃（1042—1102），字農師，北宋越州山陰人，陸游祖父。王安石的學生，神宗時爲尚書左丞。

絲杉

《霍光傳》師古曰："《爾雅》《毛詩傳》皆云樅木則松葉柏身，栝木則柏葉松身。"案，柏葉松身，乃今俗呼爲絲杉者也。

虛封

建安二十年，曹操專封拜，^①"始置名號侯，至五大夫，與舊列侯、關內侯凡六等，以賞軍功。"^②○新置皆不食租。裴松之曰："今之虛封蓋始於此。"

註釋：

①專：主持。封拜：賜爵授官。
②見《三國志·魏志·武帝紀》。名號侯：有封號而無食邑的侯，即下文的"虛封"。

萱草

《詩》曰："焉得諼草，言植之北。"^①註直以"諼"爲"萱草"。《詩》"永矢弗諼"之訓爲"忘"，^②故曰永誓不忘也。又凡字必從其類，而萱當從草，今獨舍"草"從"言"，義皆可疑。後見許氏《說文》萱之字從艸，憲又作萲、作蕿，俱以"況袁"爲翻切，^③乃知古《詩》字本作"蕿"。自唐明皇改古文，代以今字，乃訛"蕿"爲"諼"耳。

註釋：

①諼：通"萱"。唐陸德明《音義》曰："諼本又作萱，況爰反。《說文》作藼，云令人忘憂也。或作蕿。"言植之北：《詩經》、四庫本作"言樹之背"。《詩經·衞風·伯兮》："焉得諼草，言樹之背。"北：通"背"。
②矢：誓。之：代"諼"，四庫本作"諼"。鄭箋，"諼，忘也"。
③翻切：同"反切"，古代漢字註音方法之一。

碑生金

《晉語》云："墓碑生金，庾氏大忌。"^①初不曉"生金"爲何等語。案，吳淑《事類賦》引《魏志》曰："繁昌縣授禪，碑中生金。表送上，群臣盡賀。王隱《晉書》曰：永嘉初，陳國項縣賈迻石碑中生金，人盜鑿取以賣，賣已復生。此江東之瑞也。"②其曰瑞者，晉爲金行，故金生爲祥，元帝中興，其應也。據此而言，則碑中誠生黃金矣，亦異事哉。

註釋：

①此爲郭璞語。《晉書·郭璞傳》："庾冰令郭璞筮其後嗣，卦成，曰：'卿諸子並當貴盛，然有白龍者凶徵至矣。若墓碑生金，庾氏之大忌也。'後冰子庾蘊爲廣州刺史，其妾房內忽有一新生白狗子，莫知所由來，其妾秘愛之，不令蘊知。狗轉長大，蘊入見狗，眉眼分明，又身至長而弱，異於常狗。蘊甚怪之，將出共視，在衆人前忽失所在。蘊慨然曰：'殆白龍乎？庾氏禍至矣。'適時又墓碑生金，俄而庾氏爲桓溫所滅，終如郭璞之占。"東晉王隱所撰《晉書》是唐代房玄齡重修晉十六國史時的重要參閱史料，然安史之亂後散佚，今有《九家舊晉書輯本》。

②見吳淑《事類賦》自註文。《事類賦》共三十卷，屬子部類書。吳淑（947—1002），字正儀，北宋丹陽人。仕南唐爲內史。歸宋薦試學士院，授大理評事。後官至起居舍人，職方員外郎。《水經註》卷二十二："昔魏文帝受禪於此，自壇而降，曰：舜、禹之事，吾知之矣！故其石銘曰：遂於繁昌築靈壇也。於後其碑六字生金，論者以爲司馬金行，故曹氏六世，遷魏而事晉也。"

牙盤

唐少府監御饌器用九飣食，①以牙盤九枚裝食味於上，②置上前，亦謂之看食。據此，即是以牙飾盤矣。問之，今世上食，止是髹盤，③亦不飾牙。

註釋：

①少府監：秦始置，掌山澤之税，唐代少府僅掌管百工技巧諸務。詳《舊唐書·職官志三》。九飣食：堆放在器皿中的蔬果，一般僅供陳設。因用九盤裝壘，故名"九飣食"。

②牙盤：謂雕飾精美的盤子。食味：品嘗之食物。

③髹盤：赤黑漆盤。

鐐鑪

《談苑》載鐐鑪曰："鐐者，白金也。"意以謂白金飾鑪也。是固有本矣，然恐語訛耳。《爾雅》云："烘，燎。煁，烓也。"①"烘，謂燒燎也。"②"煁，今之三隅竈也。"③然則烓者，無釜之竈，其上燃火，謂之烘。本爲此竈止以燃火照物，若今之生麻籸○音身盆也。④然則鐐鑪亦不爲鐐，當爲燎爐耳。

註釋：

①見《爾雅·釋言》。
②③見《爾雅》郭璞註。竈：簡體作"灶"。
④生麻籸盆：指以麻籸爲燃料的照明火盆。籸：糧食、油料加工後剩下的渣滓。《玉篇·米部》："籸，粉滓。"

燭

《儀禮》之《燕禮》曰："宵則庶子執燭於阼階上，①司宮執燭於西階上，②甸人執大燭於庭，閽人爲大燭於門外。③"鄭玄註曰："燭，燋也。④甸人，掌供薪蒸者。⑤庭大燭爲位廣也。閽人，門人也。爲，作也。作大燭以俟賓客之出也。"古燭未知用蠟，直以薪蒸，即是燒柴取明耳。亦或剝樺皮爇之，⑥亦已精矣。然《曲禮》曰："燭不見跋。"⑦則是必有質可蓼，乃始有跋耳。《曲禮》或有是蠟燭，後從其所見而言之耶？

註釋：

①庶子：周代司馬的屬官。阼階：東階，主人之階。鄭玄《儀禮·士冠禮》註："阼，猶酢也，東階所以答酢賓客也。"
②司宮：官名，主管宮內之事。西階：指堂西臺階。《禮記·曲禮上》："主人就東階，客就西階。客若降等，則就主人之階。"
③閽人：周官名，掌晨昏啓閉宮門。《周禮·天官·閽人》："閽人，掌守王宮之中門之禁。"
④燋：古同"爝"，火炬。

⑤薪蒸：薪柴。《周禮·天官·甸師》："帥其徒以役外內饔之事。"孫詒讓正義："薪蒸即薪柴也。"

⑥爇（ruò）：燒。《說文·火部》："爇，燒也。"

⑦燭不見跋：《禮記·曲禮上》："燭不見跋，尊客之前不叱狗，讓食不唾。"孔穎達疏："跋，本也。本，把處也。"按，"燭不見跋"意爲晚上到朋友家做客閑談，如果看見火燭將燃至木把處，就應起身告辭。

答人問九江說

前蒙疑諭九江曲折，冗久不報，當不訝否？某之論《禹貢》也，①疑則傳疑，初未嘗敢確主其見也，進本於發語中已著此意。至於九江非今江州，固嘗明言之矣。顧經文關及九江者多，悉是經中大節目，②若不姑據古傳以奠其地，③則凡經文中語及九江者，無所指以致其辭，故姑從古傳言之，不謂確不可易也。《春秋》所書，尚分見、聞、傳聞爲三，④歐公亦不敢全廢漢儒之說，而遂設爲之喻曰："村瞳有火，州人數日乃始聞之，不如其邑人翌日聞之之未遠也。縣聞雖近，又不如其鄰人登時親見之審也。"秦以今淮南爲九江，漢以今江州爲九江，皆非鄰人親見之審矣。然由今日視秦漢，如以州人而言縣事，又不如姑仍縣人之言，尚或可據也。若舍之不用，別擬一水以名九江，是似州人強破邑傳，或時卻成薦誤，所不敢安也。漢去古不遠，已不知九江所奠矣。劉歆遂指彭蠡以爲九江，凡今名江州以爲九江郡，皆始於歆。然歷世不肯主信者，以匯即彭蠡也。匯與彭蠡，經既以三江名之，不應添出一名謂爲九江也。夫三江者，南、中、北相參爲三，是尚可應塞三數矣。若九之爲九，其名何自而起耶？故王莽雖采歆說，以此名郡，而後世不肯主信者，爲其本無的據也。若其指洞庭爲九江則自胡旦始，⑤而晁說之實宗師之，⑥第不肯明云其說自旦而出耳。古來未嘗有爲此言者也，且經之言九江也，如曰"九江孔殷"，⑦又曰"過九江，至于敷淺原"，⑧又曰"九江納錫大龜"。⑨是皆因事及之，猶可展轉它說矣。至夫岷江，原委相貫，自岷山以至入海，具有次第，著乎經文，則何可移之而它也歟？經曰："岷山導江，東別爲沱。又東至于澧，過九江，至于東陵。"⑩則是九江也者，上承岷派，由夔峽東注以下，貫于東陵，而後始會于匯。匯者，南江之與江漢，合三爲一之地也。今江州湖口縣是其所也。洞庭也者，課其大派，⑪則上承瀟湘，而下徑岳州，以合于江，而瀟湘之源皆出湖南，不受蜀水也。則書之"岷派瀟湘"，不得而預也。今從岳州言之，岷江正在州北，洞庭乃在湖南，其不爲一派明矣。由岳州已上，則兩水不相入，如之何強取未嘗合流之南派而用全無古據之見，剟而入之北派也？⑫今鼎沅之西，固與蜀中施黔東西相距，然而中隔萬山，水不通流，如之何而云南派可入北派也？湖南固有澧水，因遂置爲澧州矣。李吉父《元和郡縣志》遂取此之澧水以爲岷蜀之澧，故胡旦信之不疑，而不知後世湖南之澧水，非古梁州之澧水也。此最致誤之因也。旦之説曰"九水入于洞庭，故名以九"，非也。漣水、營水○今爲瀟、耒水、沫水、漉水、瀏水、潰水、並水、湘水，是姑可枚列爲九矣。然而九水之外，更有微水、資水、沅水、澧水，此四水者，亦皆同入洞庭而同注於江，則是洞庭所受者，凡十三水矣。不知以何爲限，而遂掇去四水不數也。若以爲上流只有九水，則資之入沅時，漣、瀟、鍾、耒、泩、漉、瀏、潰之入湘也。方其初來已爲九水，而沅、湘又爲二水，以九合二，則十一矣。其可削減十一使之爲九乎？若專以注湖爲數，則又沅、湘實止二水，數不及九，不知何據而遂以意定之爲九也？蓋古人之記水派也，皆摭其本名本地，⑬據實言之，無有取象以爲之數者也。旦謂九爲陽數，則於治水之義，絶無所附，不待它人致辨。胡氏亦既設辭自疑，而不敢主執矣。⑭是故江、河、淮、濟，命名既定，則江的名江，河的名河，不似今世凡水皆得名江、名河、名湖也。且夫漢水之大，幾與岷江相敵，其已大矣，而其初未及入江，經但稱之爲漢，不肯假以江名也。洞庭雖大，安得未會於江而遂破例以目爲江乎？而經亦無其語，何可信也？

註釋：

①某：指程大昌。程大昌曾以待講之職在宮中講授《尚書》，《禹貢》是其中一篇。程對其中的問題進行考辨，撰成《禹貢論》《禹貢後論》，並繪製《禹貢山川地理圖》三十一幅。

②節目：關鍵。

③奠：《玉篇·丌部》："奠，定也。"

④《春秋繁露·楚莊王》："《春秋》分十二世爲三等：有見，有聞，有傳聞；有見三世，有聞四世，有傳聞五世。故哀、定、昭，君子之所見也；襄、成、文、宣，君子之所聞也；僖、閔、莊、桓、隱，君子之所傳聞也。所見六十一年，所聞八十五年，所傳聞九十六年。"

⑤胡旦：字周父，北宋濱州渤海（今山東省濱州市）人。曾任參知政事、總計使、鹽鐵使等職。

⑥晁說之（1059—1129）：字以道，南宋巨野（今屬山東）人，亦說澶州（今河南濮陽）人。博覽群書，工詩，善畫山水，通六經，尤精易學。官至中書舍人，兼太子詹事。

⑦孔殷：眾多、繁多。《書·禹貢》："江漢朝宗於海，九江孔殷。"曾運乾《尚書正讀》："孔，甚也。殷，盛也。"

⑧敷淺原：古地名，究竟爲何處，迄今仍未有定論。

⑨納錫：入貢。錫，通"賜"。九江納錫大龜，言九江水道眾多或水道寬闊，九江奉命獻過大龜。

⑩見《尚書·禹貢》。

⑪課：考察，考核。《說文·言部》："課，試也。"

⑫掇：通"掇"。《說文·手部》："掇，拾取也。"

⑬摭：拾取。《方言》卷一："摭，取也。陳、宋之間曰摭。"

⑭主執：固執己見。

卷之三

誕馬

《宣和鹵簿圖》有誕馬,[①]其制用色帛周裹一方氈,蓋覆馬脊,更不施鞍。此其爲制,必有古傳,非意創矣。然名以爲誕,則其義莫究也。蔡攸輩雖加辨釋,[②]終不協當。案《通典》:宋江夏王義恭爲孝武所忌,[③]憂懼,故奏革諸侯國制,但馬不得過二。其字則書爲"但"不書爲"誕"也。但者,徒也。徒馬者,有馬無鞍,如人袒裼之袒也。[④]迹其義類,則古謂徒歌曰謡,是其比也。其所謂徒者,但有歌聲而無鐘鼓以將也。[⑤]然則謂之但馬,蓋散馬備用而不施鞍鞚者也。○《通典》三十一。又王瓊每見道俗,乞丐無已,[⑥]道逢太保廣平王懷,[⑦]遽自言馬瘦,懷即以誕馬並乘具與之,案,此書"但"爲"誕",誤也。所與者,但馬而無鞍勒,故以乘具與之,其理相貫也。又案《酉陽雜俎》一卷:[⑧]"北齊迎南使,使主副各乘車,但馬在車後,鐵甲百餘人。"其所書曰"但馬",而不曰"誕馬",又馬在車後而名"但",知無乘具以備闕也。

註釋:

①鹵簿:古代帝王出外時扈從的儀仗隊。宋葉夢得《石林燕語》卷四:"唐人謂鹵,櫓也,甲楯之别名。凡兵衛以甲楯居外爲前導,捍蔽其先後,皆著之簿籍,故曰'鹵簿'。因舉南朝御史中丞、建康令皆有'鹵簿',爲君臣通稱,二字别無義,此説爲差近。"

②蔡攸(1077—1126):字居安,蔡京長子,北宋興化仙游(今屬福建)人。累官爲宣和殿大學士節度使、領樞密院事。

③按,宋江夏王爲劉義恭(413—465),他是彭城綏里人,南朝宋武帝劉裕第五子。元嘉元年(424)封江夏王,進位司空。一度權傾一時,

故爲宋世祖孝武皇帝劉駿（430—464）所忌，永光元年（465）秋八月被誅。

④袒裼：脱去上衣，裸露肢體。《玉篇·衣部》："裼，脱衣見體也。"

⑤將：扶助，伴奏。《玉篇·寸部》："將，助也。"

⑥"又王"至"無已"十一字：據《魏書·王慧龍傳》《北史·王瓊傳》載，王瓊，字世珍，北魏太原晉陽人也，累官至前將軍、光州刺史。因"有受納響，爲中尉王顯所劾"，雖"終得雪免"，但多年沈滯，加之因"女卒"而經常"哀慟無已"，每見到出家人和世俗之人，就求索不已。乞丐：動詞，索求。

⑦太保廣平王懷：指元懷（488—517），字宣義，北魏孝文帝元宏第五子。官太保，封廣平王。《魏書》有傳。

⑧《酉陽雜俎》：唐段成式撰，唐代筆記小説集，二十卷，續集十卷，今存。

卜教

後世問卜于神，有器名杯珓者，①以兩蚌殼，投空擲地，觀其俯仰，以斷休咎。②自有此制後，後人不專用蛤殼矣，或以竹，或以木，略斫削使如蛤形，而中分爲二，有仰有俯，故亦名"杯珓"。杯者，言蛤殼中空，可以受盛，其狀如杯也。珓者，本合爲教，言神所告教，現于此之俯仰也。後人見其質之爲木也，則書以爲"校"字，《義山雜纂》曰"殢神擲校"是也。③"校"亦音"珓"也。今野廟之荒涼無資者，止破厚竹根爲之，俗書"竹下安教"者是也。至《唐韻·效部》所收則爲"珓"，其説曰："珓者，杯珓也，以玉爲之。"《説文》《玉篇》皆無"珓"字也。案，許氏《説文》作於後漢，顧野王《玉篇》作於梁世，④孫愐加字則在上元間，而《廣韻》之成，則在天寶十載。然則自漢至梁，皆未有此"珓"字，知必出於後世意撰也。《干祿書》凡名俗字者皆此類也。⑤至其謂以玉爲之，決非真玉。玉雖堅，不可揚擲，兼野廟之巫未必力能用玉也，當是擇蚌殼瑩白者爲之，而人因附玉以爲之名，凡今珠、璣、琲、琊，字雖從玉，其實蚌屬也。夫惟珓、校、教，既無明據，又無理致，皆所未安。予故獨取宗懍之説也。懍之《荆楚歲時記》曰："秋社擬教於神⑥以占來歲豐儉。其字無所附並乃獨書爲'教'，猶言神所告，於揚擲乎見之也。"此説最爲明徑也。⑦又《歲時記》註文曰:"教,以桐爲之,形如小蛤,言教教令也。其擲法則以半俯半仰者爲吉也。"此其所以爲"教"也。

註釋:

①杯珓:又作"杯筊",占卜用具。葉夢得《石林燕語》卷一:"太祖皇帝微時,嘗被酒入南京高辛廟,香案有竹杯筊,因取以占己之名位。"

②休咎:吉凶,善惡。

③《義山雜纂》:義山爲李商隱字,此書爲商隱分類輯錄的歇後語、俗語、格言,闡述了立身處世和處理家庭、人際關係的一系列準則。殢:滯也。殢神:讓神滯留回答問題,即問卜於神。校:即"杯珓"。殢神擲校謂通過"杯珓"這種占卜工具問卜於神。

④顧野王(519—581):字希馮,吳郡吳(今江蘇蘇州吳中區)人,仕梁陳兩朝,官至黃門侍郎兼太學博士,撰《玉篇》。

⑤《干禄書》:又名《干禄字書》,唐顏元孫撰,爲刊正漢字形體之書。

⑥教:通"珓"。秋社擬教於神:言秋季社祭,以珓向神問卜。

⑦明徑:明白直截。徑,直也。

流離

《漢·西域傳》:罽賓國有琥珀、流離。①師古曰:"《魏略》云:②大秦國出赤、白、黑、黃、青、綠、縹、紺、紅、紫十種流離。……此蓋自然之物,采澤光潤,踰於眾玉,今俗所用,皆銷冶石汁,加以眾藥,③灌而爲之。虛脆不耐,④實非真物。"案"流離",今書附"玉"旁爲"琉璃"字,師古之記"流離"是矣,而亦未得其詳也。《穆天子傳》曰:⑤"天子東征,有采石之山,凡好石之器于是出。天子升山,取采石焉,使民鑄以成器于采石山之上。"註云:"采石,文采之石也。"則鑄石爲器,古有之矣。顏氏謂爲"自然之物",恐不詳也。《北史·大月氏傳》:⑥魏太武時,月氏人商販京師,自云能鑄石爲五色琉璃。於是采礦於山中,即京師鑄之。⑦既成,光澤乃美於西方者,自是,中國琉璃遂賤。用此言推之,則雖西域琉璃,亦用石鑄,無自然生成者。若果出於生成,則月氏之賈,從何人而受此鑄法也？兼外國奇産，中國未始無之，獨不聞有所謂真流離也。東坡作《藥玉盞》詩曰："熔鉛煮白石，作玉真自欺。"東坡謂"煮"，即《穆傳》之所謂"鑄"，顔氏之謂"銷冶"者也。然中國所鑄，有與西域異者，鑄之中國則色甚光鮮，而質則輕脆，沃以熱酒，[8]隨手破裂。至其來自海舶者，製差樸鈍，而色亦微暗，其可異者，雖百沸湯注之，與磁銀無異，了不損動，是名蕃琉璃也。蕃流離之異於中國流離，其別蓋如此，而未嘗聞有以石琢者也。如階石之類，古之謂珉，又謂之砝砆，至瑛、璁、璓、玫，皆石之似玉者。使此一種石而入用，自附名於玉，不爲流離矣。故知師古之言爲未審也。

註釋：

①罽賓國：漢魏時西域國名。《漢書·西域傳》："（罽賓國出）珠璣，珊瑚，虎魄，璧流離。"

②《魏略》：魏·魚豢撰，50卷，記載三國時代魏國史事，已佚。《後漢書》《翰苑》《北户錄》《三國志》《法苑珠林》《太平御覽》等書徵引較多。

③藥：此指能發生特定效用的化學物質。

④耐：耐用。

⑤《穆天子傳》：又名《周王傳》《周王游行記》，作者不詳，6卷，東晉文學家、小學家郭璞爲之作註，今存。爲晉咸寧五年（279）汲縣民盜掘魏襄王墓所得竹書之一，是記述周穆王事迹而帶有虛構成分的傳記作品。

⑥月氏：西域國名。賈：商販。

⑦即：到。

⑧沃：澆灌。

闌出

漢法，闌出謂以違禁之物越出邊禁之地也。無籍而冒入宮殿，則爲闌入，謂其人身竊入宮禁之内也。闌有遮欄之義，古字多通用，蘭、闌、欄皆一也。欄檻之版爲蘭。[1]《子虛賦》云："宛虹拖於楯軒。"[2]註云："楯軒，軒之蘭版也。"張平子《西都賦》曰：[3]"伏櫺檻而俯聽。"[4]薛綜[5]曰：

"檽，臺上欄也。爲軒檻，可以限隔高下，故名之爲欄。"是皆闌干之闌也。兵器在架曰闌。張衡賦曰："武庫禁兵，設在蘭錡。"⑥李善引劉逵《魏都賦註》曰："受它兵曰蘭，受弓弩曰錡。"⑦蓋以轄束兵器，⑧名之曰蘭也。井上四立幹，四出而相交亦名爲闌，言能遮限井口也。聯木以邀遮禽獸爲闌。《上林》之賦"校獵"也，顏師古註曰："校，以木相貫，穿揔爲闌校，遮止禽獸而獵取之也。"⑨馬牛閑廄爲闌。《周官·校人》：闌板以養馬，故命之爲闌也。納奴婢閑中而鬻賣之，⑩亦名爲闌。《賈誼傳》：賣僮納之閑中。閑即闌也。合數者而求其義，則闌出、闌入之理皆昭昭矣。後世財利所在，官專其入，則命之爲榷。榷者，水上獨木之橋也，言獨專此水，禁塞它路，如一木橋然也。夫以專取爲榷，則犯國禁而越出、越入，皆當爲闌矣。

註釋：

①欄檻：欄杆。

②楯軒：指有欄杆的長廊。《文選·司馬相如〈上林賦〉》李善註曰："應劭曰：'楯，欄檻也。'司馬彪曰：'軒，楯下版也。'"

③張平子：張衡（78—139），字平子，東漢南陽西鄂（今河南南陽市石橋鎮）人，官至尚書。天文學家、數學家、文學家。事見《後漢書》本傳。

④檽檻：欄杆。

⑤薛綜（？—243）：字敬文，三國時吳國沛郡竹邑（今安徽濉溪）人。官至太子少傅，著有《私載》《五宗圖述》《二京賦註》。

⑥又見於張衡《西京賦》。武庫：儲藏兵器的倉庫。蘭錡：兵器架。

⑦李善（630—689）：廣陵江都（今江蘇揚州市）人。唐高宗時期著名選學家，也是書法家李邕之父，有《文選註》傳世。《舊唐書》有傳。《魏都賦》，西晉左思著，劉逵爲之作註。它兵：弓弩以外的兵器。

⑧轄束：管轄；管束。

⑨見《漢書·司馬相如傳》顏師古註。

⑩閑：柵欄或馬廄。鬻：賣。

十數改用多畫字

古書一爲弌，二爲弍，三爲弎，蓋以"弋"爲母，而一、二、三隨數附合，以成其字。特不知單書一畫爲一、單書二畫三畫爲二爲三起自何時。今官府文書，凡其記數，皆取聲同而點畫多者改用之。於是壹、貳、參、肆之類，本皆非數，直是取同聲之字，借以爲用，貴點畫多不可改換爲奸耳，本無義理可以與之相更也。若夫十之用拾、八之用捌、九之用玖，則全無附並也。然亦有在疑似間者，《易》之"參天兩地"，①《左傳》"自參以上，則往稱地，來稱會"，②是嘗以"參"爲"三"矣。顏子"不貳過"③"士有貳宗"④"國不堪貳"⑤，爲其與正爲副，則貳之爲二，尚或可以傅會矣。在顏師古時，《江充傳》固已訛"犬臺"爲"太壹"矣。《薛宣傳》本曰"壹笑爲樂"，而傳本乃改"壹笑"爲"壺矢"，⑥則是此時"一"已爲"壹"矣。若元本不用"壹"字，則"一"字本止一畫，何緣轉易爲"壺"、爲"矢"也。若曰唐至明皇，始盡以今文代去古文，因盡歸咎明皇，則師古之時，漢書傳本何爲已變"犬臺"以爲"太壹""壹笑"以爲"壺矢"耶？又凡《漢書》"一"字，皆以"壹"代，則"一"變爲"壹"，久在明皇之前矣。然而古今經史，凡書"千百"之字，無有用阡陌之"陌"、公伯之"伯"者。予故疑舊本不曾改少畫以從多畫也，然不能究其起自何時。

註釋：

①見《易·說卦》。

②見《左傳·桓公二年》。

③《論語·雍也》，孔子認爲"顏回者好學，不遷怒，不貳過"。"不貳過"謂同樣的錯誤不犯兩次。

④見《左傳·隱公元年》。"士有貳宗"，《左傳·桓公二年》作"大夫有貳宗。"杜預註："適子爲小宗，次子爲貳宗，以相輔貳。"楊伯峻註："貳宗亦官名，亦以大夫之宗室之弟爲之。"

⑤《漢書·江充傳》："初，充召見犬臺宮。"師古註曰："今書本'犬臺'，有作'太壹'字者，誤也，漢無太壹宮也。"

⑥"薛宣"至"壺矢"共十九字："矢"亦作"关"。"笑"俗寫爲"关"，像"矢"或"关"。顏師古引晉灼曰："書篆形'壹关'字像'壺矢'，因曰'壺矢'。""'壹关'謂一爲歡关耳。关古笑字也。"

大衍虛一

《正易新法》之論大衍曰：①挂一之在四十九，元不入用，則雖去之無欠也。其意以爲揲蓍之初，②此一既挂左指，則自不預揲數○上聲之數○去聲矣。及其揲四已定，此一又歸奇扐，③則又不入七八、九六之用，故曰"去之無欠也"。此蓋以象數言《易》於有爻之後，而不知超象數以求《易》於未爻之前也。"道生一，一生二，二生三，三生萬物"，一之生二，是虛一之能生天生地者也。夫天地得此之生於太極也，其象在蓍，則分一爲二，是其形容已然。此之分二者，從何而來？豈非從一握則四十九用，皆藏一握之內，及其分一握以爲兩握，則一已生二，而一遂無見。聖人於是即五十蓍中取其一蓍，挂之左指者，既不以揲，又不循數，其意蓋示四十九用之上，此之一數處揔無爲而四十九者，各以七八、九六聽令而受數焉耳。故此一雖虛，而天下之實莫不由之以出，則安可知有用之用，而不知無用之用也？故知此說不能求諸未爻之前也。

註釋：

①《正易新法》：當作"《正易心法》"，麻衣道者撰，陳摶註釋。其內容，據朱彝尊《經義考》載程準序稱："正易者，正謂卦畫，若今經書正文也。每章四句者，心法也；訓於其下，消息也。"按，先賢對"大衍"解答多種多樣。"大衍"源自《周易·系辭上》："大衍之數五十，其用四十有九。《易·繫辭上》："大衍之數五十。"孔穎達疏引京房云："五十者謂十日、十二辰、二十八宿也。"有學者認爲，"大"通"太"，指太極。古文"太極"均書爲"大極"。衍，衍生，繁衍。由太極衍生、繁衍、展開、延伸出來的數是五十。"大衍虛一"即下文之"挂一之在四十九"，此取其不圓之義，因天地本不全，一切顯象之物皆不能圓滿。五十之數因與道合亦不顯象，而占筮正是爲了以數顯象，故五十掛一而用四十九。

②揲蓍：古代問卜的一種方式，用手抽點蓍草莖的數目，以決定吉凶禍福。

③扐：手指之間。《正易心法》曰："歸奇於扐以像閏。"

北虜於達魯河鈎魚①

《燕北雜録》載契丹興宗重熙年間衣制、②儀衛、打圍、射鹿、鈎魚等事，於景祐五年十月撰進，不書撰人姓名而著其所從聞，曰："思鄉人武珪在虜十餘年，以善歌隸帳下，故能習虜事詳悉。凡其所録皆珪語也。"達魯河鈎牛魚，③虜中盛禮，意慕中國賞花釣魚，然非釣也，鈎也。此之所記於虜爲道宗清寧四年，④其甲子則戊戌正月也。達魯河東與海接，歲正月方凍，至四月而泮。⑤其鈎是魚也，虜主與其母皆設次冰上，⑥先使人於河上下十里間，以毛網截魚，令不得散逸，又從而驅之，使集虜帳。其床前預開冰竅四，名爲冰眼，中眼透水，旁三眼環之，不透，第斫減，令薄而已。薄者所以候魚，而透者將以施鈎也。魚雖水中之物，若久閉於冰，遇可出水處，亦必伸首吐氣，故透水一眼，必可以致魚，而薄不透水者，將以伺視也。魚之將至，伺者以告虜主，即遂於斫透眼中用繩鈎擲之，無不中者。既中，遂從繩令去，久，魚倦，即曳繩出之，謂之得頭魚。頭魚既得，遂相與出冰帳，於別帳作樂上壽。

註釋：

①達魯河：洮兒河與嫩江匯合處至松花江段。
②興宗（1016—1055）：指遼耶律宗真，遼第七位皇帝，1031至1054年在位，年號重熙（1032—1054），廟號興宗。
③牛魚：即鱘鰉魚。見卷十三"牛魚"條。
④道宗（1032—1101）：指遼耶律洪基，字涅鄰，遼第八位皇帝，1055—1101在位，年號清寧（1032—1054），廟號道宗。
⑤泮：通"判"，散，解。《玉篇·水部》："泮，散也，破也。"
⑥次：謂設置帳棚，供臨時居處。

古用玉非純玉

古禮用玉甚多而玉不乏，或疑古玉多於後世，是則然矣，然而有説也。《説文·玉部》案："《禮》：天子用全，純玉也。上公用駹，四玉一石。侯用瓚、伯用埒，玉石相半也。"①然則"瓚""埒"云者，其質半玉半石，而"瓏"者五分其質，而四分爲玉，一分爲石也。然則古之禮玉，惟天子所用通體是玉，若其間雜之以石，則不用也。自上公以降，則瓏、瓚、將之質，雖不免雜之以石，亦入用也。則其禮用雖多，凡半珉半玉亦入用也。[2]紹興十三、四年間，或於會稽禹廟三清殿前發地得瘞玉。[3]官寺初未之知，人多分取，及縣官知而錄之，止餘四物。其一蒼璧也，色帶青，一邊有土黯處，稍變爲土黃色，不知在瘞幾何年矣。其二蒼璋也，極小，略可三五寸許，正爲半圭之形。此三者，蓋真玉也。又有一物，體圓如璧，而旁出兩角，角末即是圭頭，在禮所謂"兩圭有邸"者也。[4]色似玉帶白，而體質甚軟，觀者多用指爪掐試，已成深穴。細視，正是寒長解石輩耳，[5]亦恐未可名之爲珉也。其器見藏禹廟，縣尉典之，[6]前後官遞相付授，防換竊也。吳民可帥越大興工，浚鏡湖，得小玉璧以藏公帑中。[7]迹此數物而考之以古，則皆得諸禹廟。其在土中者，必爲薶玉以祭者也。[8]得之水中者，則其沈祭之玉也。古用玉如此之多也。

註釋：

①見《説文·玉部》。"瓚"，鄭玄註："龍（同瓏）、瓚、將，皆雜名也。"賈公彥疏："雜名者，謂玉之雜名，此亦含雜色。"
②珉：似玉的美石。《説文·玉部》："珉，石之美者。"
③瘞玉：古代祭山禮儀，治禮畢埋玉於坑。
④兩圭有邸：言上下兩圭之底部相對。《周禮·考工記·玉人》："兩圭有邸，以祀地，以旅四望。"鄭玄註："邸謂之柢，有邸僻共本也。"
⑤寒長解石：一種似玉石的礦物質。
⑥典：掌管。
⑦公帑：官庫，國庫。
⑧薶：埋葬。後作"埋"。《説文·艸部》："薶，瘞也。"

蓍以七爲數

諸家多言蓍以七爲數，[1]至其何以用七則莫有言者。意謂七七四十九，正蓍之用耳。歷考諸《易》，自數揔以及數變，皆無以七爲祖者，獨有七爲少陽，固在四策之一。[2]然此之七也，進之不得爲陽數之極，退之不能爲陽變之祖，則七在四策中，特其列數之一耳，安能揔攝它數也？顧獨於末流取四十九以配七七，而謂蓍數之祖，何所本也？

註釋：

①蓍：多年生草木植物，一本多莖，可入藥。術家常用它的莖占卜。
②四策：四時。《易》曰："揲之以四，以象四時。"唐代易學家崔憬曰："分揲其蓍，皆以四爲數，一策一時，故四策，以象四時也。"

鴻毛

王褒《聖主得賢臣頌》曰："翼乎如鴻毛之遇順風。"①鴻毛非指其羽中之最大者，言如鴻鵠得風而順其羽翰，②既大風又借便，故以爲賢臣遇主之喻也。

註釋：

①見《漢書·王褒傳》。王褒（513？—576），字子淵，西漢犍爲郡資中（今四川資陽）人。精通音律，被視爲御用文人的代表。《聖主得賢臣頌》乃褒奉漢宣帝詔令而作。
②羽翰：翅膀。翰，長而硬的鳥羽。

河豚

《類篇·魚部》引《博雅》云："鯸鮐○盈之反，魨也，背青，腹白，觸物即怒，其肝殺人。"正今人名爲河豚者也，然則"豚"當爲"魨"。①

註釋：

①魨：即河豚。體圓筒形，似豚，因以"豚"名。又名鯸鮧、鯯鮧等。主要生活在海水中，有的種類也能進入淡水。無鱗或有刺鱗，一觸物胸腹部即鼓氣如球作禦敵狀。肉味鮮美，但肝臟、卵巢及血液等均含毒素。

禹冢

《漢·地理志》"會稽郡山陰縣"，註云："會稽山在南，上有禹冢、禹井。"今紹興府城東十許里有告成觀,①觀有禹廟,相傳禹墓在廟東之小山。山下又有窆石,②或云禹葬所用,然絕無信傳。又其地自在山陰縣治之東,與古傳在南者方鄉不應。若紹興府府治,則又在今山陰縣之西,而其正南大山即秦望山也。秦始皇父子皆登此山以祭禹矣。《南史》記秦碑至是尚在,讀二世碑,是也。然則禹墓在秦望山上山陰縣南,而不在告成觀,甚明。

註釋:

①告成觀:原爲禹祠,據宋·施宿等撰《會稽志》卷七載:"告成觀在縣東南七里,政和四年二月敕改禹祠爲告成觀。"
②窆石:壙旁石碑。其上有孔,用以穿繩引棺下穴。

背子中襌

今人服公裳,必衷以背子。①背子者,狀如單襦、夾襖,②特其裾加長,③直垂至足焉耳,其實古之中襌也。④襌之字,或爲單,皆音單也。古之法,服朝服,其內必有中單。中單之製,正如今人背子,而兩腋有交帶橫束其上。今世之慕古者兩腋各垂雙帶以準襌之帶,即本此也。《江充傳》:"衣紗縠襌衣。"師古曰:"襌衣,若今之朝服中襌也。"《漢官儀》曰:"虎賁中郎將衣紗縠襌衣。"《事物紀原》曰:"漢高帝與項羽戰,汗透中單。"⑤且曰中單即今汗衫,非也。

註釋:

①衷:本爲貼身內衣,此指貼身穿在裏面。背子:亦作"褙子",一種由半臂或中單演變而成的上衣。
②單襦:短衣,近乎衫。
③裾:衣服的前後襟。《說文》:"裾,衣袌也。"
④中襌:古時朝服、祭服的裏衣。
⑤《事物紀原》:十卷,宋高承編撰。高承,元豐間開封人,此書"自博奕嬉戲之微、蟲魚飛走之間,無不考其所自來",蓋雜考一類著作,《四庫全書》收此書,雖十卷,後人增益較多。

躧○音屣

《地理志》：[1]"趙地倡優，[2]女子彈弦跕○它頰反躧，[3]游媚富貴。"註："躧跟爲跕，挂指爲躧。"[4]師古曰："屣，謂小履之無跟者也。跕，謂輕躡之也。"案，今人夏月以生帛爲屧，[5]其三面稍隆起，惟當脚跟處正低，即師古所指也。

註釋：

[1]見《漢書·地理志第八下》。
[2]倡優：古代稱以音樂歌舞或雜技戲謔娛人的藝人。
[3]跕躧：亦作"跕屣"，拖著鞋子，足尖著地輕輕前行。《史記·貨殖列傳》："女子則鼓鳴瑟，跕屣，游媚貴富，入後宮，遍諸侯。"
[4]此爲臣瓚註。挂指：謂以脚趾大指與二指夾拖著鞋。
[5]屧：木底鞋。《廣韻·帖韻》："屧，屐也。"

《緗素雜記》

靖康間，閩人黃朝英所作也。辨正世傳名物音義，多有歸宿，而時有闕疑者。至釋宋子京《刈麥詩》，[1]以四月而曰爲麥秋。[2]案《北史·蘇綽傳》"麥秋在野"，其名遠矣，是未嘗讀《月令》也。[3]以此見博記之難。

註釋：

[1]《刈麥詩》：指宋祁的《進幸南園觀刈宿麥詩》，見宋祁撰《景文集》卷十九。
[2]麥秋：元陳澔《禮記集說》曰："秋者，百穀成熟之期。此於時雖夏，於麥則秋，故云麥秋也。"
[3]《月令》：即《禮記·月令》。原文："靡草死，麥秋至。斷薄刑，決小罪。"

宿州虹縣

虹縣，今宿州屬邑也，今讀如"絳"。《孔光傳》："光爲虹縣長。"

註："虹，沛之縣也，音貢。"即與今呼不同。

舞馬

梁天監四年，①禊飲華光殿。②其日，河南獻赤龍駒，能伏拜，善舞。周興嗣爲賦。③○本傳六十二。案，此時已有舞馬，不待開元間矣。唐中宗《景龍文館記》已有舞馬，④亦非明皇創教也。

註釋：

①天監：梁武帝蕭衍的第一個年號，從502年4月至519年12月。

②禊飲：謂古時農曆三月上巳日之宴聚。禊，祭也，古代春秋兩季於水邊設祭以袪除不祥。見《梁書·張率傳》。

③周興嗣（？—521）：字思纂，南朝齊梁時陳郡項人，累官給事中，著有《千字文》。《梁書·周興嗣傳》："其年河南獻舞馬，詔興嗣與待詔到沆，張率爲賦，高祖以興嗣爲工。"

④《景龍文館記》：唐武平一撰，《新唐書·藝文志四》著録，但南宋時已有闕佚。武平一，名甄，字平一，曾爲景龍文館學士，他以編年的形式詳盡地記録了唐中宗景龍年間修文館中侍從皇帝游宴唱和的文學活動情況和詩文作品，並爲29位學士作傳。宋·王應麟撰《玉海》引《景龍文館記》："景龍三年，宴吐蕃……奏蹀馬之戲。""蹀馬"即"舞馬"。

渾姓

《劉禹錫集○二十八·送渾大夫赴豐州》，其詩曰："鳳銜新詔降恩華，又見旌旗出渾家。"然則渾姓側聲也。①

註釋：

①側聲：仄聲。與平聲相對。凡上、去、入聲之字皆屬之。

怪石

《禹貢》青州貢品，有"鉛松怪石"。①説者疑怪石之爲玩物，不當責貢。予曰非也。其所謂"怪"，非今世所玩，如靈壁②、太湖之石，嵌空玲瓏，可爲戲玩也。質狀色澤，似石而非石，故以"怪"名也。怪者，異也。《説文》"瑀""璊"〇音纘"玗"〇音于"瓊"〇音夒，《詩》之"貽我佩玖"③"有蒼璁衡"，④以至系璧之琫、⑤充耳之琇、⑥與夫琚之黑也、⑦珊瑚之赤也、碧雞之碧也，許氏以及漢儒皆嘗枚列其物，而命之名曰"此石之次玉者也"，⑧此石之能比乎玉者也。以此之石而比璠、璵、瑻、瓘、瑾、瑜、琳、球，則不能齊及，然能超出常石之上，得與眞玉爲比，豈非石類之卓然秀異者乎？則其命爲之"怪"，非抑之也，所以高之也。且古之用玉比後世特多，不止六器五瑞而已也，⑨刀劍衣佩，日用之具皆用玉也。用玉既多，則所須必倍，其勢不得不以似玉者充代足用也。故玖、璁、琫、琇固已明用美石，而夫、驨、瓚、將之類，則玉而雜石亦兼用之。然則兼列怪石以期足用，事之必然者也。則怪石之貢以用而不以玩，亦已明矣。

註釋：

①鉛：青金。《説文》"鉛，青石也。"松：松石。元朱祖義撰《尚書句解》卷三註曰："以金則産鉛，以木則産松。怪石，石似玉者。"

②靈壁：靈壁石。産於安徽省靈璧縣的磬石山，藏於深山沙土之中，色如漆，間有細白紋如玉，叩之聲音清越。

③見《詩·國風·丘中有麻》。玖：似玉的淺黑色石頭，常作配飾。

④蒼：瑲，玉。蔥衡：即蔥珩，青色佩玉。

⑤琫：古代刀鞘上端的玉飾。

⑥琇：次玉的美石。

⑦夫：通"砆"，像玉的石頭，下同。《山海經》："會稽山下多砆石。"琚：似玉的黑石。

⑧《説文》釋"瑀""璊""玗""瓊"皆爲"石之似玉者"。

⑨六器：指古人在祭祀、朝會、交聘等禮儀場合使用的玉器，常簡稱爲"禮器"或"禮玉"。據《周禮》記載，六器指璧、琮、圭、璋、琥、璜六種玉器。五瑞：謂圭、璧、琮、璜、璋五種玉器，是按公、侯、伯、子、男五個爵位而定的。

荇○婕妤

《詩》："參差荇菜，左右采之。"①許氏曰："菨餘也。"左右者，后妃左右所谓淑女也。言左右淑女如河洲之有菨餘也。予於是疑漢之婕妤取此義以名也。字或加女，則爲婕妤；或加人，則爲倢伃，皆本《詩》之荇菜而增偏旁也。漢世名所采良家女爲采，名或亦本此矣。

註釋：

①見《詩經·周南·關雎》。荇菜：即荇菜。多年生草本植物，漂浮於淡水湖泊或池沼中，嫩葉可食，葉及根皆可入藥。

富貴昌宜侯王

淳熙乙巳，予以大饗恩封新安郡侯。①時寺丞○佐善小篆，②予問何人能刻銅，當呼之使刻。時因引予入一書室，四壁盡是古器，皆有款識。③其中一盆，鑄寫特精，而格制差淺，④四旁皆隱起，水波中有兩魚，其間不爲水紋處有篆文六字，曰"富貴昌宜侯王"。⑤予時大病更生，樂見"昌宜"二語，意蓋欣然，不暇究其爲何種制度也。丁未三月二十八日，在建寧，閱《唐會要》，見上元間高宗即洛北營建陰殿，韋弘機掘地，得古銅器，如盆而淺，中有蹙起雙鯉之狀，魚間有四篆字，曰"長宜子孫"。以較時公所藏，則盆與樣制皆與之合，其中字語，則隨人意向，故兩語兩不同耳。然則此制唐已前既有之矣。

註釋：

①大饗：合祀先王的祭禮。
②寺丞：官署中的佐吏，即副職。
③款識：古代鍾鼎彝器上鑄刻的文字或題名。款，刻，也指刻上的文字。
④格制：格局體制。
⑤宋董逌著《廣川書跋》卷五："又有隱起篆'富貴昌宜侯王'字，紀談以'富貴昌'爲蜀昭烈鑄器之銘，今紀年元和永元，知漢之制也如

此矣。"

桔槔水車

　　水車，古無見。《莊子》曰：漢陰丈人鑿隧而入井，抱瓮而灌。則直提瓮汲井，汲滿即出而灌之，未有機巧也。子貢於是語以桔槔之制，其説曰："後重前輕，挈水若抽，數如沃湯。"① 案此意制，② 是就有水處立木其上，交午如十字，③ 一頭系瓮，一頭虛垂，人者制其低昂，故其挈水若抽，數如沃湯也。沃湯者，湯之沸騰而涌起者也。此其爲械，比之抱瓮，則事半而功加倍矣。然而自此時至漢，皆未有今世捲水之車也。不獨未有捲水之車也，雖水礳、水碓亦無載焉，④ 故知智未及知也。《魏略》曰："馬鈞居京都，⑤ 有地可爲園，患無水以灌，乃作翻車，令童轉之，而灌水自覆，更出更入，其巧百倍于常。"此方是今之水車也矣。○出《魏略》，載在《御覽》八百十四。

註釋：

① 見《莊子·天地》篇。桔槔：是一種利用杠杆原理取水的機械。《莊子·天運》："且子獨不見夫桔槔者乎，引之則俯，舍之則仰。""沃湯"，《莊子·天地》篇作"泆湯"，形容水翻騰漫溢。陸德明《釋文》："泆，音逸。本或作溢。李云疾速如湯沸溢也。司馬本作佚蕩，亦言其往來數疾如佚蕩。"

② 意制：製作；創制。

③ 交午：交錯。

④ 礳：同"磨"。《説文·石部》："礳，石磑也。"段註："礳，今字省作磨。引申之義爲研磨。"碓：舂米的工具。《説文·石部》："碓，舂也。"水礳、水碓皆爲靠水力來舂米的器具。

⑤ 馬鈞（199—?）：字德衡，三國曹魏扶風（今陝西興平縣）人，機械製造家。事詳《魏書·方技傳》。

東堂桂

　　晉郤詵試東堂，得第，自言猶桂林一枝。① 東堂者，晉宮之正殿也。

山謙之《丹陽記》曰:② "前殿,正殿也。東西堂,魏制也。於周爲小寢也。③"○《御覽》三百七十五。

註釋:

①桂林一枝:事見《晉書·郤詵傳》。郤詵"累遷雍州刺史。武帝於東堂會送,問詵曰:'卿自以爲何如?'詵對曰:'臣舉賢良對策,爲天下第一,猶桂林之一枝,昆山之片玉。'"按,"桂林一枝"即桂花林中的一枝花,原爲郤詵的自謙語,後譽人才學出衆。

②山謙之(?—454?):劉宋元嘉時爲史學生,後任學士、奉朝請。曾參編《宋書》,除《丹陽記》外,還著有《南徐州記》《吳興記》《尋陽記》等。

③小寢:古代帝王居息的宮室,即公餘休息之所。相對於"路寢"而言,"路寢以聽政,小寢以燕息"。

含章梅妝

壽陽公主在含章殿,①梅花飄著其額,因樵放之以爲妝樣。山謙之《丹陽記》曰:"皇后正殿曰顯陽,東曰含章,西曰徽音,皆洛陽宮舊名也,名起後漢。"○《御覽》三百七十五。

註釋:

①壽陽公主:此爲南朝宋主劉裕之長女劉興弟,詳《太平御覽》卷三十。

太守黃堂

《郡國志》曰:雞坡之側,即春申君之子假居之地也,①後有守居之,②以數失火故,塗以雌黃,遂名黃堂。③○《御覽·堂門》。

註釋:

①假居:租屋而居,暫借居住。
②守:太守。

③按，此文意在解釋太守叫作黃堂的來歷。宋黃朝英《靖康緗素雜記》卷上："太守曰黃堂。"

赤米

《國語》曰："越大夫種謀曰：'今吳既罷，而大荒荐飢，市無赤米。'"①註曰：②"米之惡者也。"○《御覽》三十五。案，赤米今有之，俗稱紅霞米。田之高卬者乃以種之，③以其早熟且耐旱也。然則越時已有此米矣。《南史·任昉傳》：昉解新安太守，去惟載桃花米。④即赤米也。

註釋：

①見《國語·吳語》。越大夫種：即文種（？—前472），也作文仲，名會，字少禽，一作子禽，春秋末期楚之郢（今湖北江陵附近）人，後定居越國，與范蠡一起爲勾踐最終打敗吳王夫差立下不世之功。罷：通"疲"。大荒：大凶年也。荐飢：連年災荒。《左傳·僖公十三年》："晉荐飢。"孔穎達疏引李巡曰："連歲不熟曰荐。"

②註：指韋昭註。

③高卬：指地勢高。與"低窪"對言。

④桃花米：據《南史·任昉傳》，任昉"爲政清省"，"卒於官，唯有桃花米二十石，無以爲斂"。

卷之四

如五器卒乃復[1]

《尚書大傳》曰："古者，圭必有冒。[2]故瑁圭者，天子與諸侯爲瑞。[3]諸侯執所受圭以朝天子，無過者，復得以給，使之歸國；有過者，留其圭三年。"○已上《御覽》八百六。案《大傳》此言，必有所本。《舜典》之謂輯五瑞者，[4]即此之執圭而朝者也。輯者，斂之而上乎天子也。又謂"班瑞于群后"者，[5]即此之復與其圭以歸者也。第其"有過留之三年"者，不見所出。然《大傳》此言，極有理也。《舜典》下文，東巡岱宗而贄五玉以朝者，[6]即與在朝而輯五瑞者同理也。《正義》曰："五瑞本受之堯，斂而還之，謂如舜新以付，改爲舜臣，與之正新君之始。"[7]此亦有理，然以上下文推之，則不通矣。四岳巡狩皆嘗斂玉而復授之矣。至五器之斂復，即是輯、班之異名矣。今獨於正月在都時所班者爲舜賜，則巡狩之所如、所復，在已受新賜之後，何用再班也耶？以此知《大傳》所言有理，蓋分還留兩端以爲賞罰也者，其説有理也。

註釋：

①如五器卒乃復：見《尚書·舜典》。五器：指璜、璧、璋、珪、琮五等圭玉。卒：指禮儀完畢。全句意爲禮儀結束後，便把五等圭玉歸還給諸侯。

②圭：又作"珪"，古玉器名。冒：同"瑁"，下文作"瑁"，古代天子所執的瑞玉，用以合諸侯之圭者。因冒其上，故名瑁。《説文·玉部》："瑁，諸侯執圭朝天子，天子執玉以冒之似犁冠。《周禮》曰：'天子執瑁四寸'。"

③瑞：古代玉製的信物。《玉篇·玉部》："瑞，信節也，諸侯之

④五瑞：古代諸侯作符信用的五種玉，即上文五器、下文之五玉。
⑤班：頒，分發。后：指諸侯國君。
⑥贄：執物以相見。
⑦見孔穎達《尚書·舜典》正義。

飴餳

餳〇徐盈反、飴〇與之反，一也。《楚辭》曰："粔籹蜜餌有餦〇音張餭〇音皇。"①案餳、飴、餦餭，皆一物也，而小有異。《説文》曰："飴，米櫱煎也。餳，和饊也。"《釋名》曰："餳，餅也。煮米消爛，洋洋然也。飴，小弱於餳形，怡怡然也。"《方言》曰："餳謂之張皇。"註云："即乾飴也。飴謂之䬧，餳謂之餦，凡飴謂之餳，自關而東通語也。"今人名爲白糖者是也，以其雜米櫱爲之也。飴即餳之融液而可以入之食飲中者也。後漢明德馬后謂"含飴弄孫"者是也，②唐世所食餳粥是其類也。張衡《七辨》曰："沙飴石蜜，遠國貢儲。"即今沙糖也。唐玄奘《西域記》以西域石蜜來，詢知其法，用蔗汁蒸造，太宗令人製之，味色皆逾其初，即中國有沙糖之始耶。然《南史》已載糖蟹，③曰"蟹之將糖，躁擾彌甚"。④豈其以白糖淹之耶？白糖文見上。

註釋：

①見《楚辭·招魂》。粔籹：古代的一種食品，以蜜和米麵，搓成細條，組之成束，扭作環形，用油煎熟，猶今之饊子。王逸註："言以蜜和米麵，熬煎作粔籹。"蜜餌：用蜜和米麵製成的糕餅。

②含飴弄孫：見《後漢書·馬皇后紀》。明德馬后是東漢開國第二個皇帝漢明帝劉莊的皇后，伏波將軍馬援小女，謚號明德。肅宗皇帝欲大封馬皇后三個兄弟，馬皇后認爲馬氏無功於國，而且"上今數遭變異，穀價數倍"，因此堅辭不允，稱"若陰陽調和，邊境清静，然後行子之志，吾但當含飴弄孫，不能復關政矣。"

③糖蟹：糖漬的蟹。陸游《老學庵筆記》卷六："唐以前書傳，凡言及糖者皆糟耳，如糖蟹、糖姜皆是。"

④見《南史·何胤傳》。將糖：加糖，放在糖中腌製。

父之稱呼

　　漢魏以前，凡人子稱父，則直曰父，若爲文言，則曰大人。後世呼父不爲父，而轉其音曰爺，又曰爹○低邪反。雖宮禁稱呼亦同其音，故竇懷貞爲國爺，①是其事也。唐人草檄，②亦曰："致赤子之流離，自朱耶之板蕩也。"③案《唐韻》："爹，羌人呼父也○陟耶反。"則其讀若遮，與今俗所呼不同，不知以"遮"爲音者自何世始也？案《通鑑》："德宗貞元六年，回紇可汗謝其次相曰：④'惟仰食於阿多，⑤固不敢預也。'"史釋之曰："虜呼父爲阿多。"則是正名爲多不名爲爺也。今人不以貴賤呼父皆爲耶，蓋傳襲已久矣。

註釋：

①竇懷貞（？—713）：字從一，唐京兆始平（今陝西興平東南）人，景雲二年（711）起爲宰相。《新唐書》作"國舅"："世謂媼婿爲阿舅（父），懷貞每謁見奏請，輒自署皇后阿舅，而人或謂爲國舅。"爺：父親。《玉篇·父部》："爺，俗爲父爺字。"

②草檄：草擬檄文。亦泛指撰寫官方文書。

③見唐孫光憲撰《北夢瑣言》卷四。赤子：指朱耶赤心的後代。朱耶：唐時西突厥部族族名，後歸唐，族人以朱耶爲姓，唐德宗時朱耶赤心以功賜姓李，名國昌，五代後唐莊宗李存勖即其後。《板》《蕩》是《詩經·大雅》中的兩篇，後以此二詩篇名借代政局混亂，社會動蕩。

④次相：副丞相。

⑤阿多：阿爹，古回紇語。

詔黃

　　《石林》言"制敕用黃紙始高宗時"，非也。①晉恭帝時，王韶之遷黃門侍郎，凡諸詔黃皆其辭也。②○《南史》十四。則東晉時已用黃紙寫詔矣。又《南史傳》十五卷曰：宋明帝時，"吏部尚書褚彥回，就赭圻行選。是役也，皆先戰授位，板檄不供，由是有黃紙札。"③則宋世即軍補官賞功又已用黃紙矣。沈約永平八年奏彈南郡丞王源曰："源官品應黃紙，輒奉白簡以聞。"④則是奏彈之文嘗用黃紙矣。○《文選》四十。又徐羨之召蔡廓爲吏部尚書，⑤謂黃門已下，悉以相委。郭聞之曰：我不能爲徐羨之書紙尾。其曰"紙尾"者，黃案之尾也。⑥此時選案黃紙，錄事尚書與吏部尚書連名，故云然也。則是宋世已用黃紙爲案也。至齊世，立左右丞書案之制曰：⑦"白案則右丞書名在上，左丞次書；黃案則左丞上書，右丞下書。"⑧雖世遠，莫知其何者之爲白案何者之爲黃案；所可知者，其紙已分黃白兩色決矣。南齊東昏侯游戲無度，⑨"臺閣案奏，或不知所在，閹人以紙包裹魚肉還家，並是三省黃案"。⑩然則文書之用黃紙，其來已久。高宗朝，凡謄寫詔制以下州縣，始皆用黃紙耳。概言詔用黃紙始於高宗，不審也。

註釋：

①《石林》：即《石林燕語》，宋葉夢得撰。葉夢得（1077—1148）宋代大儒，字少蘊，蘇州吳縣人。紹聖四年（1097）登進士第，累官至江東安撫大使等官職。晚年隱居湖州弁山玲瓏山石林，故號石林居士，所著詩文多以"石林"爲名，如《石林燕語》《石林詞》《石林詩話》等。高宗：指唐高宗。

②"晉恭"至"辭也"二十字：《南史·王韶之傳》："恭帝即位，遷黃門侍郎，領著作，西省如故，凡諸詔黃皆其辭也。"又見於《宋書·王韶之傳》。晉恭帝（386—420）：司馬德文，東晉最後一位皇帝，被劉裕殺害。王韶之（380—435）：字休泰，琅邪臨沂（今山東臨沂）人，遷黃門侍郎，領著作郎。

③見《南史·張興世傳》。褚彥回（435—482）：褚淵，字彥回，河南陽翟人，幼有清譽。宋明帝即位後累遷吏部尚書。赭圻（zhěqí）：地名。在今安徽繁昌西。先戰授位：戰役之前授予官職。

④見沈約《奏彈王源》，載《文選》。按，古彈文白紙爲重，黃紙爲輕，但宋以後皆用白紙。

⑤徐羨之（364—426）：字宗文，南朝宋東海郯縣（今山東郯城）人，歷官至司徒。《宋書》有傳。蔡廓（379—425），字子度，南朝宋濟陽考城人。由著作佐郎，累遷司徒主簿。《宋書》有傳。

⑥黃案：尚書省的案卷、文書，蓋以黃紙爲之，故稱。反之，以白紙爲之，則稱白案。

⑦書案：指公文案卷。

⑧見《通典·職官四》。
⑨東昏侯（483—501）：蕭寶卷，字智藏，原名蕭明賢，南朝齊的第六代皇帝，在位4年被殺，追貶爲東昏侯，謚號煬。
⑩見《南史·齊本紀·廢帝東昏侯紀》。"三省黃案"當作"五省黃案"，胡三省《資治通鑒·齊東昏侯上》註曰："魏晉以來，有六曹尚書，江左有吏部、祠部、五兵、左民、度支五尚書，各爲一省，謂之尚書五省。"

儀鸞

顯慶四年，高宗因群臣賀桃株生李，上曰："隋煬帝世，常有野雀集于殿上，當上校尉唱云：'此是鸞鳥。'有衛士報云：'田野之中，大有此物。'乃笞衛士，奏以爲瑞，仍名此殿爲儀鸞殿，至今嗤笑。"①案高宗所指校尉者，乃高德儒也○一本云馬德儒。②高祖起義，③執德儒，數之曰：④"汝指野鳥爲鸞，以欺人主取高官。"遂斬之。夫高祖斬德儒以爲妄，高宗以指鸞爲詐，而儀鸞殿所置之儀鸞司者，迄今不改，樂其名美，不究其由也。《大業雜記》所指爲鸞者，⑤孔雀也。

註釋：

①事見《唐會要》卷二十八"祥瑞上"。當上：當執；值班。
②高德儒（？—617）：隋朝親衛校尉。他把看見的孔雀稱作鸞鳥祥瑞而奏報隋煬帝，因之升官至西河（今山西汾陽）郡丞。大業十三年（617年）六月初五，李淵起兵，使子建成、世民攻打西河，得勝，執郡丞高德儒。
③高祖起義：指大業十三年（617）六月唐高祖起兵太原。
④下引文見《資治通鑒》卷一百八十四《隋紀八·恭皇帝下》和按，"數之"前省略主語"李世民"。《容齋續筆·高德儒》。
⑤《大業雜記》：唐杜寶撰，記載從隋仁壽四年（604）隋煬帝即位到越王侗皇泰三年（621）王世充降唐間的歷史事件。

七牢百牢

僖十五年○卷五，"秦改館晉侯，饋七牢焉"，①註云："牛羊豕各一爲一牢。"吳責晉饋百牢，②亦累此數而言之也。牛羊豕具爲太牢，但有羊豕而無牛則爲少牢。今人獨以太牢名牛，失之矣。

註釋：

①見《左傳·僖公十五年》。晉侯：指晉惠公。牢：古代祭祀或宴享時用的牲畜。七牢爲當時款待諸侯的禮節。按，晉惠公以德報怨，和秦國開戰，兵敗被俘，前去秦國求和的陰飴生，依靠智慧使得秦穆公決定放迴晉惠公，故"改館"，送"七牢"，由對待俘虜之禮變爲招待諸侯之禮。

②吳責晉饋百牢：據《左傳·哀公七年》，吳欲霸中國，故要求晉國進送一百份"牢"。

太廟先於階下西向拜

凡行禮太廟，執事、行事官皆未登階，先於階下望西再拜，雖人主親祠，亦與群臣同拜。相傳此禮名爲參神。案徐鍇《歲時廣記》記東漢人主上陵禮曰：①"乘輿自東箱下，太常導出，西向拜山陵，旋陞阼階。"引謝承書曰：②"蔡邕爲司徒掾，從公到陵，問上陵之禮。或曰：'昔京師在長安時，其禮不可盡聞也。光武即是始葬，乃創是禮。'"③即邕此記而參求之，是謂西漢諸陵皆在長安，光武始葬東都，故明帝之上光武陵也，必先望西致敬，乃敢次及光武。此説差有理耳。④然《唐會要》載太宗拜陵，亦先向西兩拜。案太宗時，唐家方有五陵，獻、懿皆葬趙州，⑤趙州自在長安東北，固不應向西而拜矣。景帝、神堯葬于三原。⑥三原，漢池陽地，又在長安正北，亦不應西拜也。獨元帝陵在咸陽，咸陽亦在長安西北，固不爲正西矣。且使尊此而先之，凡此五陵，其四在北，其一在西，何由獨尊其一耶？然則太宗西拜，其不獨向元陵，亦已明矣。予案《漢·郊祀志》："東方，神明之舍；西方，神明之墓也。"故凡事鬼，必以西爲尊也。太祖之廟，獨爲東向，蓋據西以臨東，即其事也。向西之拜，其殆即謂神墓在西也，不專爲一代之陵而設也。

註釋：

①徐鍇（920—974）：揚州廣陵（今江蘇揚州）人，南唐文字訓詁學家。徐鉉之弟，世稱小徐。《歲時廣記》已佚，據章如愚《群書考索》卷

五十五載,"南唐徐諧撰《歲時廣記》,掇古今傳記並前賢詩文,隨日以甲子編類,凡時政、風俗、耕農、養生之事悉載"。上陵禮:皇帝率百官一起在先帝陵寢上舉行的大規模祭祀儀式。太常:秦制,稱奉常,專掌祭祀禮樂之官。

②謝承書:指謝承撰《後漢書》,共一百四十三卷,今佚。謝承,字偉平,後漢會稽山陰人。博學洽聞,尤熟東漢史事。累官長沙東部都尉、武陵太守。詳《吴志·吳主權謝夫人傳》。

③見《後漢書·禮儀志第四》註文。蔡邕(133—192),字伯喈,陳留圉(今河南杞縣)人也,官至議郎。東漢文學家、書法家。有《獨斷》二卷,今存。司徒:掌管國家的土地和人民的教化的官員。掾:官府中佐治官吏的通稱。

④差:比較,略微。

⑤獻、懿:分别指唐獻帝李熙(李淵高祖父)和唐懿帝李天賜(李淵曾祖父)。宋王溥《唐會要·帝號上》(卷一):"獻祖宣皇帝諱熙,武德元年六月二十二日,追尊爲宣簡公;咸亨五年八月十五日,追尊宣皇帝。廟號獻祖,葬建初陵(在趙州昭慶縣界)。""懿祖光皇帝諱天賜,武德元年六月二十二日追尊懿王;咸亨五年八月十五日。追尊光皇帝,廟號懿祖。葬啓運陵(在趙州昭慶縣界)。"

⑥景帝、神堯:分别指唐太祖李虎(李淵祖父)和唐高祖李淵。宋王溥《唐會要·帝號上》(卷一):"太祖景皇帝諱虎,武德元年六月二十二日追尊景皇帝,廟號太祖,葬永康陵(在京兆府三原縣界)。""高祖神堯大聖大光孝皇帝諱淵,隋義寧二年五月二十日受禪於太極殿;武德九年八月八日傳位,稱太上皇;貞觀九年五月六日崩於大安宮垂拱前殿;其年十月庚寅葬獻陵(在京兆府三原縣界)。"

秸服

《禹貢》"五百里甸服",①甸服之賦,專納秸服。②杜佑曰:甸者,爲天子治田也,自百里至五百里,以遠近差爲五等而輕重之,則五服之凡也。③然其制有可疑者焉,三百里之比四百里、五百里,則近矣,而納秸者純爲稿秸。以價計之,則比納粟米、納米反爲輕少,此其爲制何宿也?④杜佑曰:"服者,服稿役。"其説是也。凡因秸而服其役,則納秸雖輕，而服役則重，用相補除，而輕重乃得適平也。秸之爲用多矣，祭之席地，人之藉寢，⑤皆以秸爲質，齋牛駕馬，⑥皆以秸爲食，凡其編列、供收、就加飼秣皆供役者當之。⑦故甸內五百里地田王田者，⑧其賦入之物，不粟不米，不緫不銍，⑨專以供秸爲賦，爲其賈雖賤，而所供之役，則費反重也。佑嘗參考周制，⑩見其廛、郊、甸、縣所賦高下相絶，⑪或有十而取二者，或有二十而取五者，其差或過數等，殊乖十一之則，⑫遂摠爲之説曰：周税輕近重遠，近者多役也，以輕賦而補多役，使之適平。則秸輕役重，正以求及乎中也，此古人深意也。

註釋：

①甸服：古制稱靠近國都的區域。孔安國傳："規方千里之内謂之甸服。爲天子服治田，去王城面五百里。"

②秸服：《尚書・禹貢》："三百里納秸服。"孔安國傳："秸，稾也。服稾役。"

③"杜佑"至"凡也"共三十五字：此不獨爲杜佑語，乃程氏綜合孔穎達疏而成。差：分别等級；依次排列。凡：大旨，大略。

④宿：通"縮"。取。《莊子・徐無鬼》："兵革之士樂戰，枯槀之士宿名。"俞樾平議："宿讀爲縮。《國語・楚語》'縮於財用則匱'，《戰國策・秦策》'縮劍將自誅'，韋昭、高誘註並曰：'縮，取也。'"

⑤藉寢：坐臥在草墊上（席子）而睡。藉，古時祭祀朝聘時陳列禮品的草墊。

⑥齋牛駕馬：祭祀用的牛和駕車的馬。

⑦編列：謂編戶。《漢書・司馬相如傳下》："彼豈樂死惡生，非編列之民，而與巴蜀異主哉？"顏師古註："編列，謂編戶也。"飼秣：喂飼料，亦指飼料。當：承當，承擔。

⑧田：上"田"字，動詞，耕種；下"田"字，名詞，田地。

⑨緫：聚束。銍：收穫。

⑩佑：指杜佑。

⑪廛：古代城市平民一户人家所居地。郊：謂上古時代國都外百里以内的地區。縣：謂古代天子所治之地，在京都周圍千里之内，即王畿。

⑫乖：背離，違背。十一：十分之一。指税率，謂十分中取其一分。

更點

　　一夜分五更者，以五夜更易爲名也。顏之推曰：五夜，謂以甲、乙、丙、丁、戊記其次第也；點者，則以下漏滴水爲名，每一更又分爲五點也。①班固賦曰"衛以嚴更之署"，②凡史家記事，謂乙夜、丙夜之類，次而言之，自甲至戊，五易其序，則爲五更已，顏之推《家訓》所載次第是矣。五夜相次，擊鼓爲節。《南史》謂"紞如打五鼓"是也。③五夜又分二十五點，每點又擊點以記，《唐六典》具載其事。以故文人作文，苟及更點，皆以鐘鼓爲言也。《南史》景陽樓有鐘，專記曉漏，④不爲記點之用也。特不知一更又分五點起自何世耳。《水經》：洛陽有金墉城，城東有豐，置一鐘以和鼓漏。又《南齊》："宮城有卻敵樓，樓上施鼓持夜，以應更唱，高帝以鼓多警眠遂改用鐵磬。"疑記點以鐘鼓制，當始乎此。○《通典》二十三。

註釋：

①"顏之"至"點也"三十七字：見《顏氏家訓·疏證篇》。顏之推（531—595？），字介，北齊琅邪臨沂（今山東臨沂）人，著有《顏氏家訓》。

②見班固《兩都賦》。嚴更：警示夜行的更鼓。

③紞如：形容擊鼓的聲音。東晉時有官員名叫鄧攸，爲官清廉，愛護百姓。鄧攸因病離職後，晉元帝又派了一個姓謝的人來做太守，此人貪財凶殘，吳郡百姓十分懷念鄧攸，歌之曰："紞如打五鼓，雞鳴天欲曙。鄧侯挽不留，謝令推不去。"又見《晉書·良吏傳》。

④曉漏：拂曉時銅壺滴漏之聲。

秉心塞淵馬三千

　　衛文公"秉心塞淵，騋牝三千"，①心何預焉？②而著以爲效也，是與"思無邪，思馬斯徂"正同一理也。③凡爲人上而存心審當，則遇事無不曲至，④畜牧至末事亦遂賴此心以之孳息，故馬亦蕃庶也。是蓋莊周"履豨"之論也。⑤豨，豕也。豕之一身難肥者，莫過於蹄也。⑥踐踏豕足，而見其豐肥，則知其通身無有不肥也矣。此由末觀本之論也。若直曰此心可以感動乎馬，則是虛談無實也。晉郭展爲太僕，⁷留心於養生，而廄馬充多，徵吴得以濟事。潘尼爲《太僕箴》，⁸叙列其事，皆推養生而致之於馬，即其説有本矣。《莊子》曰："百里奚爵禄不入於心，故飯牛而牛肥。"⁹孔子嘗爲乘田，⁾而牛羊茁壯長，皆一理也。《堯典》談曆而鳥獸之孳革毨氄，應時無爽，⑪伊尹明言烈祖之德，而曰鳥獸魚鱉咸若是，⑫皆舉末明本以見無細不及也。

註釋：

①見《國風・鄘風・定之方中》。此詩爲衛文公歌功頌德。秉心：持心、用心。塞：堵、填滿空隙。淵：深水。騋：高七尺的馬。牝：母馬。按，全句意爲因爲用心，所以良馬很多。

②預：參預，用心。

③思無邪，思馬斯徂：見《詩・魯頌・駉》。徂：善跑。

④曲至：周到。

⑤《莊子・知北游》："正獲之問於監市履狶也，每下愈況。"晉郭象註曰："狶，大豕也。夫監市之履豕以知其肥瘦者，愈履其難肥之處，愈知豕肥之要。"

⑥蹄：蹄子。

⑦潘尼爲《太僕箴》：王應麟《困學紀聞》卷十三"考史"云："今按郭展事，見《晉諸公贊》。潘尼爲《乘輿箴》，見《晉書》，非《太僕箴》也，蓋誤以二事爲一。"郭展：字泰舒，三國時並州太原郡陽曲人，郭配之子，官終於太僕。詳《魏書・郭配傳》。

⑧潘尼（250？—311？）：字正叔，西晉滎陽中牟（在今河南城關鎮大潘莊）人，文學家，《隋書・經籍志》載有"晉太常卿《潘尼集》十卷"，今不存。

⑨飯：飼養。

⑩乘田：春秋時魯國主管畜牧的小吏。

⑪"堯典"至"無爽"共十六字：見《尚書・堯典》。曆：歲時節氣。鳥獸之孳革毨氄：鳥獸的孳尾、希革、毛毨、氄毛，指動物交配繁殖、鳥獸毛羽稀少、鳥獸脱去舊毛、換生新毛。爽：差錯。

⑫《尚書・伊訓》："伊尹乃明言烈祖之成德以訓於王……暨鳥獸魚

鱉咸若。"伊尹：名伊，一説名摯，夏末商初人。善烹飪，曾輔佐商湯建立商朝。

寢廟游衣冠

　　古不墓祭，祭必於廟，廟皆有寢故也。①凡廟列諸寢前，寢則位乎廟後，以象人君之前朝後寢也。凡寢之有衣冠、几杖象生之具者，②即在廟之寢也。高廟衣冠月一出游者，③游其廟寢之衣冠也。秦人始於墓側立寢，漢世因之，諸陵皆有園寢。又有宫人隨鼓漏理枕、具盥水、陳妝具，④則又推廟寢之制以及陵寢者也。陵寢亦如廟寢，其衣冠月一游之，《諸侯王表》曰太常孔臧坐衣冠槁壞失侯，⑤是其事也。然則魏武置宫人銅雀臺，令月朝十五日，望陵上食，⑥其來有自矣。○《通鑒》四十九。陸機作文以譏切之，但知搜剔其過，不復審諦其自也。

註釋：

①寢：宗廟中藏祖先衣冠等的殿堂。

②象生：祭祀時以亡者生前所用之物作爲象徵，稱象生。

③高廟衣冠月一出游：古祭祀時要請出寢園中先帝的"衣冠几杖象生之具"送至廟中稱"高廟衣冠月一出游"，簡稱"月游衣冠"或"游衣冠"。

④鼓漏：鼓和漏，古代報時用器。

⑤"太常"至"失侯"十一字：據《漢書·百官公卿表》："蓼侯孔臧爲太常，三年，坐南陵橋壞，衣冠道絶，免。"孔臧（前201？—前123？），魯國（今山東曲阜）人，漢蓼侯孔蕆之子，嗣蓼侯、遷博士、拜太常。坐，因爲。

⑥"然則"至"上食"二十字：魏武，魏武帝曹操。據《文選·弔魏武帝文》載，曹操《遺令》云："吾婢好妓人皆著銅爵臺，於臺堂上施八尺床，繐帳，朝晡上脯糒之屬。月朝、十五輒向帳做妓。汝等時時登銅雀臺，望吾西陵墓田。"

旌節

《周禮·司節》："門關用符節，貨賄用璽節，道路用旌節。"①鄭氏曰：

"旌節，今使者所擁節也。"予以古事考之，知"旌"之與"節"不爲一物也。符節者，以合符爲信也；璽節者，以印封爲信也；則旌節也者，以旌旗爲信，又非瑞節之謂也。②旌者，旗類，如曰"孑孑干旌，在浚之城"。③齊景"招虞人以旌，不至"是也。④爲其有柄可揭，⑤有斿可垂，⑥故能建之於城，則其貌孑孑然；植之於野，則來者指以爲望也。此足以見旌爲旗屬，其類可稽也。若夫節者，漢之銅虎、竹使符，⑦唐之銅獸、龜、魚，皆一類而異名也。考其意制，中分一物而兩之，授者、受者各執其半以待參驗，則符瑞圭璋亦其物也。核其意制，全與旌斿不類也。蓋節之爲義，信也，著之於事，若曰以此爲約也。禮有異數，故立爲差等，使隨多少以自撙節，⑧不至過越也。《典命》曰：上公以九爲節，其國家、宮室、車旗、衣服、禮儀，皆以九爲節，侯伯之七，子男之五，⑨皆一理也。掌節之守邦節，⑩而辨其用也，則守邦國者，用玉爲節，守都鄙者，⑪用角爲節。玉與角不同，而皆名爲節者，亦其一器而中分者也。中分爲二，一留王所，一付守臣，故符、節、瑞、圭、璋皆爲守土之信矣。是皆以兩判可合爲義，無柄無斿，非旌斿之比也。唐世刺史交郡，皆合魚書，是其則也。⑫其初立爲節名，則取節約之義而已，⑬及其傳諸器物則遂名之爲節，猶合符之符，初時以兩相關合爲義，既有其器，遂名爲符也。後世但見《周官》旌之與節同出而聯文，遂亦以旌爲節，誤矣。且夫三節之出皆輔以英簜，英簜者，斷大竹兩節以爲函也。節若果爲旗類，而乃將之以函，則揭示舒垂之用皆何在也？以意揣度，亦自可以知其不然也。若夫漢世之節，則可仗可執，其制全非符節之比矣。蘇武仗節牧羊，節旄盡落。漢節本垂赤旄，因戾太子之變而加黃旄，⑭則此時之謂節者，正是旗類，不復古制矣。此即鄭氏所見而引以證經，謂爲使人所擁者也。《宣和鹵簿圖》曰："節者，黑漆竿，上施圓盤，用綴紅絲，拂盤八層，碧油籠之，執人騎從也。"又曰："《漢官儀》節以竹爲之，柄長八尺，以旄牛尾爲其眊，三重。"崔豹《古今註》云："秦制也，今王公得通用之。"則夫以旗爲節，秦世已然，而漢特因之焉耳。國朝凡命節度使者，有司給門旗二，龍虎旗一，節一，麾槍二，豹尾二，則是"節"變爲"旗"，異於古矣。若夫漢世節柄，必用竹不用木者，正是附並"英簜"之義，以求近古也。簜者，竹之大者也。《禹貢》"篠簜"之"簜"是也。竹身大而節間長，其兩合之中可以藏節，故周人因竹而名之爲節也。漢人疑其爲竹，而遂用竹爲柄，非也。英者，精英之義也。謂爲畫函，未必不是加畫於竹，以嚴其制也。

註釋：

①門關：指主管門、關的人。鄭玄註："門關，司門、司關也。"貨賄：財貨，財物。《周禮·天官·太宰》："六曰商賈，阜通貨賄。"鄭玄註："金玉曰貨，布帛曰賄。"璽節：古代准許通商的憑證，上有印章，故名。旌節：古代使者所持的節，以爲憑信。

②瑞節：指用作憑信的玉制符節。唐蘇鶚《蘇氏演義》卷下："夫瑞節者有五種：一曰鎮圭，二曰牙璋，三曰穀圭，四曰琬圭，五曰琰圭。"

③見《國風·鄘風·干旄》。孑孑：特出之貌。干旄：旌旗的一種。以五色鳥羽飾旗竿，樹於車後，以爲儀仗。朱熹《詩集傳》："析羽爲旌。干旄，蓋析翟羽於旗干之首也。"

④見《孟子·滕文公下》。虞人：古掌山澤苑囿之官。齊景公打獵時用旌旗召喚獵場的官員，其官員因召喚的方式不對而不予理睬。

⑤揭：舉。

⑥斿：古同"旒"，古代旌旗下邊或邊緣上懸垂的裝飾品。

⑦竹使符：漢時竹制的信符。右留京師，左與郡國。凡發兵用銅虎符，其餘徵調用竹使符。

⑧摶節：抑制，節制。摶，節省。節，節制。

⑨"《典命》"至"之五"三十三字：《周禮·春官·典命》曰："上公九命爲伯，其國家、宮室、車旗、衣服、禮儀皆以九爲節。侯伯七命，其國家、宮室、車旗、衣服、禮儀皆以七爲節。子男五命，其國家、宮室、車旗、衣服、禮儀皆以五爲節。"典命：官名，周代隸屬春官，司掌任命典禮之事。以九爲節：謂以九爲節度。

⑩掌節：《周禮》中的官名，地官之屬。邦節：指天子所用的玉節。據《周禮·地官·掌節》載："（掌節）掌守邦節而辨其用，以輔王命。"

⑪都鄙：指周公卿、大夫、王子弟的采邑、封地。

⑫則：規定，法則。

⑬節約：節制、約束之意。

⑭戾太子之變：據《漢書·武五子傳》，漢武帝太子劉據，因"巫蠱之禍"叛亂謀反，史稱"戾太子之變"。

梅雨

江南梅子黃熟時，雨常淹久，故目爲梅雨，北方則無此矣。襄十年夏四月，晉伐偪陽，①宿師久，②士匄曰："水潦將降，懼不能歸，請班師。"③杜預曰："向夏恐有久雨也。"④此之謂夏，即指周之四月而夏之二月也。案時序而言，則此之夏雨自謂春雨，不爲梅雨也。《書》曰："夏，暑雨，小民惟曰怨咨。"⑤時既指夏雨，又繫之於暑，故說者亦或指爲梅雨。案，周人都雍，⑥雍無梅雨也。以周曆數之，斗柄之建卯、建辰、建巳，⑦在周則皆爲夏也。四月暑氣已盛，故《書》亦通言夏暑。曹操侵吳，孫權謂曰："春水方生，足下當歸。"⑧此之云春，即以建寅及辰爲月，蓋漢曆用夏，則其雨亦春雨也。《孟子》曰："七八月之間旱。"⑨又曰："秋陽以暴之。"⑩周曆之秋，則月建爲午、未、申三月也，⑪炎燠正熾，⑫故七八月之間旱最爲害，而秋陽亦特熾赫也。

註釋：

①偪陽：春秋時國名，秦漢時期改稱傅陽縣，今在山東省棗莊市南。

②宿：軍隊的停留與駐扎。

③士匄（？—前548）：祁姓，范氏，名匄。因范氏爲士氏旁支，故又稱士匄，史稱范宣子。春秋時期晉國人，晉悼公時任中軍之佐，位居晉卿第二位。水潦：大雨、雨水。《說文》："潦，雨水大貌。"

④向夏：近夏。

⑤見《尚書·周書·君牙傳》。怨咨：怨恨嗟嘆。咨，嘆息。

⑥雍：今陝西寶雞市，屬北方，故下文說"無梅雨"。

⑦建卯、建辰、建巳：即周曆中的四、五、六月。古人根據北斗星斗柄所指十二辰中的不同位置來確定十二月份。斗柄（北斗星的柄部）所指十二支中的子，爲建子月，即周曆的正月。依此類推，斗柄所指十二支中的卯，爲建卯月；斗柄所指十二支中的辰，爲建辰月；斗柄所指十二支中的巳，爲建巳月。

⑧《資治通鑒·漢紀五十八》："漢獻帝十八年春，正月，曹操進軍濡須口，號步騎四十萬，攻破孫權江西營，獲其都督公孫陽。權率衆七萬，禦之，相持月餘。操見其舟船器仗、軍伍整肅，嘆曰：'生子當如孫

仲謀，如劉景升兒子，豚犬耳。'權爲牋與操説：'春水方生，公宜速去。'操乃撤軍還。"

⑨《孟子·梁惠王上》："王知夫苗乎？七八月之間旱，則苗槁矣。天油然作雲，沛然下雨，則苗浡然興之矣。其如是，孰能禦之！"

⑩見《孟子·滕文公上》，趙岐註"秋陽"曰："周之秋，夏之五六月，盛陽也。"暴：通"曝"，曬。

⑪月建：古人把一年十二個月和天上的十二辰聯繫起來。十二辰是古代天文學的一個概念，就是把黄道附近的一周天十二等分，由東向西配以子、丑、寅、卯、辰、巳、午、未、申、酉、戌、亥十二支。十二支和十二月相配，依序稱爲建子月、建丑月、建寅月等，這叫"月建"。

⑫炎燠正熾：燠，熱，暖。《説文·火部》："燠，熱在中也。"熾，火熾熱，旺盛。《説文·火部》："熾，盛也。"

佛骨[1]

前史有得古骸者，其脛與齒比常人特大，世遂命爲佛骨也。曰："若非佛骨，安得有指如許之大也？"此固難以口舌辨矣。然自佛入中國以來，惟傅弈不肯苟隨，①嘗見佛牙，獨曰："此金剛石耳，非佛牙也。金剛石至堅，惟羚羊角可以擊之。"試以角扣而牙遂碎裂。則時人謂爲佛牙者，豈真佛牙也哉？至其長大倍常，則實可駭已，而不當以可駭爲真異也。戊申七月十六日，因讀《左氏·文公十一年》，歷叙鄋瞞種族首尾甚詳。②杜預曰："防風之後，③漆姓也。"防風也者，即禹之所戮，謂身廣九畝，④其長三丈，骨節專車者是也。⑤《春秋》之謂鄋瞞者即防風種族也，僑如爲魯所獲，緣斯爲宋所獲，榮如爲齊所獲，簡如爲衛所獲，鄋瞞之族自此遂絶，後世中國不復有如此長人也。此四人者，惟緣斯於行爲祖，而它皆兄弟也。魯得僑如，埋其首於魯郭門。齊得簡如，亦埋其首於周首之北門。杜預曰："骨節非常恐後世怪之，故詳記其處也。"當鄋瞞之族尚存，長身之種世傳而世有之。自防風以至僑如，骨節皆大，不曾減殺也。⑥夫其世世傳種，如此偉大而不聞嘗有靈怪可以異乎常人，則夫俗傳大脛之號爲佛骨者，安知夷狄中不有一種人物自爾越異，而好佛者遂加夸

---

[1] 卷六有"佛牙"一條，内容相類。

飾，名之以佛也。《左氏》詳記埋骨之異以示後世，正防此類。而王莽時有長人巨無霸，其長盈丈，其大十圍。漢末，臨洮亦見長人，長亦逾丈。史漢所記甚明，⑦則雖後世，亦時有人物如許長大，安得見其長大而遂尊信以爲真佛也？然因《左氏》語而詳求之，乃知鄋瞞之族亦大有異。榮如者，焚如之弟也。榮如以魯桓十六年死。焚如至宣十五年猶在，計其年，當以一百三歲矣，而其當生之年尚未在數也。未論形骨，大第其年壽如此，⑧後世亦自罕比也。以此言之，則古人之異今人者不止一事。堯、舜、文、武之年，皆後世所無，而彭祖之壽云登八百，⑨季札在吳，⑩幾與春秋相爲終始，此皆後世之所無也。顏之推曰："海邊人不信有木大如魚，山中人不信有魚大如木。"

信哉！

註釋：

①傅弈（555—639）：唐相州鄴（今河南安陽）人，隋朝末年徙居扶風，官至太史令。聰慧有辯才，精通天文曆數，反對佛教，主張廢僧尼，武德四年（621）上《請廢佛法表》。苟隨：苟且隨從。

②鄋瞞：春秋時狄（翟）的一支。魯文公十一年爲齊所滅。地在今山東境內。《春秋左傳·文公十一年》杜預註"鄋瞞"曰："鄋瞞，狄國名，防風之後，漆姓。"其人身材高大。下文僑如、緣斯、榮如、簡如皆爲長狄族人。僑如鄋瞞國之君，緣斯僑如之先，榮如、簡如皆是僑如的弟弟、長翟族大將。

③防風：古代傳說中部落酋長名。《國語·魯語下》："客曰：'防風氏何守也？'仲尼曰：'汪芒氏之君也，守封嵎之山者也，爲漆姓。在虞夏商爲汪芒氏，於周爲長翟，今爲大人。'"

④沈括《夢溪筆談·譏謔》："防風氏身廣九畝，長三丈。姬室畝廣六尺，九畝乃五丈四尺。如此，防風之身乃一餅餡耳。此亦文章之病也。"

⑤專車：滿一車。

⑥減殺：減小，指身材不曾變小。宋吳處厚《青箱雜記》卷四："已上三十六善皆全者，當位極人臣，壽考令終；或有不全，則禍福相折，以次減殺。"

⑦史漢：指《史記》《漢書》。

⑧大第：大抵。明程敏政《新安文獻志·雜著·演繁露三事》作

"大抵"。

⑨彭祖：或云姓籛名鏗，大彭氏國（今江蘇徐州）人，傳說中的人物。因封於彭，故稱。傳說他善養生，有導引之術，活到八百高齡。登：超過。

⑩季札（前576—前485）：春秋時吳王壽夢第四子，姬姓，名札，在當時是與孔子齊名的聖人。

頌琴

《左氏·襄二年》："穆姜擇美檟，①自爲頌琴。②"杜預曰："琴名也，猶言雅琴。"案，《周禮》有頌笙、頌磬，予常疑之，若謂此之二器以寫"頌"爲名，則大小雅亦嘗在數矣，而其器獨不記於《周禮》也。因閱杜語，乃悟頌云者，乃其笙磬之名也。唐李勉所寶之琴有二：③一名響泉，一名韻磬。其義亦取此乎。

註釋：

①穆姜：魯宣公夫人，魯成公的母親。檟：古書上指楸樹或茶樹。
②頌琴：孔穎達疏："琴瑟必以歌詩，詩有《雅》《頌》，故以頌爲琴名，猶如言雅琴也。"
③李勉（717—788）：字玄卿，李唐宗室，曾爲漢、襄、相、岐四州刺史、安德郡公。《新唐書》載："（勉）善鼓琴，有所自製，天下寶之。樂家傳響泉、韻磬勉所愛者。"

折俎

"享有體薦"，①體者，牲之全體也；薦，進也，謂舉全體以進也。"宴有折俎"，俎者，所以盛肉也；折者，解牲體而析之，但供其肉，不供全體矣。《周亞夫傳》："獨置大胾而無切肉，又不設箸。"②本是以此爲戲，不令得食耳。若究其實，即似古之體薦矣。今列郡會客，有不供食饌而準價以餉者，書辭例云"折俎"，誤也。折俎之折，音舌，言破碎也。今之折價而餉者，其讀如浙，言價與饌相當也。

註釋：

①《左傳·宣公十六年》："王享有體薦，宴有折俎。"杜預註："享則半解其體而薦之。"享：祭祀，此與"宴"相對。

②見《史記·絳侯周勃世家》。胾：大塊肉。《說文·肉部》："胾，大臠也。"

黃麻白麻

唐世王言之別有七：其一爲册書、次爲制書、又次爲勞慰、又次爲發日敕……。①册書惟除拜王公將相，②則用白麻紙書，封付閤門，③閤門集朝士，④坼封宣讀。宣已，付有司，書諸竹簡，是爲册已。所謂"擇日備禮册命"者，即以此麻入之竹册，而涓吉臨軒以授其人者也。⑤自制書已下，至發日敕，則用黃麻紙書之，老杜所謂"黃麻似六經"者也。⑥若降敕旨諭事及敕牒，⑦則用黃藤紙，⑧其禮又降於黃麻矣。○《六典》。

註釋：

①"其一"至"日敕"二十字：《舊唐書·職官志二》："凡王言之制有七：一曰册書、二曰制書、三曰慰勞制書、四曰發敕、五曰敕旨、六曰論事敕書、七曰敕牒，皆宣署申覆而施行之。"册書、制書、勞慰、發日敕：皆屬唐皇帝詔書形式，但又不同。册書用於册封（册立、封贈），這種册也表示策。制書用於大賞罰、赦宥、慮囚及大除授。勞慰，亦作"慰勞"，全稱"慰勞制書"，用於褒嘉贊勞。"發日敕"，亦作"發敕"，用於增減官員、廢置州縣、徵發兵馬、除免官爵、授六品以下官。

②除拜：除舊職，拜新官。

③閤門：古代宮殿的側門，後指負責官員朝參、宴飲、禮儀等事宜的機關的代稱。

④朝士：朝廷之士，泛指中央官員。

⑤涓吉：選擇吉祥的日子。涓，選擇。清朱駿聲《說文通訓定聲·乾部》："涓，凡有所棄，乃有所取，故亦訓擇。"臨軒：皇帝不坐正殿而御前殿，殿前堂陛之間近檐處兩邊有檻楯，如車之軒，故稱。

⑥見杜甫《贈翰林張四學士垍》詩。

⑦敕旨：帝王的詔旨。敕牒：授官的文書，委任狀。除授百官，由門下省政事堂草擬文書經中書舍人進奏畫敕字，然後政事堂出牒公布於外，所以又稱敕牒。

⑧藤紙：有白藤紙、青藤紙、黃藤紙之分。用藤樹皮的長纖維所造，晉代時已有製作，至唐代大量生產。大部分藤紙産於浙江、江西兩省。

魚袋① 1

今之魚袋，本唐制也。《六典》符寶郎隨身魚符之制曰：②所以明貴賤，應宣召。左二右一，其飾有玉、金、銀三等，其符題云某位姓名。案，此之謂符者，初用一本，對中書其人官位姓名，③書已，乃析而二之。右付其人，所謂右一者是也，左則藏之於內。或有宣召，即內出左契，以與右合，參驗而同，乃始得入。其在古制，則官得通籍禁中者至入宮門，④案牒省驗，其人年貌、官位皆同，乃入者也。武后時，改魚爲龜，故崔神慶曰：⑤"今五品以上佩龜者爲別敕宣召，恐有詐妄，故內出龜合之，然後應命。"○《通鑒》二百十。即此制也。隨身魚符，其用蓋如此也。今世之制，但襲唐舊，案官品而授之，使得佩帶爲飾焉耳，而合符之制，不復舉用也。於是案今制以求古，則魚袋之上設爲魚形者，唐謂以玉、金、銀爲飾者也；魚飾之下，有黑韋渾裏方木附身以垂者，⑥唐制謂書其官姓名於木而中分爲二者也。服章有紫、朱、黑三異，而魚飾之下，盛符之囊皆用黑韋者，明其爲用而不爲飾也。唐制左符乃遂有二，或其人在外，則出半符爲信，召之使來也；或此符已往，而其人聞命先至，則尚有一符可以爲驗也。此其所以右一而左二也。宣召太子則用玉契，事起武后時，亦崔神慶所建也。此之創建玉契制，亦本於隨身魚袋也。○《通鑒》二百十。

註釋：

①魚袋：是唐、宋時官員佩戴的證明身份之物，飾以金銀，內裝魚符，出入宮庭時須經檢查，以防止作僞。《舊唐書·輿服志》："咸亨三年五月，五品以上賜新魚袋，並飾以銀。"

---

1 卷之十六有同名條目，較此條爲詳。

②符寶郎：原稱符璽郎，《舊唐書·職官三》："符寶郎掌天子八寶及國之符節，辨其所用。有事，則請於内；既事，則奉而藏之。"魚符：隋唐時朝廷頒發的符信，雕木或鑄銅爲魚形，刻書其上，剖而分執之，以備符合爲憑信，謂之"魚符"，亦名魚契。

③對中：對折的中間。

④通籍：謂記名於門籍，可以進出宫門。後來也稱做官爲通籍。《漢書·元帝紀》："令從官給事宫司馬中者，得爲大父母父母兄弟通籍。"顔師古註引應劭曰："籍者，爲二尺竹牒，記其年紀名字物色，縣之宫門，案省相應，乃得入也。"禁中：指帝王所居宫内。

⑤崔神慶：唐貝州武城（今山東武城）人。舉明經，武則天時，累遷萊州刺史、禮部侍郎。詳《舊唐書·崔義玄傳》。

⑥黑韋：黑色革皮。

蝗

江南無蝗，其有蝗者皆自北地飛來也。吾鄉徽州，稻初成窠，①常苦蟲害，其形如蠶，而其色縹青。既食苗葉，又能吐絲，牽漫稻頂，如蠶在簇然，②稻之花穗，皆不得伸，最爲農害，俗呼橫蟲○橫，音户孟反。記得紹興庚申，汪彦章典鄉郡，③有投牒訴此蟲爲害者，牒書蟲名爲橫，彦章謂曰："日有旨，令恤蟲災，第言徽州蝻蟲爲害，不呼爲橫也。"案《唐韻》："蝗一音橫○去聲。"則俗呼爲橫不爲無本也。

註釋：

①成窠：指分蘖。

②簇：供蠶吐絲作繭的用具。多用莊稼稈扎成，或名"蠶山"。《齊民要術·種桑柘》："收取種繭，必取居簇中者。"

③汪彦章（1079—1154）：即汪藻，字彦章，號浮溪，又號龍溪，北宋末、南宋初饒州德興（今屬江西）人。官至顯謨閣大學士、左大中大夫，封新安郡侯。典：主持，任職。

卷之五

辱井

　　陳後主入景陽井，隋軍出之，因號其井爲辱井。曾子固記其所見曰："井口石欄有鐫字，曰'辱井在斯，可不戒哉'。"①乾道壬辰，②予將漕江東，③以季月同諸司入視行宮有無修換，④至學士院前，典鑰大璫指其中一石欄曰：⑤"此古辱井欄也。"即而視之，其欄口之上，果嘗鐫刻"辱井當戒"等語，側邊則唐人記其游觀月日，鐫題填滿，至無見石，而其石理光瑩可鑒，仍有淡紅漫布其上，略如朝霞。《建康圖經》謂此之紅者乃張孔二宮人脂澤所染也，⑥予細視而揆之以理，⑦則皆誤傳。蓋史記後主與二嬖同縋而上，⑧則三人矣，今其欄口略可容一小兒，則後主一身尚不可入，安有三人同縋之理也。建康城中，鋪街之石率皆青質紅章，此自其地石性天然而然，安得遂云烟脂所染也？予久欲辨識，爲無的據，不敢輕發。淳熙壬寅正月十四日，⑨偶閱歐公《歸田錄》曰：⑩"隋煬帝作《景陽井銘》，銘文尚隱隱可讀，有云'前車已傾，後乘將没。'"則歐公所見之銘，此井鐫文全然不同矣。予亦嘗墨得唐世鐫刻井文一本，今尋不見，然猶記其詳，元無歐公所見"傾""没"等語也。然則今之留置建康行宮者非古物明白矣。特不知唐人皆指此欄爲真而歐公又何從而得"傾""没"等語也。

註釋：

①見宋曾鞏《曾南豐集》之《辱井銘·跋》。曾鞏：字子固，建昌軍南豐（今江西省南豐縣）人，後居臨川，元豐四年（1081），以史學才能被委任史官修撰，管勾編修院，判太常寺兼禮儀事。唐宋散文八大家之一。

②乾道壬辰：指 1172 年。乾道是南宋孝宗趙昚的第二個年號（1165—1173）。

③將漕：領送漕糧。

④季月：每季的最後一個月，即三、六、九、十二月。

⑤典鑰：掌管鑰匙。大璫：當權的宦官。璫：漢代宦官充武職者的冠飾，後借爲宦官的代稱。

⑥《建康圖經》：宋建康（南京）方志，作者不詳，宋圖經、地方志發達，多由地方知州推動並參與完成。圖經，見"卞山"條註。張孔：指張麗華和孔貴妃。二人皆爲深受南陳後主寵愛的貴妃，隋軍已近時，後主帶著張、孔貴嬪藏匿在後花園的一口枯井裏，後被活捉俘虜。

⑦揆：度，揣測。

⑧縋：以繩拴人或物而下或上。

⑨淳熙壬寅：1182 年。淳熙：1174—1189 年，是南宋皇帝宋孝宗的第三個和最後一個年號，共計 16 年。淳熙十六年二月宋光宗即位沿用。

⑩歐公：宋代歐陽修。《歸田錄》共兩卷，爲歷史瑣聞類筆記體作品，今存。

印文扁榜添"之"字

世傳相國寺門舊扁題云"相國之寺"，凡四字。或以"之"字爲贅，遂除去"之"字別添"大"字，其文曰"大相國寺"。此之添一"大"字，於體既該，①於文無贅，最爲可傳。然扁題字數奇而不耦者，古今往往皆增"之"字，則是必有古，而不知所起的在何時也。②漢武太初元年，改正朔，易服色，色上黃，數用五。③張晏釋之曰："漢據土德，數用五。"故印文必五，如丞相則曰："丞相之印章"，則是於四字外添一"之"字以應足乎土五之數也，④下及諸卿及守相印文，凡不及五者亦皆益一"之"字以足之。後世但見太初蓋嘗增字遂從而放之，凡印文以及門堂扁榜，不問何事何世，概增一"之"，以求合於古，則失本矣。

註釋：

①該：適宜。《正字通》："凡事應如此曰該。"

②的在：確在。

③"漢武"至"用五"共十八字；見《漢書·武帝紀》。正朔：謂帝王新頒的曆法。古代帝王易姓受命，必改正朔；故夏、殷、周、秦及漢初的正朔各不相同。自漢武帝後，直至現今的農曆，都用夏制，即以建寅之月爲歲首。上：通"尚"。數用五：《漢書·武帝紀》顏師古註引三國魏張晏曰："漢據土德，土數五，故用五，謂印文也。"

④土五之數：五行之數。水一、火二、木三、金四、土五。

諱

《左氏》曰："周人以諱事神名，終將諱之。"①言周人常時固嘗避其君上之名，不敢斥言矣，②至事神之際，則雖它時嘗避者，亦正讀無避。蓋不敢伸其尊於所尊也，此之謂"以諱事神名"也。及嗣君繼立，則前君之名亦必諱之，是謂"終將諱之"也。本朝著令，③則分名諱爲二：正對時君之名，則命爲"御名"；若先朝帝名，即改名爲諱，是爲廟諱也。若漢時，則未如此分，故孝宣改舊名"病已"，而更其名以爲"詢"。其詔曰："古者天子之名，難知而易諱。今百姓上書，觸諱以犯罪者，朕甚憐之。其更名'詢'，其觸諱在令前者赦之。"則是名諱未分也。唐太宗朝不諱"世"字，李世勣皆並"世"名之，④自見本項。

註釋：

①見《左傳·桓公六年》。
②斥言：明言。
③著令：書面寫定的規章制度。
④李世勣（594—669）：原名徐世勣，字懋功，唐高祖李淵賜其姓李，後世避唐太宗李世民諱改名爲李勣。曹州離狐（今山東菏澤東明縣東南）人，唐初名將，官至尚書左僕射、司空。

丁錢

今之丁錢，①即漢世筭錢也，②以其計口輸錢，③故亦名口賦也。④漢四年，初爲筭賦。如淳曰："《漢儀註》民年十五以上至五十六，出賦錢，人百二十爲一筭，治庫兵車馬。"⑤至文帝時，人多丁衆，則遂取高帝本額，歲減三之二，則一口一年輸錢止於四十也。賈捐之曰："文帝偃武行文，民賦四十，丁男三年而一事。"⑥如淳曰："常賦歲百二十，歲一事。文帝時，天下民多，故出賦四十，凡三歲而一事。"此之謂賦，即高帝時百二十，至此而減爲四十者也。此之謂事，即古法一歲一丁、供役無過三日者是也。民年十五以上，雖未成丁，亦輸口錢，所謂民賦四十者也。及已成丁，則每歲當供三日之役者，至此減爲三年而才受一年之役也。唐制，取民者爲租庸調三色。⑦其曰庸者，一歲而用人力止於二十日，役不及二十日則輸絹三尺，是名爲庸。若有事而加役二十五日者免其調，調謂輸絹銀之屬也。此三代、漢、唐賦役增損之凡也。庸字雖單出，不添立人，⑧爲與廟諱義同，只可租役調也。

註釋：

①丁錢：人口稅，亦稱丁口錢。

②筭錢：亦稱筭賦。對成年人所徵的丁口稅。

③輸錢：繳納錢財。

④口賦：對未成年人徵收的丁口稅。漢有口賦、算賦之分：七歲至十四歲，每人每年出二十錢以供天子，爲口賦。武帝時增至二十三錢，以補車騎馬匹之費。自十五歲至五十六歲，每人每年出百二十錢，爲算賦。歷代或因其名，但其規定各異。

⑤見《漢書·高帝紀上》顏師古註引。如淳：三國魏馮翊（治所今陝西大荔）人，官陳郡丞，有《漢書註》。《漢儀註》：即《漢舊儀》或《漢官舊儀》，東漢衛宏撰，四卷，主要記述皇帝起居、官制、名號職掌、中宮及太子制度、二十等爵等內容。該書原本有註，魏晉唐人引《漢儀註》，都是指此書。今本《漢官舊儀》二卷，系殘本，清人孫星衍有校證，並輯補遺二卷。庫兵：庫藏的兵器。

⑥見《漢書·賈捐之傳》。賈捐之（？—前43）：字君房，洛陽（今屬河南）人，賈誼曾孫。西漢著名政治家、文學家。"偃武行文"，亦作"偃武修文"。停息武備，修明文教。偃：停止，停息。

⑦租庸調：唐代對受田課丁征派的三種賦役的並稱。凡丁男授田一頃，歲輸粟二斛、稻三斛，謂之租；歲輸絹二匹，綾、絁二丈，布加五之一，綿三兩，麻三斤，非蠶鄉則輸銀十四兩，謂之調；役人力，歲二十日，閏加二日，不役者日納絹三尺，謂之庸，有事而加役二十五日者免

調，三十日租調皆免。安史之亂後爲兩稅法所取代。色：種類。

⑧不添立人：即不添加"亻"旁，指不寫作"傭"，宋哲宗趙煦（1077—1100），原名趙傭，故諱。下文說"租庸調"寫作"租役調"。

有如皎日

《詩》曰："謂予不信，有如皎日。"①言我志明白如日皎然也。至《左氏》，晉文公與咎犯誓亦用此之意度耳，②曰："所不與舅氏同心者有如河。"③此其立語亦放乎《詩》矣，而意度全異也。故《史記》發明其意而改爲之言曰："若反國所不與子犯共者，河伯視之。乃投璧河中，以與子犯盟。"④此之要質河伯使司其約者，⑤語意卻甚明白也。"郤克使齊，齊人侮之，克怒，歸至河上，曰：'不報齊者，河伯視之。'"⑥〇出《史記·晉世家》。則亦史遷所記之語也。至祖逖擊楫爲誓，則曰："所不能清中原者有如大江。"⑦則其義何屬也？

註釋：

①見《詩·王風·大車》。皎日：明亮的太陽。多用於約誓之詞。孔穎達疏："謂我之言爲不信乎，我言之信有如皦然之白日。"

②咎犯（前715？—前629）：即狐偃，姬姓，狐氏，字子犯，又稱舅犯、臼犯等，是晉文公的舅舅。

③《左傳·僖公二十四年》："所不與舅氏同心者，有如白水！"楊伯峻註："有如白水，即有如河。"意謂河神鑒之。

④見《史記·晉世家》。河伯：古代神話中的黃河水神，原名馮夷，也作"冰夷"。視之：見證此事。

⑤要質：立盟。質：作抵押的人或物。司：主持，主管。

⑥郤克（？—前587）：姬姓，郤氏，謚號獻，又稱郤獻子，春秋時期晉國大夫。《史記·晉世家》："（晉景公）八年，使郤克於齊。齊頃公母從樓上觀而笑之，所以然者，郤克僂，而魯使蹇；衛使眇，故齊亦令人如之以導客。郤克怒，歸至河上，曰：'不報齊者，河伯視之。'"

⑦見《晉書·祖逖傳》。祖逖（266—321）：字士稚，漢族，范陽遒縣（今河北淶水）人。東晉初期著名的北伐將領。"聞雞起舞"講的就是他和劉琨的故事。清：用於動詞，平定。

麒麟

《春秋》獲麟。[①]《孟子》曰："麒麟之於走獸。"[②] 此之麒麟，自是瑞獸，非馬也。唐以騏驎名馬厩。騏者，馬之有德者也；驎則馬之毛色也。名厩之意，蓋兼取祥麟、德驥以重其事也。字既改而從馬，則失其本意矣。不獨唐厩之誤如此，[③] 世凡援"麒麟"以比者，皆書爲"騏驎"，人亦不察也。

註釋：

[①]獲麟：指春秋魯哀公十四年獵獲麒麟事。相傳孔子作《春秋》至此而輟筆。《春秋·哀公十四年》："春，西狩獲麟。"杜預註："麟者仁獸，聖王之嘉瑞也。時無明王，出而遇獲，仲尼傷周道之不興，感嘉瑞之無應，故因《魯春秋》而修中興之教。絕筆於'獲麟'之一句，所感而作，固所以爲終也。"

[②]《孟子·公孫醜上》："麒麟之於走獸，鳳凰之於飛鳥，太山之於丘垤，河海之於行潦，類也；聖人之於民，亦類也。出於其類，拔乎其萃。"意爲麒麟、鳳凰、聖人等都是同類別中出類拔萃的佼佼者。

[③]按，程氏認爲唐厩"騏驎"當書爲"麒麟"。

卿

後世人主之對臣下，不問三公九卿之與庶列，[①] 概呼爲卿。惟大朝會，上公預事，則典儀者臨殿陛宣答曰：某慶與公等共之。[②] 獨此稱公，它則否，前輩亦嘗辨之矣。以予所見，此語當出戰國。戰國之世，其陪臣之貴者至卿而極，[③] 故其國君目其人之爲卿也，[④] 是致極不可加之禮也。及其呼喚已熟，故秦漢以下，人主亦遂循而目之，是以無問官之高下概命爲卿也。《趙廣漢傳》："事推功善，歸之於下，曰'某掾卿所爲'。"[⑤] 此時廣漢爲尹京兆，身爲九卿，不開國不立臣僕，其屬官安得有卿耶？特取時人相尊之語以爲之禮耳。廣漢又嘗對劫蘇回之賊而言曰：[⑥]"京兆趙君謝兩卿。"又語亭長曰："京兆不忘卿厚意。"[⑦]王尊爲太守，[⑧] 出教，告屬縣曰："願諸君卿勉力正身。"[⑨] 意皆類也。後世呼之爲卿，如春秋時呼人爲君、爲公也。

註釋：

①庶列：無官職的人。
②某慶：指"履端（正月初一）之慶""履長（冬至日）之慶"等。
③陪臣：古代諸侯的卿大夫，對天子自稱"陪臣"。
④目：稱。
⑤趙廣漢：字子都，西漢昭宣之間涿郡蠡吾縣（今河北博野縣）人，官至京輔都尉，守京兆尹。掾：原爲佐助的意思，後爲副官佐或官署屬員的通稱。
⑥"廣漢"至"言曰"十三字：《趙廣漢傳》："富人蘇回爲郎，二人劫之。有頃，廣漢將吏到家，自立庭下，使長安丞龔奢叩堂户，曉賊曰：'京兆尹趙君謝兩卿，無得殺質。此宿衛臣也。釋質束手，得善相遇，幸逢赦令，或時解脱。'二人驚愕，又素聞廣漢名，即開户出下堂，叩頭。廣漢跪謝曰：'幸全活郎，甚厚送獄。'"
⑦《趙廣漢傳》："廣漢嘗記召湖都亭長，湖都亭長西至界上，界上亭長戲曰：'至府爲我多謝問趙君。'亭長既至，廣漢與語問事畢，謂曰：'界上亭長寄聲謝我，何以不爲致問？'亭長叩頭，服實有之。廣漢因曰：'還，爲吾謝界上亭長，勉思職事，有以自效，京兆不忘卿厚意。'其發奸摘伏如神，皆此類也。"
⑧王尊：字子贛，涿州高陽人，曾任安定太守、京兆尹等職。
⑨見《漢書·王尊傳》。

生祠

于定國爲東海郡決曹，①決獄平，②郡中爲立生祠。生而立祠，此似無謂也。③人已死乃須立廟而血食，④今也生而立廟，誰當享之？然而于公聽之不辭者，習見時事，以爲當然也。秦始皇自立極廟，⑤漢諸帝皆生自立廟，故賈誼對文帝而曰顧成之廟，⑥號爲太宗。則生祠殆例此也。

註釋：

①于定國爲東海郡決曹：見《漢書·于定國傳》。于定國（？—前

40）：字曼倩，西漢東海郯縣（今山東郯城西南）人，官至丞相。爲人謙恭，擅長斷案，爲時人所稱贊。決曹：漢代稱負責法令、刑獄的賊曹、後曹。《漢書·蕭育傳》："傳召茂陵令詣後曹，當以職事對。"顏師古註引如淳曰："賊曹、決曹皆後曹。"

②決獄平：判斷訴訟案件公平。

③無謂：沒有意義。

④血食：古代殺牲取血以祭，謂先人受享祭品爲血食。

⑤極廟：規格最高的寢廟，指七廟。《史記·秦始皇本紀》："群臣皆頓首言曰：'古者天子七廟，諸侯五，大夫三，雖萬世不軼毀。今始皇爲極廟，四海之內皆獻貢職，增犧牲，禮咸備，毋以加。'"

⑥顧成：漢文帝廟名。《漢書·文帝紀》："（四年冬）作顧成廟。"顏師古註引應劭曰："文帝自爲廟，制度卑狹，若顧望而成，猶文王靈臺不日成之，故曰顧成。"又引如淳註曰："身存而爲廟，若尚書之顧命也。"

東鄉①

古今賓主之位，賓皆在西，主皆在東，非尊東而下西也，②東卑於西，故自處於卑，以西方尊客也。《曲禮》説曰："主人就東階，客就西階。客若降等，則就主人之階。"則是客與主人敵禮者，③即居西對東，以與主人匹，④所謂分庭抗禮者也。惟其客之分卑，⑤降乎主人一等，則不敢正當敵禮而隨主人之後，以趨東階也。然則居東之爲自卑，其理明矣。今人通謂主人爲東道，尚亦無害，至指東爲尊則失之矣。《左氏》之言曰"若舍鄭以爲東道主，供行李之往來"，⑥此蓋鄭在秦東，其人主秦地而言，故曰東道主，非謂一堂之上，位在楹東，乃云東道也。廟法：太祖西坐而正東向，以爲諸廟之冠，正此理也。韓信之得廣武君也，⑦東鄉坐，西向而師事之。是使左車之位在西，而面則鄉東；信位在東，而面則向西也。此其所以名爲"師事"也，此又可見其處東之爲卑也。田蚡爲相，坐其兄蓋侯西鄉，⑧而自東鄉，以爲漢相尊，不可以私撓也。⑨王邑傳：⑩樓護嘗爲王邑父客，邑特尊之，坐者數百，獨處護於西，使之東向正坐也。⑪近世相承，分二相爲左右，而階銜之分左右也，有出身人冠左，無出身人冠右，則又因坐位致誤也。古人得罪下遷者皆曰"左遷"。漢法：仕諸侯者名爲左官，則古不尚左，其來久矣。

註釋：

①鄉：通"嚮"（"向"），下同。下文或作"向"。

②下西：以西邊爲卑下。

③敵禮：平等相待之禮。敵，對等，相當。

④匹：相當，比得上。

⑤分卑：輩分低。

⑥見《左傳·僖公三十年》。東道主：鄭在秦東，接待秦國出使東方的使節，故稱東道主。後因以泛指接待或宴客的主人。

⑦廣武君：即李左車，秦末趙國西漢柏（今河北邢臺隆堯）人。據《史記·淮陰侯列傳》：井陘口之戰，趙之成安君不聽廣武君之計，被韓信打敗。韓信獲廣武君而師事之，遂得其下燕齊之策。

⑧"田蚡"至"西鄉"十一字：見《史記·魏其田蚡列傳》。蓋侯：集解徐廣曰："王后兄王信也。泰山有蓋縣，樂安有益縣也。"蓋侯即王信，爲漢景帝劉啓第二任皇后王娡兄、田蚡的同母異父兄。

⑨私撓：私下降低身份。撓，同"橈"，彎曲。

⑩王邑（？—23）：王莽從弟，輔佐王莽代漢自立有功，拜大司空，封隆新公，後又兼三公職司。

⑪"樓護"至"坐也"二十八字：樓護，字君卿，齊（今山東）人，少隨父爲醫長安，官至廣漢太守。《漢書·樓護傳》："成都侯商子邑爲大司空，貴重。商故人皆敬事邑，唯護自安如舊節，邑亦父事之，不敢有闕。時請召賓客，邑居樽下，稱賤子上壽。坐者百數，皆離席伏，護獨東鄉正坐。"

男生小運起寅，女生小運起申

《通典》五十九卷曰："男三十而娶，女二十而嫁。"註曰："許叔重云：包字'象懷妊，巳在其中，子未成形之象也。元氣起於子，人之所生也。男左行三十，女右行二十，俱立於巳，爲夫婦而懷妊於巳，巳爲子也。〇子爲陽氣發生之始，人皆於子稟生焉。①故男自子而左數之，歷三十位而至巳，是爲男娶之年，故曰"男三十而娶"也。女自子而右數之，歷位二十而亦至巳，是爲女嫁之年，所謂"女二十而嫁"。人十月而生，男起巳，右行至寅；女起巳，左行至申，故男年始寅，女年始申。'"②〇男從巳上向右邊數去，至寅，則十個月矣。女從巳上向左邊數去，歷十個月，即申也。案，此所言男生年起寅者，即今三命家謂男一歲小運起寅者也。③女生年起申，即女生一歲小運起申者是也。其説若出附會，而今世命術通用其説，④禍福皆驗，不知許氏於何得之。殆漢世已有推命之法，⑤而許氏得之也耶？或是許氏自推男女生理，而日者取以爲用也。⑥然史傳所載，如唐舉、許負、司馬季主其能先事命中者，⑦皆卜相耳，⑧而未聞有推命之術也。至隋世，楊玄操註《八十一難經》詳述此説，而曰"人生男女陰陽，出於自然也"，則明爲推命也。

註釋：

①禀生：受生。

②見許慎《説文解字》"包"字。

③三命：見卷一"陷河"條。小運：舊時星命家用語。謂每一年行一運，主一年的吉凶，稱小運，也稱流年。

④命術：算命之術。

⑤推命：推算命運，算命。

⑥日者：古時以占候卜筮爲業的人。《史記》有《日者列傳》，裴駰集解云："古人占候卜筮，通謂之日者。"

⑦唐舉、許負、司馬季主：皆古代有名相士。唐舉，亦作"唐莒"，戰國梁人。許負，漢代女相士。司馬季主，西漢楚國人。

⑧卜相：占卜看相以斷吉凶。

⑨楊玄操：里居欠詳，嘗爲歙州縣尉。唐代醫家，精於訓詁及醫道。歷十年之功，著《黃帝八十一難經註》，今佚。另有《黃帝明堂經註》（現存殘卷），還有《素問釋音》《本草註音》等，然未見傳世。

齒路馬有誅

《曲禮》曰："以足蹙路馬芻，有誅。"①誅，責也，如孔子曰"於予與何誅"者是也。②其在國法，則雖小小責罰皆可名之爲誅也。漢令"不下殿門，罰金四兩"之類是亦名爲誅責也。於是見路馬之芻而蹴之以足則爲不敬，不敬者有罰，是之爲誅矣。至於他馬與路馬同道，它馬不自斂退，③乃遂與之齊行，是之爲齒。④齒之爲義，若"三年不齒"之"齒"，⑤齒亦有罰也。凡此之罰皆得名之爲誅，如五刑皆得爲刑也。舊説謂齒者，驗馬齒而命其年，則遂加之以誅，此謬也。

註釋：

①見《禮記·曲禮上》，孔穎達疏曰："此草擬爲供馬所食，若以足蹴踏之者，則有責罰也。"蹙：同"蹴"，踏，踢。路馬：古代指爲君主駕車的馬。因君主之車名路車，故稱。與"他（它）馬（爲君主以外的人駕車的馬）"相對。

②見《論語·公冶長》。予：孔子學生宰予。與：通"歟"。誅：責備。全句意爲：對於宰予啊，我還能責備什麼呢？

③斂退：收斂退讓。

④齒：程大昌意，齒當爲並列、齊列之義。而《禮記·曲禮上》"齒路馬，有誅"，鄭玄註："齒，數年也。"孔穎達疏："若論量君馬歲數，亦爲不敬，亦被責罰，皆廣敬也。"則與程所釋不同。

⑤三年不齒：《周禮·秋官·大司寇》曰："凡害人者置之圜土。……其能改者反於中國，不齒三年。"鄭玄註："不齒者，不得以年次列於平民。"按，"三年不齒"謂三年不得以年齡的順序列於平民，以示懲罰。齒：列也。

厠

《漢書》："衛青大將軍侍中，武帝據厠見之。"註："溷，厠也。"①此説非也。武帝固以奴隸待青矣，青時已爲大將軍，亦不應如此之深也。②凡言厠者，皆爲其在兩物之間。漢文居霸北，臨厠，使慎夫人鼓瑟。③韋昭曰："高岸夾水爲厠。"《水經》曰："今斯原夾二水矣。"原者，白鹿原也。霸水自此原上來，近長安而合乎滻也。④○或謂長水會霸，要之皆在兩水間，其義兩通。故此原在霸、滻兩間，而文帝臨之，是爲臨厠也。即此理推之，則凡厠云者，皆以兩間爲義。雖溷圂之名爲厠，⑤亦一理也。《詩》謂"夾其皇潤"者是也。⑥夫水在兩土之間，既可名潤，則凡厠之義，皆以兩間名之，復何疑哉？古書所著，如曰"豫讓變姓名爲刑人而入襄子之厠。⑦襄子如厠，心動"。又如管寧首過，而曰固嘗如厠不冠矣。⑧諸如此類，則真溷圂矣。而溷圂之義，蓋亦同用兩間爲義也。又如《郅都傳》："賈姬如廁，有野彘如廁，命都擊之。"⑨則此之如廁者正爲其在兩土狹中，非溷圂矣。人主之見臣下，不必皆在廣庭坐，雖便殿燕間，⑩御坐之前必有隙地，使見者得以拜伏，從容進退，乃爲得禮。今武帝之見青也，臨斬絶之岸，⑪而使青蒲伏於絶岸之下，⑫仰視威顔如在天上，可謂非禮矣。故史因武帝之禮黷而對青以言臨廁也。⑬

註釋：

①"溷，廁也"：顔師古讚同如淳説，"如淳曰：'廁，溷也。'孟康曰：'廁，床邊側也。'師古曰：'如説是也。'劉奉世曰：'廁當從孟説，古者見大臣則御坐爲起，然則踞廁者輕之也。'"

②深：嚴重，厲害。

③"霸北"至"鼓瑟"十字：霸北，霸陵北頭。臨廁，靠近霸水。慎夫人，漢文帝劉恒的寵妾，有美色，能歌舞，擅鼓瑟。

④潏：水名。源出陝西省藍田縣，會灞水，入渭水。漢司馬相如《上林賦》："終始灞滻，出入涇渭。"

⑤圂：溷圂，廁所。

⑥夾其皇澗：見《詩·大雅·公劉》。高亨註："言沿著皇澗兩岸而行。"

⑦豫讓：姬姓，畢氏，春秋戰國間晉國著名刺客。刑人：受刑之人，古代多以刑人充服勞役的奴隸。見《戰國策·趙一》。

⑧"又如"至"冠矣"共十五字：《太平御覽·地部二十五》："周景式《孝子傳》曰：管寧避地遼東，遇風，船人危懼，皆叩頭悔過，寧思惟愆咎，念常如廁不冠而已，向天叩頭，風亦尋静。"《太平御覽·居處部》亦有類似文字。管寧：字幼安，漢末北海朱虛（今山東臨朐東南）人，管仲之後。東漢末年桓帝時曾經入仕尚書令，入魏後官至太尉。首過：第一次過錯。

⑨見《史記·郅都傳》。

⑩便殿：舊時帝王退朝後休息的地方。燕間：同"宴間"，公餘之時、宴會之間。

⑪斬絶：陡峭。

⑫蒲伏：猶匍匐。

⑬禮黯：武帝禮遇汲黯。據《史記·汲黯傳》："黯爲人性倨，少禮，面折，不能容人之過。合己者善待之，不合己者不能忍見，士亦以此不附焉。然好學，游俠，任氣節，內行修潔，好直諫，數犯主之顏色。……大將軍青侍中，上踞廁而視之；丞相弘燕見，上或時不冠。至如黯見，上不冠不見也。上嘗坐武帳中，黯前奏事，上不冠，望見黯，避帳中，使人可其奏。其見敬禮如此。"

鐵甲皮甲水犀鮫魚

三代秦漢以前軍旅多用皮甲，其曰犀兕者是也。然史傳所載已有鍛金爲甲者矣，顧其用者尚少耳。《管子》曰："葛盧之山，發而出黃金，蚩尤受之以爲劍鎧。"鎧即甲也。註云："言其始也，言以金爲甲自蚩尤始也。"①然則前乎三代已有金甲矣，若其軍旅之所通用不勝其多，則直鍛皮爲之耳。許氏《說文》："鎧，甲也。" "釬，臂鎧也。" "錏鍜，頭鎧也。"②三者字皆從金，則可以知其必以金鑄矣。《周禮·函人》所典犀甲、兕甲、合甲，③凡三甲也。此三甲者，率皆以皮爲札，④札成，堅之以火，故《函人》曰"凡鍛不摯則不堅，已敝則撓"是也。⑤此之謂皮，即牛、犀、兕三獸之皮，皆堅韌可用也。牛即耕牛也，犀則一角者也，兕則色青如牛者也。三者惟牛可畜，則可隨須隨有矣。若犀與兕，皆非可畜之獸，其皮亦不可常得也。孔子曰"虎兕出于柙"，⑥柙以畜之，尚或擘裂而出，⑦則是不可豢畜也矣。故《國語》載叔向之言曰："唐叔射兕于徒林，殪，以爲大甲。"⑧葛洪亦曰："屠犀爲甲。"⑨賈逵曰："以兕革爲大甲也。"⑩夫其平日不可使出圈柙，而臨用又須屠射，則其材何可常有？若夫牛者，既可豢畜，則臨用不患難辦矣。華元曰："牛則有皮，犀兕尚多。"⑪言吾牛皆有皮，皮皆可用，自牛以外，犀、兕亦不乏也。此雖例爲夸言，然亦可以見犀、兕之少於牛矣。勾踐又有水牛之甲，即以水牛皮爲之矣。《荀子》曰："楚人鮫革、犀、兕以爲甲，堅如金石。"⑫鮫魚者，皮上傅砂，其鋩可錯，用以爲甲，亦與犀、兕同堅。於是遂名水犀者，即是本鮫魚之爲水產，而取之以名也。《晉書》載馬隆之討涼州也，⑬夾道累磁石，賊首負鐵鎧，行不得前。隆卒即被犀甲，無所留礙，賊以爲神。則是隆軍有鐵甲可擐而不擐也。⑭王隱《晉書》亦載其事，乃曰："隆兵悉著牛皮鎧，得過。"則是實用牛皮爲之，而名以爲犀焉耳。

註釋：

①《太平御覽·兵部》卷三百三十九："黃帝之時，以玉爲兵；蚩尤之時，爍金爲兵，割革爲甲，始制五兵。"

②錏鍜，頭鎧也：頭，指頸。《說文》："錏，錏鍜，頸鎧也。"

③合甲：用兩重犀或兕之皮相合而製成的堅固鎧甲。《周禮·考工記·函人》："函人爲甲，犀甲七屬，兕甲六屬，合甲五屬，犀甲壽百年，兕甲壽二百年，合甲壽三百年。"

④札：指鎧甲的葉片，多用皮革或金屬製成。《廣雅·釋詁》："札，甲也。"《集韻·櫛韻》："札，甲葉也。"

⑤《周禮·函人》鄭玄註："鍛，鍛革也。摯，謂質也。鍛革大孰，則革敝，無強曲橈也。玄謂'摯之言致'。"摯：精致。孫詒讓《周禮正義》："鍛不摯，謂椎鍛不精致也。"橈：同"橈"，彎曲。

⑥見《論語·季氏篇》。柙：關閉猛獸的籠檻。《說文·木部》："柙，檻也，以藏虎兕。"

⑦擘裂：分開，剖裂。

⑧見《國語·晉語》。唐叔：即唐叔虞，周武王幼子，是晉國的始封君。殪：殺死。韋昭註："一發而死曰殪。"甲：鎧甲。

⑨見葛洪《抱樸子·外篇》。葛洪（284—364或343），字稚川，自號抱樸子，東晉丹陽郡句容（今江蘇句容縣）人。爲道教學者、著名煉丹家、醫藥學家。

⑩見《初學記·武部》所引賈逵《國語·晉語》註。

⑪見《左傳·宣公二年》。華元（？—前573）：春秋時期宋國相（今安徽省濉溪縣）人。官至宋國大夫。

⑫見《荀子·議兵》。

⑬馬隆：字孝興，東平平陸（今汶上）人，西晉名將，兵器革新家。在與鮮卑人作戰時馬隆任司馬督，令晉軍著皮甲，於道旁堆砌磁石以干擾身着鐵甲的鮮卑人行動。詳《晉書·馬隆傳》。

⑭摜：貫穿，穿著。

市馬

市馬於吐蕃，古記無載，然已有其事。《鹽鐵論》曰"齊陶之縑，南漢之布"，^① "中國以一端縵，得匈奴累金之物。驢騾駱駝，可使銜尾入塞"，^②則漢世已嘗出縑帛買馬塞外矣。顧其時，虜未知中國縑帛真價，故得出一縑一布而得累金之物。至唐世則病其酬帛之多矣。^③

註釋：

①見《鹽鐵論·本義第一》（卷一）。縑：雙絲織的淺黃色細絹。
②見《鹽鐵論·力耕第二》。一端：布帛的數量。古代布帛二端相向卷，合爲一匹，一端爲半匹，其長度相當於二丈。縵：無花紋的絲織品。《説文·糸部》："縵，繒無文也。"
③病：不滿。

往省括于度則釋^①

機者，弩牙也，牙之所以遏弦也。^②括者，矢之尾末，歧而爲二，可以銜弦也。度者，立爲分寸使可以準望，^③以求正鵠之所在。^④故必待其尺寸之實，故力始可發也。虞者，度也。○入聲。往者，矢尚在弦，未離弩臂之上也，爲其目力已註乎機，即爲往也。欽厥止者，^⑤弩人虞度機牙之時也，所止已定，則率祖而行以釋矢乎弦者也。釋者，發機激矢之時也。楊子曰：^⑥ "莫而後發，^⑦發必中矣。"後漢憨王"寵善弩射，十發十中，中皆同處"，^⑧李賢註曰："寵射秘法曰：'三微爲經，^⑨三小爲緯。經緯相將，萬勝之方，然要在機牙。'"案，此即三微三小者，其措矢之分寸也。^⑩目之所注，有分寸可準，則矢之所發，必無毫釐或差，^⑪弓弩蓋一律也。夫惟有分寸可準，則虞度所施，^⑫正在擬發未發之間矣。三微三小，分寸在弦，而十發十中，往必中鵠，以機牙之分寸，必與正鵠分寸相對也。目注乎此而擬度及彼，是爲往省也。

註釋：

①見《尚書·太甲》。
②牙：《釋名·釋兵》："鈎弦者曰牙，似齒牙也。"弩牙：亦稱機牙，指弩上發箭的含矢處和鈎弦制動的機件。
③準望：謂辨正方位。準，古代測量水準的儀器。引申爲測定、瞄準。

④正鵠：箭靶的中心。

⑤《尚書·太甲》："欽厥止，率乃祖攸行。"宋時瀾撰《增修東萊書說·太甲》釋曰："所謂止者，爲人君止於仁、爲人臣止於忠之類也。言當欽其所止，率循乃祖成湯之所行。"欽：恭敬，戒慎。

⑥楊子：即楊朱，戰國時期魏國人，楊朱學派的創始人，反對儒墨，主張貴生，重己，其說散見於《莊子》《孟子》《韓非子》《呂氏春秋》《列子》等書。

⑦奠：定，奠定。

⑧見《後漢書·孝明八王列傳·陳敬王羨》。愍王寵（？—197）：即劉寵，東漢藩王，明帝子陳敬王劉羨玄孫，孝王劉承之子，封陳國。

⑨微：古代極小的量度單位。一寸的百分之一，或一兩的百萬分之一，與下文"小"對言。

⑩措：設置，制訂。《太玄·攡》："攡措陰陽而發氣。"范望註："措，猶設也。"

⑪釐：同"厘"。量詞，長度單位，尺的千分之一。《史記·太史公自序》："故《易》曰：'失之毫釐，差以千里。'"

⑫虞度：謀慮。

什一稅

夏商周賦、助、徹，實皆十取其一。①魯哀公曰"二，吾猶不足"，則十二矣。②秦始皇多事，③征戍繁重，橫加役取。故董仲舒曰："一歲力役，三十倍於古；田租、口賦、鹽鐵之利，二十倍於古。"④至班固《食貨志》揔言其凡，則又曰"收泰半之賦"。⑤泰半者，三分取二也。三分取二，則又加於一半矣，而亦未至三十倍，不知二者，孰爲的數也。高祖既定天下，約法三章，省禁、⑥輕田租，什五而稅一，則比十一之法既已加輕矣。文帝因晁錯入粟之策，⑦行之數年，邊積饒衍，⑧遂下詔賜民。十二年，租稅之半。其曰"賜半"者，⑨此一年內當輸一斗者止輸五升，是爲官賜其年半額也。明年，又遂除民田之租稅。此之謂除，則並與當輸一斗之類，全免不收矣。然此之除減，皆是立高帝十五稅一以爲之則，而爲除減之數焉耳。後至孝景二年，令民半出田租，則是於高帝所立之額正減其半。如高帝時，應輸一斗者，歲歲常減五升，而所取益以輕少矣。史家計定其數，則曰"三十而稅一"也。"三十而稅一"是從古者十一之法而三分免二。若引而上之以比古法，則當輸三斗者，止取一斗也。民間種田三十畝，止收一畝而入之官也。漢家賦稅之類，至此乃始定爲三十取一也。中更王莽，額固加重，然東漢奉行宣帝之法，不敢增改也，爲其減改太多，故遇國家有事，遂不免停減吏俸以資邊費，所是仲長統約其中而論之曰：⑩"二十稅一，名之曰貉，⑪況三十稅一乎？夫薄吏俸以豐軍用，事緣於秦，漢承其業，遂不改更也。"據仲氏此論是云取之太輕，故所入不供所出，而至於鐫吏俸以補用，⑫非中制也。⑬《孟子》之論"十一"曰：⑭重於十一者，大桀、小桀也；輕於十一者，大貉、小貉也。反覆究論，則"十一"爲天下中正不刊之論也。

註釋：

①賦、助、徹，實皆十取其一：賦、助、徹，分別爲夏、商、周的稅賦制度。《孟子·滕文公》："夏后氏五十而貢，殷人七十而助，周人百畝而徹。其實皆什一也。"趙岐註："民耕五十畝，貢上五畝；耕七十畝，以七畝助公家；耕百畝者，徹取十畝以爲賦。雖異名而多少同，故曰皆什一也。"

②十二：即十取其二。

③多事：指賦役繁重。

④見《漢書·食貨志》。

⑤見《漢書·食貨志》。泰半：三分取其二，如當取三斗者只取一斗。泰，同"太"，大之極。

⑥省禁：省減禁令。

⑦晁錯入粟之策：指晁錯提出的即以糧食換爵位的措施。見晁錯《說文帝令民入粟受爵疏》。

⑧饒衍：富饒。衍，多。

⑨賜半：指皇帝恩賜百姓只收一半的租稅。宋周密撰《齊東野語》卷一："高、惠以來，十五稅一。文帝再行賜半租之令，二年、十二年，至十三年，乃盡除而不收。景帝元年，亦嘗賜半租，至明年，乃三十而稅一，即所謂半租耳。蓋先是十五稅一，則三十合征其二，今乃止稅其一，乃所謂半租之制也。"

⑩見《後漢書·仲長統傳·損益篇》。所是：所以。仲長統（179—

220）：字公理，山陽郡高平（今山東省微山縣兩城鎮）人。東漢末年哲學家、政論家，其思想和言論集中在其著作《昌言》之中。

⑪貉：古同"貊"，下文作"貊"。《後漢書》《東漢會要》《文獻通考》等皆作"貊"，北方部族名。《孟子·告子下》："白圭曰：'吾欲二十而取一，何如？'孟子曰：'子之道，貉道也。萬室之國，一人陶，則可乎？'"趙岐註："貉在北方，其氣寒，不生五穀，黍早熟，故獨生之，無中國之禮，如此之用，故可二十而取一而足也。"

⑫鎸：蠲減，降低。

⑬中制：亦即下文之"中正"之道，指合乎中庸之道的典章、制度。《公羊傳·宣公十五年》曰："什一者，天下之中正也。多乎什一，大桀小桀。"

⑭桀：古代暴君夏桀。貊：見註⑪。儒家認爲堯舜之道爲十稅一，少於十稅一爲行貉之道，反之稱爲大桀小桀，屬暴君行爲。

洛陽橋

泉州北二十里有溪，溪通海，每潮來，人輒病涉。①蔡端明君謨守泉時，②伐石跨溪而橋。知潮力豪大，徒柱不能勝，遂出新意，累石以爲壯趾。③其制中間闊，兩頭銳。銳故不與潮鬥，闊故能勝鋪架也。橋成，蔡公自書橋旁石曰"萬安渡橋"，而又別爲一記以載首末，今猶巋然也。然蔡公自命爲"萬安"，而土人以及他方皆以"洛陽"冠名，於是橋實在閩而名以"洛陽"，見者多不解。或曰"洛客有經此橋者，樂其山水寬敞，有似洛陽，故以名此"，恐不然也。閩固多山，然投南而至興化，以及泉南，則平夷之地甚多，此地雖闊，不能廣於它處，何以獨擅洛陽之名耶？予案《元和郡縣志》：洛陽天津橋，本維舟爲梁，後以洛漲壞船，貞觀十四年，始令石工累石爲脚。則是不止用獨石爲柱，而累衆石以爲之趾，趾闊而力厚，即萬安橋之所取則也矣。④然則橋名洛陽，其必以此之累趾也哉！

註釋：

①病涉：苦於涉水。病，疾苦，擔憂。

②蔡端明君謨：即蔡襄（1012—1067），字君謨，仙游人，天聖八年

（1030）進士，曾官端明殿學士，故稱蔡端明。知泉州時，主持建造了我國現存年代最早的跨海梁式大石橋——泉州洛陽橋。

③累：堆叠，集聚。壯趾：意爲在橋柱周圍加固使橋柱粗大、底部堅固。趾，基礎部分，底腳。

④取則：取法，效法。

註疏○箋傳

後世之名註疏者，先列本文於上而著其所見於下。其曰註者，言本文如水之源，而其派流之所分註如下文所言也。①至其曰"疏"者，則舉註而條列之，②其倫理得以疏通也。③若夫古之傳書者，則不然矣，於本文隱奧之義，則立説以發明之，雖不正指本語，而本語意度自昭也。《爾雅》之於《詩》，《孟子》七篇、子思《中庸》之於《論語》，實註疏也，而不嘗合爲一書，於是别出己名以名其著。《列》《莊》《亢》《尹》之於五千言，④亦猶是也。漢興，文帝時有申公《詩》，武帝時有孔安國《尚書》、有淮南王《離騷傳》，則正爲之説以解釋本文矣，而亦未名爲註也。《左氏》之傳《春秋》也，附經立文，其體真註疏矣。然先時亦未嘗合二爲一也，至劉歆大好其書，乃始各附所傳於正經之下，故班固傳之曰："初，《左氏》多古字古言，學者傳訓故而已。及歆治《左氏》，引傳文以解經，然後轉相發明也。"⑤則凡今附註於本文之下者，殆自歆始也。歆之移書，⑥亦嘗舉時論而隨折之矣，曰"謂《左氏》爲不傳《春秋》，豈不哀哉"！案此，則知班固所書，其得實矣。《周易‧十翼》者，⑦《文言》亦其一也。今惟《乾》《坤》兩卦附著《文言》於下，而它卦之有《文言》者，則聚著《繫辭》，不附本卦也。凡爲此者，實王弼也。⑧此蓋古則之在而可證者也。⑨鄭康成之釋《詩》也，别爲註文，附毛公之下，而自名其語曰"箋"。崔豹《古今註》曰："毛公嘗爲康成鄉州太守，故康成不敢與之齒躐，⑩而以箋爲言。箋猶賤也，與賤記之賤同也。"此説迂也。古無紙，專用簡牘，簡則以竹爲之，牘則以木爲之。康成每條自出己説，别以片竹書之，而列《毛傳》之旁，故特名《鄭氏箋》者，明此箋之語，己實言之也。

註釋：

①派流：水的支流。

②條列：分條列之。

③倫理：事物的條理。

④《列》《莊》《亢》《尹》：指輯録道家産生、發展、轉化的《莊子》《列子》《亢倉子》《關尹子》等著作。五千言：指《老子》。

⑤故：通"詁"。

⑥見《漢書·楚元王傳》。劉歆，字子駿，漢高祖劉邦四弟楚元王劉交之後，名儒劉向之子。西漢後期古文經學的開創者，在天文曆法、校勘、史學、詩學等方面都有重大貢獻。發明：闡述，闡發。

⑦《移書》：指劉歆《移讓太常博士書》，此爲中國學術史上一篇著名論著，該書從禮制和文獻兩方面展開，論證古文經的合理性，要求太常博士官摒除門户之見，將古文經列於學官。

⑧《周易·十翼》：又稱《易傳》，是解《易》最早的著作，共七種十篇：《彖》上下篇、《象》上下篇、《系辭》上下篇、《文言》、《説卦》、《序卦》、《雜卦》。

⑨王弼（226—249）：字輔嗣，三國魏山陽郡（今山東濟寧、魚臺、金鄉一帶）人，經學家，有《道德經註》《周易註》。

⑩古則：古代的典章法度。

⑪齒躐：猶齒列，並列。

卷之六

博

博，古固有之，然而隨世更易，制多不同。予前本合晉、宋數事，而附《樗蒲經》，①立爲之説，皆可傳無忤矣。②李賢註《後漢·梁冀傳》所引諸書格範，③則與晉、宋所傳不同。其説曰："《楚詞》曰：'昆蔽象棋，④有六博。'王逸註云：'投六箸，行六棋，故云六博。'"此即已與"劉裕授五木者"異矣。⑤賢又引鮑宏《博經》曰：⑥"用十二棋，六棋白，六棋黑。所擲頭謂之瓊，⑦瓊有五采：畫爲一畫者謂之塞，⑧刻爲兩畫者謂之白，刻爲三畫者謂之黑，一邊不刻者，五塞之間，謂之五塞。"案此以刻畫多少爲采名，而無犢、雉之象。又與劉裕諸人所用不同，殆是隨人各出意變，無定格也。

註釋：

①《樗蒲經》：作者不詳，程大昌在此基礎上撰《樗蒲經略》。樗蒲：亦作摴蒲、五木、擲盧、呼盧，是東漢至唐朝流行的擲賽游戲，詳見本卷後篇"樗蒲"條。依東漢馬融《樗蒲賦》、唐李肇《國史補》《五木經》記載，樗蒲是依采行棋，將棋子全數抵達終點爲勝的局戲，但不需用棋盤，而是用矢作行棋的間隔，很類似西藏雙六、南北美洲原住民的一些局戲。還有一種玩法是不行棋、只比采數高低的采戲，有"黑、白、雉、犢"四種花色，能産生十二種組合，各有兩個組合視爲同種采，故采名十種，爲"盧""塞""秃""雉""梟""撅""犢""塔""開""白"，以"盧"爲最高采、"雉"次之，劉裕、劉毅、劉駿、宇文泰都玩過此戲。亦曾作爲占卜，傳説慕容寶祈禱富貴，擲出幾率只有 1/32768 的三次"盧"采，讓他決心復國。

②無忤：不抵觸，不違逆。

③梁冀（？—159）：字伯卓，安定（今寧夏固原）人，是東漢外戚權臣。本傳稱："少爲貴戚，逸游自恣。性嗜酒，能挽滿、彈棋、格五、六博、蹴鞠、意錢之戲，又好臂鷹走狗，騁馬鬥雞。"格範：格調，規模。

④珉：同"珉"，玉石。蔽：簙，博具。《方言》卷五："簙謂之蔽，或謂之箘，秦、晉之間謂之簙，吳、楚之間或謂之蔽。"

⑤見《晉書·劉毅傳》。據該傳載，衆人在東府聚衆豪賭，一貫驕傲跋扈的劉毅抛到了四黑一白的"雉"彩，得意忘形。劉裕很厭惡，拿著五枚擲木摩挲了很久，然後擲出了最好的五個黑的"盧"彩。事見本卷"盧雉"條。挼：同"捼"，揉搓，摩挲。

⑥鮑宏：字潤身，東海郯人。爲南北朝時梁代的書侍御史，著有《小博經》《博塞經》，記錄塞戲。

⑦瓊：古代博具，猶後來的骰子。

⑧塞：通"簺"，古代的一種棋戲，亦用以賭博。

樗蒲

博者，孔、老皆嘗言之。而樗蒲之名，至晉始著，不知起於何代。要其流派，①必自博出也。博用六子，《楚辭》謂之"六博"，而《説文》以爲"六箸十二棋"，②故數繫於六也。至樗蒲，則所用者五子而已，其初刻木爲之，劉裕挼喝五木使之成盧，則其子用木而五也。樗蒲久廢不行，予在泉南，傳得《樗蒲經》，不書作者姓名，然而五木形制、齒數具在，用《劉毅傳》所著"盧雉"之語會合而言之，粗亦可考。然其説多自相矛盾，推説不通，詳求其用，則專施之打馬。③則是此書之作，殆出於變格打馬之後耶？故與史語多不合也。葛洪不曉棋道，不識樗蒲齒數，予之拙固與洪似矣。而古事之與樗蒲相關者多，如盧、白、梟、雉，勝負之訣，皆隱其中。苟以素所不嗜而棄之不言，則古事暗昧，故隨見以書，非明奕也，明古也。

註釋：

①要：通"徼"。探求，求取。

②按，"六箸十二棋"用以釋前文之"博"。"博"通"簙"。《説文·

竹部》："簿，局戲也。六箸十二棊也。" 段註："簿，經傳多假博字。"

③打馬：古代博戲名。李清照《〈打馬圖經〉序》（光緒觀古堂本）："打馬世有二種：一種一將十馬者，謂之關西馬；一種無將二十四馬者，謂之依經馬。流傳既久，各有圖經。"

投○五木瓊櫐玖骰

　　博之流爲樗蒲，爲握槊○即雙陸也。①爲呼博，爲酒令，體制雖不全同，而行塞勝負取決於投，則一理也。蔡澤説范雎曰：②"博者或欲大投。" 班固《弈指》曰："博懸於投，不必在行。" 投者，擲也。桓玄曰："劉毅樗蒲，一擲百萬。" 皆以投擲爲名也。古惟斫木爲子，一具凡五子，故名五木。後世轉而用石、用玉、用象、用骨，故《列子》之謂投瓊，律文之謂出玖。凡瓊與玖，皆玉名也，蓋爲蒲者借美名以命之，未必真嘗用玉也。《御覽》載繁欽《威儀箴》曰：③"其有退朝，偃息閑居。操櫐弄棋，文局樗蒲。言不及義，勝負是圖。" 註云："櫐，瞿營反，博子也。" 櫐之讀與瓊同，其字仍自從木，知其初制，本以木爲質也。唐世則鏤骨爲竅，朱墨雜塗，數以爲采。亦有出意爲巧者，取相思紅子納置竅中，使其色明現而易見，故溫飛卿《艷詞》曰：④"玲瓏骰子安紅豆，入骨相思知也無？" 凡此二者，即今世通名骰子也。本書爲投，後轉呼爲頭，《北史》：周文命丞郎擲樗蒲頭。⑤則昔云投者，遂轉爲頭矣。頭者，揔首之義。○本文詳見此後《采》下。自鏤骨爲骰，以後不惟五木，舊制堙没不傳，而字直爲骰，不復爲投矣。若其體制，又全與用木時殊異矣。方其用木也，五子之形，兩頭尖鋭，中間平廣，狀似今之杏仁。惟其尖鋭，故可轉躍，惟其平廣，故可以鏤采也。凡一子悉爲兩面，其一面塗黑，黑之上畫牛犢以爲之章。犢者，牛子也。一面塗白，白之上即畫雉。雉者，野雞也。凡投子者，五皆現黑，則其名盧。盧者，黑也，言五子皆黑也。五黑皆現，則五犢隨現，從可知矣，此在樗蒲爲最高之采。揆木而擲，往往叱喝，使致其極，故亦名呼盧也。其次，五子四黑而一白，則是四犢而一雉也。四犢一雉，則其采名雉，用以比盧，降一等矣。○見《晉傳》，詳在後篇。自此而降，白黑相雜，每每不同。故或名爲"梟"，即鄧艾言云 "六博得梟者勝" 也。⑥或名爲 "犍" ○居言切，謂 "五木十擲輒犍，非其人不能" 是也。○見《御覽》。凡此采名，《樗蒲經》雖皆枚載，⑦然反覆推較，率多駁而不通也。

○詳別出。至於骰子之制，固知祖襲五木，然而詳略大率不同也。五木止有兩面，骰子則有六面，故骰子著齒，自一至六爲采，亦益多率其大而言之，則是裁去五木兩頭尖銳，而蟇長爲方，既有六面，又著六數，不比五木，但有白黑兩面矣。五木之制，至晉世猶復用木。然《列子》已言"投瓊"，則周末已嘗改玉、骨也耶？或者形製仍同五木，而質已用玉石也。今世蜀地織綾，其文有兩尾尖削而中間寬廣者，既不像花，亦非禽獸，乃遂名爲樗蒲，豈古制流於機織至此尚存也耶？

註釋：

①握槊：古時類似雙陸的一種棋類游戲。雙陸：又名"雙鹿"。古代博戲之一，傳自天竺（印度），盛於南北朝、隋唐。下鋪一特製盤子，雙方各用十六枚（一説十五枚）棒槌形的"馬"立于自己一方，擲骰子的點數各占步數，先走到對方者爲勝。

②蔡澤：戰國時期燕國人，博學善辯，爲縱橫家代表人物之一。范雎（？—前255）：字叔，戰國時魏國人，著名政治家、軍事謀略家。曾任秦國丞相。蔡澤游説范雎讓賢，因范雎推薦的鄭安平和王稽都背叛了秦國，范雎心有畏懼，故蔡澤游説成功，代范雎爲丞相。

③繁欽（？—218）：字休伯，三國魏潁川（今河南禹縣）人。曾任曹操主簿，以善詩賦、文章知名。《威儀箴》是關於勸諫賭博的書。

④溫飛卿：即五代花間詞派代表人物溫庭筠，字飛卿，太原祁（今山西祁縣）人。

⑤周文：指周文帝（507—556），字黑獺，北周代郡武川（今內蒙古武川西）人，鮮卑族，西魏王朝的建立者和實際統治者，西魏禪周後，追尊爲文王。丞郎：官名，東漢始置，魏晉後，上書省分曹，各曹有侍郎、郎中等官，綜理政務，通稱爲上書郎。

⑥《晉書·鄧艾傳》："艾爲中堅將軍，配步騎五千擊秋。引師出振武，夜有二梟鳴於牙中，艾曰：'梟，邀也，六博得梟者勝。今梟鳴牙中，剋敵之兆。'於是進戰，大破之。"

⑦枚載：逐個記載。

采

采本是彩色之彩，指其文以言也，如黑白之以色別，雉犢之以物別，皆采也。投得何色，其中程者勝，因遂名之爲采。今俗語凡事小而幸得者皆以采名之，義蓋起此也。此正班固所譏，謂"懸於投而不屬乎其人之有德者"也。《齊書》："李安民與明帝樗蒲，五擲皆盧。帝大驚曰：'卿面方如田，封侯相也。'"[1]言其投而得雋非一時幸中也，[2]此言相有福也。後周王思政在同州，與太祖樗蒲，大出衣寶，約擲盧者與之。思政斂容跪誓，願得成盧，已，果得盧。[3]又《北史》："梁主蕭詧曾獻瑪腦鍾，[4]周文帝執之，顧丞郎曰：'能擲樗蒲頭得盧者，便與鍾。'已經數人，不得，至薛端，[5]乃執樗蒲頭而言曰：'非爲此鍾可貴，但思露其誠耳。'擲之，五子皆黑。文帝即以與之。"用此而言，則得雋而名以爲采其來尚矣。

註釋：

[1]《南齊書·李安民傳》："明帝大會新亭，勞接諸軍，主捗蒲官賭，安民五擲皆盧。帝大驚，目安民曰：'卿面方如田，封侯狀也。'"

[2]雋：古時以小鳥爲射的，射中爲雋。此指投中。

[3]"後周"至"果得盧"三十七字：見《周書·王思政傳》。王思政：太原祁（今山西祁縣東南古縣村）人，西魏大將。

[4]蕭詧（519—562）：字理孫，南朝後梁皇帝。

[5]薛端（516？—558）：原名沙陁，宇文泰使之改名端，字仁直，西魏、北周時大臣。

盧雉

自有骰子以後，樗蒲尖長之子遂廢閣不用。凡古書古事語及樗蒲者，其名數遂不可曉。雖非要事，要之闕所不知終是懷慊也。[1]《樗蒲經》也者，據其所見立爲之書，有意乎追補亡矣。然古樗蒲事在史而詳者，惟《劉毅傳》爲著。舉此之經語，以與《毅傳》相較，則此書所載，不能與之諧合也，故知其傳不古也。《晉書·毅傳》曰："毅於東府聚樗蒲大擲，一判應至數百萬，餘人並黑犢以還，惟劉裕。及劉毅次擲得雉，大喜，○此言衆人先毅而擲，已有得犢者矣，而五木未至純盧也。次傳及毅，則遂得雉，雉者四黑而一白。夫四黑而一白，其采名爲雉也。褰衣繞床，[2]叫謂同座曰：'非不能盧，不事此耳。'○雉次於盧，盧高於雉，雉亦高於它采。既不得盧而得雉，冀它人不能及，故大爲之言曰：'非不能盧，直不爲耳。'裕惡之，因接五木，久之曰：'老兄試爲卿答。'

既而四子皆黑，其一子轉躍未定，裕厲聲喝之，即成盧焉。○四子皆黑，其餘一子若不得黑，即必現白。如又現白，即是四黑一白，采當爲雉矣。裕若得雉，即不能勝毅，故一子之轉躍未定者，裕遂厲聲喝之，使現黑采也。黑采既現，即五子皆黑，遂可以成其爲盧也。盧現而雉自降等，故毅怨裕不肯相借也。毅意不快曰：'亦知公不能以此見借也。'"用《毅傳》所記，以求晉世之樗蒲采名、齒數，予之前說悉與之合也。劉裕所得之盧，是五子之半面爲黑者皆現乎上，而五子之半爲白者皆藏於下。俯仰合計，則五子通爲十面，半白半黑具足無欠，而五木之齒數亦相應協，無欠無餘矣。自斯以往，黑白兩面，交致其雜，亦隨齒立名，而不出乎白黑兩面，是皆有數可數，故亦有象可畫矣。今此經所繪白黑，遂有不可推較者，失在誤添純白、純黑兩色，故其說不與史合耳。今先列舊圖，而後別立新畫，貴其易曉。

　《樗蒲經》舊畫只有四木。四木者，博子四個也，不是一木簇爲四角。古蒲子皆言五木，故知舊經誤畫。若本《晉傳》而求之，則五黑者，五子固皆爲黑，而黑上皆畫爲犢，無有純黑而不爲犢形者也；五白者，五子皆白，白者畫雉，無有純白而不爲雉形者也。於是合而言之，其陽能現五犢，則其陰必藏五雉，二五爲十，而五子之十面無欠無餘，推之而皆可通矣。今舊圖之於五黑也，以其三畫犢，以其二純黑，則是五子之十面者，以其半爲純黑，以其半爲黑犢，乃可應數。不知十面皆黑，安得別有一白越自外來，而間乎四黑之間，可以命之爲雉也耶？若每子皆有四面，兩面有文，○黑上畫犢，白上畫雉。兩面無文，○純白不畫雉，純黑不畫犢。且以劉裕所投言之，四黑已見，其一白，若專是白，而上無畫雉之文，則此之一白而間五黑，何以得名爲雉也？凡此皆推而不通，今故別爲之圖而正《樗經》之誤，使史語明白。

盧　　　雉

今定新畫係用五木。五木者，木投凡五個也。

盧　　　　雉

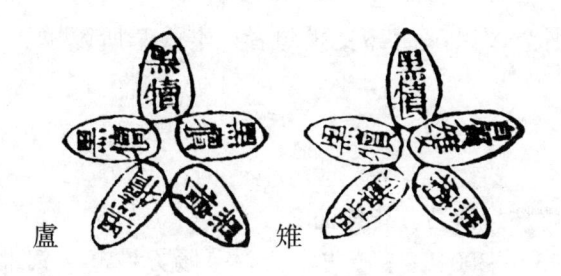

註釋：

①懷慊：遺憾，不滿足。慊：不足，缺少。
②褰衣：撩起衣服。

五白梟犍

老杜《今夕行》曰："馮陵大叫呼五白，①袒跣不肯成梟盧。②"觀其意脉，正用劉毅事，而五白非樗蒲所貴，不知杜獨何據也。樗蒲家謂二白三黑爲犍。犍，惡齒也。③《御覽》曰六博五擲皆犍，不爲不能。則知犍爲惡齒也。經之梟名甚多，鄧艾曰："六博得梟者勝。"此艾因牙上有梟，④姑爲安衆之言耳。《韓子》曰："儒何以不好博，勝者必殺梟，是殺其所貴也。儒者以爲害義，故不博。"據此言之，則梟固爲善齒，而殺梟者又當得雋，則梟之采品甚低，非盧比也。老杜概言"梟盧"，亦恐未詳。

註釋：

①馮陵：意氣風發貌。明文徵明《除夜》詩："少日馮陵都遣卻，只將雙髩待明朝。"
②袒跣：袒胸赤足。梟盧：見本卷"博"條註。
③惡齒：不好的骰子，與下文"善齒"相對。齒，此指博齒。
④牙：古代軍隊主將所在之所。

長短句

魏、晉、唐郊廟歌，率多四字爲句。唐曲在者，如柳枝、竹枝、欸乃句，①皆七字，不知當時歌唱用何爲調也。張華表曰：②"漢氏所用文句，長短不齊。"則今人以歌曲爲長短句者，本張華所陳也。○《通典·樂門》。

註釋：

①柳枝、竹枝、欸乃：皆樂曲名。
②張華（232—300）：字茂先，西晉范陽方城（今河北固安縣）人，文學家、詩人、政治家。撰有《博物志》。

角

《通典·樂門》："蚩尤帥魑魅與黃帝戰，①帝乃命吹角爲龍吟以禦之。其後魏武北征烏桓，②減爲半鳴，而尤更悲矣。胡角者，③本以應胡笳之聲，④後漸用之橫吹，⑤有雙角，即胡樂也。張騫入西域，傳其法於西京，後漢以給邊將。和帝時，萬人將軍得之。⑥"

註釋：

①蚩尤：傳說中的古代九黎族首領。以金作兵器，與黃帝戰於涿鹿，失敗被殺。魑魅：古謂能害人的山澤之神怪，後亦泛指鬼怪。
②魏武：魏武帝曹操。烏桓：古時北方少數民族名，原爲東胡族一支，西漢初被匈奴擊敗，遷移到烏桓山，因以爲名。
③胡角：胡人的吹樂器。
④胡笳：我國古代北方民族的管樂器，傳說由漢張騫從西域傳入，漢魏鼓吹樂中常用之。
⑤橫吹：樂器名，即橫笛，後專用於吹奏軍中的樂曲。
⑥萬人將軍：統領萬人的將軍。得之：得用之。

鼓吹

後魏永熙中，諸州鎮各給鼓吹，①人多少各以大小等級爲差。諸王爲州，皆給鼓吹，其等以赤、青、黑色爲次。中州刺史及諸鎮戍皆給之。②

註釋：

①鼓吹：此指演奏鼓吹的樂隊。鼓吹原爲古代的一種器樂合奏曲，初

邊軍用之，後漸用於朝廷。

②鎮戍：指駐防軍的營壘、城堡。

佛牙

　　世之尊佛而主其異者，其説曰："華夷之人，生理一也。此之牙骨若指，其長大皆能倍常，且其色紅潤，與枯骨異，非佛不能有此也。"予固不嘗見佛，亦不嘗見其指骨，然以古書考之，長狄僑如之死也，尸載於車，眉出軾上。^①古今中國亦未嘗有此巨人矣，而僑如兄弟自生及葬，《左氏》皆能詳記。則佛骨之比常人，特爲長大，自其種類如此，不得資之以信其怪也。若以骨指紅潤爲異，則有見矣。獸惟自病而死，血不蔭骨，^②則骨遂槁乾。若非自死，則其久而紅潤者，皆以瀝血不盡也。人固不可試矣，試以豬羊骨驗之，其遭烹之骨必且紅潤，而自死者必枯槁，此可驗也。予之立此見也，非爲異也，而舉世信佛，雖爲辨正，有不容不辨也。顧有事效見前者，可以證予説之非妄也。《五代史·趙鳳傳》："唐明宗時，有西域僧，得佛牙以獻。明宗以示大臣，鳳言世傳佛牙水火不能傷。因以斧斫之，應手而碎。是時宮中施舍已及數千，因鳳碎之，乃止。"此與傅奕用羚羊角擊金剛石者，^③正同一驗也。世人尊佛太甚，但有一人倡言是佛，俗子萬衆，擎跽畏敬，^④傾家以施，焚肌以禮，安有敢證其謬者？況敢出意自言，以斧石試擊之耶？故其誕得行，而人惑不可得解也。庚戌二月十七日夜閲《趙鳳傳》書此。

註釋：

①"然以"至"軾上"二十一字：《春秋穀梁傳·文公十一年》："傳曰長狄也，弟兄三人，佚宕中國，瓦石不能害。叔孫得臣最善射者也，射其目，身橫九畝，斷其首而載之，眉見於軾。"參見卷四"佛骨"條及《左傳·文公十一年》。軾，古代車廂前面用作扶手的橫木。

②蔭：滲透，遮蓋。

③傅奕（555—639）：隋唐時期相州鄴（河南安陽）人。精天文曆數，是著名的反佛鬥士。據《資治通鑒》卷一百四十二載："有婆羅門僧，言得佛齒，所擊前無堅物。長安士女輻湊如市。奕時臥疾，謂其子曰：'吾聞有金剛石者，性至堅，物莫能傷，唯羚羊角能破之，汝往

大宅

《黄庭經·天中》篇曰：[1]"靈宅既清玉帝游。"梁丘子註曰：[2]"面爲靈宅，一名天宅。以眉目口之所居，故爲宅。"《大洞經》云：[3]"面爲赤宅。"《黄庭經》者，其書自叙云"扶桑大帝傳授南岳魏夫人也"。[4]魏夫人者，魏公舒女，晉人也。計其世皆在東漢以後，特不知《大洞經》作於何世耳。《文選》載枚乘《七發》：説太子以游獵之可樂，而太子陽氣見於眉宇之間，侵淫而上，[5]滿於大宅也。既曰"陽氣自眉宇而上滿於大宅"，即必在眉兩間矣。以李善之博，而不詳"大宅"所出，惟五臣註劉良曰"大宅，面也"，[6]亦不言得之何書也。良若嘗見《大洞經》亦必引以爲據矣；不言所本，則意度之耳。然則枚乘之在漢世，豈嘗已見道書而知名"面"以爲"大宅"耶？

註釋：

①《黄庭經》：分《黄庭内景玉經》《黄庭外景玉經》和《黄庭中景玉經》三種。《中景經》系晚出道書，成書於兩晉，爲道教上清派的重要經典，今存。校註本經的較多，今所見最早註本爲唐玄宗時梁丘子註。

②梁丘子：本名白履忠（？—729），唐陳留浚儀（今河南開封市）人。嘗隱居於古大樑城，時人因號之曰梁丘子。博涉經史，有《三玄精辨論》一卷、註《老子》及《黄庭内景經》，另有文集十卷。

③《大洞經》：《太上無極總真文昌大洞仙經》，南宋時由天降乩子而成，爲道教文昌帝君之經典，主要講述文昌帝君向元始天尊求授大道之要。

④扶桑大帝：又稱東君，是掌管太陽的神，民間奉爲男神之首，南、北二宗則奉爲始祖。南岳：衡山。魏夫人：南岳最早的一個女道士。

⑤侵淫：漸進，漸次發展。

⑥五臣註：指五臣註解《文選》。五臣指吕向、吕延濟、劉良、張銑、李周翰，見《新唐書·文藝中·吕向》。

烏鬼①

《元稹集》十三《聽庾及之彈烏夜啼引》曰："四五年前作拾遺，謫官詔下吏遭驅。身作拘囚妻在遠，歸來相見淚如珠。惟説閑宵長拜烏，君來到舍是烏力，妝點烏盤邀女巫。當時爲我賽烏人，死葬咸陽原上地。"案稹此詩，即是其妻爲稹賽烏而得還家者，則唐人祝賽烏鬼有自來矣。

註釋：

①烏鬼：對於烏鬼的解釋歷代不一，主要有三種觀點：一爲鸕鶿的別名；二爲川俗事奉的鬼神名，或稱烏蠻鬼；三爲豬的別名，或特指祭鬼神用的豬。綜合諸家看法，"烏鬼"當是以鸕鶿形象爲主構成的魚凫神，是巴蜀土著居民供養的偶像。

樂營將弟子

開元二年，玄宗以太常禮樂之司不應典優倡雜樂，①乃更置左右教坊以教俗樂。②命左右驍衛將軍范及爲之使，又選樂工數百人，自教法曲於梨園，③謂之皇帝梨園弟子。至今謂優女爲弟子，命伶魁爲樂營將者，④此其始也。○《通鑒》二百十一。

註釋：

①典：掌管。優倡：指歌舞雜戲。
②教坊：唐時管理宮廷音樂的官署。專管雅樂以外的音樂、舞蹈、百戲的教習、排練、演出等事務。武則天時又改稱爲雲韶府。
③法曲：又名法樂，是歌舞大曲中的一部分，因用於佛教法會而得名。著名曲子有《霓裳羽衣》等。
④伶魁：表演樂舞、雜戲的藝人的領頭人。樂營將：舊指樂工或官妓的領班。

白屋

《春秋》"莊公丹桓宮楹"，①非禮也。在禮：楹，天子丹，諸侯黝堊，大夫蒼，士黈。②黈，黃色也。案，此即自士以上，屋楹方許循等級用采色，庶人則不許，夫是以謂爲"白屋"也。後世諸王皆朱其邸，③今世凡官寺皆施朱，有古也。《南史》有隱士多游王門，或譏之，答曰："諸君以爲朱門，貧道如游蓬户。"又主父偃曰：④"士或起白屋而致三公。"顏師古曰"以白茅覆屋"，非也。古者宫室有度，官不及數，則屋室皆露本材，不容僭施采畫，是爲"白屋"也矣。是故山棨藻梲，⑤丹楹刻桷，⑥以諸侯大夫而越等用之，猶見譏誚，則庶人之家，其屋安得不白也？白茅覆屋，古無其傳也。後世諸侯王及達官所居之屋，皆飾以朱，故既曰"朱門"，又曰"朱邸"也，言"朱"以別於"白"也。《鹽鐵論》：文學譏漢俗奢僭曰："雖白屋草廬，歌謳鼓琴，日給月殫，⑦朝樂暮戚。⑧"

註釋：

①桓宫：春秋齊桓公的祭廟。丹：作動詞，漆染成丹色。

②《春秋穀梁傳·莊公二十三年》："禮：天子、諸侯黝堊，大夫倉，士黈。丹楹非禮也。"楊士勛疏："以黑飾地謂之黝，以白飾牆謂之堊。"

③朱其邸：把住宅塗以紅色。朱，動詞。

④主父偃：實爲"吾丘壽王"。疑因《漢書》中吾丘壽王、主父偃同在一傳而混。《漢書·吾丘壽王傳》（吾丘壽王）曰："三公有司，或由窮巷起白屋，裂地而封。"壽王言此以譏公孫宏。

⑤山棨：刻成山形的斗拱。藻梲：畫有藻文的梁上短柱。《論語·公冶長》："臧文仲居蔡，山節藻梲，何如其知也？"邢昺疏："藻梲者，藻，水草有文者也；梲，梁上短柱也。畫爲藻文，故云藻梲。"山棨藻梲言古代天子的廟飾，後亦用以形容居處豪華奢侈，越等僭禮。

⑥丹楹刻桷：柱子漆成紅色，椽子雕著花紋。形容建築精巧華麗。楹，房屋的柱子。桷，方形的椽子。

⑦日給月殫：一天的吃用很充足，但月底則吃用匱乏。指沒有統籌安排，沒有長遠眼光。給，豐富，富足。殫，盡。

⑧朝樂暮戚：早上快樂，晚上悲哀。戚，憂愁，悲哀。

金鋪

《風俗通義》"門户鋪首"。①昔公輸班見水中蠡引閉其户，終不可開，遂象之，立於門戶。② 案，今門上排立而突起者，公輸班所飾之蠡也。"《義訓》曰：門飾金謂之鋪，鋪謂之鏂。鏂音歐，今俗謂之浮漚釘也。"③ 案，此漚者，水上浮漚，狀亦類蠡也。《南史》人借雀以行嘲謔曰：④ "誰家屋門頭，鋪首浪游逸。"

註釋：

① 《風俗通義》：又稱《風俗通》，漢應劭撰，今存。此句今傳本《風俗通義》未見，僅見《藝文類聚》《太平御覽》引。鋪首：門上的銜環獸面，常作虎、螭、龜、蛇等形，多用金屬鑄成。

② "昔公"至"門戶"二十三字：見《太平御覽·鋪首》。象之：以之爲象。

③ 見李誡的《營造法式·門》。

④ 《南史》：實爲《北史》。下引文見《北史·王皓傳》。

六纛①

《御覽》三百三十九曰："纛六口，大將中營建，出引六軍。古者天子六軍，諸侯三軍。今天子十二，諸侯六軍，故有六纛以摠軍衆。"案，此即凡今詞人語"建節"者，云植六纛，皆本此也。

註釋：

① 六纛（dào）：六面軍中大旗。纛，古代軍隊大旗。

淘

《世說》："劉真長見王丞相，① 盛暑之月，丞相以腹熨彈棋局，② 曰：'何如乃淘？'③ 劉既出，人問：'王公何如？'曰：'未見它異，惟聞吳語。'"案，《玉篇》曰："淘，音虛魷反，水石聲也。"腹熨棋局，水石之聲非所言也。今鄉俗狀凉冷之狀者曰"冷淘淘"，即真長之謂吳語也乎。

註釋：

① 劉真長（314？—350）：即劉惔，字真長，晉沛國蕭人，歷官司徒

左長史、侍中、丹陽尹等，故世稱劉尹。王丞相：王導（276—339），字茂弘，晉琅琊臨沂（今山東臨沂）人。官至司徒、太保，東晉著名政治家，是東晉政權的奠基人之一。

②熨：壓，貼緊。彈棋：古代博戲之一。

③乃：方言中表示意料不到的語氣。凊（qìng）：方言，冷。劉孝標註："凊，吳人以冷爲凊。"

臘鼓

湖州土俗，歲十二月，人家多設鼓而亂檛之，①晝夜不停，至來年正月半乃止。問其所本，無能知者，但相傳云此名"打耗"。②打耗云者，言警去鬼祟也。《世説》：禰衡作《漁陽》，蹀躞而前。③正是正月十五，案時而言，此説近之矣。然其檛擊不待正月又似不相應也。

註釋：

①檛：通"撾"。敲打、擊鼓。
②打耗：古時於臘月擊鼓驅鬼的一種習俗。
③蹀躞：此指浮漫，不莊重。

摶黍①

或論仁人明道不計功，曰"人有能輕摶黍者，不能無意於百金；有能輕百金者，不能無意於拱璧"。②數以摶黍問人，人無知者。《吕氏春秋》曰："今以百金與摶黍以示兒子，兒子必取摶黍也。以和氏之璧與百金以示鄙人，鄙人必取百金矣。"論蓋取此語以爲之據也。《特牲饋食禮》曰"侑食摶黍授祝"，③以薦之尸也。④禰衡在黃祖坐上，⑤黍臛至，⑥衡先自飽食畢，摶以戲弄，祖怒其戲謾。此即摶黍也。〇並見《御覽》八百四十二。或以爲摶黍黃鳥也。⑦王介父詩："蕭蕭摶黍聲中日，漠漠春鋤影外天。"説春鋤，白鷺也，以鷺對鶯也。但不知"摶黍"之爲"黃鶯"何出耳。⑧

註釋：

①摶黍：捏成的飯糰。

②拱璧：大璧。《左傳·襄公二十八年》："與我其拱璧，吾獻其柩。"孔穎達疏："拱，謂合兩手也。此璧兩手拱抱之，故爲大璧。"後比喻極其珍貴之物。

③侑食搏黍授祝：陪同進餐或勸食。祝：男巫，祭祀時主持祝告的人，即廟祝。

④薦：敬獻。尸：祭祀時，代表死者受祭的人。

⑤黄祖（？—208）：东汉末年荆州牧刘表部下的江夏太守。據《後漢書·禰衡傳》載，禰衡先是因出言不遜觸怒曹操，被遣送至荆州劉表處，後又因出言不遜，被送至江夏太守黄祖處，終被黄祖殺死。

⑥黍臛：一種雜以黍米的肉羹，即後邊說的搏黍。

⑦《詩·周南·葛覃》有"黄鳥於飛"句，毛傳："黄鳥，搏黍也。"陸璣疏："幽州人謂之黄鶯……齊人謂之搏黍，關西謂之黄鳥。"

⑧按，王應麟《困學紀聞·評詩》："《演蕃露》云'搏黍爲鷽，不知何出'盖未考《詩·葛覃》註也。"《詩·周南·葛覃》"黄鳥於飛"毛傳："黄鳥，搏黍也。"

平

始，予聞蜀興州有"殺金平"，其名已古，吴璘嘗於平上，①大剋金虜，故其名因此而著。予嘗問人何以名平，曰："山之名平者，所在有之，不止此處也。"予後至昌化縣，過一山，其下甚峻，至頂而平夷，名"走馬平"，乃知平之爲義，蓋如此。後又讀道書《太上太霄琅書》，有曰："尸解者，②不棺不槨，③拂山平之上，掃深樹之下，衾覆於地。"則山平之名，④其來久矣。

註釋：

①吴璘（1102—1167）：字唐卿，德順軍隴幹（今甘肅靜寧）人。是南宋時期一位著名的愛國將領。

②尸解：謂道徒遺其形骸而仙去。

③不棺不槨：指不裝入棺材，赤身入葬。古代棺有兩重，外曰槨，內曰棺。

④山平之名：以"平"爲山名。

李白墓

采石江之南岸田畈間有墓，①世傳爲李白葬所。累甓圍之，②其墳略可高三尺許。前有小祠堂，甚草草，中繪白像，布袍，裹軟脚幞頭，③不知其傳真否也。白嘗供奉翰林，終不曾得官，則所衣白袍是矣。范傳正作白碑曰：④"白之孫女言曰：'嘗殯龍山之東麓，墳高三尺。'"傳正時爲宣歙觀察使，諭當塗令諸葛縱改葬于青山，則在舊瘞之東六里矣，⑤其時元和十二年也。然則龍山、青山兩地皆著白墳，亦有實矣。至謂白以捉月自投于江，則傳者誤也。曾鞏曰："范傳正志白墓，稱白偶乘扁舟，一日千里。"⑥白之歌詩亦自云如此。或者因其豪逸，又嘗草瘞江邊，乃飾爲此説耳。正史及范碑，皆無捉月事，則可證矣。

註釋：

①田畈：田野，田地。
②甓：磚。
③軟脚幞頭：古代包頭軟巾，有四帶，二帶系腦後垂之，二帶反系頭上，令曲折附頂。爲文官與學士所愛戴用。
④范傳正：字西老，南陽人，一說鄧州（今河南鄧縣）人。唐貞元十年（794）登進士第。在任期間，曾訪得太白墓，作《唐左拾遺翰林學士李公新墓碑》，見《李太白集註》。
⑤瘞：此指埋葬處。
⑥見《李太白集註》曾鞏序。

景鐘

徽宗崇寧四年，鑄景鐘。①《大晟樂書》具載其制，②曰："景鐘垂則爲鐘，仰則爲鼎。鼎之中，大爲九斛，中聲所極。③九數退藏，則八斛有一焉。"至其律度，在崇寧則用徽宗君指中節，④以爲三寸，三三而九，推展用之。紹興十六年四月，再鑄景鐘，有司上崇寧指法。六月，詔《大晟樂書》並金字牙尺，⑤令參用之。段拂等契勘：⑥若要退藏數在鐘內，又高九尺，則中容可二十斛，不與八斛有一之數相應照。得金字牙尺，用皇祐中黍尺點量，⑦到太常寺見存黃鐘律編鐘一顆，正高九寸，故依此累及九尺，隨宜製造。詔亦可之。予案大晟樂之用君指，正爲古今尺度不同，無所執據，⑧遂援黃帝之指尺，⑨與夫大禹之身度，而用徽宗皇帝御指，以爲一寸之始。今拂等所定，卻是用太常見存九寸之鐘與皇祐黍尺參用，以爲起度之本，⑩是元不曾用人主君指爲則也。

註釋：

①景鐘：大鐘。

②《大晟樂書》：宋元符末（1098—1100）進士劉昺撰，其書記錄大晟樂，已佚，《宋史·樂志》有記載。

③中聲：中和之聲。

④君指：徽宗左手的中指。《宋史·樂志三》："禹效黃帝之法，以聲爲律，以身爲度，用左手中指三節三寸，謂之君指，裁爲宮聲之管。"中節：合乎節奏。

⑤牙尺：古代的一種度量器具。商代遺址出土有骨尺、牙尺，長度約合16厘米，與中等身材的人大拇指和食指伸開後的指端距離相當。

⑥契勘：宋元公文書用語，猶言查、按查。

⑦黍尺：古代用黍百粒排列起來，取其長度作爲一尺的標準，叫作黍尺。

⑧執據：遵照；依據。

⑨指尺：古時以中指中節的長度爲一寸，十寸爲尺，因以指爲度而量，故稱指尺。

⑩起度：計量。

卷之七

黄銀

"唐太宗賜房玄齡黄銀帶，欲及杜如晦，而如晦已不在。帝曰：'世傳黄銀鬼神畏之。'更取金帶遣玄齡送其家。"①夫不賜黄銀而別賜金帶，則改賜之帶必爲黄金無疑矣。然則先賜之帶命爲黄銀者，果何物也？世有鍮石者，②質實爲銅，而色如黄金，特差淡耳，則太宗之謂黄銀者，其殆鍮石也矣。③鍮，金屬也，而附"石"爲字者，爲其不皆天然自生，亦有用盧甘石煮煉而成者，故兼舉兩物而合爲之名也。《説文》無"鍮"字，《玉篇》《唐韻》《集韻》遂皆有之，豈前乎漢者未知以石煮銅，故其名不附石也耶？諺言"真鍮不博金"，④甚言其可貴也。夫天然自生者既名真鍮，則盧甘石所煮者决爲假鍮矣。《元和郡縣志》曰"太原出赤銅"，夫不直言出銅，而特言赤銅，似是鍮石矣，而史無明據，不敢堅斷。隋高祖時，辛公義守並州，⑤州嘗大水，流出黄銀，以上于朝，此之黄銀，即太宗用以飾帶而概賜房、杜者矣。今世之言鍮石者，太原所産爲最，而太原即並州也，則公義並州所得，蓋自然之鍮，不經盧甘石煮煉者也。故公義所上，不云赤銅而云黄銀也。黄銀云者，其貴重可以比銀而色又特黄也，是故兼銀、黄兩名而命其美也。且又有可驗者，鬼神畏銅古有傳矣。佩玉之音，其中商律也，⑥皆去之不用，而廟樂之聲爲商者，亦闕之不奏，即是太宗鬼畏之論所從出也。然則黄銀之不爲銀而爲銅，此尤可證也。

註釋：

①事見《舊唐書·杜如晦傳》。
②鍮石：黄銅。
③殆：大概。

④真鍮不博金：真的鍮石，金子也不換。博，換取。

⑤辛公義：又名辛亞，隴西狄道（今甘肅臨洮）人，隋朝著名官吏。詳《隋書·循吏傳》。

⑥商：五聲（宮、商、角、徵、羽）音階之一，指音樂中的肅殺之聲。

渾儀渾象

堯世已有渾儀，璿璣玉衡是也。①晉世陸績始造渾象，②其晷度與渾儀同，③而形模與渾儀反。沈存中嘗譏世人混兩爲一，而不嘗明著其以，④故見者未能豁然也。二器之寫天度，⑤皆以渾天家爲主，而古人形容渾天最能明的者，⑥惟葛洪"雞子"之論也。洪之說曰："天形如雞子，地如雞子中黃。"⑦是爲天包地外，而地在天中也。渾儀也者，設爲四游儀，寫日月星宿於天盤之上，而包括乎厚地，正如雞子之殼也，是爲寫肖本形，而順以求之者也。至於渾象也者，設爲圓球，而橅擬天度，⑧以日星傅置球上。球固可轉，而人遂俯觀，則天盤反在人下，是爲殊形詭制而合於理也。⑨若即其狀而詳言之，則如權衡之上詳刻銖兩鈞斤，⑩而人遂可俯首以觀者也。是如翻倒天度，傅之於外，而人立天外以行省視者也。"儀"與"象"異者，制蓋如此也。至陶弘景又出新意，"造渾天象，高三尺許，地居中央，天轉而地不動，悉與天會"，⑪此則兼采儀、象而兩用之矣。然天中雖立厚地，而元無所資於窺測，又不如四游儀專橅天度，而日星半隱地下者，其制自具也。則其制稍贅，而不如渾象之切用無欠無餘也。

註釋：

①璿璣玉衡：簡稱"璣衡"，古代玉飾的觀測天體的儀器。《書·舜典》："在璿璣玉衡，以齊七政。"孔傳："璿，美玉。璣、衡，王者正天文之器，可運轉者。"

②陸績（187—219）：字公紀，晉初吳縣（今蘇州）人。博學多識，通曉天文、曆算，曾作《渾天圖》，註《易經》，撰寫《太玄經註》。渾象：我國古代的一種天文儀器，類渾天儀。沈括《夢溪筆談·象數一》："渾象，象天之器，以水激之，以水銀轉之，置於密室，與天行相符，張衡、陸績所爲。"

③晷度：日晷儀上投射的日影長短的度數。

④"沈存"至"其以"十六字：沈括《夢溪筆談·象數一》："天文家有渾儀，測天之器，設于崇臺，以候垂象者，則古機衡是也。渾象，天之器，以水激之，或以水銀轉之，置于密室，與天行相符，張衡陸績所爲，及開元中置于武成殿者，皆此器也。皇祐中，禮部試《璣衡正天文之器賦》，舉人皆雜用渾象事，試官亦自不曉，第爲高等。"以：原由，緣故。《正字通·人部》："以，故也。"

⑤天度：周天的度數，即古代天文學劃分周天區域的單位。

⑥的：明白。

⑦《晉書·志第一》："故丹楊葛洪釋之曰：渾天儀註云：'天如雞子，地如雞中黃，孤居於天內，天大而地小。'"

⑧橅：同"模"。《集韻·模韻》："模，《説文》：'法也。'亦作橅。"

⑨詭：奇怪，奇特。《玉篇·言部》："詭，怪也。"

⑩權衡：稱量物體輕重的器具。權，秤錘。衡，秤杆。銖，古代衡制中的重量單位，一銖爲一兩的二十四分之一。鈞：古代重量單位，一鈞三十斤。

⑪見《南史·陶弘景傳》。

烟脂

古者婦人妝飾，欲紅則塗朱，欲白則傅粉。故曰"施朱太赤，施粉太白"。①此時未有烟脂，故但施朱爲紅也。烟脂出自虜地，習鑿齒《與燕王書》云：②"山下有紅藍，足下先知否？北方人采取其花，染緋黃，挼取其上英鮮者作煙支，③婦人用爲顏色。今始知爲紅藍，後當致其種。匈奴名妻閼氏，今可音煙支。想足下先亦不作此讀《漢書》也。"案，習氏此言，則是采藍花以爲煙支，法本出自虜地，其已審矣。習氏所指之山，即天山也。虜呼天爲祁連故也。《史記·匈奴傳》："霍去病出隴西，過居延，攻祁連山。"索隱曰："《西河舊事》：④'天山在張掖、酒泉二界上，東西二百餘里，南北百餘里。有美木水草，宜畜牧。匈奴既失二山，○二山謂祁連山、燕支山也。乃歌云：亡我祁連山，使我六畜不蕃息。失我燕支山，使我婦女無顏色。'祁連，一名天山也。"燕支山正書爲燕支，則必在祁連二百里內也。即此推之，紅藍最初根種必出此山也。采造已成紅色，而名曰煙脂，取閼氏爲況，極其國所貴重者而稱之也。

註釋：

①楚國宋玉在《登徒子好色賦》描寫"東家之子"時説"增之一分則太長，減之一分則太短，著粉則太白，施朱則太赤"。

②習鑿齒（？—383）：字彥威，東晉襄陽（今湖北襄樊）人，史學家，著《漢晉春秋》，以蜀漢爲正統。下引文見《史記·匈奴傳》索隱，《北堂書鈔》一百三十五，《御覽》七百二十引崔豹《古今註》。清嚴可均《全晉文》中有《與燕王書》和《與謝侍中書》兩種，皆提及胭脂事，內容近似。

③煙支：即胭脂。

④《西河舊事》：一卷，無名氏撰，已佚，有清張澍輯本。隋唐志收入地理類，《水經註》《齊民要術》《藝文類聚》等有徵引。

行香

沈存中叙行香，謂當以香末散撒，乃爲行香。畢仲荀元豐三年作《幕府燕閑錄》曰：①"國忌行香起於後魏、②江左齊梁間，每然香熏手，③或以香末散行，謂之行香。"予案《南史》："王僧達好鷹犬。④何尚之設八關齋，⑤集朝士，自行香，次至僧達，曰：'願郎且放鷹犬。'"其謂"行香次及僧達"者，即釋教之謂行道燒香者也。行道者，主齋之人親自周行道場之中，燒香者爇之於爐也。⑥東魏静帝嘗設法會，⑦乘輦行香，高歡執香爐步從，⑧鞠躬屏氣。案，凡云行香者，步進前而周匝道場，⑨仍自炷香爲禮也。⑩静帝，人君也，故以輦代步，不自執爐，而使高歡代執也。以此可見，行香只是行道燒香，無撒香之事也。又案，唐人《盧氏雜説》載旌節之制曰：⑪"旌用銅龍，置之竿首，用紫絹袋盛油囊，垂之寺觀，行香袋與旌略同。"案，此即凡主齋行道之人，必執此袋導道衆以行，而燒香自是一事，非取香於袋而旋加燒然也。《唐會要〇五十》曰："天寶十七年敕，華、同等州僧尼道士國忌日各就龍興寺行道散齋。至貞元五年，處州奏：'當州不在行香之數，乞同衢、婺等州行香。'有旨依。"案，下文處州之乞行香，其上文承行道設齋之下，知其行香者爲行道燒香也。其他如畢仲荀所記，謂唐高宗時李義府爲太子設齋，詔五品以上行香。不空三藏爲神堯已下忌辰行香，⑫恐亦只是行道燒香，無撒香之事。國朝自有景靈宮後，每遇國忌，不復即寺觀行香，而移其供設於景靈東西兩宮。每大忌，宰執率百寮至宮行香。其法：僧道皆集所忌殿廡之下，僧左道右，執事者執香盤中香圓子，[13]隨宰執往僧道立處，人授一圓，齋已收之，不爇也。此之散授，猶存撒香之説耶。

註釋：

①畢仲詢：字景儒，約北宋元豐時期人，《郡齋讀書志·後志》載其著録《幕府燕間録》十卷，稱仲詢"元豐初爲嵐州推官，纂當代怪奇可喜之事爲二十門"，宋趙與旹《賓退録》稱畢仲詢歷經二十餘年才編纂完成。現存《説郛》本、《宋人百家小説》本，均已非全帙。

②國忌：帝、后的忌日。國忌行香：逢帝、后忌辰，在寺觀設齋焚香。

③然：通"燃"。

④王僧達（423—458）：琅琊臨沂（今屬山東）人，南朝宋文學家。東晉王導五世孫，曾爲宣城太守，政事荒怠，唯以游獵爲務。見《南史·王弘傳》。

⑤何尚之（382—460）：字彥德，南朝宋廬江潛縣（今安徽霍山）人，世代尊奉佛法，深通玄學義理，官至侍中、左光禄大夫、開府儀同三司，兼領中書令。八關齋：佛教指在家信徒一晝夜受持的八條戒律的儀式。據《南史·王弘傳》："先是何尚之致仕，復膺朝命，於宅設八關齋，大集朝士，自行香，次至僧達，曰：'願郎且放鷹犬，勿復游獵。'僧達答曰：'家養一老狗，放無處去，已復還。尚之失色。"

⑥爇：點燃。

⑦東魏靜帝（524—552）：名元善見，北魏孝文帝曾孫，爲權臣高歡所立，後爲高歡子高洋所廢。

⑧高歡（496—547）：鮮卑族，歷仕北魏、東魏，是北齊政權的奠定者。詳《北史·神武紀》。步從：徒步跟從。

⑨周匝：環繞，繞一周。

⑩炷香：燃香。

⑪《盧氏雜説》：唐盧言撰，小説類著録，多記唐中晚期的典章制度和名人軼事，今存。旌節：參見卷四"旌節"條。

⑫不空三藏（705—774）：又名不空金剛，原籍北天竺，一説獅子國

（今斯里蘭卡）人。唐代外籍高僧，爲中國密宗創始人之一，官至鴻臚卿，封肅國公。詳唐高僧圓照《貞元釋教録》。神堯已下：即堯、舜、禹、湯、文王、武王、周公七聖。

⑬香圓子：即香櫞子。香櫞是常綠小喬木或大灌木，其果實長圓形，黃色，果皮粗厚而乾燥，供觀賞，亦可入藥，後被用爲行香之物事。

印書

智者創物，雖則云創，其實必有因藉以發其智也。①古未有字，科斗、鳥迹實發制字之智也。②蔡邕雖曰能書，若無堊帚，亦無以發其飛白之智。③吾獨怪夫刻石爲碑，蠟墨爲字，遠自秦漢，而至於唐，張參輩於《九經字樣》皆已立板傳本，④乃無人推廣其事以概經史，其故何也？後唐長興三年，始詔用西京石經本，雇匠雕印，廣頒天下。宰臣馮道等奏曰：⑤"請依石經文字，刻九經印板。"則其發智之端可驗矣。○詔在《五代會要》八。

註釋：

①因藉：沿襲，依憑。

②科斗、鳥迹：科斗，即蝌蚪，蛙或蟾蜍的幼體，後來人們據其形狀創制了蝌蚪文字。鳥迹，指鳥的指爪印迹，後來人們依其痕迹創制了鳥書。

③"蔡邕"至"之智"共十八字：指蔡邕受匠人以堊帚粉刷牆壁的啓發而發明飛白書體之事。堊帚：粉刷牆壁的工具。堊，白色泥土。飛白，亦稱"飛白書"，書法的一種。這種書法，筆畫中絲絲露白，像枯筆所書。

④張參輩：指張參、玄度等。唐玄度撰《九經字樣》，張參撰《五經文字》。據劉禹錫《國學新修五經壁記》載：大曆中，名儒張參詳定《五經文字》，書於論堂東西廂之牆壁上，其後六十餘年，剥蝕殆盡，易以木板。至開成年間《五經文字》《九經字樣》均被刻爲石經。

⑤馮道（882—954）：字可道，自號長樂老，五代瀛州景城（今河北交河東北）人。歷仕後唐、後晉（契丹）、後漢、後周四朝爲相。《五代會要》等載，依據馮道等奏請，自後唐長興三年（932）始至後周廣順三

年（953）訖，歷時二十二年，依開成石經文字刻九經印板，同時還刻印了《論語》《孝經》《爾雅》《五經文字》《九經字樣》《經典釋文》等。這是經籍首次大規模雕版印刷，這批雕版書籍就是五代監本，後來成爲南北宋國子監刻書之底本。

放牛租

《通鑒》記周太祖放免租牛。[①]○《五代會要》十五。晉天福四年户部已申放矣。

註釋：

[①]周太祖放免租牛：周太祖即後周皇帝郭威（904—954）。《資治通鑒·後周紀二》載："梁太祖擊淮南，掠得牛以千萬計，給東南諸州農民，使歲輸租。自是歷數十年，牛死而租不除，民甚苦之。帝（周太祖）素知其弊，會閤門使、知青州張凝上便宜，請罷營田務，李穀亦以爲言。乙丑，敕，悉罷户部營田務，以其民隸州縣，其田、廬、牛、農器，並賜見佃者爲永業。"

骿脅

晉文公出亡至曹，曹共公聞其骿脅，[①]欲觀其裸浴，薄而觀之。[②]註："骿脅，合幹也。"幹者，脅肋骨也。骿云者，脅骨之生兩兩相並也。《莊子》"駢拇枝指"：拇，大指也。枝，小指也。駢拇即大拇根而兩歧也，枝指是小指兩出也。○《左氏》六。

註釋：

[①]事見《左傳·僖公二十三年》。曹共公（？—前618），姬姓，曹氏，名襄，春秋時期曹國第十六位國君，前653年至前618年在位。公元前637年，晉國公子重耳逃亡經過曹國，曹共公不禮重耳而觀其骿脅，遭致重耳怨恨。重耳後來回到晉國繼位，是爲晉文公。骿脅：肋骨長在一起。

[②]薄：近，靠近。

兜鍪爲突厥①

《後周書》曰：②突厥之先，臣於茹茹，③居金山之陽，爲茹茹鐵工。金山形似兜鍪，④其俗謂兜鍪爲突厥，因以爲號。

註釋：

①學津本標題無"爲突厥"三字。
②下引文見《周書・突厥傳》。
③茹茹：古族名，本東胡族的一支，亦稱柔然。北朝稱蠕蠕，南朝稱芮芮，《隋書》稱茹茹。
④兜鍪：戰士戴的頭盔。

海不波溢

《韓詩外傳》曰："越裳來獻白雉，①謂周公曰：'久矣，天之不迅風疾雨也，海之不波溢也，②中國殆有聖人！'"今人用"瀛海無波"者，③皆本此。○《御覽》四百一。

註釋：

①越裳：亦作"越常"或"越嘗"，古南海國名。《漢書・平帝紀》："元始元年春正月，越裳氏重譯獻白雉一，黑雉二。"
②波溢：波浪泛濫。
③瀛海無波：大海不起波浪，比喻天下安定。瀛海，大海。

方寸

徐庶母爲人所執，曰"方寸亂矣"。①古今謂方寸爲心，似始乎此。然而《列子》已嘗曰："吾見子之心矣，方寸之地虛矣。"○《御覽》四百一。

註釋：

①《三國志・蜀志・諸葛亮》："（徐）庶辭先主而指其心曰：'本欲

與將軍共圖王霸之業者，以此方寸之地也。今已失老母，方寸亂矣。無益於事，請從此別。'"

方册

《張蒼傳》："主柱下方書。①"如淳曰："方，版也。"《中庸》曰："文武之政，布在方册。""方册"云者，書之於版，亦或書之竹簡也。通版爲方，聯簡爲册。近者，太學課試嘗出《文武之政在方册賦》，試者皆謂册爲今之書册，不知今之書册乃唐世葉子，②古未有是也。

註釋：

①柱下：周秦官職名，又稱柱下史，後世御史的代稱，掌管圖書，相傳老子曾爲東周柱下史，後借指藏書之所。方：版牘。

②葉子：指未經粘連的書頁。唐以前書籍皆作卷軸裝，唐代大規模使用紙張，於是連數頁而成書册，與卷軸有別。據歐陽修《歸田録》卷二："唐人藏書皆作卷軸，其後有葉子。其制似今策子。凡文字有備檢用者，卷軸難數卷舒，故以葉子寫之。"

端午彩索

裴玄○本字諱《新言》曰：①"五月五日集五彩繒，②謂之辟兵。不解，以問伏君，③伏君曰：'青赤白黑爲之四面，黃居中央名曰䘳方，④綴之於複○此字疑是"襦"字，以示婦人養蠶之工也。傳聲者誤以爲辟兵。'"予案，此即今人五月彩索也，⑤今索合五色綫爲之。此之所言，乃自用繒，其曰四色爲之四面，即是裁色繒爲方片，各案四方色位而安之於衣，而黃繒居四色繒之中，以此綴諸衣上，以表蠶工之成，故名䘳方。䘳者，積而會之也。方者，各案其方，以其色配之也。今人用彩綫繫臂益文也。⑥○《御覽》八百十四。

註釋：

①裴玄：字彥黃，三國吳下邳郡（今江蘇濉寧）人，官至太中大夫。著《新言》，今佚。

②彩：本指彩色的絲織品，此指顏色。繒：絲織品總稱。
③伏君："伏"通"服"，"服君"當是善於縫製衣服而熟悉各色彩線的人。
④襞方：舊時端午節風俗之一。謂用五色絲纏紙帛折成菱角方片，然後按一定方位（青、赤、白、黑爲四方，黃居中央）綴於胸前，以示婦人養蠶之功。襞，折疊衣裙。
⑤索：繩子、綫繩。
⑥益文：增加紋飾。

繒

厚帛也。蔡邕《女誡》曰："繒貴厚而色尚深，爲其堅韌也。"案，此即厚帛乃始名繒，其著色深也。○《御覽》八百十。

端匹

《左氏·昭二十六年》："豐、賈以幣錦二兩遺子猶。"①註云："二丈爲一端，二端爲一兩，所謂匹也。二兩者，二匹也。"○《御覽》八百十五。②

註釋：

①豐、賈：皆季氏家臣也。豐，指申豐。賈，指女賈。幣帛：古代用於祭祀、進貢、饋贈的禮物，此專指繒帛。子猶：齊大夫梁丘據的字，梁丘據頗受齊君景公的信任。

錦纏頭

《唐書》：①代宗詔許大臣燕郭子儀于其第，②魚朝恩出錦三十匹爲纏頭之費。③舊俗賞歌舞人以錦彩，置之頭上，謂之纏頭，宴饗加惠，藉以爲詞。④○《御覽》八百十五。

註釋：

①下文事見《舊唐書·郭子儀傳》。

②燕：通"宴"，宴請。
③魚朝恩（721—770）：唐代宦官，瀘州瀘川（今四川瀘縣）人。
④詞：理由，藉口。

唐人行卷

唐人舉進士必行卷者，①爲緘軸，②錄其所著文以獻主司也。③其式見《李義山集·新書序〇卷七》曰："治紙工率一幅以墨爲邊準④，〇今俗呼"解行"也。用十六行式，〇言一幅解爲墨邊十六行也。率一行不過十一字。"〇此式至本朝不用。

註釋：

①行卷：唐人在應舉考試前把所作詩文裝訂成卷軸，投送朝中權貴以博得稱譽好感，謂之行卷。
②緘軸：用緘封閉的卷軸。緘，扎器物的繩子。
③主司：科舉考試的主試官。
④以墨爲邊準：即用墨綫圈定邊綫，爲行款格式標準。

水土斤兩重輕

世傳水之好者比它水升斗同而銖兩多，①故宣州漏水有秤爲此也。②杜牧《罪言》曰："幽、並二州，程其水土與河南等，③常重十二。"然則不獨水有重轻，土亦然也。

註釋：

①銖兩：重量單位，此指極小的重量區別。
②漏水：漏壺所漏下的水。《晉書·天文志上》："張平子既作銅渾天儀於密室中，以漏水轉之，令伺之者閉户而唱之。"
③程：稱、量。《廣雅·釋詁三》："程，量也。"

東臺西臺南臺

趙璘《因話錄》曰：①"高宗朝改門下省爲東臺，中書省爲西臺，尚書省爲文昌臺，故御史呼南臺，南朝亦同。"又曰："武后朝御史有左、右肅政之號，②當時亦謂之左臺、右臺。則憲府未曾有東臺、西臺之稱也，③惟俗呼在京爲西臺，東都爲東臺。"案，此言之御史惟一臺，別自因事加東、西、南三稱爲別耳。其謂俗呼在京爲西臺者，唐都長安於洛陽爲西，而洛陽亦有留臺，故長安名西臺，而洛陽爲東臺也。○《話》卷五。

註釋：

①趙璘：約生於唐德宗貞元十九年（803）前後，太和八年（834）進士及第，開成三年（838）登博學弘詞科。《因話錄》六卷，爲筆記小説集，主要記唐玄宗至宣宗十帝間王公、貴卿等軼事、典故，見聞雜事等。今存。

②肅政：唐官名。武則天時由御史大夫改置，分左、右二人，中宗時復原名。

③憲府：御史臺。

正色間色○流黃

《環濟要略》曰：①"正色五謂青、赤、黃、白、黑也，間色五謂紺、紅、縹、紫、流黃也。"○《御覽》八百十四。孟子曰：②"惡紫，恐其亂朱。"蓋以正色爲尚，間色爲卑也。流黃不知何物，古詩曰："中婦織流黃。"魯直詩曰："明於機上之流黃。"③則流黃者，織絲之色也。染色而織，惟錦爲然。今專言流黃，恐是黃繭之絲也。

註釋：

①《環濟要略》：無名氏著，已佚，清人姚東升有輯本。從隋唐類書等徵引看，主要記述官職，蓋解説官職之作。

②孟子：當作"孔子"。下引文見《論語·陽貨》，原謂厭惡以邪代正，後以喻以邪勝正。如上文言古代以朱爲正色，喻正統，以紫爲間色，喻旁門左道，故云。

③魯直：黃庭堅字。下詩文見黃庭堅《奉答茂衡惠紙長句》。

馬後樂

今郡守馬後樂即古鼓吹也。《古今樂錄》曰：[①]"後漢以給邊將，萬人將軍得之。"劉熙《釋名》曰：[②]"横吹麾幢皆大將所有。[③]班超爲將兵長史，故假鼓吹幢麾也。"〇《超傳》。其謂假者，超未爲大將，止爲長史，故許借大將鼓吹幢麾而用之也。

註釋：

①《古今樂錄》：南朝陳釋智匠撰，《隋志》著錄12卷，已佚，郭茂倩的《樂府詩集》徵引較多，主要敍述漢迄陳時樂事，保留了大量的漢魏六朝樂府資料，具有重要的史料價值。

②下引文見《後漢書·班超傳》李賢註引，此傳中李賢註引用劉熙《釋名》釋"幢"："幢，童也，其貌童童也。"

③横吹：樂府曲名，用於軍中。

涼州梁州

樂府所傳大曲，惟《涼州》最先出。《會要》曰：自晉播遷內地，古樂遂分散不存。苻堅滅涼，始得漢魏清商之樂，[①]傳于前後二秦。及宋武定關中，收之入于江南。隋平陳獲之，隋文曰："此華夏正聲也。"乃置清商署，摠謂之清樂。至煬帝，乃立清樂、西涼等九部。武后朝，猶有六十三曲，如《公莫》《巴渝》《明君》《子夜》等，皆是也。後遂訛爲《梁州》。

註釋：

①清商：即商聲，古代五音之一，其調凄清悲涼，故稱。

絹一匹

《唐·食貨志》曰："開元八年，頒租庸調於天下，[①]闊者一尺八寸，長者四丈。"

註釋：

①租庸調：唐朝前期實行的賦稅制度。《唐·食貨志》載，每丁每年向國家輸粟二石，爲租；輸絹二丈、綿三兩，爲調；服役二十日，稱正役，不役者每日納絹三尺，爲庸。

麵一斗

天寶九載敕："麵今後以三斤四兩爲斗。"

大斗大尺

開元九年敕：度以十寸爲尺，尺二寸爲大尺。量以十升爲斗，斗三升爲大斗。此謂十寸而尺、十升而斗者，皆秬黍爲定也。①鐘律、冠冕、湯藥皆用之。②此外官私悉用大者，則黍尺一尺外更增三寸，黍量一斗更增三升也。《唐志》：租絹長四丈二尺。

註釋：

①秬黍：黑黍。古選其中等大小者作爲量度標準。
②《唐六典》卷三曰："凡積秬黍爲度量權衡者，調鐘律、測晷景、合湯藥及冠冕之制，則用之。"

肩輿①

百官得於寓京乘轎，自揚州始。後遂不復乘馬，惟從駕則乘之。祖宗時，臣僚雖在外亦不許乘轎也。《唐會要》三十卷曰："開成五年，黎植奏：朝官出使，自合乘驛馬，不合更乘檐子。自此請不限高卑，不得輒乘檐子。如疾病，即任所在陳牒，②申中書門下及御史臺，其檐夫自出錢雇。其宰相至僕射致仕官疾病者，③許乘之。"

註釋：

①肩輿：指用肩抬的轎子，即正文中之檐子。

②陳牒：出具文書。
③致仕：古代官員正常退休叫作"致仕"。

進士試徹夜

《五代會要》二十一曰："清泰二年，①禮部奏：'奉長興二年敕，進士引試，②早入晚出。今請依舊例，試雜文，並點門入省，③經宿就試。'"唐試連夜，以燭三條爲限。《白樂天集》曰："試許燒木燭三條，燭盡不許更續。"至此因禮部奏乃始達旦也。

註釋：

①清泰：後唐李從珂的年號，從934年四月至936年閏十一月，清泰二年即935年。下句長興是後唐明宗李嗣源的年號，從930年至933年，"長興二年"爲931年。
②引試：引保就試。宋時，凡應試舉子，須什伍相保，不得有大逆的親屬及不孝、不悌等事，核對無誤方準應試。
③點門：指定的門。省：官署名稱，此指考試部門。

堨[1]

柳文《永州袁家渴》書作"渴"，音曷。渴者，堨也。堨者，遏也，遏水使不通行也。柳蓋疑此"堨"字非古，故更書爲"渴"，而又自爲之音曰："讀當爲曷。"案，《水經·穀水》著"千金堨"之制曰："堨蓋遏穀水，使東流者也。"其書"堨"正爲"堨"。子厚豈疑其來不古而遂以書"渴"爲雅耶？○《水經》十六。

棱觚○音孤

觚者，①削木爲之，或六面或八面，面皆可書，學者之牘也。②《急就章》曰："急就奇觚與衆異。"奇觚，好觚也。班固《兩都賦》曰："捃建

1　卷十五有"堨"條，內容相似。

章而連外屬。設璧門之鳳闕，上棱觚而栖金爵。③"金爵者，金爲鳳凰也。建章宮之外闕，其上立有棱之觚，觚上立金鑄之鳳，夫是以謂爲鳳闕也。○《文選》一、《急就章》一。

註釋：

①觚：木簡，古人用以書寫或記事，有棱角，似觚器，因名。
②牘：木牘，古代寫字用的木版。
③棱觚：殿堂屋角的瓦脊，似棱觚。

洪州石爲城

龍圖張存守洪州，①累石爲城。明年，大水淹及城半，賴石爲捍，城以堅全。○朱興仲《續歸田錄》。石城至今尚在。

註釋：

①張存（984—1071）：字誠之，謚恭安，冀州（今河北冀縣）人。真宗景德二年（1005）進士，歷官龍圖閣直學士、知延州，累官至吏部侍郎。

霓裳

樂天《和元微之霓裳羽衣歌》略曰："移領錢唐第二年，始有心情問絲竹。玲瓏箜篌附好箏，①教得《霓裳》一曲成。前後祗應三度案，聞道而今各星散。今年五月至蘇州，忽憶《霓裳》無處問。聞君部內多樂徒，問有霓裳舞者無？"元答云："七州十萬户，②無人知有霓裳舞。惟寄長歌與我來，題作霓裳羽衣譜。"案此乃樂天守杭日，自教官妓玲瓏習爲霓裳舞。至樂天鎮蘇時，習舞者已皆不存，元微之爲越守，樂天求此舞人於越，而越中無之，但寄得《霓裳歌》以爲之譜耳。元、白距明皇不遠，③此時此曲已自無傳，況今日乎？

註釋：

①附好：當作"謝好"，諸本皆未回改。樂天詩："玲瓏箜篌謝好箏，

陳寵觱栗沈平笙。"玲瓏，即商玲瓏，善箜篌；謝好善箏；陳寵善觱篥；沈平善笙。四人皆爲白居易在杭州物色到的善長吹彈管弦樂器的女樂人。

②七州十萬戶：白居易原詩句爲"答云七州十萬户"。按，自"七州"至"衣譜"仍爲《和元微之霓裳羽衣歌》詩句。

③明皇：指唐玄宗。"霓裳羽衣曲"的作者説法不一，其中一説認爲是唐玄宗所制舞曲。

馬人

退之《上廣帥》詩曰："上日馬人來。"①《傳燈録》曰：②"富那夜奢，③昔爲毗舍利國王，其國有一類人如馬倮露，王運神力，分身爲蠶，彼乃得衣。王後復生中印度，馬人感戀悲鳴，因號馬鳴大士。"案，中印度在西域，④西域地與廣近，⑤豈唐時嘗有中印度人來至廣境耶？退之與佛異趣，而此馬人乃出佛典，當是佛教已通中國，馬人已來，亦同民庶赴上日衙集耶？故退之得而記之也。《荀子·蠶賦》曰："此夫身女好，⑥而頭馬首者歟？"今蠶頭實不似馬，而卿乃云爾，則蠶爲馬類，古有其傳矣。《周禮》"禁原蠶"⑦，爲妨馬也。今術家末僵蠶，⑧塗傅馬齒，馬輒不能齕草，⑨則蠶、馬同類信矣。《傳燈》之説，固專尊佛，而自《周禮》以及《荀子》皆在佛教未入中國之前，其説已如此，殆古來已有此傳矣。然蠶背悉有黑紫迹對出，宛如馬蹄，而頭實不似也。

註釋：

①上日馬人來：見於韓愈《送鄭尚書赴南海》，非《上廣帥》詩。上日：朔日，即農曆初一。馬人：宋代的王應麟和清人翁元圻與程氏下文對馬人的解釋不同，認爲"馬人"實即"馬留（流）人"之略稱，原指東漢馬援南征時遺留部卒的後人，在詩中乃泛指南海少數民族。

②《傳燈録》：亦稱《燈録》，指記載禪宗歷代傳法機緣之著作，爲宋代禪宗時代產物。燈或傳燈，意謂以法傳人，如燈火相傳，輾轉不絕。《傳燈録》有多種，據下文内容此爲宋釋道原撰《景德傳燈録》，原名爲《佛祖同參集》，三十卷。

③富那夜奢：又稱富那奢，馬鳴師傅，爲禪宗西土傳承中的一個重要人物。

④中印度在西域：王應麟认爲程大昌这种説法有误。《困學紀聞·評詩》"《送廣帥詩》：'上曰馬人来。'《唐書·環王傳》：西屠夷盖馬援還留，不去者才十户，隋末孳衍至三百，皆姓馬，俗以其寓，故號馬留人。與林邑分唐南境。《演蕃露》引《傳燈録》'中印度乃在西域'，其説誤矣。"

⑤廣：指廣東、廣西一帶。韓愈曾貶官潮州，《永樂大典·風俗形勝》言"潮州府隸於廣"。

⑥女好：柔婉。《荀子·蠶賦》："此夫身女好，而頭馬首者與？"楊倞註："女好，柔婉也。"

⑦原蠶：二蠶，夏秋第二次孵化的蠶。按，禁原蠶原因有二：一爲殘桑，一爲傷馬之蕃殖，即下文言"妨馬"。古人有"蠶馬同氣"觀，《周禮註疏》卷三十《夏官·馬質》鄭玄引《蠶書》解釋："蠶爲龍精，月直大火，則浴其種，是蠶與馬同氣。"賈公彦疏："蠶與馬同氣者，以其俱取大火，是同氣也。"宋代王與之《周禮訂義》曰："物有異類而同乎一氣，相爲消長，相爲盈虚，其勢不能兩盛也。以天文考之，午馬爲絲蠶，則馬蠶其氣同屬於午也。辰爲龍，馬爲龍之類，蠶爲龍精，則馬蠶又同資氣於辰也。一歲之中苟再蠶焉，則蠶盛而馬衰，故原蠶者有禁。"即因蠶與馬同居辰星，故爲同類。而同類相克，此長彼消，此盈彼虚，不可能同時得利，故欲養好馬，必先禁蠶。《荀子》《搜神記》《世説新語》等也有相似説法。

⑧末僵蠶：末，動詞。把僵死的蠶研成末。塗馬齒：塗抹在馬齒上。

⑨齕：同"齜"，食，吃。

章臺

漢章臺即秦章臺也，地在渭南，而秦咸陽乃在渭北。《通鑒》：秦昭王六年，楚懷王爲秦所詐，入秦，至咸陽，朝章臺，如藩臣禮。則秦之章臺乃在咸陽渭北也耶？以予考之，蓋秦之咸陽跨渭而南北焉，故武庫、章臺雖在長安，亦統之咸陽，非正在渭北之咸陽也。○《通鑒舉要》。

周鼎

武王伐商，遷九鼎於洛邑，故洛陽南面有定鼎門及郟鄏陌。①此之九鼎乃夏鼎也，既嘗自夏入商，又遂自商入周也。《春秋》時世與之相近，所記必不誤也。《史記》言周王入秦獻其九鼎，則是鼎嘗入關矣。然自漢以後，不聞關中有鼎，不知已入關後竟復何在也。《史記》始皇二十八年，過彭城，使千人没泗水求周鼎，不得。東坡曰："此周人懲問鼎之禍，②沉之泗水以緩禍。③"此説非也。泗水屬彭城，彭城非商都，亦非周都，何緣九鼎可没此水也？或是周别有鼎，而人誤傳耶？

註釋：

①郟鄏陌：北靠邙山，南望雒水，西鄰澗水，東對瀍水，武王滅商前在此建立軍事堡壘郟鄏邑，作爲伐紂的大本營，並擬於此定都，於是把九鼎安置在郟鄏邑中，史稱"周武王遷鼎於郟鄏"。

②此周人懲問鼎之禍：蘇軾《漢鼎銘（並引）》載，"周顯王之四十二年，宋太丘社亡，而鼎淪没於泗水，此周人毁鼎以緩禍，而假之神妖以爲之説也"。懲：苦於。問鼎：《左傳·宣公三年》："楚子伐陸渾之戎，遂至於雒，觀兵於周疆。定王使王孫滿勞楚子，楚子問鼎之大小輕重焉。"禹鑄九鼎，三代視之爲國寶。楚王問鼎，有取而代周之意。後遂稱圖謀王位爲問鼎。

③緩禍：解禍。

持節 ○ 舉要

漢武天漢二年，遣直指綉衣使者暴勝之等逐捕盗賊，①以軍興從事，②得擅斬二千石以下。案，舊制，凡銜帶使持節者，③得擅斬殺，其制自漢世已有之矣。

註釋：

①直指綉衣使者：《史記》《漢書》中又稱綉衣御史、綉衣直指、綉衣執法、直指綉衣，或簡稱直指。指受中央（皇帝）派遣，奉行捕盗、治獄等特殊使命的吏員。暴勝之：字公子，西漢著名大臣，曾在漢武帝末年任直指使者。

②軍興：指戰時的法令制度。《漢書·雋不疑傳》："（暴勝之）以軍興誅不從命者，威振州郡。"顔師古註："有所追捕及行誅罰，皆依興軍

之制。"

③銜帶使持節：魏晉南北朝時期，掌管地方軍政的官員在其官銜上外加"使持節"稱號者，有誅殺官吏的權利。據《晉書·職官志》："使持節爲上，持節次之，假節爲下。使持節得殺二千石以下，持節殺無官位人，若軍事得與使持節同，假節唯軍事得殺犯軍令者。"

霸陵折柳

《黃圖》曰：①"霸橋跨霸水爲橋也。②"漢人送客至此橋折柳爲別，故李白樂府曰："年年柳色，霸陵傷別。"③而王維亦曰："渭城朝雨浥輕塵，客舍青青柳色新。勸君更盡一杯酒，西出陽關無故人。"④審求其地，則在渭北，蓋漢分秦咸陽，置縣名渭城也。若霸陵則在渭南不在渭北矣。⑤維之所餞者，其人出戍陽關，而賦詩之地乃在渭北，仍援折柳爲詞，則仍用霸陵故事也。

註釋：

①《黃圖》：即《三輔黃圖》，見前"韶鳳石獸"條。
②霸陵：霸橋。
③見李白《憶秦娥》。
④見王維《送元二使安西》。
⑤若：至於。

頌繫

《通典·刑法門》百六十二"景帝詔頌禁"，①註："頌讀曰容。容寬不桎梏。"

註釋：

①據《漢書·刑法志》，景帝"三年復下詔曰：'高年老長，人所尊敬也；鰥寡不屬逮者，人所哀憐也。其著令年八十以上、八歲以下及孕者未乳、師、朱儒當鞠繫者，頌繫之。'"師古曰："頌讀曰容，容，寬容之，不桎梏。"據此，"頌禁"同"頌繫"，亦作容禁或容繫。

蘇塗

《通典》："東夷馬韓祭鬼神，立蘇塗，建大木以垂鈴鼓。"[1]註："蘇塗有似浮塗。"案，浮塗即浮圖，浮圖即塔也。

註釋：

[1]又見《三國志·魏志·烏丸鮮卑東夷傳》。馬韓：朝鮮半島南部古國名，與辰韓、弁辰合稱三韓，後爲百濟所滅。蘇塗：馬韓國中所設置的含有神道色彩的特殊區域，諸逃亡者至其中即可得到庇護。

謎

古無謎字，若其意制，即伍舉、東方朔謂之爲隱者是也。[1]隱者，藏匿事情，不使暴露也。至《鮑照集》則有《井謎》矣。《玉篇》亦收"謎"字，釋云"隱也"，即後世之"謎"也。鮑之《井謎》曰："一八，五八，飛泉仰流。""飛泉仰流"也者，垂綆取水而上之，[2]故曰仰流也。一八者，井字八角也。五八者，析井字而四之，則其字爲十者四也。四十，即五八也。凡謎皆放此。

註釋：

[1]伍舉：楚國人，伍子胥的祖父。《史記·楚世家》："王即位三年，不出號令，日夜爲樂，令國中曰：'有敢諫者死，無赦！'伍舉入諫，莊王左抱鄭姬，右抱越女，坐鐘鼓之間。伍舉曰：'願有進隱。'曰：'有鳥在於阜，三年不蜚不鳴，是何鳥也？'莊王曰：'三年不蜚，蜚將冲天；三年不鳴，鳴將驚人。舉退矣，吾知之矣。'"隱：即隱語，又稱廋辭。指不直接說明本意而借別的詞語來暗示的話，類似今之謎語。

[2]綆：汲水用的繩索，井繩。上之：使之上。

秬鬯

大祭祀必用鬱鬯。[1]鬱鬯也者，釀秬黍以爲質，[2]而資鬱金草以爲之色。

故詩人形容其狀則曰"黃流"也。黃流者，用以灌地，而求神最重之禮也。天子自祭，則以圭柄之勺酌鬯而灌。《書》謂"王入太室祼"者，③是成王親行灌鬯之禮也。方成王未自至洛，而先命周公告之文、武，則其文曰："予以秬鬯二卣。④"周公以其禮之重也，故得之而不敢更宿，即禋於文王、⑤武王，則用鬯之禮乃如此其重也耶！《禮記》曰："天子賜珪瓚，⑥然後爲鬯，未賜，則資鬯於天子。"《文侯之命》曰："錫爾圭瓚，秬鬯一卣。"此則初賜圭瓚，未及自爲之鬯，即並鬯以賜，使歸告之也。召虎之詩亦曰"錫汝圭瓚，秬鬯一卣，告於文人"也。⑦

註釋：

①鬱鬯：古代宗廟祭祀用的香酒，以鬱金香合黑黍釀製而成。鬯，香酒，以黑黍釀成。

②秬黍：黑黍。質：主，主體。

③太室：即太廟，或指太廟中央之室。祼：祭名。灌也，以香酒灌地而求神。

④卣：古代一種中型酒樽，青銅制，一般爲橢圓形，大腹，斂口，圈足，有蓋與提梁，多用作禮器，盛行於商和西周。《爾雅·釋器》："卣，中尊也。"

⑤禋：煙也，升烟祭天以求福，祭名。加牲口和玉帛在柴上焚燒，因煙氣上達以致精誠。

⑥珪瓚：古代的一種玉制酒器，形狀如勺，以圭爲柄，用於祭祀。

⑦召虎：即召穆公姬虎，周宣王時重臣，召公姬奭的後人。此詩見《詩經·大雅·江漢》。

卷之八

褐裘背子道服襦裙

襦者，短衫也。《莊子》曰："未解裙襦。"《廉范傳》曰："昔民無襦，今五褲也。"①褐者，裾垂至地。《張良傳》："有老父，衣褐，至良所。"師古曰："褐制若裘，今道士所服者是也。"裘即如今之道服也，斜領交裾，與今長背子略同。②其異者，背子開胯，裘則縫合兩腋也。然今世道士所服，又略與裘異。裘之兩裾，交相掩擁，而道士則兩裾直垂也。師古略舉其概，故不能詳也。長背子古無之，或云近出宣、政間。③然小説載蘇文忠襌衣襯朝服，④即在宣、政之前矣。詳今長背，既與裘制大同小異，而與古中單又大相似，⑤殆加減其制而爲之耳。中單掖下縫合，而背子則離異其裾；中單兩掖各有帶，⑥穴其掖而互穿之，以約定裏衣，至背子則既悉去其帶，惟此爲異也。至其用以襯藉公裳，則意制全是中單也。今世好古而存舊者，縫兩帶，綴背子掖下，垂而不用。蓋放中單之交帶也，雖不以束衣，而遂舒垂之，欲存古也。《太平御覽》有《仙公請問經》，其文曰："太極真人曰：'學道當潔淨衣服，備巾褐制度，名曰道之法服也。'"巾者，冠中之巾也。褐者，長裾通冒其外衣也。巾褐皆具，乃中道家法服之制。今世衣直掇爲道服者，⑦必本諸此也。又《傳授經》曰：⑧"老子去周，左慈在魏，⑨並葛巾單裙，不著褐。"則是著直短衫，而以裙束其上，不用道家法服也。晉王獻之書羊欣練裙，⑩朱公叔《絶交論》謂西華之子冬月葛衣練裙。⑪蓋古人不徒衣裤，必以裙襲之，是正上衣下裳之制也。

註釋：

①見《後漢書·廉范傳》。五褲：言褲子多。自《廉范傳》之後，

"五袴"成爲歌頌地方官吏施行善政的詞。

②背子：又作"褙子"。古代服飾的一種，男女皆服，式樣不同。宋時褙子一般爲長袖、長衣身，腋下開胯，前後襟不縫合，而在腋下和背後綴有帶子，所以又稱長背子。

③宣、政間：指宋徽宗政和至宣和15年間。

④襌衣：又作"單衣"，是單層的長衣。《說文》："襌，衣不重。"

⑤中單：即中襌。古時朝服、祭服的裏衣。

⑥掖：通"腋"，下同。

⑦直掇：亦作直裰、直敚。古家居常服，俗稱道袍。

⑧又《傳授經》曰：又見《太平御覽·道部》引文。

⑨左慈（156？—289？）：字元放，東漢末方士，廬江（今安徽廬江西南）人。善行道術，在魏曾多次依靠道術逃脫了曹操的追殺。

⑩練裙：白絹下裳。《宋書·羊欣傳》："獻之嘗夏月入縣，欣著新絹裙晝寢，獻之書裙數幅而去。欣本工書，因此彌善。"

⑪朱公叔《絕交論》：當作"劉孝標《廣絕交論》"。西華：當作"任昉"。見《南史·任昉傳》。朱公叔，名穆，東漢順帝、桓帝時期人。明軍事、有政績，以文章名世，其《絕交論》梗概保存在李賢《後漢書註》。

月受日光

月不能自出光景，①凡其有光，悉日力也。楊子雲曰：②"月未望則載魄于西，③既望則終魄于東，其溯於日乎。④"謂月爲溯日，理固該盡矣，而不如沈括之語能發越其狀，⑤使聞者豁然也。括之言曰"月如銀圜，圜本無光，日耀之乃有光"矣。用其銀圜之說而思之，則其魄也，是銀圜之背日而暗者也，故闇昧無睹也。其明也，則是其圜得日而銀彩煥溢者也。月十五日，兩耀相當，銀圜也者，通身皆受日景，故全輪皆白而人以爲滿也。過望則月輪轉與日遠爲之圜者，但能偏側受照，而光彩不全，故其暗處遂名爲魄也。魄者，暗也。究其實致，則是日光所及有全有不全，而月質本無圓缺也。⑥故揚子溯日之説，已得其理，而沈氏耀圜之説，又能發揚其狀也。是説也，予初得之，以爲括之所創也，偶讀《酉陽雜俎》，乃知其説古嘗有之，而括善加發揮焉耳。《雜俎》之言曰："大和中，有人游嵩山，遇修月户，⁷謂之曰：'君知月七寶合成乎，月勢如圓○本字諱，⁸其有影處，乃是日爍其凸也。'"此云修月户者，必誕矣，而爍凸之理，即沈氏之説所從以出也。若其增一銀字，而明之與魄粲然有狀，括其能言也哉。

註釋：

①光景：光影。景，後作"影"。
②揚子雲：漢揚雄的字。見揚雄《法言·五百》。
③望：月相名。舊曆每月十五日（有時爲十六或十七日）。《釋名·釋天》："望，月滿之名也。"魄：月初出或將没時的微光。一説，指月初生或圓而始缺時不明亮處。
④溯：迎，對著。
⑤發越：彰顯、顯露。
⑥質：物類的本體。
⑦修月户：神話傳説中修月的人。
⑧本字諱：指"丸"字。宋欽宗名桓，"丸"古與"桓"音近，故諱。

養不吠之犬

東坡《上神宗萬言書》曰："蓄犬本以防奸，不可以無奸而養不吠之犬。"《北史·宋游道傳》：畢義雲奏劾游道，①楊遵彦曰：②"譬之畜狗，本取其吠。今以數吠殺之，恐將來無復吠犬。"詔除名。③

註釋：

①畢義雲：小字陀兒。少豪俠，家在兖州北境，常劫掠行旅。晚年折節做官，性嚴酷。累遷尚書都官郎中。詳《北史·畢義雲傳》。游道：姓宋，廣平人，以孝廉稱，剛直，疾惡如仇，事見《北史》本傳。
②楊遵彦：即楊愔（？—560），字遵彦，北齊弘農（今河南省靈寶縣）人。詳《魏書·楊播傳》。
③除名：除去名籍，取消原有身份。此指削去宋游道官職。

立乘車

　　古者乘車皆立不坐。車前橫木曰軾，在車遇所敬，則俯身以手案式。①武王式箕子閭，②蓋如此其式也。惟安車乃始坐乘，③"杜延年賜安車駟馬"，④顏師古曰"安車，坐乘車"是也。

註釋：

①式：同"軾"。

②箕子：紂王叔父，商朝滅亡之後，率領商移民遠走朝鮮，建立朝鮮箕氏王朝。孔子稱其與微子、比干爲殷之"三仁"。式：《漢書·張良傳》："武王入殷，表商容閭，式箕子門，封比干墓。"顏師古註："式，亦表也。一説至其門而撫車式，所以敬之。"

③安車：指坐乘的車。一般供年老的高官及貴婦乘坐。年老的官員致仕、或德高望重者被征，也往往被賜乘安車，以示殊榮。

④見《漢書·杜延年傳》。杜延年（？—前52），字幼公，漢南陽杜衍（今屬河南南陽）人。累官爲太僕右曹給事中。

日食加時

　　予奉詔定"乾道曆"①，曆官劉孝榮曰：②"後世曆法太密於古，今之論曆者太責備。③且如日蝕，古來能知其食在何日，則爲驗矣，而未剋定某時當食，④食當幾時幾分而復也，至魏黃初始言食於何時。⑤"予甚然之。今按《杜欽傳》上封事曰：⑥"日以戊申蝕時加未。"且説戌未當爲何應，則不待黃初已嘗加時矣，恐史官失書耳。

註釋：

①乾道曆：乾道年間使用的曆法。據《宋史·律曆志》，乾道三年（1167）曾實測月亮度數較紀元、統元曆法爲密。

②劉孝榮：與程大昌同時代人，掌天文，曾修《乾道》《淳熙》《會地元》三曆。

③責備：責求完備。以盡善盡美要求人。《新唐書·太宗紀贊》："然

《春秋》之法，常責備於賢者。"

④剋定：限定。《篇海類編·器用類·刀部》："剋，剋期，約定期日也。"

⑤魏黃初：建安二十五年，曹丕做了皇帝，建立魏國，改年號爲黃初。史稱魏黃初。

⑥封事：密封的奏章。古代臣下上書言事時，將奏章用黑色的袋子密封上奏，故稱。

物產有無

汶南無鸜鵒，①江南無狐，粵無馬、虎。○《前地志》。廬山人見駝以爲山精，潤洲人見蝎以爲主簿蟲。②

註釋：

①汶南：汶水以南。鸜鵒：一種鳥，俗名八哥。《周禮·考工記》："橘逾淮而北爲枳，鸜鵒不逾濟，貉逾汶則死，此地氣然也。"

②主簿蟲：蝎的別名。唐段成式《酉陽雜俎·鱗介篇》："江南舊無蝎，開元初，嘗有一主簿竹筒盛過江，俗呼爲主簿蟲。"

州麾

自《五君詠》言顏延之"一麾出守"，①而杜牧用其語曰："擬把一麾江海去。"②人遂以建麾爲太守事。③張師正辨《五君詠》曰："麾猶秉白旄以麾也。④一麾猶言爲人之所擠排也，屢薦不嘗得官，一遭擠排，邊出爲守，所以嘆也。"此說是也。或謂《周禮》州長建麾，則州麾自可遵用，此又非也。周之州絕小，不得與漢州爲比。周制累州成縣，而漢世累縣爲郡，累郡乃始爲州也。若夫崔豹《古今註》則又異矣，其說曰："麾所以指也，乘輿以黃，諸公以朱，刺史兩千石以纁。⑤"則漢以來，自人主至兩千石莫不有麾也，則謂太守爲"把麾"亦自可通也。⑥

註釋：

①"自五"至"出守"十二字：此句順序當爲"自顏延之《五君詠》

言'一麾出守'"。阮咸精音律，然放浪不羈，仕途坎坷，歷官散騎侍郎，受排擠，出補始平太守。南朝宋顏延之《五君咏·阮咸》"屢薦不入官，一麾乃出守"，用"一麾出守"指阮咸的遭際。後"一麾出守"遂指京官被排擠外放。

②見杜牧《登樂游原》詩。

③建麾：古代建大麾以封藩國，此指出任地方長官。

④白旄：犛牛尾。古代軍旗竿頭有用犛牛尾裝飾，以指揮全軍。

⑤纁：淺紅色。

⑥把麾：即上文杜牧"擬把一麾江海去"之省文，與"建麾"之義同。

羽扇

《語林》曰：①"諸葛武侯與晉宣帝戰於渭濱，乘素車，著葛巾，揮白羽扇，指麾三軍。"《晉書》：顧榮征陳敏，自以羽扇麾之，敏衆大潰。②是皆特持羽扇以自表異，而令軍衆瞻求易見也。《晉中興徵說》曰：③"舊羽扇翮用十毛。④王敦始省改，止用八毛，其羽翮損少，故飛翥不終。⑤此其兆也。"據此語以求其制度，則是取鳥羽之白者，插扇柄中，全而用之，不細析也。今道家繪天仙象，中有秉執羽扇者，皆排列全翮，以致其用，則制可想矣。

註釋：

①《語林》：東晉裴啓撰，十卷，主要品評魏晉人物，今佚，有周楞伽輯本。

②"顧榮"至"大潰"共十五字：《晉書·顧榮傳》載"廣陵相陳敏反"，榮等"潛謀起兵攻敏，榮廢橋斂舟於南岸，敏率萬餘人出，不獲濟，榮麾以羽扇，其衆潰散。"

③《晉中興徵說》：又作"《晉中興書徵祥說》"，主要記載晉人故事，史料價值頗大。一說南朝宋何法盛撰，已佚，清人湯球、黃氏、王仁俊等有輯本。

④翮：鳥羽的莖，俗稱"羽管"。

⑤翥：高飛。

吹鞭

馬融《笛賦》云：①"裁以當簻便易持。"李善註云："簻，馬策也。裁笛以當馬簻，故便而易持。"沈括辨之曰："潘岳《笙賦》：'修簻内辟。'言此笛但裁一簻，五音皆具，故曰易持也。馬簻安可爲馬策也？"②予案《急就章》，曰："吹鞭筑篍課後先。"③《唐韻》曰："筑，竹也。"《說文》曰："篍，吹筒也。"《玉篇》亦曰："篍，吹筒也。"以竹爲鞭，中空可吹，故曰吹鞭也。簻即馬策，可以策馬，又可爲笛。一物兩用，軍旅之便，故云易持也。今行陳間皆有笛，即古吹鞭之制也。括豈不見《急就》全書而臆立此？難也耶！

註釋：

①《笛賦》：亦作《長笛賦》。
②見《夢溪筆談·樂律一》。
③吹鞭筑篍課後先：顏師古《急就篇註》、宋陳暘《樂書》作"筑篍起居課後先"，與程氏所言不同。師古註："筑，吹鞭也。篍，吹筒也。起居，謂晨起夜臥及休食時也。言督作之司吹鞭及竹筒爲起居之節度。"

尺蠖

尺蠖之屈，以求信也。①《方言》曰："蠀○資蝍○子六反，謂之尺蠖。"郭璞釋之曰："步屈也。"步屈云者，一步一屈也。多在桑上，其體質似蠶，色灰褐，而身瘦長。其腹下兩頭有足，足亦如蠶。每欲進步，先聚屈其體，前後幾相連著，而脊背橋起，②直如笋釵兩頭環曲之處也，此其所以爲屈也。已屈而聚，聚已而舒，則遂寸寸前進，是其所以爲伸也。吾鄉俗呼度○音鐸蟲。度者，蠖音之訛也。《爾雅》曰"尺蠖"、《說文》則曰"曲信蟲"、韓集《城南聯句》曰"桑蠖虛指"，③皆可互相發明也。

註釋：

①尺蠖：蛾的幼蟲，體柔軟細長，屈伸而行。信：通"伸"。

②橋起：像橋一樣隆起。

③桑蠹虛指：韓愈《城南聯句》作"桑蠹見虛指"，學津本認爲本奪"見"字，因補，然或程大昌省文專著蠹名亦未可知。蠹：一名虛指。桑蠹，桑上蟲。

土部魚

《説苑》二卷曰：[①]"莊周貸粟於魏文侯，曰：'周之來，見道傍牛蹄中有鮒魚焉，得斗升之水斯活矣。'"鮒今俗名土部，蓋聲訛也。此魚質沉，常附土而行，不似它魚浮水游逝也，故曰土附也。顧後人加魚去部，[②]則書以爲鮒焉耳。《談苑》之謂牛蹄者，牛足踐泥，泥爲之窪，窪中水停不通，故此魚附著，亦不能去。若得斗升之水，則可它適而活也。諺言"涔蹄之水不容吞舟之魚"，[③]正舉此以爲之況也。吳興人名此魚即云鱸鯉，以其質圓而長與黑蠡相似，[④]而其鱗斑駁又似鱸魚，故兩喻而兼言之也。《埤雅》指爲鯽魚，失之矣。

註釋：

①《説苑》：西漢劉向撰，二十卷，主要記載先秦至西漢的歷史故事和傳説，有作者的議論。大部分散佚，後有曾鞏輯本。下文作《談苑》，非。

②按，指"附"去掉"阝"加上"魚"變成"鮒"。

③涔蹄：路上蹄迹中的積水，形容極少的水量。涔，路上的積水。

④蠡：即螺。

易

漢武帝"棄輪臺詔"曰：[①]"匈奴縛馬城下。《易》之卦得《大過》，爻在九五。"[②]案，此之謂爻在九五者，言《大過》爲所得之卦，而九五爲用事之爻也。九五之繇曰：[③]"枯楊生華，何可久也？"故縛馬一事，筮史主此一語，[④]以爲吉凶之決，而曰："匈奴困敗不久也。"其謂爻在九五者，蓋主九五一爻爲用也。然而卦得《大過》，自初至四，以及乎六，皆不爲用，而獨九五一爻爲用者，《易》法以變者爲占，在一卦之中何爻適當變初，則此之一卦，獨主此之一爻也。然則何以見其獨變也？曰："予於《易原》嘗詳及之矣。"《大過》之卦，其初爻爲偶，⑤此之爲偶，必其揲蓍而必得八，⑥八固不變矣。及其二、三、四爻皆爲奇，則其揲蓍必得七，七亦不變也。更四爻揲而及五爻，則其蓍爲九，而不爲七矣。《易》法九六必變，而此之第五爻者，在四爻不變之後，創初得九，故此爻當爲變始也，是爲用事之爻也。若此之五爻，既已得九之後，九已當變，則其爻爲用事之爻矣。若後來第六爻便更正得六數，亦止仍爲上六，不爲上九。故爻既遇變，後來不復再變也。此乃通《易》一書，占筮凡例，類皆如此，故詳及之。若夫九五也者，既當變九爲六，則其以此之變而會之六爻，則"大過"之卦轉而爲常矣。案，"大過"䷛巽下兌上，"恒"則巽下震上䷟，蓋"大過"第五爻得九而變爲六，於是"大過"九五既變爲"恒"之六五，則正卦猶爲"大過"，而之卦則遂以爲"恒"也。⑦今此漢詔獨言"大過"，而不及"恒"者，武帝方摘占者之不驗，⑧故但即"大過"九五以言，而未暇談及"恒"之六五也。非有變爻而無之卦也。⑨

註釋：

①輪臺：古國名，在今新疆輪臺南。漢武帝時爲李廣利所滅，置使者校尉，屯田於此，輪臺成爲漢西北最遠的疆界。漢武帝開疆拓土，國力大損，至晚年深悔之，於是下"輪臺罪己詔"，放棄輪臺，後輪臺並入龜茲。

②見《漢書·西域傳》。

③繇：繇辭，卦占之辭。

④筮史：筮人。《國語·晉語四》："筮史占之，皆曰不吉。"韋昭："筮史，筮人，掌以三易，辨九筮之名。"

⑤初爻：最下麵的符號稱爲"初爻"，最上面的符號稱爲"上爻"，其間從下向上依次爲二三四五爻。

⑥揲蓍：古人用數點蓍草莖的占卜方法來卜卦，以預測吉利與否，稱爲揲蓍。

⑦之卦：《周易》卦變之稱。謂一卦變爲另一卦。清錢大昕《答問一》："問：'卦變'之說，漢儒謂之'之卦'。諸家所説各殊，願聞其審。曰：虞仲翔説《易》，專取'旁通'與'之卦'。旁通者，"乾"與

"坤"、"坎"與"離"、"艮"與"兑"、"震"與"巽"交相變也。'之卦'則以兩爻交易而得一卦。"

⑧摘：挑剔、指責。《三國志·吳志·步騭傳》："伏聞諸典校擿抉細微，吹毛求瑕。"

⑨變爻：即爻變，指一個卦裏陽爻和陰爻的變化，它們的變化就會産生新的卦，也可以説所有的卦都是因爲爻變才有的。

龍門

秦再思《記異録》曰：①"《地志》：慈州文城縣搔口，本夏禹鑿山通河，年年魚化之地也，②每春大魚並河西上。唐人嘗敕禁采捕，至仲春後，有點額不化者，③傍岸求死，終不過富平津浮梁，④孟州歲以致貢。柳宗元嘗爲文刻置禹廟。"此蓋因地之有是魚而《禹貢》又有龍門之文，遂從而爲之説，曰"過門者爲龍，而其浮死自下者，則是不能變化而遭退者也"。予疑此語久矣，於《禹貢論》不敢辨正者，以龍門之名其來已古，而化龍之説世亦信之，故付之不辨，然終含糊不快也。以《書》類求之，導河自熊耳。⑤熊耳者，地書以爲形似熊耳也。其曰似者，肖之而已，豈其實嘗有熊分耳爲山也乎？砥柱、⑥析城，實皆如柱如城，而何人建爲此柱、析爲此城，無有能言其自者也。並類而言，則夫龍門也者，正以湍峻束狹意象如門。而又龍者水行之物，故取象以名，未知真有魚嘗化龍之事也乎。然而其事又有不可不究者四：瀆未嘗無魚，何爲此地獨有大魚暴鰓而下，⑦下又不過富平也。以予所見，蓋河魚趁水而上，於湍急處産子，及其困極，故翻腹隨流，不能自主。富平雖爲大河，而有浮梁橫亘津面，魚已困浮，又爲津梁所約，不能潛泳以過，人因得乘困而拾取之耳。其爲點額而浮者，蓋跳擲産子，爲木石之所撞拉耳，非有司其黜陟而點額以記如世傳所云也。⑧天下事大小有異，而理之所在四海一也。凡魚産子，必並木根草幹戛刮其腹，⑨子乃得出。出則粘著根莖之上，離離如珠，然後泥不能淹，浪不能漂，其子乃得成魚也。龍門予所不歷，無能驗其的爲如何矣。此之所雲，乃在吾鄉而親常目擊者，非得之傳聞也。魚之戛腹而子得出也，則已奮躍勞憊，不復更能潛泳，則遂仰卧露白，浮水而下，邊岸之人，白手取之，⑩不用器械也。此乃吾鄉之所嘗見，以類明類，則龍門之魚可想矣。吾鄉小溪淺澗，安得試龍之地而鱗鰓亦遭損暴也？此其事理可以互相發揮者，故詳記之。

註釋：

①秦再思：宋真宗咸平時人，有《洛中紀異》十卷，今存。《記異錄》，即《洛中紀異》。
②魚化：魚跳龍門後化爲龍。
③點額：謂鯉魚跳龍門，頭額觸撞石壁。後指仕途失意或應試落第。不化：未成龍。
④富平：孟州的別名。浮梁：浮橋。
⑤熊耳：山名。在河南省宜陽縣，秦嶺東段支脈。
⑥砥柱：山名。又稱底柱山、三門山。在今河南省三門峽市，當黃河中流。以山在激流中矗立如柱，故名。
⑦暴鰓：曝腮，露出魚鰓。
⑧有司：主管的官。黜陟：升降，進退。
⑨並：通"傍"。戛：撞擊，刮。
⑩白手：空手，徒手。

滎澤

《左傳》："衛與狄戰于滎澤。"①釋者或以爲在河北，②蓋以衛都河北也。"衛爲狄滅，乃始東徙渡河，野處于漕"，③豈其方渡未至，而狄猶攻之，故戰其地耶？蓋滎澤記地也，不必戰于滎澤之中也。《戰國策》記魏將之與秦攻韓也，朱已之說魏王曰：④"韓亡，秦盡有鄭地，得垣雍，決滎澤，而水大梁，大梁必亡矣。"案，此時秦方逐穰侯，⑤則秦昭襄王之世也，朱已謂滎澤可決，則滎猶不枯也。

註釋：

①見《春秋左傳·閔公二年》。
②河北：黃河以北。河，黃河。
③見《詩經·國風·定之方中序》。漕，漕州（今河南滑縣舊城東）。
④朱已：《戰國策》宋鮑彪註"朱已"，稱"《史》作無忌"。《史記·魏世家》作信陵君"無忌"。

⑤穰侯：魏冉，戰國時秦國大臣，原爲楚國人，秦昭襄王之舅，因食邑在穰（今河南省鄧州市），號曰穰侯。

薇

《詩》之言及采薇者甚多，即伯夷首陽之所食也。《説文》："薇似藿。"藿，豆也。豆葉本圓而末尖，皮微皺澀。薇葉正與之肖，山中極多，吾鄉俗呼苦遮，○據俗語直言，貴易曉。味苦，以芼火肉最相諧宜。①其苗，春則盛發，至秋冬老硬，然不萎死，雖雪中亦可采也。《采薇》之詩曰"薇亦作止"，②謂春而苗茁也。又曰"薇亦柔止"，謂及夏而夭脆也。又曰"薇亦剛止"，謂霜露降而苗葉堅勁也。

註釋：

①以芼火肉：以芼菜燉肉。
②作：發芽，成長。止：語氣詞。

朱朱盧盧

紹興中年，秦檜專國，獻佞者至形之文牘謂爲聖相。①郡縣用此意遞相尊尚，凡所稱呼皆非其實。無名子或爲之詩曰："呼雞作朱朱，呼犬作盧盧。文官稱學士，武官稱大夫。"聞者莫不大笑。案，世人呼雞皆曰"朱朱"，呼犬皆曰"盧盧"，不問何地，其聲皆同，雖是傳習，要亦有本。《神仙傳》祝雞翁居尸鄉養雞百數，②皆有名字，呼之輒至，人號爲祝雞翁。朱者，祝之訛也。事見《酉陽雜俎》第三卷。又寶志對胡后問國祚曰：③"把粟與雞吃，呼朱朱。"朱朱，蓋爾朱也。④則呼雞之爲朱朱，其來已久。犬呼盧盧，別無所見，是借韓盧之名與犬爲高耶？⑤盧，黑也，以色言也。

註釋：

①形之文牘：寫在公文案牘上，如公文書信等。
②祝雞翁：傳説中古代善養雞者。尸鄉：古地名，在今河南偃師縣西南之新蔡鎮，後借指隱者所居之地。

③寶志：或作保志（418？—514），南朝梁著名僧人，金城狄道（今甘肅蘭州）人。寶志具有神通力，深得梁武帝崇奉，梁武帝有《寶志公論法圖》傳世。胡后：北魏宣武帝靈皇后（？—528），孝明帝元詡生母，崇信佛教，孝明帝即位後，尊爲皇太后，臨朝聽政。國祚：國運，國家的前途。

④爾朱：此指北魏時以爾朱榮爲首的爾朱家族，他們的崛起威協到後魏政權。

⑤韓盧：亦作"韓子盧"，戰國時韓國良犬。

倍蓰

《孟子》："或相倍蓰。"①古書罕有用"蓰"字者。《史記·周本紀》："其罰倍蓰。"徐廣曰"一作蓰，五倍曰蓰。"孔安國曰："倍百爲蓰，二百鍰也。②"

註釋：

①見《孟子·滕文公上》。倍蓰：謂數倍。倍，一倍。蓰，五倍。
②鍰：古重量、錢幣單位，標準不一。一説六兩，一説六兩半，一説十銖二十五分之十三。

清河

晉太和四年，桓温自姑孰伐燕，①引舟師自清水入河。②○《水經》有桓温清水。據此，即晉時未有隋汴，③故自清水入河。

註釋：

①姑孰：今安徽當塗縣城。
②引舟師自清水入河：據《晉書·桓温傳》，晉太和四年（369），桓温統帥五萬軍隊，自姑孰出發，第三次北伐。"時亢旱，水道不通，乃鑿鉅野三百餘里以通舟運，自清水入河"。
③隋汴：指隋煬帝開鑿的汴河。

白紗帽

侯景僭立,^①时著白紗帽而尚披青袍。^②○《舉要》三十二。宋泰始元年,群臣欲立湘東王,^③遂引入西堂登御座,著白紗帽。按,此即白紗帽乃人主之服,故以此爲定。○《舉要》二十五。宋蒼梧王死,^④王敬則取白紗帽加蕭道成首,^⑤使即祚,^⑥曰:"誰敢復動。"道成不肯。

註釋:

①見《梁書·侯景傳》。侯景(503—552):字萬景,北魏懷朔鎮(今内蒙古固陽南)鮮卑化羯人,551年篡位自立爲皇帝。僭立:篡位。

②白紗帽:人君即位,例著白紗帽,蓋本太子由喪次即位之制。青袍:微賤者的服色。

③湘東王:南朝宋明帝劉彧(439—472)。

④蒼梧王:即南朝宋後廢帝劉昱(463—477),在位三年,後爲蕭道成殺害。見《資治通鑒·宋紀十六·蒼梧王下》。

⑤王敬則(435—498):南朝齊臨淮射陽人,本是屠夫,明帝用爲直閤將軍,後與蕭道成殺廢帝而被任爲侍中。蕭道成(427—482):齊高帝,字紹伯,原爲劉宋中軍將軍,後廢順帝(宋蒼梧王)而自立,在位4年。

⑥即祚:(皇帝)即位登基。

匆匆

古旗有名"勿勿"者,集衆則用之,後人轉爲匆匆。匆匆者,亟遽之辭也。杜牧《遣興》曰:"浮生長匆匆,兒小且嗚嗚。"○《杜集》四。

九鼎

周慎靚王五年,^①秦惠王欲伐蜀。張儀曰:"不如伐韓,下兵三川,臨二周之郊,據九鼎,挾天子以令天下,此王業也。"司馬錯曰:"周自知失九鼎,則以鼎與楚,王弗能止也,不如伐蜀。"^②按,赧王在位五十九年，③入秦盡獻其邑，上距靚王五年，六十一年矣，此時九鼎猶在周。東坡謂周人沉鼎於泗水以緩禍者，非也。當時周人以它鼎沉泗耳。○《通鑒》。又《通鑒》四曰："楚欲圖周，王使東周武公謂楚令尹昭子曰：'西周之地，絕長補短，東西不過百里，裂其地不足以肥國，攻之者名爲弒君，然而猶有行攻之者，見祭器在焉故也。今子欲殘天下之共主，居三代之傳器，南則兵至矣。'於是楚計輟不行。"按，此即九鼎傳器也。樂毅入齊臨淄，取寶物祭器，輸之於燕。孟子謂"王速出令，返其旄倪，止其重器"，④即樂毅所取之器也。《通鑒》："漢文十六年，新垣平言：⑤'周鼎亡在泗水中。今河決通於泗，可祠而出之。'"

註釋：

①周慎靚王（？—前315）：姓姬，名定，周顯王子。前321—前315在位，死後廟號爲慎靚王。在位期間，正是戰國合縱連橫時期。

②見《史記・張儀列傳》。司馬錯：秦國夏陽（陝西韓城）人，戰國縱橫家，秦惠王著名謀士，曾與張儀辯論，主張先伐蜀再伐韓。

③赧王（？—前256）：周天子姬延，或名赧。《竹書紀年》作周隱王，爲周慎靚王之子。前315—前256年在位。

④見《孟子・梁惠王下》。旄倪：即耄倪，指老人和幼兒。

⑤新垣平（？—前163）：西漢趙國人，善於望氣。

納粟拜爵

秦始皇四年，令民納粟千石拜爵一級。按，此即晁錯之所祖效，非錯創意也。

大家

公主者，言其嫁時上公主之也。今人呼公主爲大家，則於義無依，當是擇婦女中之佳者以自附托耶。後漢班彪女將嫁曹世叔，博學善屬文。和帝時召入宮，令皇后、貴人師事焉，號曰"大家"，而冠其夫之姓曰"曹大家"。後世爲其文學嘗爲皇后、貴人所師，故公主取之以爲稱號。亦猶周女姓姬，世人貴之，故凡婦女不論何姓，皆以姬稱之，如姬、戚姬之類是也。

罷太守銅魚

唐制：太守交事，①皆合銅魚爲信。②周世宗顯德六年，③以除州自有制書罷銅魚不用。④《實錄》。

註釋：

①交事：謂舊時官吏卸職，向後任交代有關事宜。
②銅魚：銅制的魚形符信。古代官員用以證明身份和徵調兵將的憑證。
③周世宗：指五代後周皇帝柴榮（921—959），顯德六年爲959年。
④制書：古代皇帝命令的一種。

三關

世宗自滄州北順水而行，先降益津關、次瓦橋關、次瀛州。以瓦橋關爲雄州，以益津關爲霸州。○瀛州只仍舊名。

上宮

《孟子○十四》："孟子之滕，館於上宮。①"趙岐曰："上宮，樓也。孟子舍止賓客所館之樓上也。"②《詩》曰："期我乎桑中，要我乎上宮。"③○《通鑒》十八。漢陳皇后雖廢，供奉如法，長門無異上宮也。④

註釋：

①館：住宿。
②舍止：停駐；居留。
③見《詩經·鄘風·桑中》。桑中：地名，一説桑林中。要（yāo）：邀約。
④長門：即長門宮，漢武帝廢后阿嬌所居。

爵

秦爵凡二十級，①其第十九爵爲關內侯，更上一級即列侯矣。此亦即周家五等爵名之下，②立爲此制，亦名爲爵也。於是史凡言賜爵一級者，謂秦二十等爵中之一等也。自秦及漢初，凡有爵者皆得除罪，③然不得爲吏也。《高紀》：二年，賜民爵。④臣瓚曰：⑤"爵者，錄位。民賜爵，有罪得以減。"是其制也。惠帝元年，民有罪得買爵三十級以免死罪。應劭曰："一級直錢兩千，凡爲六萬○六萬，六十緡也。"師古曰："令出買爵之錢以贖罪。"不知此之六十緡者，⑥官受之耶，或許有爵者移賣於人也？至惠帝六年，始令民得賣爵，前此未見。豈前此元年之許其買之於官，至此乃覺其非，而許民自賣，所以貴其爵，令民有所利也。文帝時，晁錯説上：⑦"欲民務農，在於貴粟，貴粟之道，在於使民以粟爲賞罰。今募天下入粟縣官，得以拜爵，得以除罪。如此，則富人有爵，農民有錢，粟有所渫。⑧"於是文帝從錯之言，令民入粟於邊。六百石爵上造，稍增至四千石爲五大夫，萬二千石爲大庶長。此則入粟授爵之概。於是惠帝所許賣爵者，其入錢高下以等級爲差，而晁錯師用其意，改易其制，而直令民入粟，買之於官，非買諸得爵之民也。至武帝置賞官，名曰武功爵，即是有功而得爵，亦許其移賣。○秦爵二十等，如五夫、樂卿之類是也。武帝爵但見諸臣瓚註引《茂陵書》，止十三等，當是舉載不盡也。既不與惠帝許民戶自賣者同，而又更入粟以爲緡錢，亦不同也。而有大不同者，舊爵止得用以除罪，而武帝即令入官。故其制曰"諸買武功爵官首○官首，爵名也。者，試補吏。⑨"則遂得以買爵入官矣。如卜式爲郎，⑩則其尤者也。故班固謂爲吏道雜而多端，官職耗廢也。

註釋：

①秦爵凡二十級：《漢書·百官公卿表》："爵一級曰公士，二上造，三簪裊，四不更，五大夫，六官大夫，七公大夫，八公乘，九五大夫，十左庶長，十一右庶長，十二左更，十三中更，十四右更，十五小上造，十六大上造，十七駟車庶長，十八大庶長，十九關內侯，二十徹侯。皆秦制以賞功勞。"

②周家五等爵：西周周武王和周公時期確立的五等爵位，一般指公、

侯、伯、子、男。

③除罪：免罪。

④《高紀》：即《高祖本紀》。《漢書·高祖紀上》："令民除秦社稷，立漢社稷，施恩德，賜民爵。"賜民爵是對民的恩惠，民觸犯法律，可以以爵抵償。

⑤臣瓚：西晉學者，撰有《漢書音義》，已佚。顏師古註《漢書》多引臣瓚說，但不著姓氏，謂"不詳姓氏及郡縣"。

⑥緡：量詞。古代通常以一千文爲一緡。

⑦下引文見漢晁錯《論貴粟疏》。

⑧渫：散發，流通。

⑨試補：謂經過考試或考察後補缺。

⑩卜式：西漢大臣。武帝時，以家財之半捐公助邊，又以二十萬錢救濟家鄉貧民，"上於是以式終長者，乃召拜式爲中郎"。詳《漢書·卜式傳》。

汴

《通鑒》：景帝時，七國反。條侯據滎陽，①堅壁不出，而使弓高侯等將輕騎兵出淮泗口，②絕吳、楚兵後，塞其餉道，③吳糧絕，士卒果飢，奔壁求戰，竟以此敗。按，淮即今淮水也，泗即今謂南清河也，此時未有隋汴也，吳餉道自淮入泗，則轉海而至淮上，又自淮溯淮而上清河，故條侯既絕淮泗，則南船不得北上矣。以道路言之，可見隋汴未有也。

註釋：

①條侯：西漢大臣周亞夫的封號。

②弓高侯：即漢朝將領韓王信（戰國韓襄王庶孫韓成）的兒子韓頹當，漢文帝封其爲弓高侯，曾平定七國之亂。

③餉道：供給或提供糧草的通道。

螢囊

沈存中《清夜錄》：丁朱崖敗，有司籍其家，①有絳紗籠數十，大率如燭籠而無跋無炧,②不知何用。其家曰"聚螢囊"也。詳其此製,有火之用,無火之熱,亦已巧矣。然隋煬帝已嘗爲之,曰"大爲之囊,照耀山谷"也。丁氏之囊,蓋其具體而微者耳。③

註釋：

①籍：登記。《漢書·高帝紀上》："吾入關,秋毫無所敢取,籍吏民,封府庫,待將軍。"顏師古註："籍,謂爲簿籍。"

②跋：通"茇",草燭的根部,此指燭籠的底部。炧（xiè）：古同"灺",蠟燭的餘燼,此指蠟燭。

③具體而微：各部分都具備而規模較小。

卷之九

厨傳

宣帝元康二年，詔曰：吏或擅興徭役，飾厨傳，①以稱譽過客。②按，厨、傳兩事也。厨，庖也，以好飲食供過客，則爲飾厨也。傳者，驛也，具車馬，資行役，③則爲飾傳也。今人合厨傳爲一，概謂豐饌爲厨傳，非也。

註釋：

①飾：準備。
②稱譽過客：師古曰"使人及賓客來者，稱其意而遣之，令過去也。"
③行役：舊指因服兵役、勞役或公務而出外跋涉，現也泛稱行旅，出行。

于定國無冤民

古今稱于定國"爲廷尉，天下無冤民"，①此特舉其多者言之耳。宣帝之臣，如蓋、趙、韓、楊，②有譽有勞，而皆傅致以法，③入之死地。然四人之中，楊惲專以口語怨望，④尤其可矜者。史家特書惲獄實定國所定，有深意也。然則謂天下全無冤民，吾恐楊惲懷恚於地下也。

註釋：

①見《漢書·于定國傳》。于定國（？—前40）：字曼倩，西漢東海郯縣（今山東郯城西南）人，官至丞相，爲人謙恭，能決疑平法。

②蓋、趙、韓、楊：指蓋寬饒、趙廣漢、韓延壽、楊惲，此四人爲漢宣帝時士大夫集團重要成員，皆先後被漢宣帝處死。

③傅致：附會、羅致。顔師古註："傅，讀曰附，附益而引致之，令入罪。"

④怨望：怨恨，心懷不滿。《漢書·宣帝紀》："十二月，平通侯楊惲……不悔過，怨望，大逆不道，要斬。"楊惲（？—前54）：據《漢書·楊惲傳》，字子幼，西漢華陰（今屬陝西）人，司馬遷的外孫，丞相楊敞之次子。楊惲廉潔無私，卻好告發人短，招致人怨，兩次下獄，主審官都是廷尉于定國。程氏以此說明於定國"爲廷尉，天下無冤民"的說法不完全屬實。

澄心堂紙

江南李後主造澄心堂紙，①前輩甚貴重之，江南平後六十年，其紙猶有存者。歐公嘗得之，以二軸贈梅聖俞，梅詩鋪敘其由而謝之曰："江南李氏有國日，百金不許市一枚。當時國破何所有，帑藏空竭生莓苔。但存圖書及此紙，棄置大屋牆角堆。幅狹不堪作詔命，聊備粗使供鸞臺。"②用梅詩以想其制，必是紙製大佳，而幅度低狹，不能與麻紙相及，故曰"幅狹不堪作詔命"也。然一紙已直百錢，亦已珍矣。○《梅集》七。

註釋：

①澄心堂紙：指南唐時產於徽州池、歙（今安徽歙州）地區的宣紙，其質極精，細薄光潤，首尾勻薄如一。南唐後主李煜對此紙極爲喜愛，視爲珍寶，在宮中設造紙作坊，並以"澄心堂"作爲儲藏此紙之處，故名。

②見梅堯臣《永叔寄澄心堂紙二幅》詩。帑藏：古時收藏錢財的府庫，國庫。莓苔：青苔。鸞臺：唐時指門下省，後借指朝廷高級政務機構。

十金

薛宣曰：①"十金法重，②不忍相暴章。③""匡衡坐多取封邑四百頃，④監臨盜所守十金以上，免爲庶人。"按，漢以黃金一斤爲一金，十金之重者，言其贓直滿十金也。⑤

註釋：

①下引文見《漢書·薛宣傳》。薛宣：字贛君，東海郯城縣人，西漢末年丞相。
②十金法重：據漢律，科吏贓至十金，即死罪，故"十金"即獲重罪。十金合二萬錢（漢代言金，大多爲銀）。
③暴章：揭露，公開。
④贓直：贓物的價值。"贓"，後作"贓"。"直"通"值"。

白蓮花

洛陽無白蓮花，白樂天自吳中帶種歸，乃始有之。○《集》五。①有《白蓮泛舟》詩曰："白藕新花照水開，紅窗小舫信風迴。②誰教一片江南興，逐我殷勤萬里來。"又《種白蓮》詩曰："吳中白藕洛中栽，莫戀江南花懶開。萬里携歸爾知否，紅蕉朱槿不將來。"○卷五。

註釋：

①《集》五：指白居易《長慶集》卷五。
②信風：任隨風力，猶言隨風。

浮石

衢州之下十里許，深潭中有石，兀立水面，土人命爲浮石。《白樂天集》三卷有《謝衢州張使君》詩，①曰"浮石潭邊停五馬"，②則此水之有浮石，其來久矣。先是土人嘗有謠讖曰："水打浮石圓，龍游出狀元。"口口相傳，亦莫知其語之爲何自也。石之出水也，本甚嶄巖不齊。③紹興甲子歲，兩浙大水，漫滅垠岸，④浮石沒焉，水退石仍出，而嶄巖者皆去。蓋爲猛浪沙石之所淙鑿，⑤乃此圓渾也。又一年，歲在乙丑，龍游縣人劉端明○章魁廷試。⑥

註釋：

①張使君：唐長慶四年（824）的衢州刺史張聿，時白居易爲杭州刺

史，他們關係密切，交往頻繁。白居易有《歲暮枉衢州張使君書並詩因以長句報之》。

②五馬：太守的代稱。據《漢官儀》，古代一乘四馬，太守出行增加一馬，爲五馬。

③嶄巖：高峻、險峻。

④垠：界限，邊際。

⑤淙鑿：沖擊，侵蝕。

⑥劉端明：即劉章。劉章（1097—1177），南宋衢州龍游（今浙江龍游）人，字文孺，曾官拜端明殿學士，故又稱劉端明。《宋史》有傳。魁廷試：在皇帝主持的殿廷考試中奪魁。

嘌

凡今世歌曲，比古鄭、衛又爲淫靡，①近又即舊聲而加泛灩者，②名曰嘌唱，嘌之讀如瓢，《玉篇》嘌字讀如飄，引《詩》曰"匪車嘌兮"，③言嘌嘌無節度也。元不音瓢。《廣韻》："嘌讀如杓，疾吹也。"亦不音瓢。

註釋：

①淫靡：本謂文辭浮華艷麗，此指歌曲的婉轉、纏綿、悠長。

②泛灩：亦作"汎灩"，謂歌曲中宛轉引長其聲。

③見《詩·檜風·匪車》。

鞠

《楊子》曰：①"捖革爲鞠，②亦各有法。"革，皮也。"捖革爲鞠"，即後世皮球之斜作片瓣，而縫合之。故唐人借皮爲喻而爲詩以誚皮日休，③曰："六片尖皮砌作球，火中燖了水中揉。④一包閑氣如長在，惹踢招拳猝未休。"其謂砌皮包氣，即今之氣球也矣。古今物制固多不同，以其類而求之於古，即《霍去病傳》謂爲"穿域踏鞠"者，⑤其幾於氣球也矣。其文曰："去病貴，不省士，在塞外，卒乏糧，或不能自振，⑥而去病尚穿域踏鞠也。"師古曰："鞠，以皮爲之，實之以毛，踏蹙而戲也。"今世皮球中不置毛，而皆砌合皮革，待其縫砌已周，則遂吹氣滿之。氣既充滿，鞠遂圓實，所謂"火中燸了水中揉"者，欲其皮寬而能受氣也。詳此意制，當是古時實之以毛，後加巧而實之以氣也。《呂后傳》曰：太后斷戚夫人手足，使居鞠域中。師古曰："鞠域如踏鞠之域，謂窟室也。"今築氣球者，以脚蹙使之飛揚上騰，不復拘於窟域矣。而軍中打球之戲，則以杖拂球，使之馳走，而用快馬逐之，尚存鞠域之法。故疑古今因革，如予所言也。

註釋：

①《楊子》：《即《揚子法言》，漢揚雄撰，十卷，凡十三篇，皆取篇首語二字爲標目。史稱《法言》爲模仿《論語》而作。

②挳：刮磨。鞠：古代一種皮制的球。

③見唐歸氏子《答日休皮字詩》。歸氏子結合蹴鞠的特點，融進詩人名字"皮日休"爲詩。

④燸：用火燒熟。

⑤穿域：穿地（作鞠室）。

⑥振：救，舉救。師古註："振，舉也。"

小步馬

《西域傳》烏秅國出小步馬。①師古曰："小，細也。言其能蹀足，②即今所謂百步千迹者也。"韓退之詩曰："橫飛玉盞家山曉，細蹀金珂塞草春。"③用此也。

註釋：

①見《漢書·西域傳上·烏秅國》。烏秅國：顏師古註引劉敞曰："秅當作秏。"西域古國，在今新疆塔什庫爾干縣西南一百五十公里。國王治所在烏秅城。

②蹀：踏足、頓脚。

③見韓愈《奉酬振武胡十二丈大夫》。細蹀金珂：謂碎步前進的馬。金珂：馬勒上的金屬飾物，借指馬。

案字

醫有按摩法。案者，以手捏捺病處也；摩者，挼搓之也。字當從手，則其書當爲按矣。《玉篇·手部》無按字。《廣韻》有按字，卻從才，別出案字，從木，註曰："几屬也。"

酴醾

今世花之品目有荼蘼，①而《廣韻》無荼字。《玉篇》云：荼，苦草也，又苦菜也。因引《爾雅》之言曰："櫃，苦荼。荼，荼也。"《篇》《韻》皆無蘼字。②諸家字書皆有酴醾字，註云："酒也。"錢希白《南部新書》曰：③"唐清明，賜宰臣以下酴醾酒。"酴醾酒即重釀酒也。

註釋：

①荼蘼：又名荼蘼、酴醾、佛見笑、重瓣空心泡，是薔薇科懸鉤子屬空心泡的變種。

②《篇》《韻》：指《玉篇》和《廣韻》。

③錢希白：名易，杭州臨安（今屬浙江）人，官至翰林學士。《南部新書》：宋代筆記小說，內容駁雜。

葑菲

《詩》曰："采葑采菲，無以下體。"①《玉篇》："葑，蕪菁也。菲，菜名也。"按，下體也者，古者祭之用牲以上體爲貴。羊首、牛首、肩臑、②心肺，皆上體之物也。至於腎、腸、臂、足之類，皆不用，以其在下而污穢也。蕪菁之葉可食而不如其根之美，故采葑者不棄下體也。

註釋：

①見《詩·邶風·谷風》。

②臑：牲畜前肢的下半截。

菩薩石

楊文公《談苑》曰："嘉州峨眉山有菩薩石，人多收之，色瑩白如玉，如上饒水晶之類。日射之有五色，如佛頂圓光。"文公之說信矣。然謂峨眉山有佛，故此石能見此光，則恐未然也。凡雨初霽，①或露之未晞，②其餘點綴于草木枝葉之末，欲墜不墜，則皆聚爲圓點，光瑩可喜，日光入之，五色具足，閃爍不定。是乃日之光品著色於水，而非雨露有此五色也。峨眉山佛能現此異，則不可得而知，此之五色，無日則不能自見，則非因峨眉有佛所致也。

註釋：

①霽：雨雪停止，天放晴。
②晞：干。

鎗炰

鎗，於刀切。《玉篇》引《說文》云"溫器也"。世言"爊某肉"，當書爲"爊"，言從此鎗器之中，和五味以致其熟也。今人見《霍去病傳》有"麏戰"之文，又註家以多殺人爲麏，遂書爲"麏"，非也。又今人食饌有雜五味於肉中而熟之，當爲米炰，而皆書爲"米脯"，尤無義理也。《齊民要術》：雜五味於米肉而熟之。書爲"米炰"，言和米而熟之於炰也。《玉篇》音炰，且云"火熟也"。

箙鞬

《董卓傳》六十二："卓膂力過人，①雙帶兩鞬，左右馳射。"註："《方言》曰：'所以藏箭謂之箙，藏弓謂之鞬。'"《左氏傳》云："右屬櫜鞬。"②

註釋：

①膂力：體力。膂：脊梁骨。

②《左傳·僖公二十三年》："左執鞭弭，右屬櫜鞬，以與君周旋。"杜預註曰："櫜以受箭，鞬以受弓。屬，著也。"

五伯

《後漢·虞詡傳〇四十八》註："《續漢志》：'伍伯，公八人，中二千石六人，千石、六百石皆四人，自百石已下皆二人，黃綬。①武官伍伯，文官辟車。②鈴下、③侍閣、門闌、部署、④衞走卒，皆有程品，⑤多少隨所典領，率皆赤幘絳褠。⑥'即今行鞭杖者也。"

註釋：

①黃綬：古代官員系官印的黃色絲帶。《漢書·百官公卿表》："凡吏秩比二千石以上，皆銀印青綬，光祿大夫無。秩比六百石以上，皆銅印黑綬，大夫、博士、御史、謁者、郎無。其僕射、御史治書尚符璽者，有印綬。比二百石以上，皆銅印黃綬。"
②辟車：指前驅。
③鈴下：指侍衛、門卒或僕役。
④部署：軍中武官。
⑤程品：法式，規定。
⑥幘：頭巾。褠：直袖單衣。絳：深紅色。

華陽

《後漢傳〇三十八贊》註："梁州北拒華山之陽，①南距黑水，故常璩叙蜀事謂之《華陽國志》也。②"

註釋：

①拒：通"距"。
②常璩（291？—361）：字道將，東晉蜀郡江原（今四川成都崇州西南）人，史學家，其《華陽國志》，記巴、蜀等地之歷史地理概況，是現存最早、最完整的一部地方志。

魚筍

《唐書·王君廓傳○十七》:"君廓無行,[1]善盜。嘗負竹筍如魚具,[2]內置逆刺,見鬻繒者[3]以筍囊其頭,[4]不可脫,乃奪繒去,而主不辨也。"按,魚具而內有逆刺,此吾鄉名爲倒鬚者也。

註釋:

①王君廓:并州石艾(今山西平定)人,唐初名將。早年曾聚衆爲盜,後歸附唐朝,封上柱國,遷右武衛將軍,進爵彭國公。無形:没有善行,品行不端。
②筍:捕魚器具,竹制,大口小頸,腹大而長,魚能入而不能出。《説文·句部》:"筍,曲竹捕魚筍也。"。
③鬻:賣。繒:古代對絲織品的總稱。
④囊:用作動詞,套。

方書[1]

《通典○二十四·御史門》曰:"張蒼爲御史,主柱下方書。"如淳曰:"方,板也,謂事在板上也。"《周禮》:"以方出之。"[2]書於板也。

註釋:

①與卷七"方册"條内容近似,"方册"條内容詳細,可參考。
②《周禮·春官·宗伯》:"王制録則贊爲之,以方出之。"鄭玄註曰:"以方出之,以方版書而出之。"

朱書御札

昭宗在鳳翔,[1]李茂貞白上,[2]三以朱書御札召崔胤○本字諱,[3]胤竟不至。○《紀事》三十八。《五代史·豆盧革傳》:莊宗時大水,"以責孔謙,[4]謙不知所爲。小吏段徊曰:'臣嘗見前朝故事,國有大故,天子以朱書御札問宰相。'莊宗乃命學士草詔,手自書之。"按,今世上自人主,下至臣庶,用道科儀奏事於天帝者，⑤皆青藤朱字，名爲青詞，⑥恐初立此體時，是仿道儀也。

註釋：

①昭宗在鳳翔：事詳見註③。昭宗：即唐昭宗李曄（867—904），唐朝第十九位皇帝，888 年至 904 年在位，謚聖穆景文帝。

②李茂貞（856—924）：原名宋文通，字正臣，深州博野（今河北蠡縣）人。唐末藩鎮軍閥，五代時期爲岐王。後向後唐稱臣，封秦王。

③三以朱書御札召崔胤：據《資治通鑒》卷二百六十三，天復三年（903），唐昭宗被宦官韓全海劫持到鳳翔，宰相崔胤乃召朱全忠救駕，李茂貞誅殺韓全海等後，全忠圍猶未解，故茂貞疑崔胤教全忠欲必取鳳翔，"白上急召胤"，"凡四降詔，三賜朱書御札"，胤稱疾不至。

④孔謙（？—926）：五代時後唐大臣。魏州（今河北省魏縣）人，任魏博度支使、租庸副使、租庸使，善於聚斂錢財。詳《五代史·孔謙傳》。

⑤道科儀：即道教科儀，有關道教儀式的一系列法事内容稱爲科儀。

⑥青詞：一種文體，是道教舉行齋醮時獻給上天的奏章祝文，用紅色顏料寫在青藤紙上，多爲駢儷體，形式工整、文字華麗。唐李肇《翰林志》説："凡太清宮道觀薦告詞文，用青藤紙朱字，謂之青詞。"又作青辭，亦名綠章。

背嵬

沈存中《筆談》載拱宸管樂之辭曰：①"銀裝背嵬打回回。"背嵬者，大將帳前驍勇人也。章氏《槁簡贅筆》曰：②"背嵬即團牌也，③以皮爲之。朱漆金花，煥耀炳日。"予將漕時，都統郭剛者，韓蘄王背嵬也。④讀嵬如崔嵬，蓋平聲也，如沈存中歌，則去聲也。予以背嵬之義問郭，郭不能言，惟章氏書號爲皮牌耳。⑤

註釋：

①拱宸管：亦作拱辰管，軍中吹奏樂器，如笛，執持之狀若拱揖，又稱叉手管。沈括《夢溪筆談》卷五："鼓吹部有拱辰管，即古之叉手管

也。太宗皇帝賜今名。"

②章氏：章淵，字伯深。南宋乾道間嘗爲江山令。《槁簡贅筆》，序言"錄爲五卷"，今存兩卷，宋陳振孫《直齋書錄解題》收錄。

③團牌：盾牌之一種，用來防護身體、遮擋刀箭的武器。

④韓蘄王：即韓世忠。清王士禛《分甘餘話》卷上曰："韓蘄王、嶽鄂王皆有背嵬軍。范石湖云：燕中謂酒瓶曰嵬。其大將酒瓶皆令親隨人員負之，故號背嵬。韓嶽取其名以名親軍爾。"

⑤皮牌：指前文"背嵬即團牌也，以皮爲之。"

竹筊

《白樂天集》十一《入峽詩》曰："苒蒻竹篾筊，①欹危機師趾。②"○筊即百丈也。

註釋：

①苒蒻：又作苒若，繁盛貌。竹篾：剖削成一定規格的竹皮或成條的薄竹片。

②欹危：歪斜不平的樣子。機師：亦作榾師，船工。

半池

《白樂天集》五十三《池上竹下作》云："穿籬繞舍碧逶迤，十畝閑居半是池。"

三官三殿

國朝有太皇太后時，並皇太后、皇后稱三殿。其後乘輿行幸，①奉太后偕皇后以出，亦曰三殿。人或非之。按，《王嘉傳》云："自貢獻宗廟三宮，猶不至此。"顏師古註謂天子、太后、皇后。則三殿亦可通稱也。唐有三殿，②則一殿而三面有殿也。方鎮，③外國來朝，則宴於此，從銀臺門入。④

註釋：

①行幸：古代專指皇帝出行。
②三殿：據下文，此之"三殿"指唐大明宮之麟德殿。《玉海·宮室·唐三殿》："三殿者，麟德殿也。一殿而有三面，故名。亦曰三院。"
③方鎮：指掌握兵權、鎮守一方的軍事長官。
④銀臺門：宮門名。唐時翰林院、學士院都在銀臺門附近，後因以銀臺門指代翰林院。

象魏

《國語》六：管子對齊桓公曰："昔吾先王，世法文、武，設象以爲民紀。①"韋昭曰："設教象之法於象魏也。②"按，此單言設象，知象魏所垂，真有其象也。《國語》於此下又對文曰："式權以相應，比綴以度權。"③度，衡尺有器之物，知象魏爲畫象決也。④

註釋：

①設象：猶懸象。設立、宣布法令。象，法。
②教象：設象的內容之一，謂把教育的法則形諸文字，成爲條文。象魏：古代天子、諸侯宮門外的一對高建築，亦叫"闕"或"觀"，爲懸示教令的地方。
③韋昭註曰："式，用也。權，平也。治政用民，使均平相應也。"又曰："比，比其衆寡也。綴，連也，連其夫家也。度，法也。"
④畫象：指畫衣冠。上古以特異的服飾象徵五刑，以示懲誡。《漢書·武帝紀》："朕聞昔在唐虞，畫象而民不犯，日月所燭，莫不率俾。"顏師古註："應劭曰：'二帝但畫衣冠，異章服，而民不敢犯也。'《白虎通》云：'畫象者，其衣服象五刑也。'"決：決斷，斷案。

繫馬①

桓公城楚丘以封衛，其畜散而無育，②公與之繫馬三百。韋氏謂"良馬在閑而不放散也"，③則知"繫馬千駟，弗視"，④言雖甚良而不取也。

註釋：

①見《國語·齊語》。繫馬：指在廄內系養的良馬。
②韋昭註："畜，六畜也。散，謂失亡也。育，養也。"
③閑：馬廄。放散：放牧散養。
④見《孟子·萬章上》。原文作："非其義也，非其道也，録之以天下，弗顧也；系馬千駟，弗視也。"

都盧緣

唐人以緣橦者爲都盧緣。①按，《國語》胥臣對晉文公曰："侏儒扶盧。"②韋氏謂："扶，緣也。盧，矛戟之秘。③緣之以爲戲。"

註釋：

①緣橦：同"緣竿"，古代百戲雜技中的爬竿節目。都盧緣：古代雜技名，今之爬竿戲。盧：通"籚"，矛戟的柄。
②見《國語·晉語》。晉國有"侏儒扶盧"之戲，宴樂中，常令侏儒攀緣矛戟之柄作樂。
③秘：多指兵器的柄，也泛指器物的柄。

上元觀燈四日①

《會元》引《唐志》云：②"先天二年，用胡僧婆隨請夜開門，③燃百千燈觀樂，凡四日。"按，本朝諸書或言太祖特命正月十七日後更放燈二日，或言錢王來朝，④進錢買燈兩夕，特爲展，十七、十八仍爲燈夕。予嘗於《秦王進奉録》辨其事曰："不起秦王買燈也，然以先天事考之，則其時自上元觀燈後，凡更有三日，則買燈展日之法，愈爲無據。"又唐朝三元，謂正月、七月、十月望日，皆燃燈，至中年方罷中、下元兩節放燈也。⑤

註釋：

①上元：上元節，農曆正月十五日，也叫元宵節。
②《會元》：即《近事會元》，宋李上交撰，書成於嘉祐元年

（1056），主要記載唐武德至周顯德間之"雜事細務"。

③用：因。胡僧婆隨：亦稱胡僧婆陀。古代泛稱西域、北地或外來的僧人。

④錢王：即錢鏐（852—932），字具美，小字婆留，杭州臨安人，五代吳越國創建者，唐末擁兵兩浙，統十二州，封吳王、吳越王，兼淮南節度使。

⑤中年：唐朝中期。中、下元：指農曆七月十五日和十月十五日。

上中下褚衣

《南粵王傳》：陸賈往賜尉佗上、中、下褚衣。①師古音云：②綿裝衣，以綿多少分三品。

註釋：

①南粵王：亦作南越王，《說文解字註》曰"詩書多假越爲粵"。尉佗：亦作"尉他"，即趙佗（前240？—前137）。佗曾任秦南海郡尉，故稱。公元前203年稱帝（前203—前137在位），史稱南越武王或南越武帝。褚衣：棉衣。顏師古註曰："以綿裝衣曰'褚'，上、中、下者，綿之多少薄厚之差也。"見《漢書·南粵王傳》。

②音：註。

閥閱

《史記》：古人之功有五，以德、以言、以功，明其等曰閥，①積日曰閱。

註釋：

①閥：功績。

衣錦夜行

《東觀漢記》："建武二年，封景丹爲櫟陽侯。①上謂曰：'富貴不歸故鄉，如衣錦夜行，故以封卿。'"○《御覽》二百。按，《前漢》皆言"衣綉"，②惟此言"衣錦"。

註釋：

①景丹（？—26）：字孫卿，馮翊櫟陽（今陝西省西安市）人，東漢開國名將，云臺二十八將第十位。歷任偏將軍、驃騎大將軍，先後封爲奉義侯、櫟陽侯。公元26年（建武二年），病逝軍中。

②衣綉：即衣錦。穿錦綉衣裳，謂顯貴。

棨戟當斧鉞

《漢雜事》："竇固征匈奴，①騎都尉秦彭擅刺軍司馬，②固奏劾之。公府掾郭躬○或爲郎躬曰：③'漢制，假棨戟以當斧鉞，④彭得斬人。'"

註釋：

①竇固（？—88）：字孟孫，扶風平陵（今陝西咸陽西北）人，少任黃門侍郎，中元元年（56年）嗣爵顯親侯。詳《後漢書·竇固傳》。

②秦彭（？—88）：字伯平，東漢官吏，曾拜騎都尉。詳《後漢書·秦彭傳》。軍司馬：大將軍屬官，秩比千石。

③郭躬（1—94）：字仲孫，東漢潁川陽翟（今河南禹縣）人，官至廷尉。

④棨戟：有繒衣或油漆的木戟。古代官吏所用的儀仗，出行時作爲前導，後亦列於門庭。斧鉞：斧與鉞。泛指兵器。亦泛指刑罰、殺戮。

朱衣非舊制

王儉爲司右長史。①晉令，公府長史著朝服，宋大明以來著朱衣，②儉言："宜復舊制。"時不許。

註釋：

①王儉（452—489）：字仲寶，祖籍琅邪臨沂（今屬山東）。官至太尉右長史。南朝齊文學家、目錄學家。詳《南齊書·王儉傳》。

②大明：指南朝劉宋孝武皇帝劉駿年號（457—464）。

扁舟五湖

《隗囂傳》：^①方望以書辭囂曰："范蠡收責句踐，乘扁舟於五湖。"^②註曰："計然云：^③'范蠡乘扁舟於江湖。'"

註釋：

①隗囂（？—33）：字季孟，天水成紀（今甘肅秦安）人。出身隴右大族，以知書通經而聞名隴上。劉玄更始政權建立（23年）後，隗囂趁機占領平襄。因隗囂"素有名，好經書"，推爲上將軍。

②見《後漢書·隗囂傳》。李賢註曰："扁舟，特舟也。收責謂收其罪責也。《史記》曰：范蠡與句踐滅吴，爲書辭句踐曰：臣聞主憂臣勞，主辱臣死。昔者君王辱於會稽，所以不死爲此事也。今既雪耻，臣請從會稽之誅。乃裝其輕寶珠玉，自與其私徒屬乘舟浮海以行。"方望（？—25）：東漢平陵人。隗囂起事，請爲軍師。24年，隗囂應漢更始帝劉玄徵召，方望旋即辭官而走。

③計然：《史記·貨殖列傳》裴駰《集解》曰："范子曰：'計然者，葵丘濮上（今河南滑縣）人，姓辛氏，字文子，其先晉國亡公子也。嘗南游于越，范蠡師事之。"

丈二之組

《嚴助傳》淮南王曰："陛下以方寸之印，丈二之組，^①鎮撫方外。^②"《漢官儀》曰："綬長一丈二尺，^③法十有二月。"○《御覽·綬門》。按，"綬""組"同，朱買臣懷綬，^④邸吏引綬，^⑤即太守章，則綬也者，以之佩玉、佩印皆同也。又《續漢書·輿服志》曰："百石青紺綸，^⑥一采宛轉繆織，^⑦長丈二尺。"○《御覽》八百十九。

註釋：

①組：官印上的絲帶。《説文·系部》："組，綬屬。"
②方外：指中原地區以外的區域，舊指我國少數民族地區建立的

小國。

③綬：用彩絲織成的長條形飾物。

④朱買臣懷綬：據《漢書·朱買臣傳》，五十歲猶采薪讀書，鄉人皆笑之，妻離他而去。不久登第，任本地太守，"衣故衣，懷其印綬"，戲弄妻子及曾嘲笑他之人。

⑤邸吏：古代地方駐京辦事機構的官吏。

⑥百石：指食祿一百石的官員。青紺綸：用微帶紅的黑色做系印用的絲帶。紺，微帶紅的黑色。綸，古代官吏系印用的青絲帶。

⑦一采：采，同"彩"，一種顏色。宛轉繆織：段玉裁《説文解字註》"綸"字條曰："按繆即糾字。自黃綬以上，綬之廣皆尺六寸，皆計其首。首多者系細，首少者系粗，皆必經緯織成。至百石而不計其首，合青絲繩辮織之，有經無緯，謂之宛轉繩，若今人用絲繩如箸粗爲帶者也。"

剌

《漢·外戚傳〇二十七下》成帝答許皇后詔曰："皇后有所疑，便不便，①其條剌，②使大長秋來白之。③"師古曰："條謂分條之，剌謂書之於剌板也。剌，音千賜反。"

註釋：

①便不便：（分析其中的）利與不利。

②條剌：謂分條書寫於剌板。剌，名帖。

③大長秋：官名。漢置，爲皇后近侍，多由宦官充任，其職掌爲宣達皇后旨意，管理宮中事宜。《漢書·百官公卿表》師古註曰："秋者，收成之時；長者，恒久之義。故以爲皇后官名。"

天子服璽

《漢·元后傳》：高祖即位，即服秦傳國璽。王莽時，孺子嬰未立，①璽藏長樂宮。按此知天子亦佩璽也。故孫萬世謂昌邑王曰："而聽人解脱其璽綬乎？"②是每朝即佩也。

註釋：

①孺子嬰：劉嬰（5—25），號孺子，西漢末代皇帝，公元6—8年在位。

②據《漢書·武五子傳》載，西漢第九位皇帝劉賀（前92—前59）在位僅二十七天就被廢掉，分封到山東省巨野縣昌邑鎮做昌邑王，"與故太守卒史孫萬世交通，萬世問賀：'前見廢時，何不堅守毋出宫，斬大將軍，而聽人奪璽綬乎？'"

浯[1]

世傳浯溪本無"浯"字，元結自名之，①恐不然也。《説文》："浯，水。出琅琊靈門壺山，東北入濰。從水吾。"則"浯"非結之所名也。

註釋：

①元結（719？—772）：字次山，號漫叟、聱叟，洛陽人，唐代文學家。

箭貫耳1[2]

《原涉傳》："茂陵守令尹公捕原涉，①迫窘，諸豪説尹曰：'原巨先犯法不得，使肉袒自縛，箭貫耳，詣庭門謝罪耶。'"按，《玉篇》引《説文》云："軍法：以矢貫耳爲聅。聅，音恥列反，又徒安反。司馬法曰：'小罪聅，中罪刖，②大罪到。③'"子玉治兵於蒍，貫三人耳。'"④

註釋：

①原涉（？—24）：字巨先，出生於大姓豪族之家，王莽新朝時期著名游俠。據《漢書·原涉傳》，原涉的奴僕曾至市買肉，與屠爭言，斫傷屠者逃跑。剛到任的茂陵守令尹公聞之大怒，欲借這件事來顯示威嚴，涉

1　嘉靖本、四庫本、學津本此條在卷十四。
2　卷十四亦有此條，但内容稍有不同。

處境窘迫。諸豪出面調解。

②刖：古代一種砍掉腳或腳趾的刑罰。

③剄：斷頭。

④又見《左傳·僖公二十七年》。子玉：成得臣（？—前632）羋姓，成氏，名得臣，字子玉，春秋時楚令尹。蔿（wěi）：楚邑。

五稷

《職方氏》："並州宜五稷。"①鄭玄曰："黍、稷、麥、稻、菽。"后稷、社稷皆取此，以其該五種名之也。

註釋：

①見《周禮·職方氏》。職方氏爲官名，掌地圖，辨其邦國、都鄙及九州人民與其物産財用。並州：古九州之一，其地約當今河北保定和山西太原、大同一帶地區。

丹圖

《秋官》："司約，凡大約劑，書於宗彝；小約劑，書於丹圖。"①註："《春秋傳》曰：斐豹，隸也，著於丹書。"②《漢·高紀》："鐵券與功臣剖符作誓，丹書鐵券，③藏之宗廟。"

註釋：

①見《周禮·秋官·司約》。鄭玄註曰："大約劑，邦國約也。書於宗廟之六彝，欲神監焉。小約劑，萬民約也。丹圖，未聞。或有雕器簠簋之屬有圖象者與？"

②斐豹：春秋時"著於丹書"的奴隸，前550年，欒盈與范匄在晉國内戰，欒盈家臣督戎勇猛，范匄懼怕。斐豹説："苟焚丹書，我殺督戎。"范匄應諾後，斐豹出戰，殺死督戎，除了奴籍。著於丹書：杜預註曰："蓋犯罪没爲官奴，以丹書其罪。"

③丹書鐵券：亦作丹書鐵契、金書鐵券、鐵券、誓書，民間俗稱"免死（金）牌"，始於漢高祖。

象刑

《司圜》："掌收教罷民，凡害民者弗使冠飾，而加明刑焉。"①註："弗使冠飾者，著黑幪，②若古之象刑歟。③"

註釋：

①見《周禮·秋官·司圜》。收教：收拘管教。罷民：不從教化、不事勞作之民。明刑：指把犯人所犯罪狀寫在板上，置於其背以示懲罰。

②幪：頭巾。傳説舜時以巾蒙首作爲墨刑的象徵，以示仁厚。

③象刑：相傳上古無肉刑，僅用與衆不同的服飾加之犯人以示辱，謂之象刑。賈公彦疏引《孝經緯》曰："畫象者，上罪墨幪、赭衣、雜屨，中罪赭衣、雜屨，下罪雜屨而已。畫象刑者，則《尚書》象刑。"

卵翼

《左傳·哀公下》曰："子西曰：'勝如卵，①余翼而長之。'"今人言卵翼之恩，本此。

註釋：

①勝：白公勝（前526或533—前479），楚平王的嫡孫，太子建的兒子，時人稱之爲王孫勝，號白公。

窗牖①

《説文》：穿壁以木爲交窗，所以見日也，向北出牖也。在牆曰牖，在壁曰窗。○《御覽》百八十八。

註釋：

①牖：古代窗户用木條横豎交叉而成，又稱交窗。《説文》："牖，穿壁以木爲交窗也。"

宰相直筆

《舊唐書》："至德中，宰相迭秉筆處斷，①每十日一易。及賈耽、趙憬、陸贄、盧邁同平章政事，②百寮有所關白，③更相避不言，於是奏議請旬秉筆者出應之。"時貞元九年也。其後又請每日更筆，其年迭以應事，皆從之。

註釋：

①秉筆：持筆。處斷：處理決斷。
②同平章政事：官名，相當於宰相。據《新唐書·百官志》：唐代除三省長官爲當然宰相外，凡加"同三品"、"同平章事"，皆爲宰相，沒有高低、輕重、優劣。
③百寮：同"百僚"，百官。關白：陳述、禀告。

櫓

許氏《說文》曰："櫓，大楯也。"案，今城上雉堞曰櫓，①爲其在城上可以蔽人，如人之被楯也。

註釋：

①雉堞：城上矮墻。

公侯干城

《方言》曰："楯，自關而東謂之瞂○音代，或謂之干○扜也，關西謂之楯。"案，此即《詩》謂"公侯干城"，①鄭氏謂爲捍城者。捍者，櫓也。雉堞可以蔽障城，是捍城也。

註釋：

①見《詩經·周南·兔罝》。

玉堂

《漢武故事》："玉堂去地十二丈,①基階皆用玉。②"

註釋：

①玉堂：漢宫殿名。
②基階：謂宫殿地面以上牆以下的部分。

孔子食昌歜追文王

文王嗜昌歜,①仲尼食之以取味,事見《吕氏春秋》,曰："文王好菹,孔子聞之,蹙額而食之,②三年然後美之。"按,此《御覽》所記,恐"菹"字上脱一"昌歜"字。

註釋：

①昌歜：又作"昌蒲菹""昌蒲葅"。菖蒲根的醃制品。昌,通"菖"。
②蹙額：皺眉。

餛飩

世言餛飩是虜中渾氏、屯氏爲之。案,《方言》："餅謂之飥〇徒昆反,或謂之餦〇音張,或謂之餛〇音渾。"則其來久矣,非出胡虜也。〇並《御覽》。

漆雕几

《鄴中記》："石虎御座几悉漆雕,①皆爲五色花也。"按,今世用朱黄黑三色漆,沓冒而雕刻,②令其文層見叠出,名爲犀皮,③與虎刺同。④又《異苑》：⑤"有神人著平巾褲褶,⑥語秀云：⑦'聞君巧侔班魯,⑧刻几尤妙。太山府君相召。'"又《漢書》貢禹奏曰：⑨"見賜杯案,畫文金銀飾,非所以食臣下也。"魏武《上雜物》數曰：⑩"御物有純鋤參鏤帶漆畫案一枚。⑪"《鹽鐵論》曰："文杯畫案，所以亂治也。"⑫又梁簡文帝《書案銘》曰："刻香鏤采，纖銀卷足。⑬漆花曜紫，畫製舒綠。怪廣知平，人雕非曲。"

註釋：

①石虎（295—349）：指後趙武帝石虎，字季龍，五胡十六國後趙的第三位皇帝，334年至349年在位。

②沓冒：多層交替覆蓋的一種塗漆方法。

③名爲犀皮：按，《馬未都說收藏（雜項篇）》（中華書局2009年版）中認爲程大昌說的這個做法不是犀皮漆，而是剔犀。犀皮漆的紋樣呈水波紋狀，而剔犀的顏色綫條分界是很清晰的。

④虎刺：一種常綠灌木，初夏枝梢開淡黃色或白色小花，花瓣四裂。

⑤《異苑》：南朝宋劉敬叔撰，計382條，爲志怪小說集，今存。

⑥平巾：魏晉以來武官所戴的一種平頂頭巾。褲褶：短小上衣、寬腿褲的裝束。

⑦秀：石秀之。關於"之"字，有人認爲六朝人雙名後所帶"之"字，往往可省略，非脱文。如南朝宋劉義慶《幽明錄》中的賈弼之作"賈弼"，《太平御覽》卷三六四及《太平廣記》卷二七六卷三六四及《太平廣記》卷二七六同。

⑧巧：技巧，技藝。侔：相等，齊。班魯：即魯班。

⑨貢禹（前124—前44）：字少翁，西漢琅邪（今山東諸城）人，《漢書》本傳謂其"以明經潔行著聞"，主張選賢能，誅奸臣，罷倡樂，修節儉，後世尊爲"貢公"。

⑩魏武《上雜物》：指魏武帝曹操的《上雜物疏》。

⑪"鋤"，《太平御覽》卷七百十、陳元龍《格致鏡原》卷五十三作"銀"。"參鏤"，亦作"參漏"，三孔。

⑫見《藝文類聚》："《鹽鐵論》曰：良民文杯畫案，婢妾衣紈履絲，匹庶粺飯肉食，所以亂治也。"言生活奢靡，致使社會混亂。

⑬卷：包裹，裹住。

嶧山

《爾雅》曰：魯國鄒縣有嶧山，純石相積構，連屬而成山。①又《史記》："始皇二十八年，上鄒嶧山，立石刻秦功德。"《鄒山記》曰："山東西二十里，南北十三里。高秀獨出，積石相臨，殆無壞土。石間多孔穴，洞達相通，往往有如數間居處，②其俗謂之嶧孔。"○《太平廣記》。其石玲瓏如此，宜孤桐清響，中琴瑟也。③

註釋：

①"魯國"至"成山"十七字：按，《爾雅》邢昺疏"屬者嶧"曰："言山形相連屬，駱驛然不絕者名嶧。駱驛、連屬，不絕之辭。《地理志》云'東海下邳縣西有葛嶧山'，蓋取此名也。"

②居處：居室，住所。

③中：適宜，合乎。《尚書·禹貢》："羽畎夏翟，嶧陽孤桐。"孔安國傳曰："孤，特也。嶧山之陽特生桐，中琴瑟。"

石墩銘

《莊子》八，狶韋曰：①"靈公死，②卜葬於故墓，不吉，卜葬於沙丘而吉。掘之數仞，得石墩焉，洗而視之，有銘焉，曰'不馮之子，靈公奪而埋之'，③夫靈公之爲靈也久矣。④"

註釋：

①狶韋：春秋時史官。掌起草文書，策命諸侯卿大夫，記史實，編史書，管典籍和天文曆法，掌三易和祭祀等。

②靈公：指衛靈公。

③不馮之子，靈公奪而埋之：《莊子·則陽》篇作"不馮其子，靈公奪而里之"。李勉云："察上下文，此石椁是先天預置，故云'不憑其子'也。蓋父之死，必憑其子安葬，今石椁已天爲預置，故不須依憑其子爲之置也。奪，取也。里，居也。"

④下"靈"：指靈魂而言，言靈公爲靈魂已久矣。李勉曰："此言靈公爲惡殊甚，天欲早亡之，故先爲預置石椁而且銘其上焉。"

棋道

今棋方十九道，合枰爲棋子三百六十一。案，李善註：韋昭《博弈論》："枯棋三百。"①"引邯鄲淳《藝經》曰：②"棋局縱橫各十七道，合二百八十九道，白黑棋子各一百五十枚。"〇《選》五十七。

註釋：

①枯棋：元嚴德甫、晏天章《玄玄棋經·棋經十三篇》："枯棋，韋宏嗣《博弈論》有'枯棋三百'之語，其義不詳。或曰，古者棋局棋子，皆以木爲之，故曰枯棋。"

②邯鄲淳（132？—221）：又名竺，東漢潁川陽翟（今禹州市）人，著有《笑林》三卷、《藝經》一卷。

卷之十

白板天子

《國璽傳》註引蕭子顯《齊書·輿服志》云：[①]"晉亂，國璽沒胡，人號晉諸帝爲白板天子。"白板，如今板授之官無詔敕也。[②]魏晉至梁陳，授官有板，長一尺二寸，厚一寸，闊七寸。授官之辭，在於板上，爲鵠頭書。[③]〇"白板天子"，言不得璽，如無告命官也。

註釋：

[①]《國璽傳》：陳振孫《直齋書錄解題》卷五"詔令類"載"《國璽傳》一卷，《傳國璽記》一卷。《傳》無名氏所記，止唐肅宗"。蕭子顯（487—537）：字景陽，梁南蘭陵（今江蘇常州）人，史學家，文學家，官至吏部尚書。著有《南齊書》等。

[②]"白板"至"敕也"十二字：言不得璽，如無詔敕得官。板授：指諸王大臣權授下屬官職，別於帝王詔敕任命。《資治通鑒》胡三省註："晉來之制，藩方權宜授官者謂之板授。"

[③]鵠頭書：亦稱鶴書，書體名，古時征辟賢士的詔書用此體。

襘

領之交會也。《五行志》引昭公十一年叔向言："衣有襘，視不過結襘之中。[①]"〇視下言徐。

註釋：

[①]結：紳帶之結也。襘：領之交會也。此句言侍奉君主的人只能看君

主衣帶與衣領之間的區域，即不能仰視。

鎗

《御覽·鐺門·笑林》云："太原人夜失火，欲出銅鎗，誤出熨斗，曰：'異事，火未至，已燒失脚。①'"

註釋：

①脚：指銅槍的長柄。

白日衣綉

《風俗通義》："江夏張遼爲兗州太守，以兩千石尊過鄉里，①白日衣綉，榮羨如此。"○《御覽》九百五十二。

註釋：

①尊：尊貴，高貴。

齊鼓盆瓮爲樂

《晏子春秋》曰：景公飲酒，數自去冠被裳，①自鼓盆瓮。召晏子，至，請去禮。②晏子不可，乃糞酒席，③召衣冠以逆晏子。④按，此則鼓盆佐樂，不止秦人，齊有之矣。《易》曰："不鼓缶而歌，則大耋之嗟，凶。"⑤

註釋：

①數：多次。被裳：披著衣裳。"被"同"披"。
②請去禮：允許彼此免去禮節。
③乃：於是。糞酒：灑掃，收拾。《説文》："糞，棄除也。"
④逆：迎。
⑤見《周易·離》九三爻辭。言老人像太陽西斜之時，若不能敲著瓦缶唱歌，則會有老之將至的慨嘆，凶險。耋：同"薹"，八十歲。《集韻·屑韻》："薹，《説文》：'年八十曰薹。'或不省，亦作耋。"

地圖一寸折百里

貞元十一年，賈耽進《華夷圖》，①廣三丈，率以一寸折百里。〇《太平廣記》。

註釋：

①賈耽（730—805）：字敦詩，滄州南皮（今河北南皮）人。唐朝著名政治家、地理學家。曾繪中國地圖《海內華夷圖》。

羽檄

《魏武奏事》曰："有急，以雞羽插木檄，①謂之羽檄。"《說文》曰："檄，以木簡爲書，長尺二寸。"《光武紀》註。

註釋：

①木檄：古代官方用的木簡文書。

太公丹書

《大戴禮》曰："武王問：'有藏約可以爲子孫者乎？'①師尚父曰：②'在丹書。③'王齋三日，尚父端冕奉書而入，④則負屏而立，⑤王下堂，南面而立，受之，曰：'敬勝怠者吉，怠勝敬者滅。'⑥"〇《太平》五百九十。

註釋：

①《大戴禮·武王踐阼》："召士大夫而問焉，曰：'惡有藏之約、行之行，萬世可以爲子孫恒者乎？'"戴德傳曰："言於何有約言而行之，乃行萬世而猶得其福。"

②師尚父：齊太公呂望的尊稱。毛傳："尚父，可尚可父。"

③丹書：傳說中赤雀所銜的瑞書。《呂氏春秋·應同》："及文王之時，天先見火，赤烏銜丹書集於周社。"

④端冕：玄衣和大冠。古代帝王、貴族的禮服。奉：後作"捧"。

⑤則：表示平列關係。負屏：背對著屏風。

⑥"敬勝怠者吉，怠勝敬者滅"：謂恭敬勝過懈怠就會吉祥，懈怠勝過恭敬就會滅亡。

白接䍦

竇華《酒譜》：①"白接䍦，②巾也。"

註釋：

①竇華：當作"竇苹"。竇苹，字子野，汶上人，當爲仁宗時人。文獻徵引有"竇華""竇革""竇萃"等，皆"竇苹"之形訛。竇氏之名應取義於《詩經·鹿鳴》"呦呦鹿鳴，食野之苹"，故名苹字子野，最爲合理。

②白接䍦：以白鷺羽爲飾的帽子。

龜符

張鷟《朝野僉載》："漢發兵用銅虎符。①唐初爲銀兔符，以兔爲符瑞也。又以鯉魚爲符瑞，遂爲銅魚符以佩之。至僞周，②武姓也，玄武，③龜也，又以銅爲龜符。"又云："上元中，令九品以上佩刀礪筭袋，④仍爲魚形，結帛作之。取魚之眾、鯉之強兆也，至僞周乃絕。景雲唐復興，⑤又準前結帛爲飾。"

註釋：

①張鷟：當作"張鷟"。張鷟，字文成，號浮休子，唐饒陽（今河北饒陽縣）人，曾官司門郎。有《龍筋鳳髓判》《朝野僉載》。《朝野僉載》爲唐代筆記小説集，記載朝野佚聞，尤多武后朝事。見《新唐書·藝文志》。

②僞周：指武則天當政建立的大周政權，自立爲周皇帝，改國號爲"周"，史稱"武周"或"僞周"。

③玄武：中國傳統文化四象之一，根據五行學説，它是代表北方的靈獸，形象是黑色的龜與蛇（或龜蛇)，故僞周時爲龜符。

④刀礪：金刀和磨刀石。"筭袋"，學津本作"算袋"，同。舊時百官貯放筆硯等的袋子。《資治通鑒·唐紀·則天順聖皇后中之下·神功元年》："賜以緋算袋。"胡三省註："唐初職事官，三品以上賜金裝刀、礪石，一品以下則有手巾、筭袋。"

⑤景雲：唐睿宗李旦年號（710—712），唐睿宗曾爲唐朝的復興做出重大貢獻。

金吾[1]

楊子雲《執金吾箴》：①"吾臣司金，敢告執璜。②"則知金吾者，以金飾其兩末也。今管軍官入朝所執之杖，皆金扣其末也。③《漢志》謂金吾爲馬，非也。

註釋：

①執金吾：官名。《漢書·百官公卿表》："中尉，秦官，武帝太初元年，更名執金吾。"應劭曰："吾者，禦也，掌執金革以禦非常。"

②執璜：《古文苑·執金吾箴》宋章樵註"執璜"爲"執玉文臣"。

③扣：鍍金，用圈、環等東西套住或攏住。

羲和

《山海經》："海外有女名羲和，浴日於甘泉。"①

註釋：

①《山海經》卷十五："東南海之外，甘水之間，有羲和之國，有女子名曰羲和，方日浴於甘淵。羲和者，帝俊之妻，生十日。"

胡床

隋高祖意在忌胡，①器物涉胡言者，咸令改之。其胡床曰"交床"，胡

---

[1] "金吾"，學津本作"飾金吾"。卷之十四亦有此條，內容更詳細。

菱曰"香菱",胡瓜曰"黄瓜"。然江都弑帝者,乃令狐行達也。②○趙毅《大業略記》。秦得讖書言"亡秦者胡",③乃起長城以捍胡,④不知亡秦者乃胡亥也。

註釋:

①隋高祖意在忌胡:據《隋書》載,隋高祖楊堅雖是漢族,但屬"關隴軍事貴族集團"成員,且皇后獨孤伽羅是鮮卑族。皇朝最講正統,故忌諱"胡"字。

②"然江"至"達也"十一字:帝,指隋煬帝楊廣。據《北史·宇文述傳》載,江都司馬德戡發動兵變,拘捕隋煬帝,左屯衛將軍宇文化及使校尉令狐行達縊殺之。後李淵逼恭帝禪位,隋朝正式滅亡。

③讖書:記載讖語的書。據《史記·秦始皇本紀》載秦始皇統一天下之初,天下咸服,萬民樂業。"因使韓終侯公石生求仙人不死之藥。始皇巡北邊,從上郡入。燕人盧生使入海,還以鬼神事,因奏《錄圖書》曰:'亡秦者胡也。'始皇乃使將軍蒙恬發兵三十萬人北擊胡"。《集解》引鄭玄說:"胡,胡亥,秦二世名也。秦見圖書,不知此為人名,反備北胡。"

百丈 1[1]

《南史·朱超石傳》:"宋武北伐,超石前鋒入河,軍人緣河南岸牽百丈,有漂度北岸者。"杜詩上蜀多言"百丈"也。①

註釋:

①上蜀:入蜀。如杜甫《越王樓歌》:"樓下長江百丈清,山頭落日半輪明。"《送十五弟侍御使蜀》:"喜弟文章進,添余別興牽,數杯巫峽酒,百丈內江船。"《秋風二首》:"秋風淅淅吹巫山,上牢下牢修水關。吳檣楚柁牽百丈,暖向神都寒未還。"

---

[1] 卷十五亦有"百丈"條,詳於此條。

鄣扇 1[1]

諸王鄣扇，不得雉尾。○《義恭傳》。

螭魚

螭魚四足，[①]長尾，鱗成五色，頭似龍，無角。○《南詔錄》。

註釋：

①螭魚：螭紐官印和魚符。古代帝王經常以螭、魚爲象，做成螭形、魚形的官印，作爲賜予貴官的兩種符信。

金馬碧雞祠

二高山：東有碧雞、西爲金馬者，云漢武使王褒祠二神於彼。[①]其地當在西蜀，在彼者恐未真也。[②]

註釋：

①漢武：當作"漢宣（帝）"。《漢書·王褒傳》："後方士言益州有金馬、碧雞之寶，可祭祀致也。王褒：西漢宣帝時蜀資中（今四川資陽市）人，辭賦家，寫有《洞簫賦》等賦16篇。
②彼：指益州。

鳳栖梨

陝州有棠樹，貞觀中，有鳳止其上，結實香脆，其色赤黃，號鳳栖梨。○《洛中記異》。

---

1 卷十五有同名條目，作"障扇"，較此條爲詳，同。鄣扇：爲帝王儀仗之一。《南史·武帝諸子傳》："鄣扇不得雉尾。"晉崔豹《古今註·輿服》："鄣扇，長扇也。漢世多豪俠，象雉尾扇而制長扇也。"

碧落觀

絳州碧落觀，①龍朔中，②刺史李諶爲母太妃追薦所造，③神人所篆。④《洛中記異》。

註釋：

①絳州：古代行政區劃名，歷朝所轄範圍不十分相同，大致在山西境內，1912年絳州改名新絳縣。

②龍朔：從661年3月至663年12月，是唐高宗李治的年號，共3年。

③李諶：韓王李元嘉（618—688）之子。追薦：誦經禮懺，超度死者。

④神人所篆：按，歐陽修《集古錄》引《洛中紀異》云："碑文成而未刻，有二道士來，請刻之。閉户三日，不聞人聲。人怪而破户，有二白鴿飛去，而篆刻宛然。"

旌表門閭

《册府元龜》：①石晉天福二年"閏七月壬申，尚書户部奏：'李自倫義居七世，②準敕旌表門閭。③先有登州義門王仲昭，六代同居，其旌表有廳事步欄，④前列屏樹、烏頭正門，⑤閥閱一丈二尺，⑥二柱相去一丈，柱端安瓦桶，⑦墨染，號爲烏頭。築雙闕一丈，在烏頭之南三丈七尺，夾街十有五步，槐柳成列。今舉此爲例，則令式不該。'⑧詔：'王仲昭正廳烏頭門等事，不載令文，又無敕命，既非故事，難騰大倫。⑨宜從令式，只表門閭。於李自倫所居之前，量地之宜，高其外門，門安綽楔。⑩門外左右各建一臺，高一丈二尺，廣狹方正，稱臺之形，圩以白泥，⑪四隅染赤。其行列樹植，隨其事力。其同籍課役，⑫一準令式。'"

註釋：

①《册府元龜》：宋代四大類書之一，今存。景德二年（1005），宋真宗趙恒命王欽若、楊億等十八人修纂歷代君臣事跡，有1000卷，31

部，1116門。

②李自倫：後晉深州人，官居司功參軍。義居：指孝義之家世代同居。

③旌表：封建時代由官府立牌坊、賜匾額對遵守禮法的人加以表彰。門閭：家門，門庭。

④廳事：私人住宅的堂屋。步欄：檐下的走廊。

⑤烏頭：即烏頭門，門的一種類型。

⑥閥閱：仕宦人家門前題記功業的柱子，詳本書卷九"閥閱"條。

⑦"桶"，當作"桷"，《舊五代史・晉書四》作"桷"，方形椽子。

⑧令式：程式、章程。不該：不完備，即不用全部照著做。

⑨難黷大倫：難與大論相匹。黷，求，貪求。大倫，指基本的倫理道德。

⑩綽楔：亦作綽削、綽屑。古時樹於正門兩旁，用以表彰孝義的木柱。

⑪圬：粉刷。

⑫同籍：同一戶籍的人，指家人。課役：賦稅及徭役。

鐘釜

《晏子》曰："齊其歸陳氏矣，①公棄其民而歸於陳。齊舊四量：豆、區、釜、鐘。②四升爲豆，自其四，以登於釜。③"註："四豆爲區，區，斗六升也。④四區爲釜，釜，六斗四升也。釜十則鐘，六斛四斗。⑤"陳氏三量皆登一焉，⑥鐘乃大矣。

註釋：

①其：表示揣度，恐怕，大概。

②豆、區、釜、鐘：古代的四種量器。

③登：升至。

④斗六升：一斗六升。

⑤按，指六斛四斗爲一鐘。

⑥言陳氏的豆、區、釜三種量器，都加大了四分之一。

明皇孝經

玄宗開元中親註《孝經》，並製序，八分書之，①立于國學，②以層樓覆之。③○秦再思《洛中記異》。

註釋：

①八分：又稱楷隸，指東漢中期出現的新體隸書，字體似隸而體勢多波磔。
②國學：指國家學府，如太學、國子監。
③層樓：高樓。

黃屋左纛

黃屋者，天子車蓋以黃爲裏也。左纛者，①以牦牛尾爲之，大如斗，在最後左騑馬鬃上也。②繁纓，③在馬膺前，如索裙，④即馬纓也。○《獨斷》。

註釋：

①左纛：皇帝乘輿上的飾物，多以牦牛尾或雉尾製成，放在車衡左邊或左騑上。
②騑馬：駕在車轅兩旁的馬。
③繁纓：古代天子、諸侯所用馬的帶飾。繁，馬腹帶。纓，馬頸革。
④索裙：繫在馬胸前的穗狀飾物。

犀車

《韓子》："國有法術、①賞罰，若陸行之有犀車、良馬。"

註釋：

①法術："法"與"術"的合稱。法，指公開頒布的成文法律以及實施封建法治的刑罰制度。術，指君主駕馭臣民、使之服從於統治的政治權術。先秦韓非認爲商鞅言"法"，申不害言"術"，兩人所言皆有所偏，

殺青

劉向《列子序》：①"皆殺青書。"註："謂汗簡刮去青皮也。②"

註釋：

①《列子序》：即《列子序錄》，今存，附於張湛註《列子》中。
②汗簡：以火炙竹簡，簡會出汗，所以稱汗簡。

尋常

八尺爲尋，倍尋爲常。

神道碑

裴子野葬，①湘東王爲墓志銘，②陳于藏內。③邵陵王又立墓志，④堙于羨道。⑤列志自此始。

註釋：

①裴子野（469—530）：字幾原，祖籍河東聞喜（今山西聞喜縣）人，仕齊、梁兩朝，著名史學家、文學家。
②湘東王：即梁元帝蕭繹（508—554），552 年至 554 年在位，登基前曾被封爲湘東王。雖治國無術，但博學多才。
③藏內：墓室之內。
④邵陵王：蕭綸（507？—551），字世調，小字六真，梁武帝蕭衍第六子。據《南史》記載，博學，善屬文，天監十三年（514）封爲邵陵郡王。
⑤堙：埋沒。羨道：墓道，通入墓穴的路，上不蓋土。

墓石

《南史》：宋張永開冢，內得銅威斗，①有一石銘"大司徒甄邯之墓"。②

註釋：

①威斗：王莽時，爲顯示威嚴所作的器物，形似北斗。多用爲賞賜大臣的殉葬品。

②甄邯（？—12）：字子心，王莽心腹大司徒甄豐的弟弟，官至大將軍。王莽建立新朝後，封他爲承新公、大司馬。《南史·何承天傳》："元嘉中，張永開玄武湖值，古冢上有一銅斗，有柄若酒桮。太祖訪之朝士，莫有識者。何承天曰：'此亡新威斗，王莽三公亡，皆以賜之。一在冢內，一在冢外。'俄而又啓冢內得一斗，有銘書稱'大司徒甄邯之墓'。"

石室

黃瓊曰：①"陛下宜開石室，②按《河》《洛》，③外命史官條上災異。④"註云："石室，藏書之府。"

註釋：

①黃瓊（86—164）：東漢江夏郡安陸人，字世英。順帝時官至太尉、大司農等職。見《後漢書·黃瓊傳》。

②石室：古代圖書檔案處，此專指東漢官藏圖書館。

③《河》《洛》：指《河圖》《洛書》。《易經·繫辭上》："河出圖，洛出書，聖人則之。"按，據傳伏羲氏時，洛陽境內的黃河中浮出的龍馬，負"河圖"獻伏羲，伏羲依之演八卦，作《周易》。又，大禹時，洛河中浮出神龜，馱"洛書"，獻大禹。大禹依之治水而功成，遂劃天下爲九州。

④條上：謂備文向上陳述。

三尺

杜周曰："'三尺'安出哉？"①註："以三尺竹簡書法律也。"

註釋：

①見《漢書·杜周傳》。杜周（？—前95）：字長孺，西漢南陽郡杜衍縣（在今河南南陽市西南）人，出身小吏，官至御史，漢代有名酷吏

之一。三尺：指法律，古時在三尺長的竹簡上寫法律條文，故用"三尺律"代指法律，簡稱"三尺"。

獲生人亦爲級

《衛青傳》："斬二千七百級。"師古曰："本以斬敵一首拜爵一級，故謂一首爲一級，因復名生獲一人爲一級也。"此意與車稱"兩"、①馬稱"匹"同。

註釋：

①兩：同"輛"。

栭栗①

《詩·皇矣》："其檿其栭。"②音栭爲列，或爲例。陸德明音云："舍人註《爾雅》云：'江淮之間，呼小栗爲栭栗。'"吾鄉有小栗，叢生，其外蓬中實皆與栗同，但具體而微耳，③故名栭栗。"栭"猶"兒"。

註釋：

①栭栗：木名，栗之一種。即茅栗。
②其檿其栭：《詩·大雅·皇矣》："修之平之，其灌其栵。……攘之剔之，其檿其柘。"則程大昌雜糅了兩句詩。
③具體而微：總體的各部分都具備而形狀或規模較小。

鐵券1①

形似半破小木甑子，②曲處著肚，上有四孔穿縚處，③其文於外面鑴陷金。④○辛齊炅《玉堂新制》。

---

1 卷十五有同名條目，內容更詳細。

註釋：

①鐵券：見卷九"丹圖"條註。
②破：剖開。甑：蒸食炊器，腹圓，其底有孔。俗稱甑子。
③縚：用絲綫編織成的花邊或扁平的帶子。
④陷金：凹陷處塗金。

八投

《王莽傳》："平原女子遲昭平能説經，①博以八投。"服虔曰："博弈經，以八箭投之。②"

註釋：

①遲昭平：平原縣城南人，是西漢農民起義的女英雄。經，指《博經》，即有關博戲方法之書。
②以八箭投之：意謂博時能以八枚博具投擲取勝。

齊斧

《易》："喪其齊斧。①"應劭曰："齊，利也。"《莽傳》。

註釋：

①齊斧：即資斧，利斧。《易·旅》："九四，旅於處，得其資斧。"唐陆得明《釋文》："資斧，子夏傳及衆家並作齊斧。張軌云：'齊斧蓋黃鉞斧也。'……虞喜《志林》云：'齊，當作齋，齋戒入廟而受斧。'"

銅柱

楚王馬希範既破群蠻，①"自以爲伏波之後，②以銅五千斤鑄柱，高丈二尺，入地六尺，銘誓狀於上，③立之溪州。④"

註釋：

①馬希範（899—947）：字寶規，五代十國南楚國君，即楚文昭王，

932 年至 947 年在位。

②見《資治通鑒·後晉紀三》。伏波：降伏波濤，古代多以伏波爲封號封賞有能力的將軍。歷史上曾有多位被授予伏波將軍的人物，據胡三省註，此指東漢開國將領馬援。馬援曾經南征交趾，平滅反叛。

③銘：刻上銘文。誓狀：指銅柱柱面上刻的楚王馬希范與土司彭仕愁停戰盟誓的條約。

④溪州：湖南省湘西土家族苗族自治州永順縣。

古貝

《唐·環王傳》出古貝。①古貝，草也。緝其花爲布，粗曰貝，精曰氎。②按，今吉貝亦緝花爲之，而古、吉二字不同，豈訛名耶？抑兩物也？

註釋：

①環王：本爲林邑國，一稱占不勞，又稱占婆。《唐會要》載，林邑國"自至德（756—757）後，遂改稱環王國，不以林邑爲號"。見《新唐書·環王傳》。

②氎：《玉篇·毛部》："氎，毛布也。"

銅作兵

《食貨志》：賈誼言："收銅勿布，①以作兵器。"註："古以銅爲兵。②"按，此則漢猶以銅爲兵也。

註釋：

①布：散布、分散。
②兵：兵器。

飛子

武帝時"募民田南夷，入粟縣官，而内受錢於都内"。①註："入穀外縣而受錢於京師主藏者。"按，此則國初入中之法，②漢有之矣，亦唐人飛子錢之類。③飛子，見《唐會要》。

註釋：

①見《史記·食貨志第四下》。田：耕種。都內：指京師。
②入中：宋朝地方政府向朝廷繳納錢物稱"入中"。宋沈括《夢溪筆談·官政一》："商人先入中糧草，乃詣京師算請慢便錢，慢雜鈔及雜貨。"
③飛子錢：又稱"便換"，是中國歷史上早期的匯兌業務形式。

籟

莊周天地人皆言"籟"。①《説文》曰："三孔籥也。大者謂之笙，中者謂之籟，小者謂之箹。"

註釋：

①《莊子·齊物論》："女聞人籟，而未聞地籟，女聞地籟而未聞天籟夫！"

瓊

《説文》："瓊，赤玉也。"《詩》有"瓊琚""玉佩"。《左氏》："楚子爲瓊弁玉纓。"①玉與瓊皆對別言之，②若等爲一玉，不分言也。今人用瓊比梅、雪，皆誤。

註釋：

①楚子：楚子玉，即楚國成得臣（？—前632），羋姓，成氏，名得臣，字子玉，因戰功被子文推薦爲令尹。瓊弁：一種飾以瓊玉的皮弁（帽子）。玉纓：以玉爲飾的冠帶。
②別言：與"渾言"相對，訓詁學術語，言分開講。

夷玉

《説文》珣、玗、琪，皆醫無閭玉。①《周書》所謂夷玉也。

註釋：

①醫無閭：即醫巫閭山，爲滿語，意爲翠緑的山。《周禮·夏官·職方氏》："東北曰幽州，其山鎮曰醫無閭。"鄭玄註："醫無閭，在遼東。"

球

玉磬也。①

註釋：

①玉磬：古代石制樂器名。《禮記·郊特牲》："諸侯之宮縣，而祭以白牡，擊玉磬……諸侯之僭禮也。"孫希旦集解："玉磬，《書》所謂鳴球，天子之樂器也。"《説文》："球，玉磬也。"

追鋒車

《魏志·高貴鄉公》註云：①"帝與司馬望、②王沈、裴秀、鍾會等講宴於東堂。帝性急，請召，欲速。秀等在內職，③到得及時。以望在外，特給追鋒車，④每有集會，望輒奔馳而至。"

註釋：

①高貴鄉公：曹髦（241—260），字彥士，三國魏第四代皇帝（254—260），即位前爲高貴鄉公。
②帝：指高貴鄉公。
③內職：言供職禁中。
④追鋒車：古代一種輕便的驛車，因車行疾速得名。

酺○音蒲

文帝賜天下"酺五日"。①文穎曰：②"漢律：三人以上無故群飲酒，罰金四兩。今詔賜得令聚會飲食五日也。"此即周"群飲，汝勿佚"。③○《文紀》。④

註釋：

①酺：命令特許的大餐飲。《史記·孝文本紀》："朕初即位，其赦天下，賜民爵一級，女子百户牛酒，酺五日。"
②文穎：字叔良，漢末魏初南陽人，曾爲甘陵府丞。文穎著有《漢書註》《移零陵文》，惜皆不傳。
③《尚書·康誥》："群飲，汝勿佚，盡執拘以歸於周，予其殺。"周康王説：如果有人聚衆飲酒，你不要讓他們跑掉，將他們全部拘到京城，我要把他們全部殺死。
④《文紀》：指《史記·孝文本紀》或《漢書·文帝紀》。

筝

"鼓弦竹身樂也。"① 按，今筝未有以竹爲之者。

註釋：

①見《説文解字·竹部》"筝"字的解釋。段注曰："《樂記》五弦筑身也。""言五弦筑身者，以見筝之弦少於筑也。"

箋

"表識書也。"①鄭箋《毛詩》，崔豹釋説甚多，至謂毛公嘗爲鄭康成郡守，故不同它書直註釋之，其云箋者，猶上箋之義，尊之。②其説雖無害義，而迂曲不經。如許氏所説，則直以簡隨本文，③表識其義，猶曰鄭氏簡之云耳。史以册書祝曰册祝，④後人以聯簡著古書曰某人編，其義一也。

註釋：

①見《説文解字·竹部》。
②"至謂"至"尊之"三十一字：晉張華《博物志》曰："聖人製作曰經，賢者著述曰傳，鄭玄註《毛詩》曰箋。不解此意，或云毛公嘗爲北海郡守，玄是此郡人，故以爲敬。"
③簡隨本文：以札記的形式在原文上做標記。

④册祝：把告神之言寫在册書上，讀以祝告神。亦指寫在册書上的祭告天地宗廟的祝詞或寫有祝詞的册書。

《説文》殳攴二字重出

《殳類》釋"殺"曰："殺，大剛卯也，①以逐精鬼。从殳，亥聲。"《攴類》釋"攱"曰："攱，大剛卯以逐鬼魅也。②○音義如魅。从攴，巳聲，讀若巳。"剛卯豈王莽時所鑄，此時改而大之，以爲禳崇之物耶？③二物同用，設有二聲，止合附著一類，不應兩出。

註釋：

①剛卯：用以辟邪的飾物，於正月卯日製成，以金、玉或桃木爲材料，刻有辟邪内容的文字。流行於漢，王莽一度禁止，後復用，至魏晉時廢。

②鬼魅：亦作"鬼魅"。

③禳崇：去除災禍。

天鹿辟邪[1]

烏弋有桃拔。①孟康曰："桃拔一名符拔，似鹿，長尾，一角者或爲天鹿。兩角者或爲辟邪。②○《西域傳》。"

註釋：

①烏弋：漢時西域國名。後泛指西方極遠的國度。

②辟邪：古代傳説中的神獸。似鹿而長尾，有兩角。

先馬 1[2]

《荀子·正論》：天子"乘大路"，①"諸侯持輪、挾輿、先馬。"②

---

1 嘉靖本、學津本、四庫本"天鹿辟邪"條在卷十六。

2 卷十五有同名條目，内容稍有出入。

註：③"先馬，導馬也。"後世太子洗馬，釋者曰："洗，先也。"亦此先馬之義也。天子出則有先驅，太子則有洗馬，言騎而爲太子儀衛之先也。④

註釋：

①大路：亦作大輅，祭天的車。《荀子·正論》："乘大輅，越席以養安。"唐楊倞註曰："大輅，祭天車。"

②持輪：停車後把車軸抽出以保證天子安全。挾輿：護在車廂兩側。先馬：牽馬在前導路。

③註：指唐楊倞註，曰："挾輿，在車之左右也；先馬，導馬也。或持輪者，或挾輿者，或先馬者。"

④儀衛：儀仗與衛士的統稱。

屋楹數[1]

《殷盈孫傳》：①"僖宗還蜀，②議立太廟。盈孫議曰：'故廟十一室，二十三楹，楹十一梁，垣墉廣袤稱之'。"《禮記》兩楹，③知其爲兩柱之間矣。然楹者，柱也，自其奠廟之所而言，兩楹則間于廟兩柱之中，於義易曉。後人記屋室，以若干楹言之，其將通數一柱爲一楹耶？抑以柱之一列爲一楹也？此無辨者。據盈孫此議則以柱之一列爲一楹也。

註釋：

①殷盈孫：唐陳州（今河南淮陽）人，官至太常博士。明悉典章，曾數次上疏論辯禮儀制度。

②僖宗還蜀：當作"僖宗還京"。廣明年間（880—881），黃巢之亂，僖宗奔蜀（《資治通鑒·唐紀》）。"光啓三年，帝將還京，而七廟焚殘，告享無所"，故"議立太廟"（《新唐書·殷盈孫傳》）。

③按，《禮記》涉及"兩楹"的文字很多，最著名的句子有孔子"夢坐奠於兩楹之間"。

---

[1] 卷之十四有"屋幾楹"條，較此條詳細。

葉子①

古書皆卷，至唐始爲葉子，今書册也。

註釋：

①葉子：見卷七"方册"條註。

壓角

裴廷裕《東觀奏記》云：①"令狐綯主裴坦知制誥。②裴休拒之，③不勝命。④既行諸政事，謁謝丞相。⑤故事，⑥謝畢，便於本院上事。⑦四輔送之，⑧施一榻，壓角而坐。坦巡謝至休，休曰：'此乃首台謬選，⑨非休力也。'肩輿便出，⑩不與之坐。"按，此即壓角故事，乃是執政送上，不與舍人均禮，故設榻隅坐，名爲壓角。

註釋：

①《東觀奏記》：唐裴廷裕（一作庭裕）撰，凡三卷，筆記體史書，今存。裴廷裕，字膺餘，官至左散騎常侍，後貶湖南卒。

②令狐綯：字子直，宜州華原（今陝西耀縣）人，唐朝著名大臣。主：主張。裴坦（？—874）：字知進，河東聞喜（今屬山西）人，官至同中書門下平章事（宰相）。"令狐綯主裴坦知制誥"言令狐綯當政，任命裴坦爲知制誥。

③裴休（791—864）：字公美，唐河內濟源（今河南濟源）人。官至吏部尚書，唐宣宗年間拜相。拒：指反對。令狐綯薦裴坦知制誥，裴休認爲裴坦無才，故拒之。

④不勝命：言不能抗命，指反對裴坦"知制誥"不得。宋王讜《唐語林》卷六："裴坦爲職方郎中知製誥，裴相休以坦非才，不稱，力拒之，不能得。"

⑤謁謝：進見道謝。

⑥故事：先例，舊日的典章制度。

⑦上事：就職理事。

⑧四輔：四位首輔丞相。之：指裴坦。
⑨首台：首席宰相，此謂令狐綯。謬選：錯選。
⑩肩輿：即轎子，此謂乘轎子。

鐵甲

仲長子《昌言》"政損益"篇云：①"古者以兵車戰，而甲無鐵札之制，②今誠以革甲當強弩，③亦必喪師亡國也。"按，此即後漢時甲有鐵札矣，未知前漢如何？

註釋：

①仲長子：仲長統（179—220），姓仲長，字公理，東漢山陽郡高平（今山東省微山縣）人，官至尚書郎，所著《昌言》已佚，《後漢書》《群書治要》等書中保存某些片斷。
②鐵札：鐵製成的甲冑。春秋戰國時期，出現了一種形似書札的甲冑，故又稱"甲札"。
③當：通"擋"。

嘉慶李[1]

韋述《兩京記》：①"東都嘉慶坊有李樹，其實甘鮮，為京師之美，故稱嘉慶李。"

註釋：

①韋述（？—757）：唐京兆人，史學家，著《兩京記》，又名《兩京新記》《東西京記》，五卷，今存第三卷殘文。兩京指西京長安和東京洛陽。主要記載長安的街坊、官舍、府宅、園林位置、建制過程及時人掌故，是現存有關長安城的較早資料。

---

[1] 四庫本和學津本此條在卷十五，學津本作"嘉慶子"，文字多寡不同。

黎明

《史記·呂紀》："黎明，孝惠還。①"徐廣曰：②"黎，猶比也，將明之時也。"此説非也。犁、黎古字通。黎，黑也。"黑"與"明"相雜，欲曉未曉之交也。猶曰"昧爽"也。昧，暗也；爽，明也。亦明暗相雜也。遲明，即未及乎明也。厥明、質明，則已曉也。

註釋：

①孝惠：漢惠帝劉盈（前211—前188），西漢第二位皇帝，前195年至前188年在位，謚號孝惠。
②徐廣（352？—425）：字野民，東晉東莞姑幕（今山東省莒縣）人。官至散騎常侍，領著作郎。撰《晉紀》《答禮問》。

犬戎雞林

章僚回程至海州長泝縣東北百餘里，①船巫祭小青山。神巫具餅餌，先作擊擊之聲，復撒米一把，彼俗云雞林之地，②祭先皆以米。或云雞林，本雞種也。高麗不烹雞，③云如烹，即家有禍。按，此與犬戎諱"犬"同。④

註釋：

①泝：古"流"字，諸本皆保留古體。
②雞林：據《三國史記》載，雞林爲新羅金氏始祖金閼智降生之地，位於今韓國慶州中部慶州國立公園原新羅王宮附近。
③按，高麗人多姓金，古音"雞""金"同，故高麗不殺雞。
④犬戎：周時活躍在周西部（今甘肅東部、寧夏一帶）的少數民族部落。

霜月皇極日

《歸田録》：①"漢《韓明府修孔子廟碑》云：②永壽二年，③歲在涒灘,④霜月之靈,⑤皇極之日。⑥"永壽,桓帝年號,霜月極日,恐是九月五日。

註釋：

①《歸田錄》：歐陽修撰，共二卷，凡一百十五條。記朝中遺聞與文人士大夫瑣事，因所記多爲親歷，故頗有史料價值。

②《韓明府修孔子廟碑》：即《魯相韓敕造孔廟禮器碑》。韓明府，即韓敕，字叔節，曾爲魯國之相。明府，漢人對太守的尊稱。

③永壽二年：永壽爲東漢桓帝年號，二年即公元156年。

④歲：木星的別稱，古代用它圍繞太陽公轉的周期紀年，一周天是十二年。涒灘：太歲在申（地支的第九位）曰涒灘。

⑤霜月：夏曆七月。"靈"，通"令"，吉祥。言七月吉祥。

⑥皇極：古代天文學術語。有人認爲是"初五"日。七月初五是大吉的日子。

束帛又端匹

《玉壺清話》胡旦云：①"古義，束脩謂脯十挺即爲一束，②束帛則卷爲二端五匹，③表王者屈折隱淪之道。④"

註釋：

①《玉壺清話》：北宋僧人文瑩撰，又稱《玉壺野史》，筆記體。下文於《玉壺清話》中未見，見於《澠水燕談錄》（見卷一"碑厄"條註①）、《湘山野錄·卷下》。

②束脩：古代學費或拜師費。挺：乾肉條。也作"脡"。

③束帛：捆爲一束的五匹帛，古代用爲聘問、饋贈的禮物。端：表布帛量詞，其制不一。晉杜預註："二丈爲一端，二端爲一兩，所謂匹也。"

④隱淪之道：隱身法術中的一種，指使自己的形體突然從衆人面前消失。按，表示王者要有道家之隱，有屈有伸、善於變化隱身、善於韜光養晦，凡事不能直白草率處理。

拜稽首

《哀十七年》："公會齊侯于蒙，孟武伯相。①齊侯稽首，②公拜，③齊人怒。"武伯曰："非天子，寡君無所稽首。"二十一年，公及齊侯、邾子盟于顧。齊人責稽首，④因歌之曰："魯人之皋，數年不覺，使我高蹈。"⑤○註言：魯人皋緩數年，不知答齊稽首，故使來高蹈。唯其儒書，⑥以爲二國憂。註："二國，齊、邾也。言魯據《周禮》不肯答稽首，令齊、邾遠至。"平衡曰拜，下衡曰稽首，至地曰稽顙。⑦註："平衡謂磬折，⑧頭與腰如衡之平。"《禮記》"平衡"與此義殊。《大略》篇。

註釋：

①孟武伯：姓仲孫，名彘，諡"武"，魯國大夫孟懿子的兒子。公元前478年，孟武伯輔佐魯哀公與齊平公會盟。相：輔佐，此指孟武伯輔佐魯哀公與齊平公會盟。引文見《左傳·哀公十七年》。

②稽首：古時一種跪拜禮，叩頭至地，是九拜中最恭敬者，是臣拜君之禮。

③拜：即拜手。跪後兩手相拱，俯頭至手，輕於稽首。

④責：要求做（某件事）。

⑤《左傳·哀公二十一年》杜預註曰："皋，緩也。高蹈，猶遠行也。言魯人皋緩，數年不知答齊稽首，故使我高蹈來爲此會。"下文"歌之"內容即指此事。

⑥唯其儒書：正因爲他們只拘泥於儒家之書。

⑦"平衡"至"稽顙"十四字：王先謙《荀子集解》引郝懿行曰："拜者必跪。拜手，頭至手也，不至地，故曰平衡。稽首亦頭至手，而手至地，故曰下衡。稽顙則頭觸地，故直曰至地矣。"

⑧磬折：彎腰，表示謙恭。

宰木拱

秦襲鄭，百里與蹇叔諫，秦伯怒曰："若爾之年者，宰上之木拱矣。"註云："宰，冢也。拱，可以手對抱。"○《公羊·僖三十三年》。對抱者，以兩大指圜合之也，與"拱把之桐梓"同也。①

註釋：

①拱把：指徑圍大如兩手合圍。據《孟子·告子上》："拱把之桐梓，人苟欲生之，皆知所以養之者。"楊伯峻註："趙岐註云：'拱，合兩手也。把，以一手把之也。'此言樹之尚小。"

筍

《漢·張敖傳》"筍輿"，註家雖得其義，不詳其制之所來。《公羊·文十五年》："齊人歸公孫敖之喪。①""脅我而歸之，②筍將而來也。"何休註："筍者，竹筍，③一名編輿。齊、魯以北名之曰筍。將，送也。爲叔姬淫，④惡魯類，故取其尸置編輿中，傳送而來。"案，筍，竹也，編、筍皆以竹篾編比而成輿也。古有車，車以轅繫馬而行。已而有輦，輦者，設杠以人肩之。故皇甫謐曰："桀爲無道，以人駕車。"是步輦之始也。既有輦，則以竹爲輿，智起於是矣。淮南王安曰"輿轎而入領"，始名轎也。

註釋：

①公孫敖：春秋魯國公族，屬孟孫氏，死在齊國。喪：人的尸體。
②脅：逼迫，以威力逼人。
③竹筍：竹轎。
④叔姬：此指公孫敖之女。《春秋穀梁註疏》："叔姬淫而得罪，爲齊所逐。"

郛郭

城之外更有遮衛，其名爲郛，亦爲郭。郭猶棺之外又有椁也。《公羊·文十五年》："齊侯伐曹，入其郛。郛者何，恢郭也。"註："恢，大也。郛，城外大郭。"故楊子雲曰："天地之爲萬物郭，五經之爲衆說郛。"楊子雲於名數不苟也。①

註釋：

①名數：名位禮數。不苟：不隨便、不馬虎。

揖

《公羊·僖二年》："晉謀伐虢，荀息進，^①獻公揖而進之。"註："以手通指曰揖。"又《宣六年》："晉靈公望見趙盾，愬而再拜，^②盾北面再拜稽首。"註："頭至地曰稽首，頭至手曰拜手。"據此即今俗名"叉手"是也，亦拱手之義也。拜手則身屈矣，首不至地，稽首則首至地矣。

註釋：

①荀息（？—前651）：名黯，春秋晉國大夫。"假道伐虢"的計策就是荀息獻給晉獻公的。

②愬：驚懼貌。何休註："愬者，驚貌。"

笄

《僖九年》："婦人許嫁，字而笄之。"^①註："笄者，簪也，所以繫持髮，象男子飾也。"

註釋：

①見《公羊傳·僖公九年》。字：其表字。笄：女子十五歲成年之禮。

時臺

《公羊·莊三十一年》註："天子有靈臺，以候天地。諸侯有時臺，以候四時。"^①

註釋：

①靈臺：古時帝王觀察天文星象、妖祥災異的建築。時臺：古代諸侯所築觀察四時氣象之臺。

臺榭

《左氏·哀元年》子西曰：①"今聞夫差次有臺榭陂池焉。②"註："積土高曰臺，有木曰榭。"言徒土則爲臺，上有架造則爲榭。③

註釋：

①子西（？—前479）：名申，即公子申，楚平王庶長子，楚昭王異母兄，楚國令尹。

②"今聞"至"池焉"共十一字：言夫差在一處停三日則役民建造臺、榭、陂、池等設施。次：停住三日。杜預註："過再宿曰次。"孔穎達疏曰："凡師一宿爲舍，再宿爲信，過信爲次。"陂池：水池，池塘。

③架造：人工建造物。

吳牛喘月

《風俗通》曰："吳牛望見月而喘，①使之苦於日，見月怖喘矣。②"〇《御覽·月門》。《世説》亦載滿奮云："臣猶吳牛，見月而喘。"③

註釋：

①吳牛望見月而喘：此即"吳牛喘月"。吳地之牛畏熱，見月疑是日而氣喘。後來比喻因疑似而懼怕，或形容酷熱難當。

②怖：驚怖，驚恐。

③《世説新語·言語》："滿奮畏風。在晉帝坐，北窗作琉璃屛，實密似疏，奮有寒色，帝笑之。奮答曰：'臣猶吳牛，見月而喘。'"

韋弦①

"西門豹性急，佩韋以自緩；董安于性緩，佩弦以自急。"〇《韓子》。

註釋：

①韋弦：多比喻外界的啓迪和教育，用以警誡、規勸之意。《文選·

任昉〈王文憲集序〉》："夷雅之體，無待韋弦。"李善註："韋，皮繩，喻緩也；弦，弓弦，喻急也。……言王公平雅之性，無待此韋弦以成也。"見《韓非子·觀行》篇。

養和

"李泌訪隱選異，①采怪木蟠枝以隱背，②號曰'養和'。③人至今效之，乃爲《養和》以獻。"○《太平廣記》。

註釋：

①李泌（722—789）：字長源，唐京兆（今陝西西安）人，位至宰相，封鄴侯。好神仙道術，幾次歸隱名山，有《養和篇》《明心論》等著作。

②隱背：使背靠著，即後來的靠背。

③養和：靠背椅的別名。

卷之十一

左右史螭陛侍立

　　本朝置左、右史，正沿唐制。而近者二史更日入侍，①概立殿上東南偏，②不執筆，則皆不與唐合。按《唐志》：③天子御正殿，則郎、舍人分左右立，有命則俯陛以聽，退而書之。若仗在紫宸內閣，④則夾香案分立殿下，直第二螭首，⑤和墨濡筆皆即坳處，時號螭頭。⑥李肇《國史補》："兩省謔起居郎爲螭頭，⑦以其立近右螭首也。"《鄭覃傳》曰："記註操筆在赤墀下。"⑧楊嗣復言：⑨"故事，正衙，起居註在前。"《張次宗傳》："文宗始詔左右史立螭頭下。"則今立殿上東南偏，非唐制也。既曰"郎、舍人分立左右操筆"，則今更日入侍，又不執筆，皆非也。唐去今雖不遠，而殿螭位置，史無詳制，顧雜載中時有可以參考者耳。王仁裕《入洛記》記含元殿所見甚詳，⑩曰："玉階三級，第一級可高二丈許，每間引出一石螭頭，東西鱗次而排，一一皆存，猶不傾墊。⑪第二、三級各高五尺許，蓮花石頂亦存。階兩面龍尾道，各上六七十步方達，第一級皆花磚，微有虧損。"《賈黃中談錄》：⑫"含元殿前龍道，自平地凡詰曲七轉，由丹鳳門北望，宛如龍尾下垂於地，兩垠欄悉以青石爲之，至今石柱猶有存者。"仁裕所見，後唐時也；黃中所見，本朝初也。合二說驗之，則龍尾道夾殿階旁上，而玉階正在道中。階凡三大層，每層又自疏爲小級。其下二大層，兩旁雖皆設扶欄，欄柱之上但刻爲蓮花形，無壓頂橫石。其上一大層者，每小級固皆有欄，欄柱頂更有橫石，通亙壓之，⑬而刻其端爲螭首，溢出柱外，是其殿陛所謂螭首者也。然唐之大內有二：太極，西內也；含元，東內也。高宗別營大明宮於故宮，爲東南偏，是名南內。自高宗後累朝多居其地，故凡唐史所載朝會，多大明制也。宮據龍首山趾而高，自丹鳳門入，第一重爲含元殿，殿陛從平地直上四十餘尺，方與殿平。王、賈所見階陛皆含元制，而《唐志》記二史所立螭陛，則非含元也。含元第次甲於諸殿，惟元正、[14]冬至受朝，始出御之，他朝會否也。含元直北方得宣政。宣政者，正殿，亦名正衙，蓋朔望受朝之地。宣政之左則爲東上閣，右爲西上閣，而宣政又北，始爲紫宸。自開元後，每遇朔望，薦獻宗廟，[15]天子謙避正殿，輒虛宣政不御，而退御紫宸。紫宸無仗，則從宣政喚仗，自東西二閣而入，百官隨之，所謂入閣也。《唐志》言"在正殿則俯陛聽命"者，謂宣政也，言仗在內閣；而"夾香案分立第二螭"者，謂紫宸也。是《唐志》二史所立，皆不在含元殿，故王、賈所記螭陛，第可因之以想他殿，而不可憑之以證定《唐志》也。宣政、紫宸相爲南北，合大明一宮，俱在龍首東麓，凡殿以次退而之北，則址亦以次北而加高，每殿必爲峻道，乃始可升。則宣政、紫宸每陛每級壓欄悉應有螭，故有第二螭首也。是二史所立，下乎赤墀而高乎前庭，故在宣政則俯陛乃可聽命，在紫宸則正直次二螭首。其地其制皆相應也，"和墨濡筆，皆即坳處"，坳，陛石之漥曲而可以受墨者也。今人用螭坳則可，謂立殿坳則誤矣。《唐志》："宣政殿朝日，殿上設黼扆、[16]蹋席、[17]熏鑪、香案，而宰相、兩省官對班于香案前，百官班于殿庭。人主既御黼坐，[18]宰相、兩省官拜訖，乃始升殿。"則是香案也者，正在殿上，而對班案前者，乃從殿下準望言之。其曰拜已升殿，即可見已。及其入閣而夾侍香案，亦從左右準望而言，非真夾並香案也。白樂天《和元稹〈霓裳羽衣歌〉》曰："舞時寒食春風天，玉欄干下香案前，案前舞者顏如玉。"推此言也，則香案似在玉欄干之下，而實不然也。欄出庭上，則舞庭者自在欄下，庭在案南，則在庭者孰非香案之前，豈其欄楯之下別設香案也耶？元稹自言"我是玉皇香案吏"，其亦準望而爲之言歟？《宋景文筆記》曰："予領門下省，會天子排正仗，[19]吏供洞案設於前殿兩螭首間，[20]案上設燎鑪。修註官夾案立。[21]"則此時二史已誤立殿上矣，然猶在御座前，而分左右夾侍也。王容季敘事記國朝駕坐，[22]則修起居註立於御座後。慶曆中，歐陽修以諫官修註，始立上前，北面以視上。閣門用故事諭之使退，修曰："起居註，非殿中祇候人，[23]不當立於座後。"閣門疑其有故事，不敢彈奏。修既罷，其後修註者乃復退立於座後。歐陽文忠所執，其殆唐制乎？然猶立殿上者，國朝殿陛之制不與唐同也。唐殿據龍首而高，故降殿而立直二螭，其立者之首，猶微出殿墀，故俯陛而聽，於事爲宜。汴京大內正在平地，殿級不越尋丈，自上達下，欄頂壓石通竟止用一螭。若降殿而立，使直第一螭首，則立處已在殿庭，不能俯陛聽事，其勢不容不與唐異也。徽宗朝，李誡《營造法式》有《殿陛螭首圖》，繪載極詳，其言曰："螭首施之對柱及殿四角，隨階斜出，其長七尺。"然則宋景文記洞案設兩螭間，其對柱之螭歟？今二史更直而皆立東南偏，其並殿角隨階之螭歟？以其皆有石螭壓之，因遂認以爲唐螭而實非其地也。螭頭所施，雖異其處，而又因誤生誤，故二史更侍皆立東南偏，全與唐異也。然慶曆間雖不立御座之前而立於其後，於今又不同，特不知今立東南偏復起於何時也。

註釋：

①更日：按日輪換，隔日。

②偏：邊，邊側。

③下引文見《新唐書·百官志》。

④仗：儀仗，此指皇帝。紫宸內閣：皇宮的前殿，唐宋時爲接見群臣及外國使者朝見慶賀的內朝正殿，有別於前邊的正殿。

⑤螭首：殿階上面的螭龍頭像，此指殿前雕有螭頭形的石階。

⑥螭頭：即螭頭官，唐代史官起居郎、起居舍人的別稱。

⑦兩省：中書省和門下省的合稱。謔：戲稱，嘲弄。起居郎：唐代在門下省設起居郎，掌修起居註之事，宋代負責記錄皇帝的言行。

⑧記註：起居註，即左史、右史，負責侍從皇帝、記載皇帝的言行。墀：臺階。

⑨楊嗣復（783—848）：字繼之，唐洪州建昌（今永修縣）人，官至宰相。

⑩王仁裕（880—956）：字德輦，唐朝天水（今甘肅省天水縣）人，歷仕後唐、後晉、後漢、後周，官至戶部尚書、兵部尚書、太子少保。著作很多，《入洛記》是其在前蜀國亡後入洛所記。

⑪傾墊：指鱗次而排，但互不遮擋。

⑫《賈黃中談錄》：又名《賈氏談錄》，南唐張洎撰，今不存。張洎，字偕仁，全椒人，初仕南唐，爲知制誥，中書舍人。入宋爲史館修撰翰林學士，官至參知政事，《宋史》有傳。《賈氏談錄》記錄張洎爲李煜使宋時賈黃中所談內容，故曰《賈氏談錄》。前有自序，題庚午歲，爲宋太祖開寶三年，據《宋史·賈黃中傳》，賈黃中時任左補闕。

⑬通亘：連接不斷，通長。

⑭元正：正月元日。
⑮薦獻：祭獻，向鬼神進獻。
⑯黼扆：古代帝王座後的屏風，上畫斧形花紋。
⑰躡席：踩踏的席子，相當於當今的地毯。
⑱黼坐：刺黼形花案的御座。黼，古代禮服上綉的半黑半白的花紋。
⑲正仗：指朝廷舉行祀天、朝會等大典用的儀仗。
⑳洞案：唐宋朝會時安設香爐的一種几案。
㉑修註官：即下文的"修起居註"官。
㉒王容季：即王冏（亦作同），字容季，是王向（深父）、王回（子直）弟，北宋侯官（今福建福州）人，嘉祐六年進士，早卒，仕止於縣主簿。曾鞏在《王容季墓誌銘》中稱他"能爲文章，尤長於敘事"。有《王容季文集》。
㉓祗候人：職官名。據《宋史·職官志六》：分置於東、西上閤門，與閤門宣贊舍人並稱閤職。恭候。

罘罳

前世載罘罳之制凡五出。鄭康成引漢闕以明古屏，①而謂其上刻爲雲氣、蟲獸者，是《禮》"疏屏，天子之廟飾也"。②鄭之釋曰："屏謂之樹，今浮思也。刻之爲雲氣、蟲獸，如今闕上之爲矣。"此其一也。顏師古正本鄭說，兼屏闕言之而於闕閣加詳。《漢書》："文帝七年，未央宫東闕罘罳災。"③顏釋之曰："罘罳謂連屏曲閣也，以覆重刻垣墉之處，其形罘罳。一曰屏也，罘音浮。"此其二也。漢人釋罘爲復，釋罳爲思，雖無其制而特附之義曰："臣朝君，至罘罳下而復思。"至王莽斸去漢陵之罘罳，曰："使人無復思漢也。"此其三也。崔豹《古今註》依放鄭義，而不能審知其詳，遂析以爲二也，闕自闕，罘罳自罘罳。其言曰："漢西京罘罳，合板爲之，亦築土爲之。"詳豹之意，以築土者爲闕，以合板者爲屏也。至其釋"闕"，又曰："其上皆丹堊，其下皆畫雲氣、仙靈、奇禽、異獸，以昭示四方。"此其四也。唐蘇鶚謂爲網戶，④其《演義》之言曰："罘罳，字象形。罘，浮也。罳，絲也。謂織絲之文，輕疏浮虛之貌，蓋宫殿窗戶之間網也。"此其五也。凡此五者，雖參差不齊，而其制其義，互相發明，皆不可廢也。罘罳云者，刻鏤物象，著之板上，取其疏通連綴之狀而罘罳然，故曰浮思也。以此刻鏤施於廟屏，則其屏爲疏屏；施諸宮禁之門，則爲某門罘罳；而在屏則爲某屏罘罳；覆諸宮寢闕閣之上，則爲某闕之罘罳。非其別有一物、元無附著而獨名罘罳也。至其不用合板鏤刻，而結網代之，以蒙冒戶牖，使蟲雀不得穿入，則別名絲網。凡此數者，雖施置之地不同，而其罘罳之所以爲罘罳，則未始或異也。鄭康成所引雲氣、蟲獸刻鏤，以明古之疏屏者，蓋本其所見漢制而爲之言，而予於先秦有考也。宋玉之語曰："高堂邃宇檻層軒，層臺累榭臨高山，網戶朱綴刻方連。"⑤此之謂網戶者，時雖未以罘罳名之，而實罘罳之制也。釋者曰："織網於戶上，以朱色綴之。又刻鏤橫木，爲文章連於上，⑥使之方好。"此誤也。"網戶朱綴刻方連"者，以木爲戶，其上刻爲方文，互相連綴。朱，其色也。網，其狀也。若真謂此戶以網不以木，則其下文之謂刻者施之何地而亦何義也？以網戶綴刻之語而想像其制，則罘罳形狀，如在目前矣。宋玉之謂網綴，漢人以爲罘罳，其義一也。世有一事絕相類者，夕郎入拜之門名爲青瑣，⑦取其門扉之上刻爲交瑣，以青塗之，事見《王后傳》註，⑧故以爲名。稱謂既熟，後人不綴門闥，⑨單言青瑣，世亦知其爲禁中之門。此正遺屏闕不言，而獨取罘罳爲稱，義例同也。然鄭能指漢闕以明古屏，而不能明指屏闕之上孰者之爲罘罳，故崔豹不能曉解而析以爲二，顏師古又不敢堅決，兩著而兼存之，所以起議者之疑也。且豹謂合板爲之，則是以刻綴而應罘罳之義矣。若謂築土所成，直繪物象其上，安得有輕疏罘罳之象乎？況文帝時東闕罘罳嘗災矣，若果畫諸實土之上，火安得而災之也？於是乃知顏師古謂爲連屏曲閣以覆垣墉者，其說可據也。崔豹曰"闕亦名觀"，謂其上可以觀覽，則是顏謂闕之有閣者，審而可信。闕既有閣，則戶牖之有罘罳，其制又已明矣。杜甫曰："毀廟天飛雨，焚宮夜徹明。罘罳朝共落，櫨桷夜同傾。"⑩正與漢闕之災罘罳者相應也。蘇鶚引《子虛賦》"罘網彌山"，⑪因證罘當爲網，且引文宗"甘露之變，出殿北門，裂斷罘罳而去"。⑫又引溫庭筠《補陳武帝書》曰："罘罳晝捲，閶闔夜開。"⑬遂斷謂古來罘罳皆爲網，此誤以唐制一編而臆度古事者也。杜寶《大業雜記》：⑭"乾陽殿南軒，垂以朱絲網絡，下不至地七尺，以防飛鳥。"則真置網於牖而可捲可裂也。此唐制之所因仿也，非古來屏闕刻鏤之制也。唐雖借古罘罳語以名網戶，然罘罳二字，因其借喻而形狀益以著明也。

註釋：

①漢闕：漢代的一種紀念性建築，有石質"漢書"、古代建築的"活化石"之稱。

②見《禮記·明堂位》。孔穎達疏："疏屏者，疏，刻也；屏，樹也。謂刻於屏樹爲雲氣蟲獸也。"

③見《漢書·文帝紀》。災：放生火災。

④蘇鶚：字德祥，唐武功人。光啓（886）中進士，其後事迹不詳。著有《演義》《杜陽雜編》等著作。網户：雕刻有網狀花紋的門窗。

⑤見宋玉《招魂》。

⑥文章：錯雜的色彩或花紋。

⑦夕郎：黃門侍郎。漢應劭《漢官儀》卷上："黃門侍郎，每日暮，向青瑣門拜，謂之夕郎。"青瑣：見下註。

⑧《王后傳》：指《漢書·元后列傳》，本傳曰："曲陽侯根，驕奢僭上，赤墀青瑣。"顔師古註曰："青瑣者，刻爲連瑣文而以青塗之也。"

⑨門闥：宫門。闥，内門，小門。

⑩見杜甫《奉送郭中丞兼太僕卿充隴右節度使三十韻》。榆桷：榆木制的屋椽。

⑪蘇鶚引《子虛賦》：見蘇鶚《演義》。

⑫文宗：指《唐文宗實録》，見宋趙彦衛《雲麓漫抄》卷三。

⑬閶闔：原指天門，後泛指宫門或京都城門。《楚辭·離騷》："吾令帝閽開關兮，倚閶闔而望予。"王逸註："閶闔，天門也。"

⑭杜寶：隋代大業年間任學士宣德郎，入唐後在秘書省著作局任著作郎。《大業雜記》：十卷，編年體史書，紀煬帝一代事，序言貞觀修史，未盡實録，故爲此書以彌縫闕漏。已佚，其佚文見諸《太平御覽》《太平廣記》等書之徵引。

上林賦

亡是公賦上林，①蓋該四海言之。②其叙分界則曰："左蒼梧，右西極。"③其舉四方則曰："日出東沼，入乎西陂。④南則隆冬生長，涌水躍波。北則盛夏含凍裂地，涉水揭河。"至論獵之所及，則曰："江河爲阹，⑤泰山爲櫓。⑥"此言環四海皆天子園囿，使齊、楚所誇，俱在包籠中。彼於日月所照，霜露所墜，凡土毛川珍，孰非園囿中物？叙而置之，何一非實？後世顧以長安上林核其有無，⑦所謂癡人前不得說夢者也。秦皇作離宮，關内三百，關外四百，立石東海上朐界中，爲秦東門。此即相如《上林》所從祖效，以該括齊、楚者也。自班固已不能曉，曰："亡是公言上林廣大，山谷水泉，萬物多過其實。且非義理所止，故刪取其要，歸正道而論之。"由是言之，後世何責焉。

註釋：

①亡是公：司馬相如《上林賦》《子虛賦》中虛構的人物。二賦假托子虛、烏有先生、亡是公三人互相問答的形式展開。賦：描述。上林：上林苑，漢武帝之宮苑。

②該：包容，包括。

③蒼梧：古屬交州，治所在今廣西蒼梧縣，因在長安東南，故言"左"。西極：古指豳地，因在長安西北一帶，故言"右"。

④日出東沼，入乎西陂：東沼和西陂皆爲上林苑池名，與後句一起言上林苑之大。

⑤陞：依山谷爲遮捕禽獸的欄圈，亦指用以遮捕禽獸所圍的陣。

⑥櫓：指城上無頂蓋供防禦用的瞭望樓。

⑦顧：反而，卻。

萬年枝

謝詩有"風動萬年枝"之句，①凡宫詞多承用之，然莫知其爲何種木也。或云冬青木長不彫謝，即萬年之謂亦無明據。而世間植物，如櫧、松、檜、柏，皆經冬不凋，何獨冬青之枝得名萬年也？按《西京雜記》：②"初修上林苑，群臣遠方各獻名果異木，亦自製爲美名，以摽奇麗。其品有萬年長生樹、千年長生樹，各十株，雖有異名，亦不解何物。"越石氏藏書中有吳興方勺所著《泊宅編》者，③曰："徽宗興畫學，同試諸生，以'萬年枝上太平雀'爲題，在試無能識其何木，遂皆黜不取。或密以叩中貴，④中貴曰：'萬年枝，冬青木也。太平雀，頻伽鳥也。⑤'"惟此書指"冬青"爲"萬年枝"，又不知何所本也。

註釋：

①風動萬年枝：見南朝齊謝朓《直中書省》一詩。

②《西京雜記》：記西漢一代帝王后妃、公侯將相、方士文人等的志人筆記小説。舊本題晉葛洪撰，但《欽定四庫全書總目》考證後認爲"作洪撰者自屬舛誤，特是向歆父子作"，卷十二"墓石志"條中，程氏傾向葛洪撰。至今尚無定論。

③方勺：字仁盤，宋婺州人，1100年前後在世，徙居湖州吳興，自號泊宅村翁，著有《泊宅編》十卷，今存。

④叩：問。

⑤頻伽鳥：迦陵頻伽鳥，鳥鳴聲清脆悦耳，佛經謂常在極樂净土。

㘈酒

乾道丙戌，内燕，①既酌百官酒已，樂師自殿上折檻間抗聲索樂，②不言何曲。其聲但云"㕎酒"，〇㕎音作，素回反。朝士多莫能解，中燕更相質問，亦無知者。予後閲李涪《刊誤》則知唐世已有此語。暨淳熙乙未再來預燕，③則樂師但索曲子，不復抗言"㕎酒"。當是教坊亦聞士大夫疑語，而刊去不用也。予按李涪《刊誤》之言："㕎酒三十拍，促曲名《三臺》。"㕎合作㘈。㘈，馳送酒聲，音㘈，今訛以平聲。李匡文《資暇録》所言亦與涪同。④予又以字書驗之：㕎，屈破也。㘈，音蒼憒反。㘈，吮聲也。今既呼樂侑飲，⑤則於㘈噏有理，⑥於屈破無理。則自唐至今皆訛"㘈"爲"㕎"者，索樂之聲貴於發揚遠聞，⑦以平聲則便，非有他也。況又有可驗者。丙戌所見燕樂，上自至尊，下至宰執，每酌曲皆異奏，而惟侑飲百官者，不問初終，純奏《三臺》一曲。其所謂《三臺》者，衆樂未作，樂部首一人，舉板連拍三聲，然後管色以次振作，即《三臺》曲度也。⑧夫其"㕎酒"之語，《三臺》之奏，與李涪所傳皆合，知"㘈"訛爲"㕎"，素回翻，⑨審也。後暨乙未，再與内燕，則樂皆異名，雖《三臺》亦不復奏矣。《名賢詩話·閒適門》載王仁裕詩曰：⑩"淑景即隨風雨去，芳尊每命管弦㘈。"後押"朝烏夜兔㘈"，則㘈酒也，以侑酒爲義，唐人熟語也。又趙飈《交趾事迹》下"匏笙"項下："以匏爲笙，上安十簧，雅合律呂，⑪㘈酒逐歌，極有能者。"飈，本朝人，其言㘈酒，即國初猶用唐語也。

註釋：

①燕：通"宴"。下同。内燕：指皇帝在宫中爲臣下所設之宴會。

②折檻：殿檻正中一間橫檻獨不施欄幹，謂之折檻。據《漢書·朱雲傳》載，漢成帝時，朱雲直諫丞相張禹爲佞臣，帝怒，欲斬之，朱雲死抱殿檻，結果殿檻被折斷。後以左將軍辛慶忌死争，朱雲才被獲赦。成帝亦因此下令不換斷檻，"以旌直臣"。後亦爲直言諫諍的代稱。抗聲：高聲、大聲。索：求，召。

③預燕：預宴，赴宴。

④李匡文：字濟翁，唐昭宗時宗正少卿。著有《資暇錄》三卷、《兩漢至唐年紀》一卷。關於李匡文，別稱很多：《直齋書錄解題》《陸游集》作李匡文，《郡齋讀書志》作李匡乂，王茂《野客叢書》作李正文（避趙匡胤諱），《欽定四庫全書總目》作李匡乂。錢大昕《鄭堂讀書記》認爲當爲李匡文。《資暇錄》，亦稱《資暇集》，屬唐代考據辨證類筆記。

⑤侑飲：侑酒，勸進酒食。侑，勸食。

⑥啐：嘗，小飲。噏：同"吸"。

⑦發揚：散播高揚。

⑧曲度：歌曲的節拍、音調。

⑨素回翻：指"膗"的反切。翻，同"反"。

⑩《名賢詩話》：即《唐宋名賢詩話》，據《欽定天錄琳琅書目》卷二，無名氏撰，"書中事涉宋主皆空格，於宋諱均有缺筆"。

⑪律吕：古代校正樂律的器具，後亦用以指樂律或音律。

唐官人引駕出殿上

《唐會要》天祐二年敕："今後每遇延英坐朝日，①只令小黄門祗候引從，②宫人不得擅出内。"乃知杜詩"户外昭容舞袖垂，雙瞻御座引朝儀"者，③真出殿引坐，而鄭谷《入閤》詩亦言"導引出宫鈿"，④蓋至天祐始罷。

註釋：

①延英：延英殿，唐宫殿名。

②小黄門：漢代低於黄門侍郎一級的宦官，後泛指宦官。祗候：恭候。

③見杜甫《紫宸殿退朝口號》。
④鄭谷（851？—910）：字守愚，唐江西宜春市袁州區人，僖宗時進士，官都官郎中，人稱鄭都官，唐朝末期著名詩人，以《鷓鴣詩》得名，人稱鄭鷓鴣。宮鈿，宮中用的花形金質首飾，借指宮女。

臚岱

班固《叙傳》於《郊祀志》曰：①"大夫臚岱。"鄭氏曰："季氏旅於泰山是也。"師古曰："旅，陳也。臚，亦陳也。臚、旅聲相近，其義一耳。"按，班固即"臚"代"旅"，與《儀禮》合。

註釋：

①班固《叙傳》於《郊祀志》：《漢書》最後一卷是《叙傳》，最後一篇是《郊祀志》。

革甲

吳子謂魏文侯曰：①"今君四時使人斬離皮革，②掩以朱漆，③畫以丹青，爍以犀象。④"則知戰國時但以革爲甲，未用鐵也。○《吳子》。

註釋：

①吳子：吳起（前440—前381），戰國時衛國左氏（今山東省定陶，一説曹縣東北）人，軍事家，著有《吳子》。魏文侯（？—396）：姬姓，魏氏，名斯，一曰都。戰國時魏國開國君主，在位（前445—前396）期間以李悝爲相，吳起爲將，西門豹爲鄴（今河北臨漳西南）令。
②斬離皮革：殺獸剝皮。
③掩：覆蓋，塗抹。
④爍：燙，烤灼。

紫荷

《通典》：尚書令、僕射、尚書，銅印墨綬，①朝服佩水蒼玉，腰劍，紫荷,②執笏。○梁制也。

註釋：

①銅印墨綬：銅質官印，墨色綬帶。據《漢書·百官公卿表上》載，"秩比六百石以上，皆銅印黑綬"，官階不同，制印的材料和綬的顏色與織法不同，有金印紫綬、銀印青綬、銅印黑綬、銅印黃綬等。

②紫荷：又稱"契囊"。古時尚書令、僕射、尚書等高官朝服外負於左肩上的紫色囊。

山玄玉水蒼玉

《通典》：周制也，天子白玉，山玄、水蒼者，視之文色所似也。①

註釋：

①《通典·禮》二十三："周制，天子佩白玉而玄組綬，公侯佩山玄玉而朱組綬，大夫佩水蒼玉而緇組綬，……有山玄、水蒼者，視之文色所似也。"

玉振

《管子》曰："玉有九德，叩之，其音清專徹遠，純而不殺，亂也。①"按，此諸家之言孔子玉振者曰：②其謂終條理者，爲其叩之，其聲首尾如一，不比金之始洪終殺，是爲終條理。

註釋：

①亂：當作"辭"。《管子》卷十四："叩之，其音清搏徹遠，純而不殺，辭也。"房玄齡註"辭"爲"象古君子之辭也"，意爲擊打玉時，其聲音清揚遠聞，純而不亂，像古君子的言辭。管仲認爲"玉有九德"，辭是其中一德，其餘八德是：仁、知、義、行、潔、勇、精、容。

②玉振：謂磬聲振揚。《孟子·萬章下》："孔子之謂集大成。集大成也者，金聲而玉振之也。金聲也者，始條理也；玉振之也者，終條理也。"趙岐註："孔子集先聖之大道，以成己之聖德者也，故能金聲而玉

振之。振，揚也。故如金聲之有殺，振揚玉音，終始如一也。"

綉衣使所始

《史記○六十二》，武帝時，盜羣起，遣中丞、丞相長史督之，弗能禁。乃使范昆、張德等衣綉衣，①持節、虎符，發兵以擊之。

註釋：

①范昆、張德：據《史記·酷吏列傳》，二人皆爲酷吏，時范昆爲光祿大夫、張德爲九卿，漢武帝讓他們"衣綉衣"，持符節（執行任務）。綉衣：古代貴者所服，後用"衣綉衣"指稱執行公務的特派官員，即"綉衣直指"，《漢書·百官公卿表》顏師古註引服虔曰"指事而行，無阿私也"。

五王桃李

狄梁公既立中宗，①薦張柬之、袁恕己、桓彥範、崔玄暐、敬暉，五公咸出門下，皆自州縣拔居顯名，外以爲五公爲一代之盛桃李也。②○徐浩《廬陵王傳》。

註釋：

①狄梁公：狄仁杰（？—700），字懷英，號德英，武則天時宰相，封梁國公。武則天稱帝後，狄仁傑以母子情深，說服武則天立李顯（唐中宗）爲太子，爲恢復李唐奠定基礎。詳《新》《舊唐書·狄仁傑傳》。

②五公爲一代之盛桃李：據《資治通鑒·唐紀二十三》，因狄仁傑舉薦張柬之、袁恕己、桓彥範、崔玄暐、敬暉等名臣，故"或謂仁傑曰：'天下桃李，悉在公門矣。'"《演繁露續集》卷之四："趙簡子謂陽虎'惟賢者爲能報恩，不肖者不能矣。夫植桃李者，夏得休息，秋得其食；植蒺藜者，夏不得休息，秋得其刺焉。今子之所得者，蒺藜也。'今世通以所薦士爲桃李者，説皆本此。"

帖職

《劉禹錫集》九《荊門縣記》云：①"禹錫方以即位帖職于計臺。"②予所見帖職字，此爲先，然未知帖是否。

註釋：

①《荊門縣記》：亦作《復荊門縣記》，見劉禹錫《劉賓客文集》卷九。

②即位：等待正式安排職位。帖職：亦作"貼職"，兼職。計臺：又作"計省"。唐宋以鹽鐵、度支、户部主理財賦的三司的別稱。

爊

《韓文○十三》，衛造微曰：①"我聞南方多水銀、丹砂，雜佗奇藥，②爊爲黃金，③可餌以不死。"④

註釋：

①衛造微：名玄，字造微。據韓文，其爲中書舍人御史中丞衛宴之子。"家世習儒，學詞章。昆弟三人，俱傳父祖業，從進士舉，君獨不與俗爲事，樂弛置自便"。下引文見韓愈《唐故監察御史衛府君墓誌銘》。

②佗：同"它""他"。

③爊：同"熬"。黃金：道教仙藥名。葛洪《抱樸子·仙藥》："仙藥之上者丹砂，次則黃金，次則白銀，次則諸芝。"

④餌：服食，吃。以：而。

鎰①

趙與蘇秦黃金百鎰。註："二十兩爲一鎰。"○《戰國策·三》。

註釋：

①參見卷一"金鎰"條。

一金

公孫閈使人操十金卜於市。①註："二十兩爲一金。"○《策‧八》。

註釋：

①"公孫"至"於市"十一字：見《戰國策‧齊一》。公孫閈：亦作公孫閱，戰國齊國人，魏將龐涓的謀士。

荼與鬱雷

"東海中有山，名度朔。上有大桃，其卑枝間東北曰鬼門。上有二神人，一曰荼與，一曰鬱雷，主治害鬼，故世刊此桃梗，畫荼與、鬱雷首，正歲以置門户。"①蘇秦："土偶桃梗。"②○《語策‧十》。③

註釋：

①見《戰國策‧齊策三》高誘註。卑：低。害鬼：害人之鬼。刊：砍，砍削。正歲：指夏曆正月，或泛指農曆正月。

②按，據《戰國策‧齊策三》："孟嘗君將入秦，止者千數而弗聽。蘇秦欲止之，孟嘗曰：'人事者，吾已盡知之矣；吾所未聞者，獨鬼事耳。'蘇秦曰：'臣之來也，固不敢言人事也，固且以鬼事見君。'孟嘗君見之，謂孟嘗君曰：'今者臣來，過於淄上，有土偶人與桃梗相與語。桃梗謂土偶人曰：子西岸之土也，挺子以爲人。至歲八月降雨下，淄水至，則汝殘矣。土偶曰：不然，吾西岸之土也，土則復西岸耳。今子東國之桃梗也，刻削子以爲人，降雨下，淄水至，流子而去，則子漂漂者將何如耳？今秦四塞之國，譬若虎口，而君入之，則臣不知君所出矣。'孟嘗君乃止。"

③《語策》十：《戰國策‧十》。

犀毗

趙武靈王賜周紹胡服衣冠，①具帶黄金師比。②註云《史記‧匈奴傳》：

"漢遣單于有黃金飾具帶一飾。"《漢書要義》曰："胥，○即腰。中大帶，黃金㡌紕一。③"徐廣曰："或作犀毗。"註引《戰國策》趙武靈王賜周紹具帶、黃金師比。延篤云：④"胡革帶鈎也。"則"帶鈎"亦名"師比"，則"㡌""犀"與"師"並相近，而說各異耳。《策·十九》。

註釋：

① "趙武"至"衣冠"十一字：趙武靈王（前340？—前295）：嬴姓，趙氏，名雍。在位期間，鑒於趙國軍事力量薄弱，內有中原大國的欺侮，外有林胡、匈奴等游牧民族的騷擾，推行"胡服騎射"政策，改革軍事裝備和作戰方法，趙國得以強盛。卒謚武靈王，趙國君主稱王，自武靈王謚號始，其子即趙惠文王。周紹：趙國貴族，反對胡服騎射。據《戰國策·趙二》載，趙武靈王為了推行"胡服騎射"國策，"遂賜周紹胡服衣冠，具帶黃金師比，以傅王子也"。

② 具帶黃金師比：謂腰帶帶鈎用黃金緣飾。具帶：匈奴飾金的腰帶。師比：帶鈎。

③ 㡌紕：《史記·匈奴列傳》作"胥紕"，《漢書·匈奴傳》作"犀毗"，顏師古註曰："犀毗，胡帶之鈎也。亦曰鮮卑，亦謂師比，總一物也，語有輕重耳。"

④ 延篤（？—167）：字叔堅，漢南陽犨（今河南魯山）人。官至京兆尹，博通經傳及百家之言，著述有《戰國策註》《戰國策論》《周禮疏》等，皆佚。

鼓角

"節將入界，①每州縣須起節樓，②本道亦至界首，③銜仗前引，④旌幢中行，⑤大將打珂，⑥金鉦鼓角隨後右出。⑦"李商隱所撰《使範》在臺儀後。

註釋：

① 下引文見《新唐書·百官志四下》。節將：又稱節帥。即節度使。
② 節樓：節度使植纛之樓。
③ 本道：本地道府，此指官員。界首：道或府邊界的地方。
④ 銜仗：道銜衛隊和儀仗隊。

⑤旌幢：舉旗幟的隊伍。
⑥打珂：鳴珂。珂，白色似玉的美石，常作馬勒的飾物，相擊有聲。
⑦金鉦鼓角：皆古樂器名，此指吹奏金鉦鼓角樂器的隊伍。《新唐書·百官志四下》："（節度使）入境，州縣築節樓，迎以鼓角。衙仗居前，旌幢居中，大將鳴珂，金鉦鼓角居後，州縣齎印迎於道。"

夾纈

玄宗時，柳婕妤妹適趙氏，①性巧慧，使工鏤板爲雜花，象之而爲夾纈，②因婕妤生日獻王皇后。上見而賞之，因敕宮中依樣製之。當時甚秘，後漸出，遍於天下。○《唐語林》四。

註釋：

①柳婕妤：尚書右丞柳範之孫（《因語錄》記爲其女），唐玄宗李隆基妃，生延王李玢和永穆公主。適：嫁，出嫁。

②夾纈：我國古代印花染色的方法，唐以後更爲普遍。用兩塊木板雕刻同樣花紋，將絹布對折夾入二板中，然後在雕空處染色，成爲對稱的染色花紋。後來發展爲用鏤花油紙版塗色刷印。其染成的織物叫夾纈。纈：染有彩文的絲織品。

珧

《字書》："珧，蜃甲，可飾物。"①則江瑶之用瑶，②誤矣。《爾雅》釋"弓"曰："弓有緣者爲弓。""以金者謂之銑，以蜃者謂之珧。"③則江珧不當爲瑶明矣。○《太平御覽》三百四十七。

註釋：

①按，《說文解字》釋"珧"爲："蜃甲也。所以飾物也。"段玉裁《說文解字註》："蜃珧二物也。許云一物者，據《爾雅》言之。凡物統言不分，析言有別。蜃飾謂之珧，猶金飾謂之銑、玉飾謂之珪。金不必皆銑、玉不必皆珪也。"

②江瑶：又作"江珧"，程氏認爲當作"江珧"，一種海蚌，可食，

生活於海邊泥沙中。

③見《爾雅·釋器第六》。

鹽如方印

《唐會要·祥瑞門》："武德七年，長安古城鹽渠水生鹽，色紅白而味甘，狀如方印。"按，今鹽已成鹵水者，①暴烈日中數日，②即成方印，潔白可愛。初小漸大，或十數印纍纍相連，則知廣瑞所傳非爲虛也。

註釋：

①鹵水：含鹽量大的海水。
②暴：通"曝"。

銅葉盞

《東坡後集二·從駕景靈宮》詩云："病貪賜茗浮銅葉。"①按，今御前賜茶，皆不用建盞，②用大湯氅，③色正白，但其制樣似銅葉湯氅耳。銅葉色，黃褐色也。

註釋：

①銅葉：銅葉製作的茶盞。
②建盞：宋福建建州建安縣是宋代八大名瓷產地之一，所產茶具，專供皇室御用，稱爲建盞。
③氅：盛茶或酒的器皿。

七秩

《樂天集○三十一卷·元日對酒》曰："衆老憂添歲，余衰喜入春。年開第七秩，①屈指幾多人。"又同日一首云："夢得君知否，俱過本命年。"註曰："余與蘇州劉郎中同壬子歲，今年六十二。"

註釋：

①秩：十年爲一秩。

金扣器

《續漢書》：桓帝祠老子，用純金扣器。①揚雄《蜀都賦》曰："雕鐫扣器，百伎千工。"②

註釋：

①《續漢書》：西晉史學家司馬彪所著的紀傳體斷代史，全書共八十三卷，分爲紀、傳、志和頗具史書編撰特色的序傳。范曄的《後漢書》問世後，《續漢書》逐漸被淘汰，惟有"八志"因補入范書而被保留下來。扣器：用金玉等鑲嵌的器物。

②雕鐫扣器，百伎千工：言當時製作漆器規模之大。百伎，各種技藝。

八蠶

"《吳錄》曰：南陽郡一歲蠶八績。"①○《御覽》八百十五。

註釋：

①見《太平御覽·資產部五·蠶》（卷八百二十五）。《吳錄》：晉張勃撰，記三國吳地風土人情及地理、物產等情況。蠶八績：織麻八次。

馬乳蒲萄

"唐平高昌，得馬乳蒲萄，造酒，京師始識此酒之味。"①○《御覽》八百四十四。

註釋：

①《太平御覽》："及破高昌，收馬乳蒲萄，實於苑中種之，并得其酒法，上自損益造酒，酒成，凡有八色，芳香酷烈，味兼醍盎。既頒賜群臣，京師識其味。高昌：西域古國，是古時西域交通樞紐。貞觀十四年（640），爲唐所滅。蒲萄：同"葡萄"。

叠

《酉陽雜俎》："劉録事食鱠數叠。"①今俗書"楪"字，②誤以其可叠，故名爲叠也。然牒字乃叠札爲之，則以叠爲楪亦有理也。

註釋：

①鱠：魚名。又同"膾"，切得很細的魚或肉。
②楪：器皿名。底平淺，比盤子小。後多作"碟"。

卷之十二

侯鵠

《周禮·司裘》："王大射，則共虎侯、熊侯、豹侯，①設其鵠。②諸侯則共熊侯、豹侯，卿大夫則共麋侯，皆設其鵠。"鄭氏註："侯，謂以虎、熊、豹、麋之皮飾其側，又方制之以爲墓○音準，謂之鵠，著于侯，是謂皮侯。"賈公彥循鄭氏此説，謂"還以熊、虎等皮爲鵠於其上"。其説恐未然也。射之設鵠，以爲的也，③若以熊、虎等皮爲侯，又以熊、虎等皮爲的，則侯與鵠兩無別異，恐古人立的以準射，不應如此昧昧。④鄭氏亦自覺不安，又從爲之説曰："鵠，小鳥，難中，是以中之爲雋。"其義近之而不敢自主，何也？鵠之爲物，揚飛迅駃，⑤射之難中，故古人言射者，往往及之。《孟子》曰："一心以爲鴻鵠將至，思援弓繳而射之。"⑥漢高帝曰："鴻鵠高飛，一舉千里。羽翼已就，横絶四海。雖有矰繳，⑦尚安所施。"又"梓人張皮侯而栖鵠"。其在皮侯則曰張，在鵠則曰栖，是鵠非皮類而真爲鵠形，審矣。夫惟以獸皮爲侯，而栖鵠其上，於示遠立的便。故吾恐鄭氏之説未安也。

註釋：

①侯：古時射禮所用的射布，箭靶。箭靶邊緣以虎皮、熊皮、豹皮爲飾，亦稱爲虎侯、熊侯、豹侯。
②鵠：箭靶的中心。
③的：箭靶的中心。如"衆矢之的"。
④昧昧：糊塗無知。
⑤駃：同"快"。《説文·馬部》"駃"，徐鉉曰："今俗與'快'同用。"

⑥繳：繫在箭上的生絲繩，此處指用繳繫弓射鳥。
⑦矰繳：系有絲繩、弋射飛鳥的短箭。

琵琶皮弦

葉少蘊《石林語錄》謂琵琶以放撥重爲精，①絲弦不禁即斷，故精者以皮爲之。歐公時，士人杜彬能之，故公詩云：「坐中醉客誰最賢，杜彬琵琶皮作弦。」因言杜彬恥以技傳，丐公爲改。②予考公集所載《贈沈博士歌》誠有此兩句，然其下續云：「自從彬死世莫傳，玉練纏聲入黃泉。」則公咏皮弦時彬已死，安得有丐改事？恐石林別見一詩耶。陳後山亦疑無用皮者。③然元稹《琵琶歌》：「㶉聲少得似雷吼，纏弦不敢彈羊皮。」又曰：「鶻弦鐵撥響如雷。」④房千里《大唐雜錄》載春州土人彈小琵琶，⑤以狗腸爲弦，聲甚淒楚。合三物觀之，以皮造弦不爲無證，若詳求元語，恐是羊皮爲質，而練絲纏裹其上，資皮爲勁，⑥而其聲還出於絲。故歐公亦曰「玉練纏聲」也。

註釋：

①葉少蘊（1077—1148）：即葉夢得，字少蘊，南宋蘇州吳縣人。紹聖四年（1097）進士，歷任翰林學士、戶部尚書、江東安撫大使等職。晚年隱居湖州弁山玲瓏山石林，故號石林居士，所著詩文多以石林爲名，如《石林燕語》《石林詞》《石林詩話》等。撥：指彈撥弦樂器的用具。
②以上事見葉夢得《避暑錄話》卷上，葉氏無《石林語錄》，蓋程氏意引。丐：請。
③陳後山（1052—1102）：名師道，宋代彭城人，是江西詩派的主要人物。
④鶻弦：用鶻雞筋做的琵琶弦。
⑤房千里：字鵠舉，唐河南（今河南洛陽）人。登太和進士第，官國子博士，終高州刺史。
⑥勁：堅固，堅硬。

冒絮

薄太后以冒絮提文帝。①晉灼曰：②「《巴蜀異志》謂頭上巾爲冒絮。冒音陌。"顏師古曰："老人以覆其頭。"應劭曰："陌，額絮也。"詳其所用，當是以絮爲巾，蒙冒老者顙額也。③冒之義，如冒犯鋒刃之冒，其讀如墨，則與陌音冒義皆相近矣。《漢官舊儀》："皇后親蠶絲絮，自祭服神服外，皇帝得以作縡縫衣，皇后得以作巾絮而已。"④以絮爲巾，即冒絮矣。北方寒，故老者絮蒙其頭始得温暖。地更入北，則虜中貂冠、狼頭帽皆其具矣。

註釋：

①薄太后以冒絮提文帝：見《史記·絳侯周勃世家》。薄太后：薄姬（？—前155），漢高祖劉邦的嬪妃，漢文帝劉恒之母。提：投擲，打。

②晉灼：晉河南（今河南洛陽）人，官至尚書郎，著有《漢書音義》。

③顙：額也。

④《漢官舊儀》：即《漢舊儀》，東漢衛宏撰。縡：一種刺綉方法。漢王充《論衡·程材》："刺綉之師，能縫帷裳；納縡之工，不能織錦。"

玉樹

《甘泉賦》："翠玉樹之青葱。"①左思譏以假稱他土珍怪。②按，《漢武故事》，既得欒大，③即甘泉宮造甲乙帳，④前庭植玉樹。玉樹之法，茸珊瑚爲枝，⑤以玉碧爲葉花子，或青或赤，悉以珠玉爲之。故顏師古註云："玉樹者，武帝所作，集衆寶爲之，用供神也。非自然而生，左思失之。"蓋爲是也。《長安記》正以玉樹爲槐也，⑥當是並緣青葱之語乎？

註釋：

①據《漢書·揚雄傳》，"孝成帝時，客有薦雄文似相如者，上方郊祠甘泉泰畤、汾陰后土，以求繼嗣，召雄待詔承明之庭。正月，從上甘泉還，奏《甘泉賦》以風"。

②左思譏以假稱他土珍怪：左思《三都賦·序》曰："相如賦上林而引'盧橘夏熟'，楊雄賦甘泉而陳'玉樹青葱'，班固賦西都而嘆以'出比目'，張衡賦西京而述以'游海若'，假稱珍怪以爲潤色。若斯之類，匪啻於茲。"按，左思譏諷司馬相如、揚雄等賦家一味誇侈文辭，"於義

則虛而無徵"。

③欒大（？—前112）：《史記·孝武本紀》載，欒大爲漢武帝時期膠東王劉寄宮中的藥劑師，嘗與文成將軍同師學習方術，得帝信任，後因誣罔罪被腰斬。

④甲乙帳：《御覽》卷六百九十九引《漢武故事》曰："上以琉璃、珠玉、明月、夜光，錯雜天下珍寶爲甲帳，其次爲乙帳。甲以居神，乙以自居。"

⑤茸：累積，重叠。此指修整珊瑚作爲玉樹的枝幹部分。

⑥《長安記》：《長安志》，宋·宋敏求撰，今存。《長安志》自註曰："甘泉宮北有槐樹，今謂之玉槐，……耆舊相傳，咸以爲此樹即揚雄《甘泉賦》所謂玉樹青蔥者也。"

甲庫

唐吏部有甲庫。龐元英《文昌雜錄》曰：①"用甲乙次第其庫，而此庫其首也，猶如漢言令甲、令丙。②"然此誤也。唐制：中書、門下、吏部各有甲曆名，③凡三庫。其曰甲者，若干人爲一甲。其在選部，則名團甲。其在今日，則擬官奏鈔，揔言此鈔某等凡幾人者，是其制也。唐云甲令，言等一也，是其所從名庫以甲也。《會要》：大和九年敕，令後應六品已下，凡自稱舊嘗有官，皆下甲庫檢勘有無。又貞元四年，吏部奏："艱難以來，三庫敕甲又經失墜，人多罔冒，乃至制敕旨甲皆被改毀。"④則甲庫也者，正收藏奏鈔之地，⑤非甲乙之甲也。

註釋：

①龐元英（1078年前後在世）：字懋賢，北宋單州成武（今屬山東）人，歷官光祿寺丞、主客郎中、知晉州等職。所著《文昌雜錄》，《宋史·藝文志》作七卷。

②令甲：第一道詔令；法令的第一篇，其後依次爲令乙、令丙。後用爲法令的通稱。

③甲曆：據《新唐書·選舉志》，唐時參加銓選入仕官員的出身、籍貫、履歷、考績及三省的擬官、解官、委官等都要記錄存檔，這些記錄檔稱爲甲、甲曆，或官甲、敕甲。甲，指文書檔案的外封。曆，指以履歷爲

④"艱難"至"改毀"二十六字：據《舊唐書》，指安史之亂後的唐朝，政治腐敗，胥吏爲害，甲庫管理日益混亂，甲曆被私下改寫、僞造、毀壞現象十分嚴重。制敕旨甲：同"敕甲"，指皇帝詔書及其他官員的檔案。

⑤奏鈔：唐宋時門下省所用文書之一種。《新唐書·百官志二》："凡國家之務，與中書令參總，而顓判省事。下之通上，其制有六：一曰奏鈔，以支度國用，授六品以下官、斷流以下罪及除免官用之。"

僧衣環①

《唐會要》：吐蕃官章飾有五等：一瑟瑟，②二金，三以金飾銀，四銀，五熟銅。各以方圓三寸，褐上裝之，③安膊前，以辨貴賤。今僧衣謂之袈裟者，當胸有環，環中著鍵，④橫紐上下，牙、角、銀、銅，隨力爲之。⑤其源流殆出此乎？

註釋：

①僧衣環：僧衣展開繞身披覆時左肩下面用作扣搭的環形物品。

②瑟瑟：碧色寶石。《周書·異域傳下·波斯》："（波斯國）又出白象、師子……馬瑙、水晶、瑟瑟。"

③褐：當指粗布衣或毛布衣，蓋少數民族紡織技術落後，故稱。《詩·豳風·七月》："無衣無褐，何以卒歲。"鄭玄箋："褐，毛布也。"

④環中著鍵：放在袈裟環中間的插銷兒類物件。

⑤隨力爲之：根據財力大小決定環的材質，或牙、或角、或銀、或銅等。

疇人

古字不拘偏旁，多借同聲用之。《漢·志》"疇人"，①疑籌人也。從算曆言之，②比疇列之，疇於義爲徑。③

註釋：

①疇人：古代天文曆算之學，有專人執掌，父子世代相傳爲業，稱爲

"疇人"。亦指精通天文曆算的學者。《漢書‧律曆志》"疇人子弟分散"。

②算曆：演算法與曆象。

③徑：言"疇"義比"籌"意義直白。

登席必解襪

《左氏‧哀二十五年》：衛侯蒯輒與大夫飲酒靈臺，①褚師聲子襪而登席，②公怒。辭曰："臣有疾，異於人。若見之，君將嗀之。③" 嗀，嘔吐也。以是知古者登席，不獨脫屨，又解襪也。

註釋：

①衛侯蒯輒：姬輒（？—前456），即衛出公，是卫灵公之孙，太子蒯聵之子，衛國第二十九代國君。

②褚師聲子：褚師比，衛國人，春秋時期衛國大夫。襪：此指穿襪。

③嗀：同"嗀"。《說文》："嗀，歐貌。從口設聲。《春秋傳》曰：'君將嗀之。'"《玉篇》："嗀，嘔吐貌。"

兩觀

魯有兩觀，非度也。書"新作雉門及兩觀"，①皆譏也。然戮少正卯必即兩觀，②以周之所以誅誅之，③不毁明堂之意也。④夫將有爲東周之心，⑤則佛肸尚可因，而況周度之所寄乎？⑥

註釋：

①見《左傳‧定公二年》。觀指古代宮門前的雙闕。按制度，諸侯不應該有兩觀，如果有，則爲僭越。後兩觀遇天災，本應就此廢棄，卻又"新作雉門及兩觀"，故《左傳》譏之。宋呂本中撰《春秋集解》卷二十七："《傳》書'新作'者，譏僭王制而不能革也。"

②少正卯（？—前496）：春秋時期魯國的大夫，魯國聞人，能言善辯，曾與孔子同期開辦私學，後被孔子誅殺。《荀子‧宥坐》："夫少正卯，魯之聞人也，夫子爲政而始誅之，得無失乎？"詳見後註③。後世多有學者質疑誅卯記載的真實性。

③以周之所以誅誅之：謂少正卯因不守爲臣之禮，故誅之。《孔子家語·始誅》載，少正卯作爲魯之聞人而被孔子殺死在兩觀的東觀之下，子貢不解。孔子解釋説少正卯有五惡："一曰心逆而險，二曰行僻而堅，三曰言僞而辯，四曰記醜而博，五曰順非而澤。"五惡有一，"則不免君子之誅，而少正卯皆兼有之"，故應誅殺。

④不毀明堂之意也：指殺少正卯是爲了維護王政。明堂：古代帝王宣明政教、舉行大典的地方。

⑤夫將有爲東周之心：《論語·陽貨》："子曰：夫召我者而豈徒哉？如有用我者，吾其爲東周乎。"何晏註"爲東周"曰："言興周道於東方。"

⑥"佛肸"至"寄乎"十四字：因，憑借。《論語·陽貨》："公山弗擾以費畔，召，子欲往。子路不説，曰：'末之也已，必公山氏之之也。'子曰：'夫召我者，而豈徒哉？如有用我者，吾其爲東周乎？'"又："佛肸召，子欲往。"按，公山弗擾和佛肸都曾占據中牟反叛，但即使如此，孔子也願意爲之所用，以實現"興周道於東方"的政治理想。孔子對周法度所推崇的政治理想執行起來不遺餘力。

社日停針綫取進士衣裳爲吉利

張籍《吴楚歌詞》云："庭前春鳥啄林聲，紅夾羅襦縫未成。今朝社日停針綫，①起向朱櫻樹下行。"則知社日婦人不用針綫，自唐已然矣。又《送李餘及第》云："歸去惟將新誥牒，②後來争取舊衣裳。"又知新進士衣物，人取之以爲吉兆，唐俗亦既有之。

註釋：

①社日：古時祭祀土神的日子，一般在立春、立秋後第五個戊日。周代本用甲日，漢至唐各代不同。

②將：拿。誥牒：指金榜題名的文書。

六幺

段安節《琵琶録》云：①"貞元中，康崑崙善琵琶，②彈一曲新翻羽調

《緑腰》。"註云:"《緑腰》即《録要》也。本自樂工進曲,上令録出要者,乃以爲名,誤言《緑腰》也。"據此即《録要》已訛爲《緑腰》,而《白樂天集》有《聽緑腰》詩,註云即《六幺》也。今世亦有《六幺》,然其曲已自有高平、仙吕兩調,又不與羽調相協,③抑不知是唐世遺聲否耶?

註釋:

①段安節:唐齊州臨淄(今山東淄博)人,唐初名將後裔,官至朝儀大夫,守國子司業,善音律,能自度曲,述樂府之法甚全,撰有《琵琶録》,亦稱《樂府録》或《樂府雜録》,《直齋書録解題》則謂段安節《琵琶故事》一卷,今存。

②康昆侖:西域康居國(今新疆一帶)人,唐代琵琶家,宮廷樂師,大約活動在唐德宗至憲宗時期。段安節《樂府録》載有康昆侖與段善本比賽演奏琵琶及康昆侖向僧人琵琶家段善本學琵琶之軼事。

③羽調:古代五聲音階"宮、商、角、徵、羽"之第五級。

文史

《封氏見聞記》:①"古者,十歲入小學,學書計。十七能誦書九千字,乃得爲史。又更郡守課試,②乃得補書史。③"即東方朔所謂"三冬文史足用",而以"二十二萬言"爲多者也。④文人便以文史爲史籍,非也。

註釋:

①《封氏見聞記》:唐封演撰,十卷,筆記類著作,今存。下引文見《封氏見聞記》卷二"文字"。

②課試:考試。

③書史:記事的史官,亦指掌文書等事的吏員。

④"即東"至"者也"二十三字:《漢書·東方朔傳》:"臣朔少失父母,長養兄嫂。年十二學書,三冬文史足用;十五學擊劍;十六學《詩》《書》,誦二十二萬言。"三冬:謂三年。文史足用:王先謙《漢書補註》曰:"文者,各書之體;史者,史箱所作世之通文字、諷誦在口者也;足用者,言足用以應試。"

笛曲梅花

段安節《樂府雜録》："笛，羌樂也。古曲有《落梅花》。"吴兢《樂府要解》：[①]"胡角者，本以應胡笳之聲，後漸用之，有雙横吹，即胡樂也。"兢所列古横吹曲有名《梅花落》者，又許雲封《説笛》亦有《落梅》《折柳》二曲，[②]今其辭亡不可考矣，然詞人賦梅用笛事率起此。

註釋：

[①]吴兢（670—749）：汴州浚儀（今河南開封）人，官拜右拾遺，唐代史學家。《樂府要解》二卷，又作《樂府古題要解》，由吴兢采録史傳與諸家文集有關樂府古題命名緣起的記載纂輯成書，材料豐富，考證翔實，對研究漢魏六朝音樂有一定的參考價值。今存。

[②]許雲封：唐任城（今山東濟寧）人，樂師，擅吹笛子。

金蓮燭

令狐綯賜金蓮燭，[①]是以金蓮花爲臺，事見《摭言》。[②]

註釋：

[①]令狐綯（795—872）：字子直，晚唐京兆華原（今陝西省耀縣東南）人，官至宰相。賜：被賜。金蓮燭：金飾蓮花形燈燭，御前專用，後用以形容天子對臣子的特殊禮遇。

[②]《摭言》，即《唐摭言》，五代王定保（870—940）撰，十五卷，主要是匯録科舉掌故、科舉士人言行，今存。《唐摭言》令狐綯"大中初在内庭，恩澤無二。常便殿召對，夜艾方罷，宣賜金蓮花送歸院。院使已下謂是駕來，皆鞠躬階下，俄傳呼曰'學士歸院'，莫不驚異"。

知後典

縣吏受郡事而下之縣者，今皆曰"祗候典"[①]，訛也。國朝《會要》：[②]唐藩鎮皆置邸京師，謂之上都留候院。[③]大曆十二年，改爲上都知進奏院。又《摭言》載夏侯孜僕李敬者,④久從孜,苦厄不去。同類怵之,他適,⑤敬曰:"吾主人登第,尚擬作西川留後官。"後十年,孜鎮成都,以敬知進奏。以此言之,今之祗候典云者,乃借唐藩鎮留後吏目以爲名稱,當曰知後典,不當曰祗候典也。此雖猥事,而世間名稱如此,其訛者多也。

註釋:

①祗候典:官名,本文又稱知後典。熙寧十年,創設,屬州(府)役,擔任收發文書等工作,紹聖時廢。祗候,留後、留守。祗候典"當曰知後典"事,亦見宋周必大《二老堂雜志》卷四《辨知後典誤》。

②國朝《會要》:即《宋會要》,其備載宋代典章制度,卷帙浩繁,原書久佚,爲宋朝非常珍貴的歷史資料。分爲帝系、後妃、樂、禮、……蕃夷、道釋等17門。

③留候院:亦作留後院。《舊唐書·代宗本紀》:"〔大曆十二年(777)五月〕甲寅,諸道邸務在上都名曰留後,改爲進奏院。"

④夏侯孜:字好學,唐亳州譙人,寶曆二年登進士第,官至宰相。

⑤怵:恐,擔心。他適:去了其他的地方。

墓石志

《西京雜記》:"杜子夏葬長安,①臨終作文曰○云云,②及死,命刊石埋於墓側。"則墓之有志,不起南朝王儉。③然《西京雜記》所紀制度,多班固書所無。又其文氣嫵媚,不能古勁,疑即葛洪爲之。

註釋:

①按,漢代杜欽與杜鄴,同字子夏,皆以文才稱於世,時人稱杜欽爲"小冠杜子夏"或"盲杜子夏",杜鄴爲"大冠杜子夏"。據《太平御覽》卷五百五十五和《西京雜記》,此處當爲"杜鄴(?—前2)",字子夏,西漢茂陵(今陝西興平縣東北)人。官至御史、涼州刺史。

②云云:《西京雜記》載,杜子夏臨終自爲墓志曰:"魏郡杜鄴,立志忠款。犬馬未陳,奄先草露。骨肉歸於后土,氣魂無所不之。何必故丘,然後即化。封於長安北郭,此焉宴息。"

③按，南朝王儉認爲石志"起元嘉中顏延之爲王琳石志"，見《南史》及唐封演《封氏聞見記·石志》。

卷白波

"飲酒卷白波"，①唐李濟翁《資暇録》謂漢時嘗擒白波賊，②人所共快，故以爲酒令。晏公《類要》六十五卷《白集詩》云：③"長驅波卷白，連擲采成盧。"註曰："骰盤、卷白波、莫走、鞍馬，皆當時酒令名。"

註釋：

①按，陸游有詩曰"飲酒豪如卷白波"。卷白波：古代酒令名。其意說法不一，下文是一種説法，另，宋黄朝英《緗素雜記·白波》："蓋白者，罰爵之名，飲有不盡者，則以此爵罰之……所謂卷白波者，蓋卷白上之酒波耳，言其飲酒之快也。"

②白波賊：白波賊是繼黄巾起義後又一支起義軍，曾多次寇犯東郡、河東郡等地，後被招安。見《後漢書》。

③《類要》：宋晏殊編撰，大型類書，一百卷，今存。

玉衣

老杜詩："玉衣晨自舉，鐵馬汗常趨。"①皆言昭陵神靈也。《三輔故事》：高廟中御衣從篋中出，舞於殿上，冬衣自下在席上。②

註釋：

①見杜甫《行次昭陵》。宋胡仔撰《漁隱叢話前集》卷七引蔡寬夫《詩話》曰："安禄山之亂，哥舒翰與賊將崔乾祐戰潼關，見黄旗軍數百隊，官軍以爲賊，賊以爲官軍，相持久之，忽不知所在。是日，昭陵奏陵内前石馬皆汗流。杜甫詩所謂'玉衣晨自舉，鐵馬汗常趨'，蓋記此事也。"玉衣：陵寢便殿中所藏的玉製服飾。清仇兆鰲《杜詩詳註》："《王莽傳》：杜陵便殿乘輿虎文衣廢藏在室匣者出，自樹立外堂上，良久乃委地。"

②冬衣自下在席上：言冬衣立在席上。

幞頭垂腳不垂腳

　　幞頭起於後周，①一名四腳。②其制，裁紗覆首，盡韜其髮，③兩腳繫腦後，故唐裝悉垂腳。其改爲硬腳，史不載所始，故莫知其的自何時也。④孫角《談苑》載柳玭在東川，⑤有從子來省，⑥玭不甚顧視，其家人爲之叙説房派行第，⑦亦不領略。⑧僕隸輩相與獻疑曰："得無責敬於君之幞頭也乎？⑨姑垂腳入見以占其意，可也。"此郎乃垂下翹翹之尾，果獲撫接。則知當柳玭時，幞頭不皆垂腳，其屈而下垂者，乃其用以爲敬也。國初有王易者，⑩著《燕北録》，載契丹受諸國聘覲，⑪皆繪畫其人物冠服。惟新羅使人公服、⑫幞頭，略同唐裝。其正使著窄袖短公服橫烏，⑬正與唐制同。其上節亦服紫同正使，惟幞頭則垂腳。疑唐制以此爲等差，故流傳新羅者如此也。又秦再思《洛中紀異》云："唐太宗令馬周雅飾幞頭。⑭至昭宗乾符初，教坊内教頭張口笑者，以銀捻幞頭腳，上簪花釵，與内人裹之。上悦，乃曰：'與朕依此樣進一枚來。'上親櫛之，復覽鏡大悦，由是京師貴近效之。"龐元英著《文昌録》，乃以爲宣宗，未知孰是。沈存中《筆談》謂唐惟人主得服硬腳，晚季方鎮擅命，⑮始有僭服者。《宣和重修鹵簿圖》言，⑯唐制皆垂腳，其後帝服則腳上曲，五代漢後漸變平直。其説與上所載略同，而皆不記所出，豈皆以意揣度乎？

註釋：

①幞頭：包頭的軟巾，因所用紗羅通常爲青黑色，故也稱"烏紗"，後代俗稱爲"烏紗帽"。

②四腳：幞頭原以皂絹三尺向後裹髮，有四帶，二帶系腦後垂之，二帶反系頭上，令曲折附項，故稱"四腳"或"折上巾"。下垂者稱垂腳，四角上翹者稱硬腳。

③韜：包藏，隱藏。如"韜光隱晦"。

④的：確實，實在。

⑤孫角《談苑》：文獻中有楊億、孔平仲、夷門隱叟王君玉等人的《談苑》，然未見孫角之《談苑》。"柳玭在東川"事見五代孫光憲《北夢瑣言》卷一二"柳氏子幞頭腳"條。柳玭：柳仲郢子，唐末京兆華原人，

官至御史大夫，著有《柳氏叙訓》。《舊唐書》卷一六五、《新唐書》卷一六三皆有傳附其祖公綽傳後。其父當過劍南東川節度使和刑部尚書。

⑥從子：兄弟的兒子。省：探望，問候。

⑦房派行第：房族及其宗支的親疏遠近及其上下長幼關係。

⑧領略：理會，理睬。

⑨得無……乎：大概是……吧？責：怪罪。

⑩王易：生平事迹不詳，宋仁宗嘉祐年間，曾兩次以賀正旦副使的身份出使遼朝。《燕北録》，記載契丹皇帝及貴族禮儀風俗、刑法及軍事制度，今不存，《説郛》有重編本。

⑪聘覲：訪問和朝見。

⑫新羅（前57—935）：朝鮮半島國家之一，在唐朝幫助下統一了半島。

⑬橫烏：幞頭的一種。宋袁文撰《甕牖閑評》卷六："其用幞頭者皆作橫烏，乃今之服制。"

⑭馬周（601—648）：字賓王，唐初博州茌平（今山東省茌平縣）人，累官至中書令。雅飾幞頭：對幞頭進行修飾。

⑮方鎮：指掌握兵權、鎮守一方的軍事長官。如晉持節都督，唐觀察使、節度使、經略等。

⑯《宣和重修鹵簿圖》：蔡攸等撰，三十五卷。

換鵝是《黃庭經》

王羲之本傳以書換鵝者，《道德經》也，文士用作《黃庭》，①人皆謂誤。張彥遠《法書要録》載褚遂良《右軍書目》，②正書第二卷有《黃庭經》，註云："六十行，與山陰道士。"其時真迹固在，既可以見其爲《黃庭》無疑。又武平一《徐氏法書記》：③親在禁中見武后曝太宗時法書六十餘函，④所記憶者，《扇書》《樂毅告誓》《黃庭》。"又徐浩《古迹記》玄宗時大王正書三卷，以《黃庭》爲第一，不聞《道德經》。"⑤則傳之所載卻誤。

註釋：

①《黃庭》：《黃庭經》，是道教上清派的主要經典，也被内丹家奉爲

内丹修煉的主要經典，分爲《内景玉經》《外景玉經》《中景玉經》。

②張彥遠（815—907）：字愛賓，唐蒲州猗氏（今山西臨猗）人。出身宰相世家，官至大理寺卿，著有《法書要錄》。法書：名家的書法範本。《右軍書目》："右軍"指王羲之。褚遂良將唐太宗致力購求的王羲之書迹，經辨別真偽整理成《右軍書目》。

③武平一：名甄，以字行，唐長安人，與武則天同族，官至考功員外郎。其《徐氏法書記》爲最早的書法方面的集字（從所臨碑貼中選字匯成作品）書。

④函：封套，套子，此指用函裝的法書、書籍。

⑤見洪邁《容齋隨筆》"黃庭换鵝"條。徐浩（703—782）：字季海，越州（今浙江紹興）人。其祖師道，其父嶠之，均是書家。徐浩自幼精通經術，精於書法。有《古迹記》《論書》傳世。正書：楷書。卷：此指可以舒展和彎轉成圓筒形的書畫。

骨朵

《宋景文公筆錄》謂俗以撾爲骨朵者，①古無稽。②據國朝既名衛士執撾扈從者爲骨朵子班，遂不可考。予按字書：簻、撾皆音"竹瓜反"，③通作簻，簻又音"徒果反"。"簻"之變爲"骨朵"，正如"而已爲爾""之乎爲諸"之類也。然則謂"撾"爲"骨朵"，雖不雅馴，④其來久也。

註釋：

①《宋景文公筆錄》：宋景文（998—1061），北宋文學家宋祁，字子京，景文爲其謚號。安州（今湖北安陸）人，天聖二年（1024）進士，官翰林學士、史館修撰。撾：十八般兵器之一。有長械、短械、軟械三種之分。凡有人手或獸爪形象的武器，皆屬此類。《宋景文公筆記·釋俗》："國朝有骨朵子，直衛士之親近者。予嘗修日曆，曾究其義，關中人謂腹大者爲胍肫，上孤下都，俗因謂杖頭大者亦爲胍肫，後訛爲骨朵。"

②稽：查考。

③竹瓜反："反"字原脱，據學津本、儒學警悟本補。

④雅馴：指文辭優美，典雅不俗。

爵公

国史《許瓊傳》："開寶五年，澶、密等州各奏民年八十以上吕繼美等二十九人並賜爵公士。"①翰林學士汪藻先世有號爵公者，②汪謂五代間得此爵。恐或便在此開寶間也。

註釋：

①公士：爵位名。秦、漢二十等爵位的第一級，即最低一級。按，《宋史·許瓊傳》載，許瓊，開封鄢陵人。其子許永因許瓊年邁而上書"欲乞近地一官，以就榮養"，趙匡胤览奏，召九十九歲的許瓊進見，聞其奏對"歷歷可聽"，"悦其父子俱享遐壽"，賞賜許瓊財物並授永鄢城令。因許瓊故，當時八十歲以上的老人吕繼美等皆得以賜爵。

②汪藻（1079—1154）：字彦章，號浮溪，又號龍溪，北宋末、南宋初饒州德興（今江西）人。官至顯謨閣大學士、左大中大夫，封新安郡侯，卒贈端明殿學士。

如律令

李濟翁《資暇錄》言今人符咒後言"急急如律令"者，"令"音"零"。律令，雷鬼之最捷者，①謂當如律令鬼之捷也。按《風俗通》論漢法《九章》，②因言曰："夫吏者，治也。當先自正，然後正人。故文書下如律令，言當承憲履繩，③動不失律令也。"今道流符咒家凡行移悉仿官府制度。④則其符咒之云如律令者，是仿官文書爲之，不必鑿言雷鬼也。⑤

註釋：

①按，唐李匡乂《資暇集》："律令是雷邊捷鬼，學者豈不知之？此鬼善走，與雷相疾速，故云如此鬼之疾走也。"

②《九章》：亦稱《漢律九章》《九章律》。漢高祖統一中國後頒行的法典，相國蕭何依照秦法制定，包括盜律、賊律、囚律、捕律、雜律、具律、户律、興律、廄律九篇。

③承憲履繩：順承法度，踐行直道。

④道流符咒家：即道教符咒家，其用一張賦予靈氣的符紙和朱砂筆隨意勾勒出的一些五行元素，輕可日月同輝改天篡命，重則遨游仙宇滅神誅魔。行移：舊時官署簽發的通知事項的文件。《演繁露續集卷一·制度》："武人多不知書，案牘、法令、書判、行移悉仰胥吏。"

⑤鑿言：謂穿鑿附會地說。

桃笙

柳子厚詩云："盛時一失貴反賤，桃笙蒲葵安可常。"①案楊雄《方言》："簟，②宋、魏之間謂之笙。"梁簡文帝《答南平嗣王餉舞簟書》曰："五離九析，出桃枝之碧筍。"③郭璞《桃枝贊》曰："叢薄幽薈，④從風蔚猗。簟以寧寢，杖以持危。"杜子美亦有《桃竹杖》詩。桃笙蓋以桃竹為簟也。

註釋：

①見柳宗元《雜曲歌辭·行路難三首》詩。桃笙：指桃枝竹編的竹席。蒲葵：指用蒲葵葉子做的扇子。這兩者都是季節性很強的用具，故不長久。

②簟：供坐臥鋪墊用的葦席或竹席。

③桃枝：桃枝竹。筍：竹青皮，俗稱篾青。

④叢薄：茂密的枝葉。《廣雅》："草叢生為薄。"幽薈：幽雅繁茂。

漢爵級所直

惠帝元年，"民有罪，得爵三十級以免死罪。"應劭曰："一級直錢二千，凡為六萬。"按，惠帝初立，賜爵級有差。"中郎不滿一歲一級，外郎不滿二歲賜錢萬。"①謂作外郎未滿二歲者，其賞不及一級，裁賜萬錢耳。②今乃以三十級為六萬，其誤無疑。顏師古亦不辨。

註釋：

①中郎、外郎：擔任宮中護衛、侍從。漢承秦制，郎有議郎、中郎、侍郎、郎中，皆掌宮殿門戶，出充車騎。沒有固定職務的散郎稱外郎。各

郎署長官稱中郎將，省稱中郎。《漢書·惠帝紀》："中郎、郎中滿六歲爵三級，四歲二級。外郎滿六歲二級。"

②裁：通"才"。

白駒非日景

《魏豹傳》："人生一世間，如白駒過隙。"顏師古釋："白駒，日景也。"①劉孝標《答劉紹書》曰：②"隙駟不留。"李善註："《墨子》曰：'人之生乎地上，無幾何也，譬猶駟之過隙。'"二世謂趙高曰："人生居世間，譬如騁六驥過決隙也。"則豹所引者，不以白駒爲日景。

註釋：

①景：通"影"。

②劉紹：當作"劉沼"。《文選·劉峻（孝標）〈重答劉秣陵沼書〉一首》李善註："劉璠《梁典》曰：劉沼，字明信，爲秣陵令。"

冠帔

曾子固《王回母金華縣君曾氏志》：①夫人以夫恩封縣君，②以兄曾公亮恩賜冠帔也。③是得封者，未遽得冠帔。中間朱康侯母以太母恩得初封，托予問冠帔制度，遍詢禮寺皆無之。壬辰年，在建康與客談及此，秦塤侍郎適在，④予問，其家數有特賜者必知其制。秦言其姊出適時，⑤德壽使人押賜冠帔，⑥亦止是珠子松花特髻，⑦無有所謂冠也。秦丞相夫人塑像建康墳庵，⑧乃頂金鳳于髻上，又不知何據。

註釋：

①《王回母金華縣君曾氏志》：即《金華縣君曾氏墓志銘》。王回（1048—1101），字景深，宋仙游縣折桂里汾莊（今榜頭鎮雲莊村）人。宋熙寧六年（1073）進士及第，授江陵府松滋縣令，官至監察御史。金華：宋時沿唐制爲婺州，金華爲唐以前古稱。縣君：古代婦人封號。唐制，五品母妻爲"縣君"。宋，庶子、少卿監、司業、郎中、京府少尹、赤縣令等官之妻封"縣君"。縣君有室人、安人、孺人之等級。

②夫人：王回母曾氏。

③冠帔：即鳳冠霞帔。冠，帽子。帔，披肩。古代婦女出嫁或命婦受朝廷誥封的裝束。

④秦塤（1137—?）：字伯和，南宋建康（今南京）人，高宗紹興二十四年（1154）探花，秦檜孫，累官至工部尚書、禮部尚書等職。

⑤出適：出嫁。

⑥德壽：宋高宗趙構的代稱。宋岳珂《桯史·壽星通犀帶》："德壽在北內，頗屬意玩好。"押賜：簽字賜予。

⑦特髻：命婦髮式的一種。

⑧墳庵：設於墓地的廟庵。

俗語以毛爲無

《後漢·馮衍傳》說鮑永曰："更始，諸將虜掠"，"饑者毛食，寒者裸跣。"① 註："毛，草也。太子賢案，《衍傳》毛作無。今俗語猶然，或古亦通用乎？""耗矣，哀哉"，② 註以耗爲毛，毛，無也。唐黃繙綽諧語以"賜緋毛魚袋"，③ 借毛爲無。則知閩人之語亦有本。

註釋：

①裸跣：露體赤腳。

②《漢書·董仲舒傳》："秦國用之，死者甚衆，刑者相望，耗矣，哀哉！"師古註："耗，虛也。言用刑酷烈，誅殺甚衆，天下空虛也。"又，《漢書·功臣表》："功臣子孫，訖於孝武後元之年，靡有孑遺，耗矣。"師古註："今俗語猶謂無爲耗，音毛。"毛、無，古聲同。

③黃繙綽：唐崔令欽《教坊記》、宋王讜《唐語林》、宋李昉《太平御覽》等皆作"黃幡綽"。涼州（今甘肅武威）人，玄宗時宮廷樂師，幽默風趣，善言談。諧語：詼諧隱語，戲言。賜緋：賜給緋色的官服。唐代五品、四品官服緋，後世服緋品級不盡相同。魚袋：唐代官吏所佩盛放魚符的袋子。《舊唐書·輿服志》："咸亨三年五月，五品以上賜新魚袋。"

唐婦人有特敕方許乘檐朝謁

杜詩："夫人常肩輿，上殿稱萬壽。"① 按，《唐會要》命婦朝謁，並不得乘檐子，②其尊屬年高特敕賜檐子者，③不在此例。王珪母殆得特恩歟。④

註釋：

①見杜甫《送重表侄王砅評事使南海》詩。按，下文王珪之妻杜氏，乃唐杜甫的曾祖姑母，故前詩中言"我之曾祖姑，爾之高祖母"。

②命婦：封建時代受封號的婦人，宮內，妃嬪等稱爲內命婦；宮外，臣下之母妻稱爲外命婦。檐子：肩輿。見卷七"肩輿"條。

③尊屬：輩分高的親屬。

④王珪（570—639）：字叔玠，唐太原祁（今山西祁縣）人，累官至宰相，與房玄齡、魏徵、杜如晦並稱唐初四大明相。

唐時三品得服玉帶

韓退之詩："不知官高卑，玉帶垂金魚。"①若從國朝言之，則極品有不得兼者。②然唐制不爾也，唐制五品已上皆金帶，至三品則兼金玉帶。《通鑒》：明皇開元初，敕百官所服帶，三品以上聽飾以玉。③是退之之客，皆三品之上，亦足詫矣。本朝玉帶雖出特賜，須得閤門關子許服，④方敢用以朝謁，則體益以重。⑤然唐裴晉公得特賜，⑥乃于闐玉也，⑦曁病亟，⑧具表返諸上方。⑨其自占辭曰：⑩"內府之珍，先朝所賜，既不合將歸地下，又不敢留在人間，謹以上進。"不知故事當進如隨身魚符之類耶？抑晉公自以意創此舉也？本朝親王皆服玉帶，元豐中，創造玉魚，賜嘉、岐二王，易去金魚不用。自此遂爲親王故事，又前世所未有者。

註釋：

①見韓愈《示兒》詩。

②極品：官員的最高等級。

③聽：聽憑，引申爲可以。

④閤門關子：宋代負責官員朝參、宴飲、禮儀等事宜的官員。宋吳自牧《夢粱錄·閤職》："閤門，在和寧門外，掌朝參、朝賀、上殿、到班、上官等儀範。有知閤、簿書、宣贊及閤門祗候、寄班等官。"

⑤體：準則，法式。《管子·君臣上》："君明，相信，五官肅，士廉，農愚，商工願，則上下體。"尹知章註："上下各得其體也。"

⑥裴晉公：裴度（765—839），字中立，河東聞喜（今山西聞喜東北）人，唐朝名相，封晉國公。

⑦于闐玉：今新疆和田玉。和田，古爲于闐國。

⑧亟：急。

⑨上方：此指朝廷或皇上。

⑩占辭：口述言辭。

古者戮不必是殺

《左氏·文十年》："楚子畋孟諸，①命夙駕載燧。②宋公爲右盂，③違命。文之無畏抶其僕以徇。④或謂子舟曰：'國君不可戮也。'"此以抶爲戮。又《襄六年》，"宋子蕩以弓梏華弱于朝，⑤平公見之，⑥曰：'司武而梏於朝，⑦難以勝矣。'遂逐之。子罕曰：⑧'專戮於朝，⑨罪孰大焉？'亦逐子蕩。"此以梏爲戮。則《甘誓》謂"不用命戮于社，予則孥戮汝"未必殺之，或者降削其家廩給之類，⑩其斯以爲孥戮焉耳。⑪苟惟不然，罰弗及嗣，⑫虞舜之世則未遠也，啓以肖禹得傳政焉，⑬豈其罪人遽肯以族耶？⑭

註釋：

①楚子：楚君爲子爵，故稱。此指楚穆王（？—前614），羋姓，熊氏，名商臣，楚成王長子，楚莊王之父。前625—前614年在位，共12年。畋：打獵。孟諸：亦作孟豬、孟瀦，宋國大澤名，今在河南商丘東北、虞城西北一帶。

②夙駕：星夜駕車出行，語出《詩經·鄘風·定之方中》。燧：我國古代取火的工具。

③宋公：宋襄公（？—前637），《史記》記載其爲春秋五霸之一。右盂：右面圓形的獵陣。《左傳·文公十年》杜預註："盂，田獵陣名。"楊伯峻註："盂，取迂曲之義，蓋圓陣也。"

④文之無畏：申舟（？—前595），羋姓，文氏，名無畏，字子舟，因被封於申，以邑爲氏，別爲申氏，又被稱爲毋畏、文無畏。楚文王的後代，楚國的左司馬。抶：笞打，鞭打。徇：巡行示衆。

⑤《左傳·襄六年》載："宋華弱與樂轡少相狎（親近熟悉），長相優（調戲），又相謗也。子蕩怒，以弓梏華弱於朝。"子蕩：樂轡之字，

宋國公族，子姓，樂氏，名轡，宋國大夫。華弱：宋國公族，子姓，華氏，名弱，宋國司馬。梏：刑具名，木製的手銬。據杜預註："張弓以貫其頸，若械之在手，故曰梏。"這里指用弓像帶梏一樣套住。

⑥平公（？—前532）：宋平公，子姓，名成，一名戌。

⑦司武：司馬，指華弱。據杜預註："司武，司馬。言其懦弱不足以勝敵。"

⑧子罕：即司城子罕。公族，樂氏，名喜，字子罕。宋國的卿，又稱司城子罕。

⑨專：專橫。戮：侮辱，羞辱。《廣雅·釋詁三》："戮，辱也。"

⑩廩給：俸祿；薪給。

⑪孥戮：罪及子孫。顏師古《匡謬正俗》卷二："按孥戮者，或以爲奴，或加刑戮，無有所赦耳。"

⑫罰弗及嗣：懲罰有罪的人不能株連他的子孫。

⑬啓以肖禹得傳政焉：言夏啓以能夠繼承夏禹的執政方式而繼位。

⑭族：滅族。古代一人犯罪，刑及親父母兄弟妻子的刑罰。

卷之十三

廉察

《周禮》"廉能"之類，①諸家雖訓廉爲察，嘗疑理不相附，因閱《漢·高帝紀》詔："廉問，有不如吾詔者，以重論之。"顏氏曰："廉字本作'覝'，②其音同。"乃知廉之爲察，本"覝"字也，有"覘視"之義。③

註釋：

①《周禮·天官·小宰》："以聽官府之六計，弊群吏之治：一曰廉善，二曰廉能，三曰廉敬，四曰廉正，五曰廉法，六曰廉辨。"
②覝：《説文》做"覝"，查看。《説文·見部》："覝，察視也。從見、聲，讀若鎌。"清邵瑛《説文群經正字》："此蓋廉察之廉之本字。兩《漢書》最多廉察，而經典罕見。"
③覘視：窺視，探看。

竹林啼

老杜《七歌》"竹林爲我啼清晝"，蔡絛以"竹林"爲禽名，①恐穿鑿也。竹本非啼，詩人因其號風若哀，②因謂之啼，何必有喙者而後能啼耶？《説文》："竹之夭然，似人之笑。"③因爲"笑"字。竹豈能笑，特以象焉耳。非笑而可名以笑，從懷哀者觀之，孰謂不得爲啼耶？

註釋：

①蔡絛：字約之，別號無爲子，宋興化仙游（今屬福建）人，蔡京

之子。著有《國史後補》《北征紀實》《鐵圍山叢談》《西清詩話》及《蔡百衲詩評》等。

②號風若哀：竹林在風動的時候發出的聲音如同哀號一般。

③笑：清鈕樹玉《說文新附》："此字本佚。臣鉉等案：孫愐《唐韻》引《說文》云：'喜也。從竹從犬。'而不述其義。今俗皆從犬。又案：李陽冰刊定《說文》：從竹從夭，義云'竹得風，其體夭屈如人之笑'，未知其審。"

鐵甕城

潤州城古號鐵甕，人但知其取喻以堅而已。然甕形深狹，取以喻城，似爲非類。幹道辛卯，予過潤，蔡子平置燕於江亭。亭據郡治前山絶頂，而顧子城雉堞緣崗，①彎環四合，其中州治諸廨在焉，②圓深之形，正如卓甕。③予始知喻以爲甕者，指子城也。時適有老校在前，④呼問其故，校曰："子城面面因山，門之西出而達於市者，蓋隧山置闔，⑤故門道長而厚，不與常城等。郡治北面出水之瀆，兩旁斗起，峭峻如壁，仍更向北行十餘丈，乃趨窪地，以是知因山而城，故能深厚如此也。"予始信鐵甕者，專以子城言之。

註釋：

①子城：指潤州裏面的内城，衙署等行政領導機構所在地。雉堞緣崗：沿著山丘的城牆。雉堞，古代城牆上掩護守城人用的矮牆。緣，沿，循。

②廨：官署，舊時官吏辦公處所的通稱。

③卓甕：高高直立的甕。

④老校：舊稱年老或任職已久的下級軍官。

⑤隧山置闔：在山上開鑿隧道、設置門扇。隧，挖隧道。闔，門或門扇。

古服不忌白

《隋志》："宋、齊之間，天子宴私著白高帽，士庶以烏。"①"太子在上省則帽以烏紗，在永福省則白紗。"②隋時以白帢通爲慶弔之服，③國子生服白紗巾。晉人著白接羅。④竇苹《酒譜》曰："接羅，巾也。"南齊垣崇祖守壽春，著白紗帽，肩輿上城。⑤今人必以爲怪，古未以白色爲忌也。郭林宗遇雨墊巾，⑥李賢註云："周遷《輿服雜事》曰：'巾以葛爲之，形如帢。帢，口洽反，本居士、野人所服。魏武造帢，其巾乃廢。今國子學生服焉，以白紗爲之。'"是其制皆不忌白也。樂府《白紵歌》："質如輕雲色如銀，制以爲袍餘作巾，袍以光軀巾拂塵。"吳兢《樂府要解》案舊史：白紵，吳地所出。則誠今之白紵。《列子》所謂阿錫，而西子之舞所謂"白紵紛紛鶴翎亂"者是也。今世人麗妝，必不肯以白紵爲衣，古今之變不同如此。《唐六典》：天子服有白紗帽，其下服如裙、襦、襪皆以白，視朝、聽訟、燕見賓客，皆以進御，⑦則猶存古制也。然其下註云亦用烏紗，則知古制雖存，未必肯用，多以烏紗代之，則習見忌白久矣。世傳《明皇幸蜀圖》，⑧山谷間，老叟出望駕有著白巾者，釋者曰："服諸葛武侯也。"此不知古人不忌白也。

註釋：

①見《隋志·禮儀七》。宴私：指公餘的私生活，如游宴玩耍之類。

②見《隋志·禮儀六》。上省：尚書省，爲魏晉至宋的中央最高政令機構。永福省：皇子所居住的宮殿，一般指東宮。

③白帢：白色便帽。慶弔：慶賀與弔慰。亦指喜事與喪事。

④羅：卷十作"籬"，見卷十"白接籬"。

⑤"南齊"至"上城"十六字：事見《南齊書·垣崇祖傳》。垣崇祖（440—483）：南朝蕭齊將領。字敬遠，下邳人。壽春：今之壽縣，淝水之戰的古戰場。肩輿：見卷七"肩輿"條。

⑥郭林宗：名泰（又作太），東漢太原介休（今山西）人，東漢著名學者、思想家及教育家，其品學爲時人所重。本傳載，郭林宗"嘗於陳梁間行，遇雨，巾一角墊，時人乃故折巾一角，以爲林宗巾"。

⑦皆以進御：皆以白進御。進御，爲皇帝所用。

⑧《明皇幸蜀圖》：唐李昭道創作，現藏臺北故宮博物院。李昭道，字希俊，陝西成紀（今甘肅天水）人，唐代宗室，與其父李思訓皆爲唐代傑出畫家。傳世作品有《春山行旅圖》，錄於《故宮名畫三百種》。

桃葉

《桃葉歌》，①王子敬爲其妾作辭曰："桃葉復桃葉，渡江不用楫。"王性之謂"渡江不用楫"，②隱語也，謂橫波急也。此語極似有理。而施建《樂府廣題》所載乃不然，③曰："'桃葉復桃葉，渡江不用櫓。風波了無常，没命江南渡。'陳末人多歌之，後隋平陳，晉王營六合縣之桃葉山，實應其語。"建既得其本辭載之，則謂寄意"橫波"者非也。

註釋：

①《桃葉歌》：晉王獻之（344—386）作。王獻之，字子敬。桃葉，子敬妾名。

②王性之：名銍，北宋汝陰（今合肥）人，官至右承事郎，有《默記》《四六話》等書傳世。

③施建：當作"沈建"。《宋史·藝文志》《玉海》卷一百六皆作"沈建《樂府廣題》二卷"。

千里不唾井

李濟翁《資暇錄》：諺云"千里井，不反唾"。疑"唾"無義也。"唾"當爲"莝"。莝，草也。言嘗有經驛舍反馬莝於井，①後經此井汲水，爲莝所哽也。按《玉臺新咏》載曹植代劉勛妻王氏見出而爲之詩曰：②"人言去婦薄，去婦情更重。千里不唾井，況乃昔所奉。遠望未爲遥，踟躕不得共。"觀此意興，乃爲嘗飲此井，雖舍而去之千里，知不復飲矣，③然猶以嘗飲乎此而不忍唾也，況昔所嘗奉以爲君子者乎？此足以見古人詩意，猶委曲忠厚，發情而止禮義，④其理亦甚明白易曉。李太白又采用此意爲《平虜將軍妻》詩，曰："古人不唾井，莫忘昔纏綿。"姚令威著《殘語》：⑤太白此詩亦引李濟翁不莝井語，以爲之證，是皆不以曹植詩爲證也。

註釋：

①反：後作"返"，指把草放置井中。

②見《玉臺新詠》之《劉勳妻王氏雜詩二首》，詩自序曰："王宋者，平虜將軍劉勳妻也，入門二十餘年。後勳悦山陽司馬氏女，以宋無子出之，還，於道中作詩二首。"

③"李濟"至"飲矣"一百二十字：又見唐蘇鶚的《蘇氏演義》卷下。

④發情而止禮義：《詩·周南》"序關雎"（《詩大序》："故變風發乎情，止乎禮義。發乎情，民之性也；止乎禮義，先王之澤也。"

⑤姚令威：名寬，字令威，宋嵊縣（今浙江嵊縣）人。紹聖四年進士。官至權尚書戶部員外郎，樞密院編修官。著有《西溪叢語》（亦曰《西溪殘語》），其書多考證典籍之異同。

牛魚

契丹主達魯河鈎牛魚，以其得否爲歲占好惡，蓋仿中國賞花釣魚而因以卜歲也。近世周茂振使金，酋賜之魚，曰"手所親釣者"。即金亦用遼制也。王易《燕北錄》云："牛魚嘴長鱗硬，頭有脆骨，重百斤，即南方鱘魚也。"鱏、鱘同。《本草》既有鱘魚，又別有牛魚，云生東海，頭如牛，則牛魚別自一種，非鱘也。若鱏魚，正如鮎鱧，通身無鱗，既有鱗而硬，即非鱏矣。馮道使虜，詩曰："曾叨臘月牛頭賜。"史謂虜真以牛頭賜之，非也。契丹主率以臘月打圍，①因敲冰鈎魚，則臘月牛頭者，正《本草》所著東海之魚，其頭如牛者也，非真牛頭也。

註釋：

①打圍：打獵。因需多人合圍，故稱。

茅三間

東坡詩："周公與管蔡，恨不茅三間。"①《南史·劉義真傳贊》曰："善乎龐公之言，②比之周公、管、蔡，若處茅屋之内，宜無放殺之酷。"

註釋：

①見蘇軾《和陶歸田園居六首》之一。

②龐公：龐德公，字子魚，又字尚長，東漢襄陽人，荆州刺史劉表數次請他進府，皆不就。後隱居鹿門山，采藥以終。

蕃語

蕃語以華言譯之，①皆得其近似耳。"天竺"語轉而爲"捐篤""身毒"。唐有吐蕃，本"秃髮烏孤"，"秃髮"語轉遂爲"吐蕃"。唃厮羅之父名籛通，②乃贊普也。③達怛乃靺鞨也。④契丹之契讀如吃，惟《新唐書》有音。冒頓讀如墨突，惟《晉書音義》有之，《漢音義》無也，不知其何所本。然常怪蕃語入中國，其元無本字，而以華字記之。⑤而捐篤、身毒固無所奈何，至如龜兹，⑥既知其爲丘慈，何不徑以"丘慈"書之？乃借用"龜兹"，以待翻字者，⑦而後音讀乃明，是必有說也。華戎語異，雖藉華字記之，尚與本語不全諧協，其必宛轉於兩字之間，如"龜"近"丘"，而不全爲"丘"，必龜、丘聲合，然後相近，故不得以一字正命也。

註釋：

①華言：與"蕃語"相對，指漢民族語言。
②唃厮羅：原名斯南陵温，北宋青海東部藏族首領。
③贊普：吐蕃王。
④靺鞨：古民族名，滿族先祖，又稱"達怛""韃靼"。《舊唐書·北狄傳·靺鞨》曰："靺鞨，蓋肅慎之地，後魏謂之勿吉。""其國凡爲數十部，各有酋帥，或附於高句麗，或臣於突厥。而黑水靺鞨最處北方，尤稱勁健，每恃其勇，恒爲鄰境之患。"
⑤華字：漢字。
⑥龜兹：是我國古代西域大國之一，《漢書》《晉書》《隋書》中都有記載。
⑦翻字者：翻譯。

三姑廟

建康青溪有廟，中塑三婦人像，《輿地志》謂爲青溪姑，①其在南朝數嘗見形。②今《建康志》因曰：③隋晉王廣嘗即其地斬張麗華、孔貴嬪，④因並青溪姑者，數以爲三，俗亦呼三姑廟。此說非也。按吳均《續齊諧志》：⑤會稽趙文韶宋元嘉五年爲東宮扶侍，居青溪。夜遇婦人攜二婢過之，女贈金簪，文韶報以銀碗琉璃。比明，至青溪廟中，見碗已在焉。廟中女姑神像，青衣，婢侍立，乃夜來所見。即《輿地志》所謂"嘗見形"者。然則三婦人像，宋已有之，⑥安得爲張、孔乎？

註釋：

①《輿地志》：三十卷，梁顧野王撰。據《隋志》載，"陳時，顧野王抄撰衆家之言，作《輿地志》"。宋張敦頤撰《六朝事迹編類·六朝興廢》引顧野王《輿地志》云："青溪發源鍾山，入於淮，連綿十餘里，溪口有埭，埭側有神祠曰青溪姑。"

②見形：現行，顯靈。

③《建康志》：即《景定建康志》，宋周應合撰，是南宋年間關於南京的地方志之一。

④隋晉王廣句：隋煬帝楊廣（569—618），曾於開皇元年（581）立爲晉王。詳《隋書·楊廣傳》。張麗華、孔貴嬪：南朝陳最後一位皇帝陳叔寶之嬪妃，《南史·張麗華列傳》載："及隋軍克臺城，貴妃與後主俱入井。隋軍出之，晉王廣命斬之於青溪中。"

⑤吳均（469—520）：字叔庠，故鄣（今浙江安吉）人。南朝梁史學家，文學家，時官吳興主簿。所作《續齊諧志》多稱《續齊諧記》，爲志怪小說。《隋書·經籍志》著錄其一卷，存故事十七則，疑已非全本。又據《隋書·經籍志》，南朝宋東陽無疑有《齊諧記》七卷，已佚。吳均似續此書而作。

⑥宋：指南朝劉宋。

蹛柳

壬辰三月三日，在金陵預閱李顯忠馬司兵，①最後折柳環插球場，軍士馳馬射之。其矢鏃闊於常鏃，略可寸餘，中之輒斷，名曰"蹛○音藉，柳。"②其呼藉若乍聲。樞帥洪公謂予曰："何始？"予曰："殆蹛林故事耶。"歸閱《漢書·匈奴傳》：秋馬肥，大會蹛林。服虔曰："蹛音帶。"師古曰："蹛者，繞林而祭也。鮮卑之俗，自古相傳，秋天之祭，無林木者，尚植柳枝，衆騎馳繞三周乃止。此其遺法。"按，此即予言有證，其於馳蹴之外加弓矢焉，則又益文矣。○《西北錄》：太祖時，契丹使來朝，詔使者於講武殿觀射，令其從者與衛士射毛球、截柳枝，即其事也。

註釋：

①李顯忠（1109—1177）：党項族。本名世輔，歸宋後賜名顯忠，綏德軍青澗（今陝西青澗）人，受封開府儀同三司、殿前都指揮使職，南宋抗金將領。詳《宋史·李顯忠傳》。

②蹴柳：馳馬射柳，騎射術之一種。蹴，踐踏。

平白地腸斷

李太白《越女詞》曰："東陽素足女，會稽素舸郎。相看月未墮，白地斷肝腸。①"此東坡長短句所取，以爲"平白地爲伊腸斷"也。②

註釋：

①白地：平白地，俚語。清王琦註《李太白全集》："白地，猶俚語所謂平白地也。"

②見蘇軾詞《殢人嬌》。

沓拖

東坡："頗有沓拖風味。"①李白《大鵬賦》："連軒沓拖，②揮霍翕忽。③"

註釋：

①見蘇軾《洞庭春色賦·序》。沓拖：相重貌。

②連軒：飛翔，飛舞貌。

③揮霍：輕捷，迅捷貌。翕忽：猶倏忽、急速貌。

簡册

古者，大事書之於册，小事簡牘而已。策者，編綴衆簡而成者也。文滿百乃書之，不然則否，故曰"小事簡牘而已"。蔡邕《獨斷》云："《禮》曰：'不滿百文，不書於策。'其制長二尺，短者半之，其次一長一短，兩編下附用篆書。"此漢策拜丞相之制也。①至策免，②則以尺一木兩行而隸書，與策拜異矣。傅獻簡云：③今批答五六字即滿紙，④其體起於宋武帝縱筆大書，⑤甚有理也。

註釋：

①策拜：謂帝王以策書命官。

②策免：帝王以策書免官。

③傅獻簡（1024—1091）：傅堯俞，原名勝二，字欽之，謚獻簡，北宋鄆州須城人。官拜中書侍郎。有《傅獻簡集》七卷。

④批答：皇帝對百官章奏書面批示答復，後多由專職大臣代行。

⑤宋武帝縱筆大書：言宋武帝拙於書法，故左右出主意讓其寫大字遮醜。《宋書·劉穆之傳》："高祖書素拙。穆之曰：'此雖小事，然宣彼四遠，願公小復留意。'高祖既不能厝意，又稟分有在。穆之乃曰：'但縱筆爲大字，一字徑尺，無嫌。大既足有所包，且其名亦美。'高祖從之，一紙不過六七字便滿。"

皂衣

《獨斷》：公卿、尚書衣皂而朝，曰朝臣。故張敞曰："備皂衣議論。"①

註釋：

①皂衣：黑衣。秦漢時官員所著，後降爲下級官吏的服裝。

白銅鞮

《玉臺新咏》載《襄陽白銅鞮歌》，大抵主言送別且皆在襄陽。沈約曰："分首桃林岸，送別峴山頭。若欲寄音息，漢水向東流。"無名氏一首曰："陌頭征人去，閨中女下機。含情不能言，送別淚霑衣。"其末云："龍馬紫金鞍，翠眊白玉羈。照耀雙闕下，知是襄陽兒。"郭茂倩《樂錄》："本《襄陽踏蹄》，梁武西下所作。"①《玉臺新咏》所載兩首皆沈約和《白銅鞮》，即太白所謂"襄陽小兒齊拍手，攔街爭唱《白銅鞮》"者也。②

註釋：

①"《樂錄》"至"所作"十三字：《樂錄》即《古今樂錄》，其曰："《襄陽蹋銅蹄》者，梁武西下所制也。"按，襄陽白銅鞮，又作襄陽白銅蹄，銅鞮謠，銅鞮歌，白銅鞮歌，襄陽白銅歌等，皆從《襄陽蹋銅蹄歌》衍化而來，最初作於梁武帝蕭衍。

②見李白《襄陽歌》。

明妃琵琶

琵琶所作，爲烏孫公主所出塞也，①文人或通明妃用之，②姚令威辨以爲誤，是矣。然《玉臺新咏》載石崇《明妃詞序》曰："公主嫁烏孫，令琵琶馬上作樂，以慰其道路之思。其送明妃，亦必爾也。其造新曲，多哀聲，故書之於紙。"則崇之《明妃》詩嘗以寫諸琵琶矣。郭茂倩著爲《樂府》，遂載崇此詞入之楚調中。③楚調之器凡七，琵琶其一也，則謂明妃爲琵琶辭，亦無不可。

註釋：

①烏孫公主：即劉細君，漢武帝劉徹侄子江都王劉建之女。公元前105年奉漢武帝之命出嫁烏孫王獵驕靡。相傳武帝爲解細君思親之情，命人爲之作一樂器"阮"，亦稱"秦琵琶"。《太平御覽》卷五百八十三載："琵琶始自烏孫公主造。"

②明妃：即王昭君。杜甫《詠懷古迹五首（其三）》中有"千載琵琶作胡語，分明怨恨曲中論"的句子，謂琵琶爲昭君所自彈，後文人沿用。

③楚調：楚地的曲調。常與吳弦、燕歌對舉，後爲樂府相和調之一。

香

秦漢以前，二廣未通中國，中國無今沉、腦等香也。①宗廟燔蕭，②灌獻尚鬱金，③食品貴椒，④皆非今香也。至荀卿氏，方言椒蘭。⑤漢雖已得南粵，其尚臭之極者，⑥曰椒房、椒風。⑦郎官以雞舌奏事而已，⑧較之沉、腦，其等級甚下，不類也。惟《西京雜記》載長安巧工丁緩，作被下香爐，⑨頗疑已有今香。然劉向銘博山爐亦止曰：⑩"中有蘭錡，青火朱烟。"《玉臺新咏·古詩》説博山爐亦曰："朱火燃其中，青烟揚其間……香風雖久居，空令蕙草殘。"二文所賦，皆焚蕙蘭，而非沉、腦，是漢雖通南越，亦未見越香也。《漢武内傳》載西王母降蕊嬰香等，⑪品多名異，然疑後人爲之。漢武奉仙窮極宫室、帷帳、器用之麗，《史》《漢》備記不遺。若曾創有古來未有之香，安得不記？沉香，梁武帝方施之祭神。

註釋：

①沉、腦等香：沉香、腦香等，皆是唐宋時宫中的香品名。

②蕭：艾蒿。

③灌獻：古代祭禮。灌，祭祀時，酌酒澆地以求神降臨。獻，祭宗廟所用之犬，引申指獻祭。鬱金：鬱金香，黄色有香氣，古人亦用作香料。古人大祭祀時必用以鬱金香合黑黍釀製而成的酒。

④椒：芸香科植物，具香氣，祭祀時常以椒香拌精米制成祭神食物。《楚辭·離騷》："巫咸將夕降兮，懷椒糈而要之。"王逸註："椒，香物，所以降神；糈，精米，所以享神。"

⑤至荀卿氏，方言椒蘭：《荀子·禮論》："芻豢稻粱，五味調香，所以養口也；椒蘭芬苾，所以養鼻也。"椒蘭：椒與蘭，皆芳香之物，故以並稱。

⑥臭：氣味，此指香氣。

⑦椒房：西漢未央宫皇后所居殿名，因以椒和泥塗牆壁得名。椒風：漢宫閣名，爲昭儀所居，以皇后殿稱椒房，故以椒風配稱。

⑧雞舌：雞舌香，即丁香。

⑨被下香爐：古代盛香料熏被褥的球形小爐。又稱"香熏球""臥褥香爐""熏球"等。

⑩劉向銘博山爐：劉向在博山爐上作銘文。《藝文類聚》卷七十引漢劉向《熏爐銘》："嘉此正器，嶄巖若山；上貫太華，承以銅盤；中有蘭錡，朱火青烟。"博山爐，又叫博山香爐、博山香熏、博山熏爐等名，是漢晉時期常見的焚香所用的器具。"止"，通"只"。

⑪爇：燒。嬰香：宋代流傳廣泛的一種合香。黃庭堅《藥方帖》、宋《陳氏香譜》皆收録嬰香配方。

雞栖老人城

蘇易簡著本朝使人至西番，①見有老人消縮如小兒，在梁上雞窠中，乃其見存子孫九代祖也。其説甚怪。丙申十月十六日，夜寓直玉堂，②閲史，見興元間韋皋得詔攻吐蕃，③其所攻州名有維、保、松及雞栖、老翁城。予欣然自笑曰："易簡之説，豈即此二城名而增飾之以文滑稽耶？"管城子之毛穎，④烏衣國之王謝，⑤皆其例也。

註釋：

①蘇易簡：字太簡，北宋梓州銅山（今四川）人。太宗太平興國五年進士第一，累官至參知政事，以文章知名。西番：亦作"西藩"，古代對西域一帶及西部邊境地區的泛稱。

②直：通"值"。玉堂：官署名，見卷九"玉堂"條。

③興元：唐德宗年號，只一年，即784年。韋皋（746—806）：字城武，唐朝京兆萬年（今陝西西安）人。官至劍南西川節度使，後被封南康郡王。《唐會要》卷九十七載，"劍南西川節度使韋皋攻吐蕃之維州，獲大將軍輪贊熱以獻"。

④管城子之毛穎：管城子、毛穎都是毛筆的別名，亦名中書君，這三種稱謂均出自韓愈的《毛穎傳》。

⑤烏衣國：神話中的燕子之國。宋張敦頤《六朝事蹟·烏衣巷》："王榭，金陵人，世以航海爲業。一日，海中失船，泛一木登岸，見一翁一嫗皆衣皁，引榭至所居，乃烏衣國也。以女妻之，既久，榭思歸，復乘雲軒泛海至其家，有二燕栖於梁上……來春，燕又飛來榭身上，有詩云：'昔日相逢冥數合，如今睽遠是生離。來春縱有相思字，三月天南無雁飛。'"

毛裘

徐常侍鉉入中原，以織毛衣制本出胡虜，不肯被服，寧忍寒至死，①

信其有守。然古固以狐、羔、麑爲裘，聖人服之矣。若謂古人不以纖毛之衣襲朝服者，②則今貂蟬亦古乎？若其篤古堅毅，死且不易，上於人多矣。

註釋：

①"徐常"至"至死"二十五字：徐常侍鉉，徐鉉。常侍，官名，皇帝的近臣。被服：穿。《宋史·徐鉉傳》載："初，鉉至京師，見被毛褐者輒哂之。邠州苦寒，終不禦毛褐，致冷疾。"

②襲：衣上加衣。

烏鬼

老杜詩曰："家家養烏鬼。"①沈存中曰："烏鬼者，鸕鷀也。"元微之嘗投簡陽明洞，②有詩曰："鄉味猶珍蛤，家神愛事烏。"③乃知唐俗真有一鬼，正名爲烏鬼。謂爲鸕鷀，殆臆度耶？傳記不聞有呼鸕鷀爲烏鬼者。又，《國史補》：④裴中令節度江陵，⑤常遣軍將譚弘受同王積往嶺南幹集。至桂林館，有烏在竹林中，積偶擲石擊中其腦以死，積殊不以爲意。會弘受病逗留於後，積先達江陵，中令疑訝。忽夢弘受訴，言道爲王積所殺，棄其尸竹林中。裴大以爲異，亟付獄治，積自誣伏法，⑥而弘受乃至，始知是烏鬼報讎也。此説甚怪，然有以知唐俗謂烏能神，直至於是，則其祠而事之，有自來矣。

註釋：

①見杜甫《戲作俳諧體遣悶二首》詩之一。

②簡：書簡。陽明洞：陽明洞天，洞天是道教神仙居住地，陽明洞天是道教的十大洞天之一，《龜山白玉上經》載："會稽山周圍三百五十里名陽明洞天，皆仙聖天人都會之所，則第十一洞天，蓋會稽山之總名，不獨石罅也，石名飛來石，上有唐宋名賢題名，洞或稱禹穴。唐觀察使元稹以春分日投簡於此，有詩，白居易和焉，明新建伯王守仁以刑部主事告歸時結廬洞側，因以爲號，今故址猶存。"

③見元稹的《春分投簡陽明洞天作》詩。

④《國史補》：又作《唐國史補》，李肇撰，小説家類一，雜事之屬，今存。

⑤裴中令：即裴度，曾作中書令。節度：做節度使。
⑥自誣伏法：沒有罪而認罪。

石鑄器

《穆天子傳》："天子升采石之山，取采石焉。天子使重䡅之民鑄以成器於黑山之上。"①郭璞註云："今外國人所鑄作器者，亦皆石類也。"按，此所言殆今藥玉、②藥流離之類，③古書記事簡不失實，驟觀若可愕，徐徐察之，理甚煥然，簡奇可尚也。④

註釋：

①見《穆天子傳》卷四。"重䡅"，《穆天子傳》和《漢語大字典》作"重䡅"，地名。《字彙補·巛部》："䡅，重䡅氏，地名。"
②藥玉：石料經藥物煮煉後，色澤光潤，稱藥玉，猶今之料玉。
③藥流離：琉璃經藥物煮煉後稱藥琉璃。離：通"璃"。
④尚：尊崇，崇尚。

錢塘

《世說》註錢塘云：①"晉人沈姓而令其縣者，將築塘，患土不給用，設詭曰：②'有致土一簣者，③以錢一簣易之。'土既大集，遂誘曰：④'今不復須土矣。'人皆棄土而去，因取此土以築塘岸，故名錢塘。"非也。《漢書·地理志》會稽郡有錢塘縣，其已久矣，地名因俗傳而訛，如此者多。

註釋：

①按，《世說新語》爲宋劉義慶傳、梁劉孝標註、今人余嘉錫箋疏，據余嘉錫稱，此條註爲宋人所刪改，非復本文。劉孝標註原文爲："錢唐縣記曰：縣近海爲潮漂沒，縣諸豪姓，斂錢雇人，輂土爲塘，因以爲名也。"
②詭：詭計，策略、計策。
③簣：後作"畚"，下同。

④諉：推托，推諉。

欸乃

　　柳子厚詩："漁翁夜傍西巖宿，曉汲清湘燃楚竹。江空日出不見人，欸乃一聲山水綠。"①欸音奧，乃音靄。世固共傳《欸乃》爲歌，不知何調何辭也。《元次山集》有《欸乃歌》五章，章四句，正絕句詩耳。其序曰："大曆丁未中，漫叟以軍事詣都使，②還州，逢春水，舟行不進，作《欸乃》五曲，舟子唱之。蓋取適於道路耳。"其中一章曰："千里楓林烟雨深，無朝無暮有猿吟。停橈靜聽曲中意，③好是雲山韶濩音。④"蓋全是詩，如《竹枝》《柳枝》之類，其謂欸乃者，殆舟人於歌聲之外，別出一聲，以互相其所歌也耶。今徽、嚴間舟行，猶聞其如此，顧其詩非昔詩耳，而欸乃之聲可想也。《柳枝》《竹枝》尚有存者，其語度與絕句無異，但於句末隨加竹枝或柳枝等語，遂即其語以名其歌。欸乃，殆其例耶？

註釋：

①見唐柳宗元《漁翁》詩。
②漫叟：元結（719？—772？）老時自稱，見《新唐書·元結傳》。
③橈：船槳。
④好是：真是。韶：舜樂。濩：湯樂。

百子帳

　　唐人昏禮多用百子帳，①特貴其名與昏宜，②而其制度則非有子孫衆多之義。蓋其制本出戎虜，特穹廬、拂廬之具體而微者耳。③棬柳爲圈，以相連瑣，可張可闔，爲其圈之多也，故以百子揔之，亦非真有百圈也。其施張既成，大抵如今尖頂圓亭子，而用青氈通冒四隅上下，④便於移置耳。白樂天有《青氈帳》詩，其規模可考也。其詩始曰："合聚千羊毳，⑤施張百子棬。⑥骨盤邊柳健，色染塞藍鮮。"其下註文自引《史記》"張空拳"爲證，即是以柳爲圈，而青氈冒之也。又曰："北制因戎創，南移逐虜遷。"是制出戎虜也。"有頂中央聳，無隅四向圓"，是頂聳旁圓也。既曰"影孤明月夜"，又曰"最宜霜後地"，則是以之弛張移置，於月於霜，隨處悉可也。又曰："側置低歌座，平鋪小舞筵。"則其中亦差寬矣。既曰"銀囊帶火懸"，又曰"獸炭休親近"，則是其間不設燎爐，但用銀囊貯火，虛懸其中也。又曰："蕙帳徒招隱，⁷茅庵浪坐禪。"其所稱比，但言蕙帳、茅庵，而不正比穹廬，知其制出穹廬也。樂天詩最爲平易，至其鋪敘物制，如有韻之記，則豈世之徒綴聲韻者所能希哉！唐德宗時，皇女下降，顏真卿爲禮儀使，⁸如俗傳障車、卻扇、花燭之禮，顏皆遵用不廢，獨言氈帳本北虜穹廬遺制，⁹請皆不設。其言氈帳，即樂天所賦而宋之問所謂"催鋪百子帳"者是也。丙申十月十一日夜，醉後讀《白集》，信筆以書。

註釋：

①昏：後作"婚"。

②特：只是。

③穹廬：又作"窮廬"。古代游牧民族居住的氈帳。拂廬：吐蕃上層人所居的氈帳。

④冒：覆蓋。

⑤毳：鳥獸的細毛。

⑥百子弮：樣式爲下文所言"以柳爲圈，而青氈冒之也"。弮：同"絭"，弦。

⑦蕙帳：帳的美稱。

⑧禮儀使：主持禮節和儀式的官員。

⑨氈帳：毛氈制的帳篷，北方游牧民族以之爲居室。

卷之十四

金吾2

　　《漢志》執金吾，註：金吾，鳥也。金吾執之以禦不祥，夫使金吾果禽類，從古至今必不絕種，何以全無其傳也？按，杨子雲《執金吾箴》曰："吾臣司金，敢告執璜。"崔豹《古今註》："金吾，棒也。以銅爲之，黄金塗兩頭，謂之金吾也。"按，今三衙大將立殿陛下，所執杖子者，銀扣兩末，①而軍職之呼員僚者，②每朝不笏而杖，③其制略與之同。軍伍間呼其杖爲封杖，豈古金吾遺制耶？以楊、崔之語合而證之，知其爲杖，不爲鳥也，亦以明矣。

註釋：

①扣：鑲嵌。
②員僚：泛指官吏。
③每朝不笏而杖：笏、杖皆用作動詞，意爲每次上朝不拿笏板，而持杖子，即下文之"封杖"。

跳蕩

　　渾瑊年十一立跳蕩功。①《唐·兵志》："矢石未交，陷堅突衆，敵因而敗，曰跳蕩。"

註釋：

①渾瑊（736—800）：本名進，唐皋蘭州（今寧夏青銅峽南）人，鐵勒族渾部匈奴族，郭子儀部將，曾任左金吾衛大將軍。跳蕩：作爲先鋒打

亂敵方陣脚。《舊唐書·渾瑊傳》曰："瑊年十一，善騎射，隨（父）釋之防秋，朔方節度使張齊丘戲曰'與乳媼俱來邪？'是歲立跳蕩功。"

一唱三嘆

《樂記》曰："樂之隆，[①]非極音也；食饗之禮，[②]非致味也。清廟之瑟，朱弦而疏越，一唱而三嘆，有遺音者矣。[③]大饗之禮，[④]尚玄酒而俎腥魚；[⑤]大羹不和，[⑥]有遺味者矣。"凡瑟之弦，練而朱之，則其聲濁；[⑦]底竅洪疏，則其聲遲。用絲本以取聲，而特貴其遲濁者，正與玄酒、大羹、薦味而棄味者同一意度。[⑧]故曰遺音、遺味也。遺味、遺音，即與上文之謂"非極音、非致味"者相發相應也。[1] 鄭氏釋遺爲餘，失其旨矣。至於一唱三嘆，則鄭謂三人從而嘆之。《大戴禮傳》亦曰："清廟之瑟，一唱而三嘆之也。"漢去古未遠，一唱三嘆，其言如此，必有所受也。陳僧匠智叙《古今樂錄》引《尚書大傳》云：[⑨]"古者，帝王升歌，[⑩]清廟之樂，大琴練弦達越，大瑟朱弦達越，[⑪]以韋爲鼓，不以竽、琴、瑟之聲亂人聲。清廟升歌，先人功烈德深，故欲其清也。其歌之呼也，曰'於穆清廟'嘆之也。於穆者，欲其在位者遍聞之也。"據此而言，其三人從旁嘆之者，從"於穆"等語，申以嗟嘆，至于三人也。僧匠智作《樂錄》，起漢迄梁，其於存古甚多。其序《清商正聲》篇曰："但歌四曲，皆起漢世。無弦節，奏伎，最前一人唱，三人和，魏武好之。有宋容華善唱此曲。自晉以來，四曲並絕。"其曰但歌者，但，徒也。徒歌者，不以被之絲弦，而專以人聲，故曰"無弦節"也。奏伎者，伎即伎也，即本卷題首之謂伎曲者是也。方其奏伎之時，無弦矣，其歌者最前一人唱之，三人從旁和之。與鄭氏所言同，知漢人共傳之古者如此。《樂錄》於清商類中，又有可證者。其註《東光》曰：[⑫]"舊但弦無聲。"[⑬] 其註《東門》曰："舊但弦無歌，皆宋識造其歌與聲耳。"從"但弦"之義以推文可以例但歌之爲徒歌也。[⑭]其後又有楚調但曲七，如《廣陵散》之類，[⑮]謂從琴箏而得者，則又後人好事，寫之絲弦，非但歌本然也。夫古人貴本遺音，既不免弦木爲瑟矣，又從而理其弦度，使之遲濁也。漢、魏宗尚而推廣之，又並與絲

1　自"非致"（第二個）至"使之遲濁也"止，底本原缺，共462個字，據儒學警悟本、四庫本、學津本補。

弦不用而悉以人聲爲貴。此其意皆近古而可書，苟無匠智傳録，則今日不可以意推測矣。

註釋：

①隆：鄭玄註："隆，猶盛也。極，窮也。"

②食饗之禮：孔穎達疏曰："食饗，謂宗廟祫祭。此禮之隆重在於孝敬也，非在於致其美味而已。"

③"清廟"至"者矣"共十八字：鄭玄註曰："《清廟》，謂作樂歌《清廟》也。朱弦，練朱弦，練則聲濁。越，瑟底孔也，畫疏之，使聲遲也。倡，發歌句也。三嘆，三人從嘆之耳。大饗，祫祭先王，以腥魚爲俎實，不臑熟之。大羹，肉湆，不調以鹽菜。遺，猶餘也。"

④大饗：鄭玄釋爲"祫祭先王"。實指郊天與宗廟之祭祀中宴請賓客，它與一般食饗的區別是有玄酒之設。

⑤玄酒：孔穎達疏曰："玄酒，謂水也。以其色黑，謂之玄。而太古無酒，此水當酒所用，故謂之玄酒。"

⑥大羹：不和五味（不加任何調料）的肉汁羹。不和：言不調和五味。孔穎達疏曰："謂不以鹽菜和之。"

⑦"凡瑟"至"聲濁"共十二字：指絲經過搗練，生絲變成熟絲，柔韌性變強，同時固有頻率變小，聲音也變得低而濁。練，鄭玄《禮記註》"練則聲濁"，孔穎達疏曰："不練則體勁而聲清，練則絲熟而弦濁。"按，《釋名·釋采帛》："練，爛也，煮使委爛也。"

⑧薦味而棄味：按，玄酒和大羹全靠自然本色，看似無味卻味道無限，體現著中國"無爲而無所不爲"的理念。薦：進獻。

⑨匠智：文獻多爲"智匠"，即南朝陳之僧人釋智匠。作《古今樂録》，今馬國翰《玉函山房輯佚書》輯一卷。

⑩升歌：謂祭祀、宴會登堂時演奏樂歌。

⑪"大琴"至"達越"共十二字：練弦和朱弦皆是用熟絲制的琴弦。朱、練互文爲義。達越，疏通瑟底之孔使其聲遲重。

⑫《東光》：與下文《東門》皆屬於漢樂府《相和歌辭·相和曲》，相和有十五曲。

⑬但弦無聲：與下面的"但弦無歌"一樣，指的是人在清唱的時候樂器偶爾伴奏一下，没有形成伴奏旋律。

⑭例：比照。
⑮《廣陵散》：又名《廣陵止息》，古代大型琴曲，我國著名十大古曲之一。

擊缶

應劭《風俗通》："缶者，瓦器，所以節歌。①《易》曰：'日昃之離，不鼓缶而歌，則大耊之嗟，凶。'"②《楊惲傳》：擊缶而呼嗚嗚者，真秦聲也。③由此言之，擊缶者，皆擊之以節其歌，非缶而自能出聲也。

註釋：

①節歌：即控制歌曲使之合乎節拍。節：控制、限制。
②見《易》"九三離卦"。日昃：太陽偏西。大耊：老年人，或指高齡。卦意爲：老年人生好比夕陽西下，這時如果不能敲著瓦器歌唱，從容快樂地歡度晚年，就難免會有春蠶將死、蠟炬成灰的哀嘆，這樣必然遭遇凶險。
③見《楊惲傳》顏師古註。註曰："李斯上書云：擊甕叩缶、彈箏搏髀而歌呼烏烏快耳者，真秦聲也，是關中舊有此曲也。"

彤管

《詩》："彤管有煒。"①箋云："彤管，筆赤管也。"鄭氏以爲"后、夫人必有女史彤管之法，史不記過，其罪殺之"。②毛、鄭說《詩》多異，惟此制略相通，其必有所本。按漢制：尚書郎主作文書起草，月賜赤管大筆一雙。《會稽典錄》：③盛吉爲廷尉，每冬至斷囚，④持丹筆垂泣。則皆丹彤其管，以別於常用之筆，第不知其得賜、得用制度何似耳。

註釋：

①見《詩經·邶風·靜女》。煒：色紅而有光澤。
②《周禮·天官·女史》："女史掌王后之禮職，掌內治之貳，以詔后治內政。"女史若有不記妃嬪之過，其罪當殺。
③《會稽典錄》：二十四卷，晉虞預撰。原文已佚，今有魯迅輯本。

④斷囚：即斬囚，處決囚犯。

馬匹

馬以匹爲數。自古言匹馬，皆一馬也。《文侯之命》有"馬四匹"，^①不知當時何指。《韓詩外傳》謂馬夜行，目光所及，與匹練等。^②或曰，匹言價與匹帛等。不知孰是。因讀劉勰《文心雕龍》，其說爲長，曰：古名車以兩，馬以匹，蓋車有佐乘，^③馬有驂服，^④皆以對並爲稱，雙名既定，則雖單亦復爲匹，如匹夫、匹婦之稱匹是也。此義甚通。

註釋：

①見《尚書·周書·文侯之命》。周平王爲了感謝晉文侯擁立之功，作《文侯之命》，並賜文侯"秬鬯一卣，彤弓一，彤矢百，盧弓一，盧矢百，馬四匹"。
②匹練：成匹的長幅白絹。
③佐乘：副車。古代天子諸侯征戰、田獵皆有副車。
④驂服：古代在兩旁駕車的馬稱驂馬，在中間駕車轅的稱服馬。此指驂馬。

虎賁

沈約《宋志》："虎賁，舊作虎奔，言如虎之奔走也。王莽以古有勇士孟賁，^①故以'奔'通爲'賁'。"此說非也，《書》："虎賁三千人。"^②賁之爲賁久矣。古賁、奔通，不必取孟賁爲義。

註釋：

①孟賁：戰國時期衛國的勇士，相傳他力大無窮。
②虎賁，勇士。

官槾貴私槾賤

孫伏伽言："只爲官槾貴，所以私槾賤。"^①讀者不解。按，《舊唐志》：

"虞部職掌柴炭、②木樘進內及供官客，並於農隙納之。"則木樘也者，虞部歲取諸民，有定令也。既以令取又不足用，則溢額制之而給其直。③會其科取數多，④既至而官不更買，則不免賤售於外，故曰："若官樘賤，則私樘無由賤也。樘，徒江反。"

註釋：

①《資治通鑒》卷一百九十五："尚書左丞韋悰句司農木樘價貴於民間，奏其隱沒。上召大理卿孫伏伽書司農罪。伏伽曰：'司農無罪。'上怪，問其故。對曰：'只爲官樘貴，所以私樘賤。向使官樘賤，私樘無由賤矣。但見司農識大體，不知其過也。'"胡三省註曰："樘，木一截也。唐式，柴方三尺五寸爲一樘。按《通典》，韋悰句司農木樘七十價，百姓四十價，奏其隱沒。"

②虞部：古職官名。唐宋時掌山澤苑囿、草木、薪炭及供給行旅宴飲所需之物等事。

③溢額：超額。直：通"值"。

④科取：徵收。

屋幾楹

元祐初，程頤議更立太學，先言三舍每齋須屋七楹，①其後又言七間爲一齋。學制所詰問頤前後所須間架不同，頤曰："所稱齋七楹，即是七間，別無間架不同。"不知此時何人主學制所，殊可笑也。楹，柱也。《詩》言旅楹，即概言衆柱耳。孔子夢奠兩楹，②即是在兩柱之間。世謂屋若干間者，取兩柱夾覆之中，故曰一間。今文士記屋，亦皆相承以幾楹爲幾間。蓋取柱之一列言之則無礙，或析而言之，以一間爲一楹，一楹安得立屋？此正所謂因文害事也。《唐·殷盈孫傳》：僖宗還蜀，議立太廟，盈孫議曰："故廟十一室，二十三楹，楹十一梁。"是排立十一室，無室爲屋間二，其東西屋盡處，別須植柱二列，故十一室而二十三楹者，以一列爲一楹也。二十三楹而梁才居十一者，從南面計視，亦以梁列數之，故每室才云一梁也。

註釋：

①三舍：據《宋史·選舉志》，宋代元豐以後，太學分三舍：上舍、

內舍、外舍。齋：書房，學舍。《宋史·選舉志三》："太學置八十齋，齋各五楹，容三十人。"

②《禮記·檀弓上》載，孔子將死，曰："予疇昔之夜，夢坐奠於兩楹之間……予殆將死也。"後因以"夢奠"指死亡。

洋州

洋當讀如汪洋之洋，今讀如詳，莫明所起。《說文》："洋，水。出齊臨朐。"① 雖非今洋州之洋，然徐鍇著音，乃以似羊爲翻，則當讀洋如詳，② 古有之矣。洋、揚二州，聲稱相雜，豈其世人病之，而借齊洋音讀以加梁洋，③ 使有差別乎？

註釋：

①臨朐：地處山東半島中部，濰坊市西南部，沂山北麓，彌河上游。

②則當讀洋如詳：按，《說文解字》中"洋"和"詳"都是"似羊切"。

③梁洋：歷史上有梁州和洋州二州，隋煬帝大業三年（605）撤梁、洋二州，合爲漢川郡。

浙江

《說文》釋浙云："江水東至會稽山陰爲浙江。"又"漸水出丹陽黟水，東入海。"皆今錢塘浙江也。秦始皇渡浙至會稽。又《莊子》有浙河，① 則浙名舊矣。② 桑欽載漸水所徑，③ 所入，正今浙江而不名爲浙。若謂浙、漸字近，久而相變，如邾、鄒之類耶，則浙之得名既已先秦，而桑欽更以爲漸，何耶？許氏浙水、漸水又復兩出，皆不可曉。黟、歙，今徽州也。休寧縣有浙溪，溪上有浙嶺，而婺州亦有浙溪，二州水皆會桐廬，而遂從杭、越間入海。則本其發源，各名爲浙，亦無抵牾。第以古語爲正，則出黟者，古也。

註釋：

①《莊子·外物》："任公子得若魚，離而腊之，自淛河以東，蒼梧

以北，莫不厭若魚者。"

②舊：久。《小爾雅·廣詁》："舊，久也。"

③桑欽：字君長，河南（今河南洛陽）人，漢學者、著名地理學家。今世傳之《水經》三卷，舊題桑欽撰。

箭貫耳 2[1]

軍法以矢貫耳爲聅，聅之音，耻列、徒安二翻也。《説文》引《司馬法》曰："小罪聅，中罪刖，大罪剄。"故子玉治兵，鞭七人，貫三人耳者，用此法也。漢原涉犯罪，茂陵守令尹公捕之急，諸豪説尹，欲使肉袒自縛箭貫耳，詣廷門謝罪。則用箭貫耳以示恐畏，非以意爲之也。

衙

凡官寺吏卒，率以晨、晡兩時致禮，①俗呼衙府，古有之而稱謂訛也。漢文釋申曰：②"吏以晡時聽事，③申旦政也。"《藝文類聚》載古射覆"蜜蜂"之辭曰：④"蕍蕍華華，雖無官職，一日兩衙。"⑤則凡官寺，日再聽事，吏卒因之，亦兩致其恭，當用"衙晡"二字。府，"晡"聲之訛者也。天子御正殿受朝，亦名正衙，不知何始。

註釋：

①晡：傍晚。即申時，十五時至十七時。又作"餔"，《説文》："餔者，日加申時食也。"《後漢書·王符傳》李賢註："《説文》曰：'餔謂日加申時也。'今爲'晡'字也。"

②漢文：指《説文》。

③聽事：處理政事。

④射覆：射者，猜度也；覆者，遮蓋隱藏也。射覆初期是隱藏遮蓋具體物件，讓人猜度。後期是用間接曲折的語言文字形式隱寓事物，令人猜度。《漢書·東方朔傳》："上嘗使諸數家射覆。"顏師古註曰："於覆器之下置諸物，令闇射之，故云射覆。"

---

1 卷九有同名條目，內容大同小異，可參考。

⑤"蘁蘁"至"兩衙"十二字：此爲射覆謎"蜜蜂"的謎面。蘁：同"花"。

酎

漢八月飲酎。①説者曰："酎，正月釀，八月成。"許叔重曰："八月黍成，可爲酎酒。"②"酎，三重醇酒也。"③二説不同。然酒固有久醖者，④恐八易月乃成，期太迂遠，當以黍成可釀爲是。黍既登熟，三重釀之，八月一月可辦也。

註釋：

①酎：反復多次釀成的醇酒。
②許愼《説文》："酉，就也。八月黍成，可爲酎酒。象古文酉之形。"
③見許愼《説文》釋"酎"。
④醖：釀造。

漢藏書處

漢世藏書，舊知有禁中、外臺之別已。①今讀劉向叙載所定《列子》之書，而知中書之外，②又有太常、太史與中秘而三也。③向言所校三藏本篇章，大率中書多外書少，知漢留意中秘，④故比他本特備也。史遷綢金匱石室以成《史記》，⑤豈嘗許其稽閱中秘耶？或太史所藏于漢家事實，則金匱石室以加嚴耶？然不知正在何地也。

註釋：

①禁中、外臺：皆漢代藏書之處。程俱《麟臺故事》："端拱二年八月李至等言，王者藏書之府，自漢置未央宫，即麒麟天録閣在其中，命劉向、揚雄典校皆在禁中，書即内庫書也。東漢藏之東觀，亦在禁中也。……而蘭臺亦有所藏之書，故薛夏云蘭臺爲外臺，秘書爲内閣。"
②中書：此指皇宫中的藏書，即上文説的禁中、外臺藏書。
③"又有"至"三也"共十二字：《漢書·藝文志》："於是建藏書

之策。"顏師古註引如淳曰："劉歆《七略》曰：'外則有太常、太史、博士之藏，內則有延閣、廣內、秘室之府。'"

④留意：關心，重視。中秘：宮廷珍藏圖書文物之所。

⑤䌷：綴輯。《史記》司馬貞《索隱》："如淳云：'抽徹舊書故事而次述之。小顏云：'䌷謂綴集之也。'案石室金匱，皆國家藏書之處。"

箭括

《列子·仲尼》篇言："善射者能令後鏃中前括，①發發相及，矢矢相屬，②前矢造準而無絕落，③後矢之括猶銜弦，視之若一焉。"《唐六典·武庫令》註箭制曰："其本曰鏑，其旁曰羽，其矢末曰括，括旁曰疑〇恐是擬字。④"《書》所謂"往省括于度，則釋"者，⑤矢之末分歧而銜弦者是括也。

註釋：

①鏃：箭頭。括：箭尾。晉張湛《列子註》曰："箭相連屬無絕落處，前箭著堋（箭靶），後箭復中前箭，而後所湊者猶銜弦，視之如一物之相連也。"

②屬：接連。

③造準：謂射中箭靶。

④疑：當作"叉"。《初學記》卷二十二《武部·箭第五》作"括旁曰义，形似义也"，《唐六典·武庫令》同。《御覽》卷三百四十九《兵部八十·簡上》作"括旁曰义，形如义也""义"是"義"的俗寫，《御覽》因訛爲"义"。《釋名》："栝旁曰义，形似义也。"畢沅《釋名疏證補》"义"作"叉"，稱"栝之有叉，所以築弦也"。《說文》："叉，手指相錯也。從又，象叉之形。"段註："凡岐頭皆曰叉。"蓋"义"爲"叉"之訛，"义"與"疑"又因同音而訛。程氏註"恐是擬字"，蓋因"疑"而臆測。

⑤"往省括於度，則釋"：見《書·太甲上》。省括：謂將箭瞄準目標。全句意爲：用心察看箭的尾部，如與所測度的一致，就射出去。

南墳西墳

　　國朝宗子自祔葬山陵之外，①又有南墳、西墳。問諸宗子，多南渡後始生，②無知之者。建炎二年十月，知汝州張抃奏劾其州官遁竄之罪。有趙叔潛者結銜云"保義郎添差管轄舒王已下墳園"，③有承節郎王世斌者，④其銜即云"管轄魏王已下墳園"。⑤此之舒、魏二王墳，南、西二墳也耶？

註釋：

①祔葬：指自夏商開始的"子隨父葬，祖輩衍繼"的合葬方式。祔：謂新死者附祭於先祖。

②南渡：靖康二年（1127）徽宗、欽宗被擄北上，北宋滅亡。康王趙構（1107—1187）渡長江，在南方建立南宋政權，史稱南渡。

③結銜：舊時官吏簽署官銜。保義郎：爲宋官名，第五十階。添差：宋制凡於正員以外額外增添的差遣，叫"添差"。舒王：疑爲趙德林，宋朝開國皇帝宋太祖趙匡胤的第三子，早亡，無名，宋徽宗追賜其名爲趙德林，追封其爲舒王。

④承節郎：宋階官名，第五十一階。王世斌：宋李心傳《舊聞證誤》卷三作"王世贇"，未知孰是。

⑤魏王：趙廷美（947—984），字文化，本名趙匡美，宋太祖趙匡胤四弟，爲宋太祖避諱後改光美，太宗光義即位後，又避宋太宗諱，改名廷美。

臚傳

　　《漢書》"臚傳"，①古今不曾究極其義。按《儀禮·士冠禮》："主人得筮，反之筮人。筮人還，東面，旅占，卒，進，告吉。"鄭氏註云："旅，衆也。古人旅作臚。"予因讀此始悟臚傳曰旅傳也。今之臚傳，自殿上至殿下，皆數人抗聲相接，使所唱之語，聯續遠聞，則臚傳之爲旅傳，其已審矣。鴻臚寺主典賓客，亦取大衆會集以爲名寺之義。

註釋：

①臚傳：傳告皇帝詔旨。亦作"臚句"。《漢書·叔孫通傳》："大行

設九賓，臚句傳。"唐·顏師古註引蘇林曰："上傳語告下爲臚，下告上爲句也。"《莊子·外物》："儒以詩禮發冢，大儒臚傳曰：'東方作矣，事之何若？'"成玄英疏："從上傳語告下曰臚。臚，傳也。"

古爵羽觴

《楚辭》曰："瑤漿蜜勺實羽觴。"① 張衡《西京賦》："促中堂之狹坐，②羽觴行而無筭。③"班婕妤《東宮賦》曰："酌羽觴兮消憂。"諸家釋羽觴皆不同。劉德曰："酒行疾如羽。"如淳曰："以玳瑁覆翠羽於下，徹上可見。"劉良曰："杯上插羽，以速飲。"皆非是。束晳論禊曰：④"逸詩云：'羽觴隨波流。'"⑤且以隨波之用證之，若果插羽，則流泛非便。至謂玳瑁、翠羽相須爲麗，則太不經。惟李善引《漢書音義》曰"作生爵形"者是也。古飲器自有爵真爲爵形。劉杳謂古尊彝皆刻木爲鳥獸，⑥鑿頂及背以出酒者，即其制也。本朝李公麟得古爵，⑦陸佃繪之《禮象圖》，其形有咮、⑧有足、有尾，但不爲背，而盡窪虛其中，以受酒醴。⑨蓋通身全是一爵也，惟右偏著耳，⑩以便執持，如屈卮然，⑪乃始是飲器制度。蘇文忠之詩，有狀胡穆銅器者，曰："隻耳獸齧環，長脣鵝擘咮。三趾下銳春蒲短，兩柱高張秋茵細。君看翻覆俯仰間，覆成三角翻兩髻。古書雖滿腹，苟有用我亦隨世。嗟君一見呼作鼎，纔註升合已漂逝。"⑫文忠不正命其器以爲爵，而徇穆之所名，姑以爲鼎。然味其所咏形模大小，以較《禮象》，則與李公麟古爵正同。古爵、雀字通。紹興間，奉常鑄爵，正作雀形，如《禮象》所繪，知其有所本也。則夫以爵爲觴，而命之羽觴，正指實矣。孟康釋班賦亦曰："羽觴，作生爵形，有頭、尾、羽翼。"⑬師古曰："孟說是也。第其制隨事取便，鑄銅爲之，則可堅久，於祭、燕爲宜。若以流泛，⑭即刻木爲之，可飲可浮。"皆通便矣。

註釋：

①見《楚辭·招魂》。羽觴：爵也，酒器。
②狹坐：迫近而坐。
③無筭：不計其數。極言其多。
④束晳：字廣微，西晉陽平元城（今河北大名）人。著述甚富，但大都亡佚。今存《補亡詩》六首及《餅賦》等賦作數篇。禊：禊祭也。

古代風俗，每年三月上旬的巳日在河邊沐浴，並引清流爲曲水，流觴宴飲，祓除不祥，稱爲修禊。《晉書·束晳傳》載，晉代兩位尚書郎摯虞、束晳曾在晉武帝面前爭論上巳節起源事情。

⑤見《晉書·束晳傳》。逸詩：前人稱《詩經》305篇以外的詩句爲"逸詩"。

⑥劉杳（479—528）：字士深，平原人，官至步兵校尉，兼太子舍人。著述甚豐，有《要雅》五卷，《楚辭草木疏》一卷，《高士傳》二卷等。尊彝：均爲古代酒器，金文中多用爲各類酒器的統稱，後亦以泛指禮器。

⑦李公麟（1049—1106）：字伯時，號龍眠居士，北宋廬江郡舒州（今安徽桐城）人。神宗熙寧三年進士，以陸佃薦爲中書門下後省刪定官。著名畫家。

⑧咮：鳥嘴。

⑨酒醴：泛指各種酒。醴，甜酒。

⑩耳：指形狀如耳的把手。

⑪屈卮：有曲柄的酒杯。

⑫見蘇軾《胡穆秀才遺古銅器似鼎而小上有兩柱可以覆而》詩。

⑬見《漢書·外戚傳下·孝成班倢伃》顏師古註引孟康曰："羽觴，爵也，作生爵形，有头、尾、羽翼。"

⑭流泛：臨流泛觴。古代飲酒時，列坐水邊，浮杯飲酒。即圍著一條人工小河，酒杯流到跟前時飲酒並按規定吟詩。

交床

今之交床，制本自虜來，始名胡床。桓伊"下馬據胡床，取笛三弄"是也。①隋以讖有胡，②改名交床，胡瓜亦改黃瓜。唐柴紹擊西戎，據胡床使兩女子舞，③則唐史臣追本語以書也。唐穆宗長慶二年十二月，見群臣於紫宸殿，御大繩床，則又名繩床矣。

註釋：

①《晉書·桓伊傳》："王徽之赴召京師，泊舟青溪側。素不與徽之相識，伊於岸上過，船中客稱伊小字曰：'此桓野王也。'徽之便令人謂

伊曰：'聞君善吹笛，試爲我一奏。'伊是時已貴顯，素聞徽之名，便下車，踞胡床爲作三調，弄畢，便上車去，客主不交一言。"

②按，《貞觀政要》卷六："隋煬帝性好猜防，去信邪道，大忌胡人，乃至謂胡床爲交床，胡瓜爲黃瓜。"

③"唐柴"至"子舞"十二字：《舊唐書·柴紹傳》："虜據高臨下，射紹軍中，矢下如雨。紹乃遣人彈胡琵琶，二女子對舞。虜異之，駐弓矢而相與聚觀。"

金爲兵器

孫愐《唐韻》釋鎧曰甲也。①《管子》云："葛盧之山，發而出黃金，蚩尤制以爲鎧。"謂蚩尤鑄鎧，不知《管子》何所本，然是以知周世之鎧必已用金也。《漢·嚴安傳》曰："今天下鍛甲磨劍，矯箭控弦。"許叔重《說文》曰："兜鍪，首鎧也。""釬○侯肝反，臂鎧也。""錏○音鴉鍜○霞，頸鎧也。"自身鎧之外，鍪、釬、錏鍜，循首以至頸臂，悉皆有鎧，而字又從金。仲長統《昌言》曰："古者以兵車戰，而甲無鐵札之制。②今誠以革甲當強弩，亦必喪師亡國。"則甲用鐵札，西都已然，③不待漢末也。

註釋：

①《唐韻》：唐孫愐撰，五卷，已佚，北宋大中祥符年間據《唐韻》等韻書修訂成《廣韻》一書。

②鐵札：用鐵製作的以長方形甲片爲主的甲冑，因形似書札，故又稱"甲札"。

③西都：周成王時以洛邑爲東都，因稱周武王時都城鎬京爲西都。

祖免

《禮》有祖免，鄭氏曰："免音問。以布廣一寸，從頂中而前，交於額上，又卻向後繞於髻也。"①予疑不然。《記》曰："四世而緦，服之窮也。五世祖免，殺同姓也。"②服之旁殺而至於緦，③僅爲三月，則自此之外，不更有服矣。然而由四殺五，④不可頓如路人，故屬及五世，而族人有喪，則脫露半袖，見其內服，是之謂祖。解除吉冠，是之謂免。免之爲言，正是免冠之免，不應別立一冠，名之爲免，而讀之如"問"也。《曲禮》曰："冠無免，勞毋袒。"免且袒，皆變易其常，故侍君子者以爲不恭，而無服者之屬用以致哀，示與路人異也。《經》於"緦"有三月，⑤而袒免無期日也。既無服，又無期日，第行之始死之時，其斯以爲戚矣。歷考《禮經》本文，止言袒免，更無一語記其如何爲袒、如何爲免，則是小功以上，⑦衰絰冠杖實有其制，⑥而袒免則元無冠服，故亦莫得而記也。《周禮》垂衰冠之式於門，⑧謂緦、小功以上，亦無袒免體式也。使誠有其制如鄭氏所言，則亦不成其爲冠也。況"袒"既不別爲之衰，又對"免"而言，知當未斂之時，第使之袒衣免冠者，事情之稱也。⑨古今言以布繞頂及髻而謂之爲免者，惟鄭氏一人。自漢以後，並免而數以爲冠名，則皆師述鄭氏也。杜佑博識古事，而特致疑於此。雖其叙載喪制，即免加絲，借古冕之紞，著以爲紞，若用鄭矣，而特自出其見於下，曰："紞制未聞，惟鄭氏○云云。"則佑固不以爲安矣。按，《禮》凡因事及"免"，必與"冠"對。《喪服小記》曰："男子冠而婦人笄，男子免而婦人髽。"又《曲禮》"冠毋免"。則凡"免"皆與"冠"對。"免"之爲"免"，當正讀爲"免"，其理已明矣。喪而免冠，不惟五世無服用之，雖重如斬、齊，當其未斂、未及成服，亦嘗用之。蓋遭喪之始，未辦成服，姑仍常時衣冠，在衣則袒，在冠則免，以爲變常之始。故《經》紀重喪曰：⑩"袒、括髮，⑪變也。慍，哀之變也。去飾，去美也。袒、括髮，去飾之甚也。"賈公彥之釋"袒免"，首尾遵本鄭氏，惟於此特循正理而爲之言曰："冠尊，不居肉袒上，必先免。"⑫故凡哭哀，則踊，⑬踊必先袒，袒必先免，是袒且免，皆因哀變常，而未及爲服者之所爲也。斬、⑭齊重矣，故免冠而肉袒；免冠且肉袒矣，而又被髮不紛，⑮則以麻約之，⑯較之五世袒免，則此爲其重。若其袒衣免冠以示變常，則斬、齊、袒免其意同也。且免之爲免，不止始喪然也。《喪服小記》曰："既葬而不報虞，⑰則雖主人皆冠，及虞則皆免。"又曰："遠葬者，比反哭者，皆冠及郊而後免。"又曰："君弔，雖不當免時也，主人亦免。"凡此三節，皆以"冠"對"免"，而"免"則皆取其進而及於重也。葬而誠虞也，遠葬而及郊，近墓也。已過免時，而君始臨弔也，則皆以免冠爲禮，取始死之節以重爲之也。葬不報虞，遠葬而未及墓，若過時而有弔者，自非其君，則皆仍所喪之"冠"，而不爲之"免"，處之以喪禮之常也。從是推之，知免冠之爲始死之節也。《喪小記》又曰："斬衰，括髮以麻。母括髮以麻，免而布之。"蓋父母皆當以麻括髮，而古禮，母皆降父，⑱故減麻用布，示殺於父也。此之謂免，蓋應用而許其不用，故特言免以明之。若如鄭言，以免爲免○音問，則居母喪者，既括髮以麻而以布爲"免"○音問，遂當以"免"而加諸齊衰之上，則是降斬而齊，遽著五世以外輕殺無服之冠，豈其理乎？至此推說不通矣。然以免爲冠，萬世宗信鄭氏，予獨不以爲安，故著此以待博而不惑者折衷之。⑲

註釋：

①鄭氏曰：當作"陸德明曰"，下引文見《禮記註疏》之陸德明《音義》。《禮記·檀弓上》："公儀仲子之喪，檀弓免焉。"鄭玄註："故爲非禮，以非仲子也。禮，朋友皆在他邦，乃袒免。"陸德明《音義》："免音問，註同。以布廣一寸，從項中而前，交於額上，又卻向後，繞於髻。"則程氏通篇批駁鄭玄，誤矣。

②見《禮記·大傳》，言四世親屬服緦服，這是喪服的最輕一等，五世親屬僅袒衣免冠，服喪到此爲止。緦：古代喪服名。五種喪服之最輕者，以細麻布爲孝服，服喪三個月。服：指五服，古代以親疏爲差等的五種喪服。窮：末。殺：終止，收束。

③旁殺：旁系親屬的喪服以親疏遠近不同而依次減等。殺：減省、遞減。鄭玄："殺，謂親益疏者服之則輕。"

④由四殺五：由四世減到五世。

⑤《經》：指《儀禮》。《儀禮·喪服》："緦麻三月者。"下"禮經"亦指《儀禮》。

⑥小功：喪服名，五服之第四等，服期五月。《儀禮·喪服》："小功者，兄弟之服也。"

⑦衰絰：衰、絰兩者是喪服的主要部分。古人喪服胸前當心處綴有長六寸、廣四寸的麻布，名衰，因名此衣爲衰；圍在頭上的散麻繩爲首絰，纏在腰間的爲腰絰。

⑧見《周禮·春官·小宗伯》："縣衰冠之式於路門之外。"按，將喪服衰冠之形制，書於版，懸於宮門之外，以統一服制。

⑨事情：事理人情。稱：相當，符合。

⑩《經》：指《禮記》，文見《禮記·檀弓下》。

⑪括髮：扎起頭髮。

⑫冠尊，不居肉袒上，必先免：帽子是至尊的標志，不能戴在袒露的身體上，所以一定要先脱掉帽子（才能袒免）。按，程大昌以此説明"免"是脱帽動作，而不是一種帽子。

⑬踊：即辟踊，即上文"重喪"。捶胸頓足，哀慟至极。"踊"同"躃"，向上跳。"辟"通"擗"，捶胸。

⑭斬：斬衰，爲喪服中之最重的一種。齊：齊衰，爲喪服之第二等。

⑮被：通"披"。紒：束發爲髻。

⑯約：纏繞。

⑰報虞：古時不待三月之殯而急葬者，須隨即舉行虞祭，稱"報虞"。虞，虞祭，既葬之後的祭祀。

⑱降：低，降一格。

⑲折衷：取正。

卷之十五

不托

　　湯餅一名餺飥，亦名不托。李正文《刊誤》曰：①"舊未就刀鉎時，②皆掌托烹之，刀鉎既具，乃云不托，言不以掌托也。俗傳'餺飥'字，非。"予始讀此，未審其言信否，及見束晰《餅賦》，知其有本也。晰曰："仲春之月，天子食麥而朝事之籩，煮麥爲麵。"③《內則》諸饌不說餅，④然則雖云食麥而未有餅，餅之作也，其來久矣。又曰："三冬冽寒，涕凍鼻中，霜成口外，充虛解戰，⑤則湯餅爲最。"而其形容製造之意，則曰："火盛湯涌，猛氣蒸作。攘衣服，振掌握，⑥搦捫搏麵，⑦瀰離於指端，⑧手縈回而交錯。紛紛駁駁，⑨星分雹落，柔如春綿，白若秋練。"則當晉之時，其謂湯餅者，皆手搏而擘置湯中煮之，⑩未用刀几也。又宗懍《荊楚歲時記》："六月伏日作湯餅，名辟惡餅。"⑪庾闡賦之曰：⑫'當用輕羽，拂取飛麵。剛軟適中，然後水引。細如委綖，白如秋練。'"則其時之謂湯餅，皆齊高帝所嗜水引麵也。水引，今世猶或呼之，俚俗又遂名爲蝴蝶麵也。水引、蝴蝶，皆臨鼎手托爲之，特精粗不同耳，不知何世改用刀几而名不托耳。若參束、宗所賦，則李正文所紀，信而有證也。餺飥，⑬恐古無此字，殆後人因不托聲稱之而"食"其旁，與歐公餕音俊，餡音叨之謔，同一關捩也。⑭

註釋：

①李正文《刊誤》：當作"李匡乂《資暇集》"。

②刀鉎：李匡乂《資暇集》作"刀机"，下文有"刀几"。"鉎"同"瑚"，古代宗廟里盛黍稷的禮器。《集韻・模韻》："瑚，黍稷器。夏曰瑚，商曰璉，周曰簠、簋。或作鉎，通作瑚。"

③朝事之籩，煮麥爲麵：《周禮·天官·籩人》："朝事之籩，其實麷、蕡、白、黑、形鹽、膴、鮑魚、鱐。"朝事：指古代早晨祭祀宗廟之事。籩：古時祭祀和宴會用以盛干食品的竹器。

④《內則》：即《禮記·內則》，記載家庭成員遵循的禮則和有關飲食制度。饌：飲食。

⑤戰：因寒冷、恐懼或激動而顫抖。

⑥掌握：手掌。

⑦搦：按壓。捬：揉。搏：揉，捏之成團。

⑧瀰離：沾滿又離開。瀰，布滿。

⑨馺馺：馬疾行貌，此指快速下落。

⑩擘：揮散。

⑪辟惡：袪除惡氣、瘟病。按，農曆五月，多陰雨天，衣、物都容易霉爛，稻田亦易遭蟲害，故舊時人們認爲五月諸事不吉，稱爲"惡月"，六月亦沾惡月的邊兒，故也應"辟惡"，因之要吃辟惡餅。

⑫庾闡賦之曰：當爲"弘君舉《食檄》曰"。庾闡爲晉人，弘君舉爲隋人。《太平御覽·飲食部》："君舉《食檄》曰：催厨人作茶餅，熬油煎葱，例茶以絹。當用輕羽，拂取飛麵。剛軟中適，然後水引。細如委綖，白如秋練。羹杯半在，財得一咽，十杯之後，顏解體潤。"

⑬餺飥，恐古無此字：按，餺飥即不托。餺，古音幫母鐸部；不，古音幫母之部。餺、不，一聲之轉。

⑭"與歐"至"捩也"十六字：歐陽修《歸田錄》載："京師食店賣酸䉾者，皆大出（一作"書"）牌榜於通衢，而俚俗昧於字法，轉酸從食，䉾從臽。有滑稽子謂人曰：'彼家所賣餕餡（音俊叨），不知爲何物也。'"關捩：能轉動的機械裝置，後來用來比喻原理、道理。

凡將

漢小學家司馬相如作《凡將篇》，其後元帝時史游又作《急就篇》。《凡將》今不可見矣，《藝文類聚》載《凡將》一語曰："鐘磬竽笙筑坎侯。"與《急就》記樂之言，所謂"竽瑟箜篌琴筑筝"者，其語度、規制全同。率皆立語揔事，①以便小學，②即《急就》也者，正規模《凡將》也。③

註釋：

①立語：立論。漢王充《論衡·薄葬》："陸賈依儒家而説，故其立語，不肯明處。"揔：同"總"。

②小學：指識字之學。

③規模：模仿，取法。

幘

冠服古今異制，而苦無明著，既其制不能明了，則其所施用，或當或否，皆不可別識矣。幘者，冠下覆髻之巾也。史游《急就章》曰："冠幘簪黃結髮紐。"顏師古釋之曰："幘者，韜髮之巾，①所以整亂髮也。當在冠下，或單著之。"揚雄《方言》曰："覆髻謂之幘巾，或謂之承露，或謂之覆髻，皆趙、魏間通語也。"夫其從"覆髻"而言，則顏師古謂爲整髮者是也。冠冕有旒，②崔豹《古今註》以爲垂露，則"承露"云者，從藉冠言之也。"漢元帝額有壯髮，不欲人見，始進幘服，群臣皆隨焉"，③"庾凱醉墮幘機上，以頭就穿取"，④"檀道濟被收，脫幘投地"，⑤皆顏師古謂"或單著之"者也。若其人應著冠，則以幘藉其下；⑥賤而執事，則無冠，單著幘也。應劭《漢官儀》謂"幘者，卑賤不冠者之所服"是也。"董偃綠幘傅韝，拜謁武帝，帝令起，趨東廂就衣冠"是也。⑦董仲舒《止雨書》亦曰"執事者赤幘"。摯虞《決疑》曰："凡救日蝕者，皆著赤幘以助陽。"知其皆賤者之服也。始有幘時，未以覆髻，但韜裹鬢毛使著冠，使髮不蒙面耳。凡此言冠而及幘者，其冠皆冕，冕冒額，⑧故必用幘以收髮也，古冠、冕得通言故也。若單著，既冠之，冠則露髮無所事幘也。蔡邕《獨斷》曰："元帝進幘，但遮覆額前壯髮，尚未有巾也。王莽頭禿，始加巾，故其俚語曰：'王莽禿，幘施屋。'⑨"《後漢書》曰"半頭幘"，"劉俠卿爲劉盆子制半頭赤幘"。⑩《續漢書》曰，半頭幘即空頂幘，其上無屋，故以爲名。《東宮故事》曰："太子有空頂幘一枚。"空頂即半頭也。元帝時尚未有巾，故東宮用空頂幘者，本古也。屋即巾也。有顏有屋，⑪即異乎空頂矣。梁冀改易服制，作庫幘狹冠，⑫是冀自改莽制，損下其屋也。⑬董巴《漢興服志》曰："古者有冠無幘，秦以爲武將首飾，爲絳幘，以表貴賤。後稍作顏題。⑭漢興，續其顏，卻結之，⑮施巾連題，卻覆之。至文帝，乃高顏續爲之耳，⑯且崇其屋，貴賤皆服之。"夫耳者，結巾之角也。巴謂崇屋始於文帝，恐不及蔡邕謂爲始莽者也。董偃服庖人服，故綠幘。衛宏《漢舊儀》曰："齋綠幘，耕青幘。"⑰《漢官儀》曰："謁者著緗幘大冠。"⑱皆隨事著色。若《東觀漢記》載光武初起，服赤幘，賜段頍赤幘大冠一具。⑲孫堅爲董卓所圍，著赤罽幘，⑳潰圍而出，皆執事者單幘之證也。夫止雨、㉑救日，執事者皆赤幘，未必主爲助陽也。蓋漢以火王，其在五德尚赤耳。㉒故董仲舒《繁露》曰："以赤統者，幘尚赤。"是專漢制也。

註釋：

①韜：掩藏，遮蓋。

②旒：古代冠冕懸垂的玉串。同"瑬"，《廣韻·尤韻》："瑬，《說文》曰：'垂玉也，冕飾。'今典籍用旒。"

③見漢蔡邕《獨斷》。

④庾凱（261—311）：西晉名士。事見《晉書·庾峻傳》。"機"通"几"，几案。穿取：直接把頭鑽進帽子裹戴上。

⑤見《宋書·檀道濟傳》。檀道濟（？—436）：南朝宋高平金鄉（今屬山東金鄉縣蔔集鄉檀莊）人，官至征南大將軍，後宋文帝忌而殺之。收：逮捕，拘押。

⑥藉：襯墊。

⑦"董偃"至"衣冠"十九個字：董偃爲漢朝著名男寵之一，爲館陶公主近幸。後得漢武帝寵倖，及後失寵，鬱鬱而終。傅韝：戴著臂套。韝，革制臂套。《漢書·東方朔傳》："董君綠幘傅韝，隨主前，伏殿下。"趍：同"趨"。《廣韻·虞韻》："趨，走也。趍，俗。"

⑧冒：蓋，覆蓋。

⑨屋：頭頂的布，像屋子的頂部，故稱作"屋"。

⑩見《後漢書·劉盆子傳》。劉俠卿爲西漢末赤眉軍中右校卒史。劉盆子（10—？）爲城陽景王劉章的後代。更始三年（25）六月，赤眉樊崇立劉盆子爲帝，號建世（25—27）。半頭幘，即下文之"空頂幘"。

⑪顏：此指頭巾覆額面部分。

⑫庳幘：《後漢書·梁統傳》作"埤幘"，李賢註"埤"曰："埤，下也。"

⑬損下其屋：降低幘頂部的高度。

⑭稍：漸進。顏題：指古代頭巾覆額面部分。

⑮卻：回，返回。《史記·封禪書》："平又言：'臣候日再中。'居頃之，日卻復中。"

⑯耳：結巾形成的角。

⑰齋：供膳食等的僕役。耕：耕地者。

⑱謁者：官名，掌賓贊受事，即爲天子傳達。緗：淺黄色。

⑲段熲（？—179）：東漢將領，字紀明，武威姑臧（今甘肅武威）人。初舉孝廉，以功累封爲列侯，平羌大將。

⑳罽幘：毛織物制的頭巾。罽，毛織物。據《三國志·孫堅》載："爲卓軍所攻。堅常著赤罽幘，乃脫幘令親近將祖茂著之。卓騎争逐茂，故堅從間道得免。"

㉑止雨：謂通過一些手段讓雨停下。救日：古代迷信，遇日食，以爲是陰侵陽，必祈禱鼓噪，張弓射月，稱"救日"。

㉒"蓋漢"至"赤耳"十二字：鄒衍曰："五德從所不勝，虞土、夏木、殷金、周火。"後世有人用五行相生相剋的説法來解釋五德終始，木克土、金克木、火克金、水克火、土克水，秦朝爲水德。漢代在五德方面曾有反復，劉邦時張蒼認爲秦朝不屬於正統朝代，應該由漢朝接替周朝的火德。漢武帝時又認爲秦屬於正統朝代，改漢正朔爲土德。王莽建立新朝又採用劉向劉歆父子的説法，認爲漢朝屬於火德。漢光武帝光復漢室之後，正式確立漢朝正朔爲火德。東漢及以後的史書如漢書、三國志等皆採用了這種説法，因此漢朝也被稱爲"炎漢"，又因漢朝皇帝姓劉而稱"炎劉"。

鄒邾

趙岐曰："鄒本春秋邾子之國，至孟子時改曰鄒矣。國近魯，後爲魯所並。又言鄒爲楚所並，非魯也。今鄒縣是也。"《鄒山記》曰：①"鄒山，古之嶧山也。孤桐之所植，邾公之所卜。山下是鄒縣，本是邾國，魯穆公改鄒，山從邑變，故謂鄒山。"始皇勒銘在此山上。②合此二説觀之，《鄒山記》未爲審的也。鄒、魯相鬨，魯之臣死者三十三人，穆公尚以民莫救上問於孟子。③則改邾爲鄒，豈魯力所能哉？夫並邾改鄒，亦大故矣，而史無明載，考古者至此殆難審定也。

註釋：

①《鄒山記》：漢劉會撰，《太平御覽經史圖書綱目》收録此書書名。

②勒銘：鐫刻銘文，刻石。《史記·秦始皇本紀》載："二十八年，始皇東行郡縣，上鄒嶧山，立石，與魯諸儒生議，刻石頌秦德，議封禪望祭山川之事。"

③"鄒、魯"至"孟子"二十五字：《孟子·梁惠王章句下》："鄒與魯鬨，穆公問曰：'吾有司死者三十三人，而民莫之死也。誅之，則不可勝誅；不誅則疾視其長上之死而不救。如之何則可也？'"鬨：爭鬥。漢趙岐註曰："鬨，鬥聲也，猶構兵而鬥也。"

百丈 2[1]

杜詩舟行多用百丈，問之蜀人，云："水峻，岸石又多廉棱，①若用索牽，即遇石輒斷不耐，②故劈竹爲大瓣，以麻索連貫其際，③以爲牽具，是名百丈。百丈以長言也。"《南史·朱超石傳》："宋武北伐，超石董舟師入河陽，④人緣河南岸，牽百丈。"則知有百丈矣。

註釋：

①廉：棱角。
②耐：結實，禁得住。
③際：縫隙。
④董：監督，統帥。

曲逆

陳平封曲逆侯，或讀如"去遇"，非也。《地理志》："中山國曲逆縣，得名因濡〇乃官反。水至城北曲而流，故曰曲逆。章帝醜其名，①改曰蒲陰。"則曲逆之讀，當如本字，不當藉音。

---

[1] 卷十有同名條目，較此條略。

註釋：

①醜其名：以其名爲醜，認爲名字不美。

蒲盧

《説文》："螺蠃，蒲盧，細要土蜂也。①" 按，《禮》："人道敏政，地道敏樹。政猶蒲盧也。"②夫從"地道敏樹"之後始言"政猶蒲盧"，直是"蒲"與"盧"耳。③今人釋《中庸》，以蒲盧爲螟蛉，其誤當始《説文》。

註釋：

①要：同"腰"。
②見《禮記·中庸》。鄭玄註曰："敏，猶勉也。樹，謂殖草木也。人之無政，若地無草木矣。""蒲盧，螺蠃，謂土蜂也。詩曰：'螟蛉有子，螺蠃負之。'螟蛉，桑蟲也。蒲盧取桑蟲之子，去而變化之，以成爲己子，政之於百姓，若蒲盧之於桑蟲然。"按，螺蠃常捕螟蛉餵它的幼蟲，古人誤認爲螺蠃養螟蛉爲己子。後因以爲養子的代稱。
③直是"蒲"與"盧"耳：程大昌不同意前人的解釋，認爲"政猶蒲盧"的"蒲盧"，只是柔韌性很好的蒲草和蘆葦罷了。

無恙

今人問安否曰"無恙"。説者曰："恙，草間虫名也。"故問安者以"無恙"言之。今按《説文》："恙，憂也。"至"它"○托何反條乃曰："它，從虫而長，象宛曲垂尾形。上古艸居，患它，①故相問'無它乎？'"

註釋：

①患它：以蛇爲患。按，"它"爲"蛇"之古字。

堁殿

《説文》："堁，堂墊也○丁果反。"①又云："墊，門側堂也。"今堁殿取此。②

註釋：

①垛：牆或某些建築物的突出部位。《説文・土部》："垛，堂塾也。"段註："謂之垛者何也？朵（垛）者，木下垂。門堂伸出於門之前後，略取其意。後代有朵（垛）殿。今俗謂門兩邊伸出小牆曰垛頭，其遺語也。"
②垛殿：亦作"朵殿"，大殿的東、西側堂。

遏[1]

魏劉靖魏嘉平二年，①立遏於漁陽高梁河。○《水經》十四。遏，即堨也，以土壅水爲遏。②不知何世加"土"爲"堨"，故柳子厚記袁家堨猶須解釋，③恐人不喻也。④

註釋：

①劉靖（？—254）：一名静，三國魏沛國相（今安徽宿縣）人，累官鎮北將軍。嘉平二年：即漢靈帝 250 年。
②壅：堵塞，阻隔。
③柳子厚記袁家堨：柳宗元《袁家堨記》（文獻多作《袁家渴記》）曰："由朝陽巖東南水行至蕪江，可取者三，莫若袁家渴……。楚越之間方言謂水之反流者爲渴，音若衣褐之褐。"
④喻：知曉，明白。

相雞狗術

《荀子・儒效篇》："堅白異同之分隔也。①""不知，無害爲君子。""曾不如相雞狗之可以爲名也。"是此種雜術，②古已有之。

註釋：

①堅白異同：指哲學上的"堅白"和"異同"兩大命題。"堅白"指

---

[1] 卷七有"堨"條，內容近似。

石頭的堅硬和白色兩種屬性的不同，以名家公孫龍爲代表的"離堅白"論者，認爲"堅"和"白"兩種屬性是各自獨立，互相分離的，因爲眼睛看到"白"而看不出"堅"，手摸到"堅"而不能感知"白"。後期墨家則主張"堅白相盈"，認爲"堅"和"白"不能離開具體的石頭而獨立存在。參異同，是戰國時名家惠施的論題。他認爲事物的同異是相對的。具體的事物之間有"小同""小異"；而從宇宙萬物的總體來看，萬物又莫不"畢同""畢異"。見《公孫龍子·堅白論》以及《墨子》的《經上》《經說上》《經說下》。

②雜術：指醫、卜、星、相之術。

先馬 2[1]

《荀子·正論》：天子"乘大輅"，"諸侯持輪、挾輿、先馬"。註："先馬，導馬也。"《莊子》：七聖在襄城之野，有前馬後車。①後世東宮官有太子洗馬，釋者曰："洗，先也。此亦先馬之義也。"天子出則有先驅，太子則洗馬。言騎而爲太子儀衛之先也。

註釋：

①"七聖"至"後車"十二字：《莊子·徐無鬼》："黃帝將見大隗乎具茨之山，方明爲御，昌寓驂乘，張若、謵朋前馬，昆閽、滑稽後車。至於襄城之野，七聖皆迷，無所問塗。"按，七聖指傳說中的黃帝、方明、昌寓、張若、謵朋、昆閽、滑稽七人。

選案黃紙 [2]

中書令傅亮以蔡廓爲吏部尚書，①語錄尚書徐羡之曰：②"黃門郎以下，悉以相委。"蔡廓曰："我不能爲徐干木署紙尾。③"遂不拜。選案黃紙，④錄尚書與吏部連名，故言"署紙尾"也。按，此則宋時文書已用黃紙，唐高宗時始令凡敕書皆黃紙，⑤則不獨選案得用也。葉石林言太宗時敕已

---

1 卷十有相同條目，內容稍有出入，下文相關難點可參考卷十本條註釋。
2 卷四有"詔黃"條，內容大體相同但較此條詳。

用黃紙，不知其何所本也。

註釋：

①傅亮（374—426）：字季友，祖籍北地靈州（今陝西耀縣東南）人。宋武帝劉裕遺命的四位顧命大臣之一，在南朝宋官至左光錄大夫、中書監、尚書令。曾（傳劉宋詔）任命豫章太守蔡廓爲吏部尚書。詳《宋書·傅亮傳》。

②語：告訴。錄尚書：錄尚書事，東漢章帝時開始設置，雖非獨立職位，但東漢末以後卻是重臣掌握實權的必要條件。徐羨之（364—426）：字宗文，小字干木，東晉末年及南朝宋初東海郯縣人，官至司徒。

③署紙尾：即"連名"，幾個人在同一文書上聯合簽名，表示共同負責。

④選案黃紙：授官的文件。選，銓選授官。

⑤敕書：皇帝慰諭公卿、誡約朝臣的文書之一。

鼻祖

揚雄賦曰："或鼻祖於汾隅。"①劉德釋"鼻"爲"始"。後人特信德語，和附以爲始祖，不知"鼻"之訓"始"何義也。《説文》釋"皇"曰："皇，大也。从自。自，始也。始皇者，三皇大君也。自讀若鼻，今俗以始生子爲鼻子。"則鼻之爲始，漢時已然也。《説文》於"辠"又曰："辠，犯法也。从辛，从自，言辠人蹙鼻若辛。秦以辠似皇字，改爲罪。"合皇、鼻二字本釋而言之，則"鼻"之訓"始"有以也。②

註釋：

①《漢書·揚雄傳》："有周氏之嬋嫣兮，或鼻祖於汾隅。"師古曰："雄自言系出周氏而食采於揚，故云始祖於汾隅也。"

②有以：有原因，有道理。

葉子①

古書不以簡策，縑帛皆爲卷軸，至唐始爲葉子，今書册也。然古竹牒已用叠簡爲名，顧唐始以縑紙卷軸改爲册葉耳。②

註釋：

①見卷七"方册"條"葉子"註。
②顧：表示輕微的轉折，相當於"而""不過"。

嘉慶李 2[1]

韋述《兩京記》："東都嘉慶坊有李樹，其實甘鮮，爲京城之美，故稱嘉慶李。"今人但言嘉慶子，蓋稱謂既熟，不加李亦可記也。

林養

《松陵集》陸龜蒙《樵子詩》云：①"生自蒼崖邊，能譜白雲養。"註："養，去聲讀。山家謂養柴地爲養。"予按刑浙東，②民有投牒，③言林養爲人所侵者，④書"養"皆作"橚"。予疑其無所本，今讀陸詩，知二浙方言有自來矣。

註釋：

①《松陵集》：《欽定四庫全書·松陵集提要》曰："《松陵集》，十卷，皆唐皮日休與陸龜蒙等倡和之作，考卷端日休之《序》，則編而成集者龜蒙，題集名者日休也。"
②按刑：按行，巡行，巡視。
③投牒：呈遞訴狀。
④林養：即上文提到的"養柴地"，言樵夫們把山林當作循環利用的柴草繁殖基地，漸次種植砍伐，而非一砍了之。

托子

古者彝有舟，①爵有坫，②即今俗稱臺盞之類也。然臺盞亦始於盞托，

1　卷十有相同條目，文字較此條爲略。

托始於唐，前世無有也。崔寧女飲茶，②病盞熱熨指，③取楪子融蠟，象盞足大小而環結其中，置盞於蠟，無所傾側，因命工髹漆爲之。④寧喜其爲，名之曰托，遂行於世，而托子遂不可廢。今世托子又遂著足，以便插取。間有隔塞，其中不爲通管者，乃初時楪子環蠟遺制也。

註釋：

①彝：古代宗廟常用的祭器。舟：尊彝等器的托盤。

②爵：古代一種盛酒禮器，三足，像雀形，比尊彝小，受一升。亦用爲飲酒器。坫：放禮器和酒具的土臺子。

②崔寧（723—783）：本名崔旰，唐貝州（今青州西北）人，官至宰相。

③病：怕。

④髹漆：塗漆。髹，赤黑漆。

六更

禁中鐘鼓院，在和寧門譙上。①其上鼓記五更已竟，②外間通用漏刻，③方交五更也。殺五更後，④譙上不復更擊鐘鼓，需平明漏下二刻，⑤方椎鼓數十聲，⑥門開。人知促配五更，不擊六鼓，⑦何義也？唐王建《宮詞》云："每夜停燈熨御衣，銀熏籠底火霏霏。遙聽帳裏君王覺，上直鐘聲始得歸。"本朝王禹玉亦有詞云：⑧"焚香熏熨赭黃衣，恐怕朝陽進御遲。禁鼓六更交早直，歸來還直立班時。"⑨以二宮詞詳之，禁中記更鼓不究平曉者，⑩蓋交更之際，翌日當直宮女，須以未曉前先來受事。⑪則凡應奉蚤朝，⑫皆可夙辦，若候正交五更始來，則不及事矣。王建言"上直鐘聲"者，禁中五更曉鐘也。王禹玉謂"六更"者，明宮殿五更之外更有一更也。其實宮鼓以外間四更促爲五更，⑬故五鼓終竟時，蚤於外間耳，鼓節未嘗溢六也。國朝大禮，車駕宿齋青城，⑭則齋殿門內五更均促，使短如宮中常節，至青城門外，則五夜平分，須曉乃竟，故奉常具行禮序次，以授在事之人，皆以宮漏之外別異，⑮其言曰"街市幾更幾更"爲此也。

註釋：

①譙：古代城門上的望樓。

②竟：終了，完畢。

③漏刻：古計時器，即漏壺。因漏壺的箭上刻符號表時間，故稱。

④殺：終止，收束。

⑤平明：猶黎明。天剛亮的時候。

⑥椎：敲打。後作"捶"。

⑦人知促配五更，不擊六鼓：宋代宮中報更傳點與外界不同，主要是其五更較爲短促，而在五更之後，相當於外界方交五更的時辰再擊鼓一通，以至有"官漏六更"之說。

⑧王禹玉：即王珪（1019—1085），字禹玉，宋舒州（今安徽潛山）人，官至宰相，同時又是詩詞家、文學家。

⑨見王珪《宮詞》。"直"，儒學警悟本作"是"。赭黃衣：天子所穿的袍服，因顏色赭黃，故稱。立班：上朝時依品秩站立。

⑩平曉：猶平明。天剛亮的時候。

⑪受事：接受職事。

⑫蚤：通"早"。

⑬促：縮短。

⑭宿齋：古代指舉行祭祀等禮儀前的齋戒。青城：宋齋宮名。一在南薰門外，爲祭天齋宮，謂之南青城；一在封丘門外，爲祭地齋宮，謂之北青城。

⑮宮漏：古代宮中計時器。用銅壺滴漏，故稱宮漏。

腰舟

莊子言魏王大瓠濩落無所用，何不以爲大尊而浮之水上。①司馬云：②"尊如酒器，縛之於身，浮於江海，所謂腰舟也。"亦《鶡冠子》"中流失船，一壺千金"者也。③《詩》曰："匏有苦葉，濟有深涉。"④瓠之苦者，不可食啖，則養使堅大，裁以爲壺而用之濟水，則雖深涉無害也。

註釋：

① "莊子"至"水上"二十三字：見《莊子·逍遙游》。濩落：又寫作"瓠落""廓落"，大而空曠貌。

② 司馬：指《莊子註》作者司馬彪。

③《鶡冠子》：傳戰國時楚國隱士鶡冠子撰。今存宋陸佃《鶡冠子解》三卷十九篇。清王人俊輯《鶡冠子佚文》一卷。

④見《詩經·邶風·匏有苦葉》。匏：葫蘆之類。苦：一說苦味，一說枯。濟：水名。涉：一說涉水過河，一說渡口。

狸首

《史記·封禪書》："萇弘以方事周靈王。①諸侯莫朝，弘明鬼神事，設射《狸首》。②《狸首》者，諸侯之不來者，依物怪欲以致諸侯。諸侯不從。"徐廣曰："狸，一名不來。"今俗語呼狸猶然。然則古之所射者，皆以惡物爲鵠，③故曰"毋若爾不寧侯，故抗而射汝"。④

註釋：

①萇弘（前582？—前492）：字叔，又稱萇叔，四川資州（今內江市資中縣）人，周王室大臣劉文公所屬大夫，曾爲孔子師。方：方術，使役鬼神之術。《淮南子》載："萇弘，周室之執數者也。"高誘註："數，曆術也。"

②射《狸首》：古禮的一種，射時唱《狸首》。歌詞中有"射諸侯不來朝"語，詳見錢大昕等人考證。

③鵠：箭靶的中心。詳見卷十二"侯鵠"。

④見《周禮·考工記·梓人》。原文作："其辭曰：'惟若寧侯，毋或若女不寧侯，不屬於王所，故抗而射女。"鄭玄註："寧，安也。或，有也。若，如也。屬，猶朝會也。抗，舉也，張也。"賈公彥疏曰："若射侯，則射不寧侯，有罪者也，下文'毋或'一經是也。舉有功以勸示，又舉有罪以懲之，故兩言之也。"

障扇 2[1]

今人呼乘輿所用扇爲掌扇，殊無義，蓋障扇之訛也。江夏王義恭，①爲宋孝武所忌，奏革諸侯制度，障扇不得用雉尾是也。凡扇言障，取遮蔽

---

[1] 卷十亦有同名條目，較此條爲略，寫作"鄣扇"，同。

爲義。以扇自障，通上下無害，但用雉尾飾之，^②即乘輿制度耳。蔡薿小詞有曰"扇開仙掌"，^③誤也。

註釋：

①江夏義恭：指劉義恭（413—465），宋武帝劉裕第五子，元嘉元年（424）封江夏王，官授太尉，錄尚書六條事。著有文集十五卷。

②雉：鳥名，通稱野雞。雄者羽色美麗，尾長，可做裝飾品。

③蔡薿（1067—1124）：字文饒，河南開封（今河南開封）人。宋徽宗崇寧五年（1106）丙戌科狀元，官至中書舍人，進給事中。蔡薿《失調名》："扇開仙掌。"

唐緋章服以花綾爲之

白樂天聞白行簡服緋，^①有詩云："榮傳錦帳花聯萼，彩動綾袍雁趁行。"^②註云："緋多以雁銜瑞莎爲之。"^③則知唐章服以綾且用織花者與今制不同。^④

註釋：

①白行簡（776？—826）：字知退，唐華州下邽（今陝西渭南東北）人，白居易之弟。元和二年（807）進士，官至司門員外郎，主客郎中。服緋：穿紅色的品服。《舊唐書輿服志》載，唐朝不同品級的官員配以不同顏色服裝，貞觀四年第二次下詔修訂的常服規範爲：三品以上服紫色，四品五品以上服緋，六品七品以綠。

②見白居易《聞行簡恩賜章服喜成長句寄之》詩。

③瑞莎：亦稱瑞草，如靈芝、蕢荄之類。宋王楙《野客叢書·唐袍服用花綾》："《唐會要》，德宗詔：'頃來賜衣，文彩不常，非制也。今宜有定制，節度使宜以雕銜綬帶，取其武毅、以靖封內；觀察使宜以雁銜威儀，取其行列有序，牧人有威儀也。'威儀謂瑞草也，《唐志》亦詳。"

④章服：繡有日月、星辰等圖案的古代禮服。每圖爲一章，天子十二章，群臣按品級以九、七、五、三章遞降。

瑟瑟

《唐語林》：①"盧昂主福建鹽鐵，②有瑟瑟枕，大如斗。憲宗召市人估其直，或云至寶無價，或云美石，非真瑟瑟。"則今世所傳瑟瑟或皆煉石爲之耶？

註釋：

①《唐語林》：宋代王讜撰，八卷，小説家類，雜事之屬，今存。

②盧昂：唐福建鹽鐵院官員。《舊唐書·盧簡辭傳》："福建鹽鐵院官盧昂坐贓三十萬，（盧）簡辭按之於其家，得金床，瑟瑟枕大如斗。"瑟瑟：碧色寶石。

殿

《黃霸傳》：鶡雀飛集丞相府，張敞奏霸集計吏，①使能言孝弟風化者上殿。則是丞相府中有殿也。許叔重曰："殿，堂也。"顏師古曰："古者屋之高嚴，②通呼爲殿，不必宮中。"夫古今事物名稱，隨世更易，顏言未必無理。然《元后傳》："王根第中起土山，③立兩市，④殿上赤墀，户青鎖。"⑤《董賢傳》："將作大匠爲賢起大第，⑥重殿洞門。"⑦師古於此故曰："殿有前後，僭天子制也。"則不更以殿爲高屋矣，豈以殿之重復者乃爲天子禮耶？不然何以語皆出顏而二傳異釋也？鄭司農釋《周禮》"朝士所掌外朝"曰：⑧"今司徒府有天子以下大會殿，⑨亦古之外朝也。"司農所見，東都制也。⑩應劭曰："丞相舊位，在長安時，府有四出門，隨時聽事。⑪明帝時，但爲東西門耳。國每有大議，天子車駕親幸其殿，殿西王侯以下更衣並存，⑫即《周禮》外朝也。"干寶註曰：⑬"司徒府中有百官朝會殿，天子與丞相決大事，是外朝之存者。"由鄭、應、干三説合之，人臣府第乃有殿焉，則師古謂凡高嚴之屋皆得稱殿，似矣。而三人同辭，皆謂此殿以朝會爲名，而天子又嘗臨幸，則恐司徒未必敢以聽事也。若霸府殿正受計其上，則是相府所得專有，豈西都於此種等差未致其察也？故魯雖諸侯王而靈光巋然，⑭亦不以僭制而毀削也。⑮且其得名爲殿者，以嘗受朝備臨幸，則他公府不皆有，而朝會臨幸亦止在司徒府耶？按《漢宮典儀》：⑯"司徒府與蒼龍闕對。⑰"則亦不在禁中。諸家謂古外朝在路門之外，其地亦與古應也。則是殿也，雖立於司徒府，非司徒可得而有也。

註釋：

①計吏：古代州郡掌簿籍並負責上計的官員。

②高嚴：高峻，高大。

③王根（？—前6）：西漢權臣，太后王政君親族，官至大司馬驃騎大將軍。第：府第。

④立兩市：設立兩個市場，形容其宅邸之大。

⑤戶：《藝文類聚·產業部》《太平御覽·資產部七》引"戶"下皆有"下"字。青鎖：亦作"青璅"，裝飾皇宮門窗的青色連環花紋。

⑥將作大匠：官名。負責宮室、宗廟、陵寢等公共土木建築，兼領百工。《漢書·百官公卿表上》："將作少府，秦官，掌治宮室，有兩丞、左右中候。景帝中六年更名將作大匠。"

⑦重殿洞門：顏師古註曰："重殿，謂有前後殿。洞門，謂門門相當也。皆僭天子之制度者也。"

⑧見《周禮·秋官·朝士》。

⑨司徒：《周禮》以大司徒爲地官之長，漢元壽二年（前1），改丞相爲大司徒。西漢末至東漢初，以大司馬、大司徒、大司空爲三公。

⑩東都：此指東漢。東漢都洛陽，在長安西，因此洛陽又稱東都。

⑪聽事：處理政事。

⑫更衣：換衣和休息。

⑬干寶（？—336）：字令升，新蔡（今屬河南）人。東晉時期的史學家、文學家、志怪小說的創始人，且著述頗豐，主要有《周易註》《周官禮註》《搜神記》等。

⑭靈光：指靈光殿。靈光殿是漢景帝之子魯恭王劉餘在其封國魯國曲阜建造的宮殿，規模宏大，雄偉壯觀。東漢文學家王延壽有《魯靈光殿賦》，膾炙人口。巋然：高大而穩固。

⑮毀削：廢棄，削減。

⑯《漢官典儀》：亦稱《漢官典職》，陳振孫《直齋書錄解題》載："《漢官典儀》一卷，《續補》一卷，漢衛尉蔡質撰，雜記官制及上書謁見禮式。"

⑰蒼龍闕：漢未央宮有東、西、南、北四個宮闕，東闕爲蒼龍闕。

漢三公

《董賢傳》：哀帝册賢爲大司馬，曰："建爾于公。"①班固曰："是時賢雖爲三公，嘗給事中。"則以大司馬爲三公也。《史記·儒林傳》："倪寬至御史大夫，卒。"史遷曰：②"寬任三公位，以和良承意從容得久。"③張湯爲御史大夫，既被薄責，④乃曰："湯起刀筆，⑤陛下幸致位三公。"又《元后傳》："王音爲御史大夫，⑥列於三公。"則知漢語亦以御史大夫爲三公也。

註釋：

①見《漢書·佞幸傳·董賢》。建爾於公：提舉你爲三公。

②史遷：漢司馬遷的別稱。司馬遷爲太史令、掌修史，故稱。

③和良：温和善良。承意：奉迎他人的旨意。從容：善於周旋調解糾紛。

④被：遭受。"簿"，四庫本、學津本作"薄"，二者相通。薄責：依據文書所列罪狀逐一責問。

⑤刀筆：古代書寫工具，此指刀筆之吏。按，古，書寫於竹簡，有誤則用刀削去重寫。張湯曾爲父親書寫治獄的文書，故稱"湯起刀筆"。

⑥王音（？—前15）：漢朝大臣。王禁侄子，曾爲御史大夫，官至大司馬、車騎將軍、封安陽侯。

千金[1]

漢言"百金，中人十家之產"①。則十金之直，可辦中人一家之產也。然則其數一金，不當止於一兩矣。說者各隨所見而別，多少皆不適中。以予觀之，古者一代事物，各爲一制，不但正朔服色而已。②周人之金以鎰計，鎰二十兩也。漢人之金以斤計，斤方寸而重一斤也。③惠帝初即位，"賜視作斥土者，④將軍四十金。"鄭氏曰"四十金，四十斤金"是也。

---

[1] 卷九有"十金"，內容不同。

《食貨志》："黃金一斤直萬錢。"則漢云一金者，皆爲金一斤。《呂刑》：⑤贖法計鍰輸金。⑥諸家謂鍰六兩也。金，黃鐵銅也。五金皆金，知銅爲黃鐵也。孔穎達曰：釋《舜典》者，謂贖金爲黃金，其實銅也。故周金雖有鍰、鎰二名，而黃金不以鍰計也。

註釋：

①見《漢書·文帝紀贊》。
②不但：不只。正朔服色：指曆法及車馬、品服等各種儀禮制度。正和朔分別爲一年和一月的開始。
③斤方寸：一斤金體積一寸見方。
④斥土：《漢書·惠帝紀》顏師古引如淳曰："斥，閒也。開上地爲冢壙，故以開斥言之。"
⑤《呂刑》：西周法典，呂侯主持修訂，故稱。原本已佚，今文《尚書》中存《呂刑》一篇。《書·呂刑序》："呂命穆王，訓夏贖刑，作《呂刑》。"
⑥計鍰輸金：以鍰爲單位計算繳納贖罪的黃金。鍰，古代重量及貨幣單位，標準不一。

衛霍冢

據顏師古註二傳，則衛、霍二家皆附茂陵。①霍冢之上，琢石爲祁連山及人馬。②衛冢之旁，有長主冢相並。③至唐皆無恙，而茂陵晉時爲人所發矣。此張釋之所謂"其中無可欲者，則雖無石椁，抑何戚焉"者也。④悲夫！

註釋：

①衛、霍：衛青和霍去病。附：依附。茂陵：西漢武帝劉徹的陵墓。
②琢石爲祁連山及人馬：按，元狩二年（前121年）夏，驃騎將軍霍去病在祁連山斬殺匈奴人三萬餘，漢王朝收復河西平原。霍去病死後，武帝下令將他的墳墓修成祁連山的模樣，彰顯他力克匈奴的奇功。
③長主：長公主，平陽公主，後改嫁衛青。詳《史記·外戚列傳》。
④見《史記·張釋之列傳》。抑：句首發語詞。戚：憂愁，悲傷。

卷之十六

爰契我龜

　　《綿之》詩曰："爰始爰謀，爰契我龜。"①毛、鄭皆以契爲開，非也。古卜，卜人令龜已，遂預取吉兆，墨畫其上，然後灼之，灼文適順其畫，是爲食墨者吉。②其兆不應墨，則云不食，不食則龜不從也。故《洛誥》曰：③"我卜河朔黎水，我卜澗水東、瀍水西，惟洛食。"是龜之所食者畫洛之兆，而河朔黎水之兆不食也。古公亶父之改居，④經始而謀度之，⑤未敢以爲可居也。以墨令龜，⑥而兆與墨同，故曰契。契者，合也。人謀與龜協合也。上言"爰始爰謀"，以我合龜也。"曰止曰行"，⑦龜之語我者，可以止可以行也。

註釋：

①見《詩・大雅・綿》。
②食墨：龜卜術語。指灼龜時龜兆與事先畫好的墨畫相合。
③《洛誥》：《尚書・周書・洛誥》。
④古公亶父：姬姓，名亶。"古公"爲尊稱，"亶"後加"父"亦表尊敬。周文王祖父，周武王姬發建立周朝時，追諡他爲"周太王"。因戎狄威逼，古公率族人由豳遷到岐山下定居，營造城郭房舍，發展農業生產，使周人強盛。
⑤經始而謀度之：指下文說的"爰始爰謀"，即開始謀劃和商量。
⑥以墨令龜：指上文所說"預取吉兆墨畫其上，然後灼之"。
⑦曰止曰行："行"，《詩・大雅・綿》作"時"。"曰止曰時，築室於茲。"言此時可動工。止、行，言此地可居住。

鐵券 2[1]

《唐·代宗紀》："功臣皆賜鐵券，藏名太廟，畫像淩烟閣。"①錢鏐家在五季世嘗得之。②而《唐文粹》有《賜王武俊鐵券文》，今世遂無其制，亦古事之缺者也。予按唐辛齊旵《玉堂新制》："鐵券半缺，形如小木甑，上有四竅，可以穿條，凸面鐫字，陷金以焕之。"③從齊旵所記以想其制，是券也，鐵質金字，本形正圓，而空虛其中，鐫勒制文於外已，乃用古傅別法，④中分其器而二之，一以藏官，一以授諸得券之人。故今存於世者，形如半甑，正與契券兩別之理相應也。《周禮·少宰》："聽稱責以傅別。"⑤二鄭謂"大書於一札，中字別之，⑥兩家各得一者"是其證也。周之傅別主市易要約，⑦故其札以木，老氏所謂如"執左契"者是也。⑧後世鐵券，要之取録功堅久之義，故以鐵爲之。其謂形如半甑者，正是一札而兩分之也。是命以鐵爲券，無有辨其所始者。按，《漢·高帝紀》："與功臣剖符作誓，丹書鐵券，金櫃石室，⑨藏之宗廟。"其殆鐵券所始耶？至《功臣表》所載"山河帶礪"等語，⑩乃鐵券丹書文也。漢曰"契"，後世曰"券"，皆結約之謂也。

註釋：

①淩烟閣：位於唐長安城西內三清殿旁邊。於淩烟閣畫像始於唐太宗，貞觀十七年詔圖畫司徒趙國公無忌等勛臣二十四人於淩烟閣。

②錢鏐：見卷九"上元觀燈四日"條註④。五季：即指後梁、後唐、後晉、後漢、後周五代。

③陷金以焕之：用金填字以使之光耀明亮。

④傅別：古代的券據。剖爲二，雙方執一以核對。傅，傅著約束於文書；別，別爲兩，兩家各得一也。"

⑤稱責：舉債。責，後作"債"。傅別，謂：券書也。鄭玄註："聽訟責者，以券書決之。"

⑥"大書於一札，中字別之"：謂於券背上，用大字書寫契券的內容，字中央破之爲二段別之。

---

[1] 卷十有同名條目，內容相似。

⑦主市易要約：主管集市交易的契約。

⑧執左契：老子《道德經》（第79章）："是以聖人執左契，而不責於人。有德司契，無德司徹。"執：持有，掌握。契：契券，即上文之"傅別"。

⑨金櫃石室：古時收藏文獻和文物處。

⑩山河帶礪：據《史記·高祖功臣侯（者）年表》載："封爵之誓曰：'使河如帶，泰山若礪（厲）。國以永寧，爰及苗裔。'"裴駰集解："應劭曰：'封爵之誓，國家欲使功臣傳祚無窮。'帶，衣帶也。厲，砥石也。河當何時如衣帶，山當何時如厲石？言如帶砥，國乃絶耳。"

六州歌頭

《六州歌頭》本鼓吹曲也。近世好事者倚其聲爲弔古詞，①如"秦亡草昧，劉、項起吞並"者是也。②音調悲壯，又以古興亡事實之，③聞其歌使人悵慨，良不與艷辭同科，④誠可喜也。本朝鼓吹，止有四曲，《十二時》《導引》《降仙臺》並《六州》爲曲。每大禮宿齋，或行幸，⑤遇夜每更三奏，名爲警場。⑥真宗至自幸亳，親饗太廟，登歌始作，⑦聞奏嚴，⑧遂詔：自今行禮罷，乃奏。政和七年，詔《六州》改名《崇明祀》，然天子仍謂之《六州》，其稱謂已熟也。今前輩集中，大祀大恤皆有此詞。⑨

註釋：

①倚：謂按照樂曲填歌詞。

②見宋劉潛《六州歌頭》。草昧：形容時世混亂黑暗。

③實：充實，使加強。

④良：確實。艷辭：此指描寫情愛的詩詞。同科：同等，同類。

⑤行幸：古代專指皇帝出行。

⑥警場：古代帝王祭祀行大禮前夕奏樂嚴鼓，侍衛警夜，止人清場，謂之"警場"。

⑦"真宗"至"始作"十四字：《宋史·真宗紀》大中祥符七年（1014）二月，"辛酉，至自亳州。……辛未，饗太廟。"饗，同"享"，祭獻。登歌，指古代舉行祭典、大朝會時，樂師登堂所奏的歌。

⑧奏嚴：奏警示音樂。《宋史志·樂十五》："奏嚴用金鉦、大角、大

鼓，樂用大小横吹、觱栗、簫、笳、篴。"

⑩大祀：帝王最隆重的祭祀，比如指祭祀天地、宗廟，以及重大喪葬禮儀。恤：喪葬禮儀。《周禮·春官·肆師》："立大祀用玉帛、牲牷，立次祀用牲幣，立小祀用牲。"鄭玄註："大祀又有宗廟，次祀又有社稷，五祀五嶽，小祀又有司中、風師、山川、百物。"

檢

檢校、函檢皆從木，今從手，非是。《唐韻》謂檢乃斂字，非檢字，是也。《急就章》曰："簡札檢署槧牘家。"① 顏師古曰："檢之言禁也，削木施於物上，所以禁閉之，使不得輒開露也。署謂題書其上也。古制如此，其字從木，審也。"以顏言推之，則檢之者，以木爲函，納書文其中而簽題其上。自唐及今，匭、② 檢皆其物也。

註釋：

①簡札檢署槧牘：皆是與公文書寫有關的物件。簡，古之用於書寫之竹片。札，木簡。檢，匣子。署，謂在檢上題字。槧，書札，書版。牘，木簡。

②匭：小匣子、小箱子。

木蘭

樂府有《木蘭》，乃女子代父征戍，十年而歸，不受爵賞，人爲作詩。然不著何代人，獨詩中有"可汗大點兵"語，知其生世，非隋即唐也。女子能爲許事，① 其義且武，在緹縈上。② 或者疑爲寓言。然白樂天題《木蘭花》云："怪得獨饒脂粉態，木蘭曾作女郎來。"又杜牧有《題木蘭廟》詩曰："彎弓征戰作男兒，夢裏曾經與畫眉。幾度思歸還把酒，拂雲堆上祝明妃。"③ 既有廟貌，又曾作女郎，則誠有其人矣。亦異哉！

註釋：

①許事：這樣的事情。許，如此，這般。
②緹縈：漢代孝女。文帝時，齊太倉令淳於意有罪當刑，系長安獄。

其少女緹縈隨父至長安，上書請入身爲官婢，以贖父罪。文帝憐之，爲除肉刑，意乃得免。見《史記·孝文本紀》、劉向《列女傳·齊太倉女》。

③拂雲堆：古地名。在今內蒙古自治區的烏喇特西北，堆上有明妃祠。

鼎子

今衛士扈駕清道者，①其著籍名爲"等子"，②誤矣③。《東方朔傳》"夏育爲鼎官"，顏籀註曰：④"夏育，衛人，力舉千鈞。鼎官，今殿前舉鼎者也。"然則今之衛士以力選，而誰何犯蹕者，⑤當爲鼎子，不應爲等子也。若謂"等"爲差等之"等"，而取其軀幹中尺寸，則凡今軍人不以長短，率中等乃得刺補，⑥何以獨於此曹名等子也歟？

註釋：

①扈駕：隨侍帝王的車駕。

②著籍：登記在戶籍上。等子：宋制，擔任御前儀衛的軍職人員中有等子。

③《四庫全書提要》認爲此條中"'等子'當爲'鼎子'"不確，"中如謂'衛士扈駕清道''等子'當爲'鼎子'一條，岳珂《愧郯錄》引吳仁傑《鹽石新論》甲編，謂魏典韋傳有等人之稱，洪翰林云等人猶候人，蓋軍制如此。大昌所疑，未爲詳允。"

④顏籀：顏師古，名籀，字師古。

⑤誰何：盤查詰問。犯蹕：沖犯皇帝的車駕。蹕，指帝王的車駕或行幸之處。

⑥率：標準，計算。刺：徵募兵卒的代稱。宋制，凡兵卒常刺字爲記，故稱。

九卿

漢制九卿，今侍從也。然九卿侍從爲九史，無明制，獨可即當時話言，以求其何者爲卿，尚可追論，顧又雜出甚多，其數不止於九也。汲黯爲主爵都尉，傳言"列於九卿"。張湯爲廷尉，傳言"列九卿，取接天下名士大夫"。鄭當時"至九卿,爲右內史"。①杜鄴曰:②"陳咸爲少府,在九卿高弟。"王温舒、尹齊更迭爲中尉,義縱爲右內史,《志》言三人以急刻爲九卿。③劉更生元帝初爲宗正,尋免官,復爲中郎。韋玄成、劉更生前爲九卿,馮野王爲大鴻臚,④有司奏:"王舅不宜備九卿。"⑤張敞爲京兆尹,亡命。⑥天子召敞,敞上書言:"臣前得備列卿,待罪京兆。"張禹謂子宏"官至太常,列於九卿"。⑦尹翁歸守右扶風,⑧滿年爲真。⑨傳言:"其在公卿之間,清潔自守。"蕭望之爲光禄勛,繫獄,石顯使史高言之元帝,下九卿大夫獄。⑩汲黯過大行李息,⑪曰:"御史大夫湯拒諫飾非,公爲九卿,不早言之何?"⑫上官桀反,大司農楊敞不敢發其事,傳謂"以九卿不輒言,故不得侯"。⑬"顏異以大農議皮幣,微反脣,張湯奏異,當九卿,見令不入言而腹非。"⑭毋將隆爲執金吾,哀帝制詔:"毋將隆位九卿,無以正朝廷之不逮。⑮"按,此即主爵都尉、廷尉、右內史、少府、中尉、宗正、大鴻臚、京兆尹、太常、右扶風、光禄勳、御史大夫、大司農、執金吾,凡十四職者,實皆正爲列卿矣。而時人所舉,獨以九卿爲言,故難曉也。《百官公卿表》第列公卿位行凡十四等,自丞相以至列將軍,自不與九卿交雜矣。至從奉常數之,以至左、右內史凡十品,每一品中又有數更其名者,揔而數之,又爲二十六名。則其十品二十六名者,又不與九數相應,愈益難解。又如奉常之與太常,廷尉之與大理,本一職也,而名稱前後不一,則猶可謂其兩出。至宗正與治粟內史,水衛之與右扶風,⑯同列一等,則職位殊不相入,只如左馮翊可與京兆、⑰內史參附,而又不與右扶風相屬,如此之類,殆不可以意推定之也。蓋嘗反而求之,則班固嘗明列九卿矣。《百官公卿表》曰:"少師、少傅、少保,是爲孤卿,與六卿爲九。"是固之立九卿總目也。而十品二十六名者,族而會之悉列於卿,則數距止九哉!⑱然班固雖本漢語,而達之周制,雜數三孤六卿,⑲以爲九卿,而周制實不然也。《周官》固嘗列孤於卿矣,如曰"孤卿",特揭孤卿位於棘,⑳是嘗比而同之矣。然此其謂爲孤卿者,蓋朝廷位於棘,是著所列,取其降於三公一等,而下與六卿同位,故連文以爲之稱,本無三孤六卿,累數以爲九卿之文也。若曰三孤已行卿事,而得累累言之,則三公未嘗不爲冢宰,㉑如周公爲師而位冢宰,正百官,是公亦爲卿,何以獨抑孤於卿而並爲九名也哉?則固語亦未愜。又,予嘗質之遷《史》而得其歸也。遷之傳張湯而及趙禹曰:"禹爲少府,比九卿。"夫"比"之爲言猶視也。五岳視三公,非三公矣,而品秩得與之同,故曰比曰視,明非本品，特比附之耳。夫少府既非九卿，而得比九卿，則九卿本九，後不啻九何足疑也？固書率多因遷，㉒而務在簡文，故其傳禹直曰："禹爲少府九卿。"刊一"比"字，而漢世非卿比卿之制遂不可推尋。至其列表以志公卿，亦自雜數無別也。乃知夏五郭公，㉓聖人不肯加損，其有深意也哉。今世二府，㉔本取府第東西對立，以爲稱謂，後雖宰相執政累多至七八人，亦止以二府目之。則漢之列卿數溢於九而概以九卿命之，亦語例交熟，自無他説也。

註釋：

①見《史記·汲鄭列傳》。鄭當時：字莊，西漢淮陽陳（治今河南淮陽）人，鄭桓公十九世孫。歷官太子舍人等，後官"至九卿，爲右內史"。

②杜鄴：當作"杜業"。按，西漢有"杜業""杜鄴"二人。"陳咸爲少府，在九卿高弟"爲杜業語，見《漢書·杜周傳》。據《漢書·杜周傳》，杜業爲杜周之曾孫，杜延年之孫，杜欽之子，南陽杜衍人也。杜鄴（？—前2）爲張敞外孫，字子夏，茂陵（今陝西興平縣東北）人。

③《志》：指《漢書·食貨志》。《漢書·食貨志下》："義縱、尹齊、王温舒等用急刻爲九卿。"

④大鴻臚：官名，掌管諸侯及少數民族事務，西漢時爲九卿之一。

⑤王舅：據《漢書·傳》載，馮野王妹妹馮媛爲漢元帝妃子，故稱其爲"王舅"。

⑥張敞（？—前48）：字子高，河東平陽（今山西臨汾）人，漢宣帝時名臣。據本傳載，張敞因爲殺絮舜的事被漢宣帝削職爲民後，交還綬印，亡命而去。見《漢書·張敞傳》。

⑦《後漢書·張禹傳》："禹四子，長子宏嗣侯，官至太常，列於九卿。"

⑧尹翁歸（？—前62）：字子兄，西漢河東平陽（今山西臨汾西南）人，以高第守右扶風。

⑨滿年爲真：意爲任職期滿成績優異，成爲正式官吏，即由暫時代理轉爲實授。《漢書·韓延壽傳》："入守左馮翊，滿歲稱職爲真。"

⑩從"蕭望"至"夫獄"共二十四字：《漢書·石顯傳》載，"元帝被疾，不親政事"，石顯長期弄權，初元年間，蕭望之等人彈劾石顯"專

權邪辟",石顯則設法陷害蕭望之等人,迫使蕭望之自殺,周堪、劉更生被罷職。

⑪過:拜訪。大行:職官名,原名"典客",爲九卿之一。

⑫《史記·汲鄭列傳》:"黯既辭行,過大行李息,曰:'黯棄居郡,不得與朝廷議也。然御史大夫張湯智足以拒諫,詐足以飾非。……公列九卿,不早言之,公與之俱受其僇矣。'"

⑬《漢書·楊敞傳》:"元鳳中,稻田使者燕蒼知上官桀等反謀,以告敞。敞素謹畏事,不敢言,乃移病臥。以告諫大夫杜延年,延年以聞。蒼、延年皆封,敞以九卿不輒言,故不得侯。"顏師古註"不輒言"曰:"聞之不即告言也。"

⑭《史記·平準書》載,"上(漢武帝)與張湯既造白鹿皮幣,問異",顏異提出不同看法,帝不悅。"張湯又與異有郤。及有人告異以它議,事下張湯治異。異與客語,客語初令下有不便者,異不應,微反脣。湯奏,異當九卿,見令不便,不入言,而腹誹,論死。"

⑮"毋將"至"不逮"十四字:據《漢書·毋將隆傳》,毋將隆爲"執金吾"時,反對傅太后以低賤的價格收買婢女,而奏請更改,故哀帝有詔:"隆位九卿,既無以匡朝廷之不逮,而反奏請與永信宮爭貴賤之賈。"不逮:不足之處、過錯。

⑯水衛:當作"水衡"。《漢書·百官公卿表》:"水衡都尉,武帝元鼎二年初置,掌上林苑,有五丞。"顏師古註引應劭曰:"古山林之官曰衡,掌諸池苑,故稱水衡。"

⑰左馮翊:官名兼行政區名。《漢書·百官公卿表》載,西漢太初元年(前104)改左內史置,職掌相當於郡太守,轄區相當於一郡,爲三輔之一。

⑱距:通"詎",表示反問,相當於"豈""難道"。清王引之《經傳釋詞》卷五:"《廣韻》曰:詎,豈也。字或作距。"

⑲三孤:少師、少傅、少保。六卿:指六官。《漢書·百官公卿表上》:"夏殷亡聞焉,周官則備矣。天官冢宰,地官司徒,春官宗伯,夏官司馬,秋官司寇,冬官司空,是爲六卿,各有徒屬職分,用於百事。"隋唐後亦用以稱吏、户、禮、兵、刑、工六部尚書。

⑳特揖:逐一揖拜。

㉑冢宰:官名。即太宰。西周置,位次三公,爲六卿之首。

㉒固書率多因遷：按，此謂班固《漢書》的內容大多因襲司馬遷《史記》的內容。

㉓夏五郭公：代指文字脫漏。《春秋》一書中，"夏五"下缺"月"字，"郭公"下未記事。《春秋·桓公十四年》："十有四年春正月，公會鄭伯於曹。無冰。夏五。"《春秋·莊公二十四年》："冬，戎侵曹。曹羈出奔陳。赤歸於曹。郭公。"

㉔二府：宋代稱中書省和樞密院。《宋史·職官志二》："宋初，循唐五代之制，置樞密院，與中書對持文武二柄，號爲'二府'。"

建康新亭[1]

今建康新亭在朱雀航西五里許，①南傍小山，北枕小浦，俗呼爲鵝項。鵝項者，蓋江水分派而下，以與秦淮會於城外者也。蕭衍之入建康也，②東昏命李居士屯新亭拒曹景宗。③居士既爲景宗所敗，請燒南岸邑屋以開戰場，自大航以西、新亭以北皆盡。據此，則曹景宗自上流而下，李居士出據新亭拒之，新亭固當在建康之西矣。然其燒諸南岸邑屋以開戰場，而新亭以北皆盡，則新亭之北，當大有邑屋，乃與之應。今之新亭，北據鵝項，鵝項之外，去大江絕不遠。縱江壖流漲，④古今稍有不同，而大江正派，未之有改。鵝項之外，即皆漲沙，漲沙之外，即是大江，安得更有邑屋？以此考審，晉之新亭計當在長干寺南，不當在鵝項河側矣。又按晉劉氏《世說》：新亭，吳之舊基，先已淪隳。隆安中，丹陽尹司馬恢之徙創今地。⑤夫晉時指謂今地者，乃王導正色言"剋復神州"處。⑥此時亭址，已非吳舊，則今亭又異於晉。其更革固不足怪也。

註釋：

①朱雀航：舊時秦淮河上的一座浮橋，面對都城正南門朱雀門，故名。航：浮橋。

②蕭衍：梁武帝（464—549），南朝梁皇帝。自"蕭衍"至"新亭以北皆盡"，出《梁書·武帝紀》。

③東昏：東昏侯蕭寶卷（483—501），南朝齊皇帝，字智藏，498—

---

[1] 續卷二有"新亭"條，內容較此條略。

501年在位，年號永元，被認爲是中國史上最爲昏庸荒淫的皇帝之一。李居士：南朝齊東昏侯將領，曾任江州刺史。曹景宗（457—508）：字子震，新野（今河南境內）人，南北朝時期梁朝名將，爲梁朝的開國功臣。

④堨：同"壖"。城下、宮廟外及水邊等處的空地或田地。

⑤司馬恢之：字季明，晉宗室，歷官驃騎司馬、丹陽尹（丹陽郡治建康）。

⑥王導正色言"剋復神州"處：劉義慶《世說新語·言語》："過江諸人，每至美日，輒相邀新亭，藉卉飲宴。周侯中坐而歎曰：'風景不殊，正自有山河之異。'皆相視流淚。唯王丞相愀然變色曰：'當共戮力王室，克復神州，何至作楚囚相對！'"

《六帖》2[1]

白樂天取凡書精語可備賦詞、制文采用者，各以門目類粹，①而總名其書爲《六帖》。②白既不自釋所以名，後人亦無辨者。偶閱唐制，其時取士凡六科，科別其所試，③條件每一事名一帖，④其多者，明經試至十帖，而《説文》極於六帖。白之書爲應科第設，⑤則以帖爲名，其取此矣。白書不止六類，而帖之取數止於用六者，《説文》，小學也。試小學又試之小者也，從試之小者取其極嚴，而名其書者，謙取其少也。

註釋：

①粹：通"萃"。聚集，匯集。
②六帖：參看卷二《六帖》條。
③科別：區分；甄別。
④條件：逐條逐件（寫出）。
⑤科第：科舉制度考選官吏後備人員時，分科錄取，每科按成績排列等第，叫作科第。

度

古帝王必同度量，後世所傳商尺、周漢尺不相參同，蓋世異而制殊，

---

[1] 卷二有同名條目，較此條略。

無足怪也。今雖國有定度，俗不一制。曰官尺者，與浙尺同，僅比淮尺十八，①而京尺者，又多淮尺十二。公私隨事致用，②元無定則。予嘗怪之，蓋見唐制而知其來久矣。金部定度，③以北方秬黍中者爲則，凡橫度及百黍即爲一尺。④此自其一代之法，不須較古今同異也。然此尺既定，而尺加二寸，別名大尺，又因著爲之令，曰："鐘律冠冕之類，則用秬尺，⑤內外官司悉用大尺。⑥"則國立之制，明爲二體，其與古人同度量之義乖矣。唐帛每四丈爲一匹，用大尺準之，蓋秬尺四十八尺也。秬尺長短，不知合今何尺，然今官帛亦以四丈爲匹，而官帛乃今官尺四十八尺，準以淮尺正其四丈也。國朝事多本唐，豈今之省尺即用唐秬尺爲定耶？不然何爲官府通用省尺，而繒帛特用淮尺也。

註釋：

① 十八：十分之八。

② 隨事致用：根據事情選用。

③ 金部：《舊唐書·職官志》："尚書侍郎之職，掌天下田戶、均輸、錢穀之政令。其屬有四：一曰戶部、二曰度支、三曰金部、四曰倉部。""掌判天下庫藏、錢帛、出納之事，頒其節制而司其簿領。"度：計算長短的標準和器具。《玉篇·又部》："度，尺曰度。"《禮記·王制》："用器不中度，不粥（鬻）於市。"

④ "以北"至"一尺"共十九字：《唐六典·尚書戶部》："度，以北方秬黍中者一黍之廣爲分，十分爲寸，十寸爲尺，一尺二寸爲大尺，十尺爲丈。"

⑤ 秬尺：即唐黍尺，唐小尺（律尺），即"以北方秬黍中者爲則"做成的尺子。詳見註④。

⑥ 大尺：此相當於秬尺的一尺二寸。見註④。

魚袋

《六典·符寶郎》載隨身魚符之制："左二右一，太子以玉，親王以金，庶官以銅，佩以爲飾。刻姓名者，去官而納焉；①不刻者，傳而佩之。②"註云：符上"皆題云某位姓名。其官止一員者，不著姓名，……並以袋盛。其袋三品以上飾以金，五品以上飾以銀。六品以下、守五品以上不佩。若在家非時及出使、③別敕召檢校並領兵在外者,④不別給符契,若須回改處分者,勘符同,然後承用。"按此而言,即今之魚袋雖沿唐制,但存形模,⑤全無其用。今之用玉、金、銀爲魚形附著其上者,特其飾耳。今用黑韋方直附身者,始是唐世所用以貯魚符者,是之謂袋,袋中實有符契,即右一而與左二合者也。凡有召或使令,即從中出半契合驗,以防詐僞。故不別給符契者,憑袋中半符爲信。本朝命令多用敕書,罕有用契,即所給魚袋,特存遺制,以爲品服之別耳。其飾魚者固爲以文,而革韋中不復有契,但以木楦滿充其中,⑥人亦不復能明其何用何象也。然唐制有二種:有隨身符,即以給其人者,故書其人姓名,及其致仕,即以納官;有傳符,即不刻某官姓名,但言某司符契,《六典》註文所謂"皆須遞相付,十月內申禮部"是也。白樂天嘗暫爲拾遺,佩銀魚,已而不爲此官,則不佩。故其詩曰:"親朋相見問何如,物色恩光盡反初。無奈嬌癡三歲女,繞腰啼哭覓銀魚。"⑦即《六典》謂"六品以下守五品以上不佩"者,而白雖暫借,尋亦歸之於官也。黃繙綽服緋無魚,⑧故取獺尾垂著腰上,作俳語謂明皇曰:"賜緋毛魚袋。"毛,語反即無爲也。帝喻其意,以言卻止之曰:"魚袋者,五品以上入閣合符即用之,⑨汝何可得?"《六典》非五品不佩,又敕召不別給契,止用魚符爲契,皆典之合也。又按趙上交云:⑩自武德時,正員帶闕官始得佩,而添置員外、試判、檢校官,皆不得佩。其後隨事許佩,增益滋多。垂拱中,⑪以給都督、刺史,則非京官亦佩。神龍元年,刑部王嗣玉,景龍三年特進皆許佩金,⑫則散職亦佩。開元九年,用中書令張嘉正奏,而致仕及以理去官皆許仍佩朱紫,⑬因之亦益以多。

註釋:

①刻姓名者,去官而納焉:言離任時可以納爲己有。

②傳而佩之:謂傳接佩戴,即離任時留下傳給下一任官員。

③非時:不在正常、適當或規定的時間內。

④別敕召檢校:特別詔令任命的檢校官。檢校:唐張鷟《朝野僉載》卷一:"正員不足,權補試、攝、檢校之官。"

⑤形模:形狀、形式。

⑥楦:模型。

⑦見白居易《初除尚書郎脫刺史緋》。

⑧賜緋毛魚袋：見十二卷"俗語以'毛'爲'無'"條下註③。

⑨入閣合符：出入宮門驗合符契。

⑩趙上交（895—961）：本名遠，字上交，避後漢高祖劉皓（本名"知遠"）諱，以字稱，涿州范陽人。從後唐入晉，歷漢、周，累遷御史中丞、吏部持郎。宋初，起爲尚書右丞。著有文集二十卷。

⑪垂拱：唐睿宗李旦年號，從685年正月至688年十二月，實由武則天操縱朝政，睿宗只是個傀儡。

⑫特進：官名。始設於西漢末，授予列侯中有特殊地位的人，位在三公下。東漢至南北朝僅爲加官，無實職。隋唐以後爲散官。

⑬致仕：古代官員正常退休叫作"致仕"。以理去官：因正常原因卸任叫"以理去官"。

麒麟

古有麒麟，非馬也，其字亦不從馬。《魯詩》有騏。《説文》云："青驪，文如博棋也。"①《類篇》有獜，引《爾雅》爲説曰："青麒麟，馬之斑文也。"②是古雖有麒麟字，皆以其毛色命之。③至《淮南子》始曰："應龍生建馬，④建馬生麒麟，麒麟生庶獸，凡毛者皆生於庶獸。"則漢世已用馬之上品配麟龍，而加馬其旁矣，故唐廄遂以祥麟院爲名。老杜詩："近聞下詔宣都邑，肯使麒麟地上行。"是用天上石麒麟爲事，⑤則正以"騏驎"爲"麒麟"矣。

註釋：

①文：後作"紋"。

②《類篇·馬部》："騏，馬班文。《爾雅》'青驪騏驎。'"

③毛色：指毛的斑紋。

④應龍：傳説中一種有翼的龍。建馬：傳説中的異獸名。《淮南子·墜形訓》："毛犢生應龍，應龍生建馬，建馬生麒麟，麒麟生庶獸，凡毛者生於庶獸。"

⑤石麒麟：古代帝王陵前的石雕的麒麟。唐封演《封氏聞見記》卷六："秦漢以來，帝王陵前有石麒麟，石辟邪、石象、石馬之屬，人臣墓前有石羊、石虎、石人、石柱之屬皆所以表飾墳壟如生前之象儀衛耳。"

嶓冢

　　《漢書》誤以嘉陵江爲西漢,[①]予於《禹貢論》詳辨之矣。[②]嘉陵既不爲漢,則秦、雅二州及葭萌、金牛有山皆名嶓冢者,不待辨而知其誤也。予先著論,姑以意定,謂嶓冢當在漢水發源之北,而不能指其爲何地何山,每一思之,意終昧昧然也。[③]《水經》以爲漢中之漢源出武都東狼谷山。予嘗詢諸經行其地者,曰:"由漢中而西有水焉,發源之地距興元不一二百里,源既近,流水又狹,秋冬間僅勝一二十石舟。[④]"而經之所次,漢上有沔,沔上有漾。《禹貢》有於一二百里間該載三名如此其詳也歟?予按地書,襃水與斜谷分,山南口曰襃,北口曰斜。漢中北距斜口自八、九百里,而襃水發源,是爲衙嶺,又遠在襃口西北角八、九百里之上,則其源流亦既甚長矣。漢時張湯嘗創治襃水以通於斜,而受山東歲漕,[⑤]則豈枝流曲港之比哉?禹方叙著水源,自不應舍大取小,如此不倫,古今雖異,而人情可以通推也,況有可驗者。《禹貢》水例,凡其流徑所及,每以易向,則別名方面以識其變。如河之自龍門而轉南以流華陰,則書曰"南至於華陰"。而改東以及砥柱,則又書曰"東至於砥柱"。是其隨向書方之例也。今漾、漢之文曰"嶓冢導漾東流爲漢"。則是漾源本未東流,至其折東而後始得爲漢也。然則嶓冢者,豈其當在漢中之西也哉?《水經》凡叙狼谷水,率皆西出東行,而衙嶺襃源,悉發北而南行,直至南鄭,而流委始東,始名漢水。則與經"導漾東流爲漢"者,其方向正合也。漢人並襃中置縣,而命曰"襃中",吾意襃中一語,前世必已久有,而漢人采之以名其縣,非創爲若語也。襃中、嶓冢,二音全相配附,得非自虞夏以至戰國,世人稱謂不的,[⑥]而輒相訛易也乎?然予論《禹貢》不敢確證者,爲其襃之名國已先乎秦,不容輕小議焉耳。然地名因聲近而訛,古多有之。如《春秋》之邾,雖偏小無足言,然人民社稷儼然,得自名國,不可誣矣。孟子之去春秋爲年絶不遠,而變邾爲鄒,漢儒已不能究。則襃僻且險,自"嶓冢"而訛爲"襃中",安得圖志而暇詳載矣乎?予終欲主所意見,而未得的據,姑書其概以待詳考。

註釋:

　　①西漢:西漢水。《水經註》鄭玄註"潛水"曰:"漢別爲潛,其穴

本小，水積成澤，流與漢合。大禹自導漢疏通，即爲西漢水也。"

②《禹貢論》：程大昌撰。《宋史·藝文志》曰："《禹貢論》五卷，《禹貢論圖》五卷，《禹貢後論》一卷。"

③昧昧：模糊，不清楚。

④勝：能承擔，能承受。

⑤歲漕：謂每年由水路運輸糧食至京師或指定地點。

⑥不的：不可靠、不確實。

立仗馬①

司率進馬六人。②舊儀：每日尚乘以殿馬八匹，③分左右廂立於正殿側宮門外，候仗下即散。④天寶八載，李林甫罷。十二載，楊國忠復。

註釋：

①立仗馬：作儀仗的馬隊。

②進馬：唐時官名。主管典禮時儀仗隊的騎乘。

③尚乘：尚乘局，管馬的機構或官員。詳《舊唐書·職官志三》。

④仗下：謂皇帝視朝畢，所列儀仗兵衛退下。

銅柱

銅柱，南方處處有之，皆言馬援所立。①《唐史·南蠻傳》："林邑國南大浦存五銅柱，漢馬援所立也。"②《南詔傳》："玄宗詔何履光以兵定南詔，③取安寧城，復立馬援銅柱乃還。"援雖征蠻，未嘗渡海，而林邑於唐爲環王，地在交州南，海行三千里乃至，豈援之所嘗至耶？意有蠻人古有銅柱，中間援因其故制立之，以堅蠻信耶。

註釋：

①"銅柱"至"所立"十四字：《後漢書·馬援傳》："援將樓船大小二千餘艘，戰士二萬餘人，擊九真賊徵側餘黨都羊等，自無功至居風，斬獲五千餘人，嶠南悉平。"唐李賢註引《廣州記》曰："援到交阯，立銅柱，爲漢之極界也。"馬援（前14—49）：字文淵，東漢扶風郡茂陵縣

（今陝西省興平市）人，開國功臣之一。光武帝時，拜爲伏波將軍，封新息侯，世稱"馬伏波"。

②《唐史》：指《新舊唐書》。《唐書·南蠻傳》："環王，本林邑也，一曰占不勞，亦曰占婆。……其南大浦，有五銅柱，山形若倚蓋，西重巖，東涯海，漢馬援所植也。"

③何履光：唐珠崖郡（今瓊山縣舊州鎮）人。曾任嶺南節度使等職，於玄宗天寶年間，率十道兵平定南詔，取安寧城（即今雲南省安寧縣）及鹽井，復立東漢馬援銅柱。

兩漢闕

《史記》："高帝八年，蕭丞相營作未央宮，立東闕、北闕、前殿。十年，宮成。"①司馬《索隱》云："無西、南二闕者，厭勝之法也。②秦家舊宮皆在渭北，而立東闕、北闕，取其便也。"予以爲厭勝之説無據，謂秦舊宮在北，而立北闕以便於事，理有之也。東闕雖於渭北方鄉不相干，凡漢之朝貢，自闕東來者多，則謂立東闕以便事是也。③其後武帝大治甘泉宮，在長安西，故立鳳闕，高二十餘丈於其東，南、北、西三面無見焉，亦便事之義也。後漢都洛，有南宮、北宮，兩宮相沓，四隅各自立闕，其曰朱雀、玄武、蒼龍、白虎者，兩宮四面皆有，而亦同名，不復如前漢虛方不設者矣。④《洛陽故宮名》所載於南宮四闕之外，更添坎闕，曰"此南宮北面之闕"。予疑其誤也。按漢蔡質《漢官典職》曰：⑤"南宮至北宮相去十里。"以十里之遠，中間各容雙闕，則南宮之玄武，自應與北宮之朱雀對起。或者見兩宮中間，有雙闕者二，疑其重複，故以南宮之玄武爲其宮北闕，而忘其北闕已名玄武，不當復出矣。

註釋：

①十年：當作"九年"。《史記·高祖本紀》："九年，……未央宮成，高祖大朝諸侯群臣，置酒未央前殿。"

②厭勝之法：古代一種巫術，謂能以詛咒制勝，壓服人或物。

③便事：便於行事。

④虛方不設：空缺西、南二闕。

⑤蔡質：字子文，漢陳留圉（今河南杞縣）人，蔡邕叔父。著有《漢官典職（儀）》。陳振孫《直齋書錄解題》載："《漢官典儀》一卷，《續補》一卷，漢衛尉蔡質撰，雜記官制及上書謁見禮式。"

玉食 2[1]

《本草》：①陶隱居授《仙經》，②"服穀玉，搗如米粒，乃以苦酒輩消令如泥，③亦有令爲漿者。"祥符中，尚藥嘗用陶法屑成米豆粒，④竟不供御。蘇頌因謂難以服食，恐不詳古來服玉本旨也。《書》以玉食對威福言之，⑤則玉食云者，惟王者得用，示一隆而無二禮，如古扆用斧，⑥後世御衣獨用赭黃之類，不可但從飲食滋味中求義。唯玉府"王齋，則供食玉"，若非齋，恐不常服也。齋而玉食，其齋必變食之義乎？此禮之"尊無二上"者也，而可求諸滋味之間歟？玉亦未必可服，或於齋時用玉爲器，如灌鬯以瓚取玉器爲用耶？

註釋：

①《本草》：又稱《新修本草》《唐本草》，唐蘇敬撰，藥典，僅存殘卷，有輯本。

②陶隱居：陶弘景（456—536），字通明，自號華陽隱居或隱居先生。南朝齊梁間道士、醫學家。著有《本草經集註》《集金丹黃白方》《二牛圖》等。《仙經》：道家典籍，已佚，後泛指道家文獻。

③苦酒：《釋名·釋飲食》："苦酒：淳毒甚者，酢（且）苦也。""輩"，儒學警悟本此字脱。《玉篇·車部》："輩，類也。"

④尚藥：掌醫藥之官，古有尚藥局。《宋史·職官志》載，宋尚藥局屬殿中省，奉御二人。

⑤《尚書·洪範》："惟辟作福，惟辟作威，惟辟玉食。"

⑥扆：置於門窗之間的屏風。《書·顧命》："狄設黼扆綴衣。"孔傳："扆，屏風，畫爲斧文，置户牖間。"

---

[1] 卷一有同名條目，但內容完全不同。

護駕

豹尾以前比省中,①尚書、侍郎、御史、令史皆執注,②以督整車騎,所謂護駕也。

註釋：

①豹尾：天子屬車上的飾物，懸於最後一車。後亦用於天子鹵簿儀仗。《後漢書·輿服志》："最後一車懸豹尾，豹尾以前比省中。"省中：宮禁之中。

②注：登記、記載的備案資料。

續集卷之一　制度

以兵代民役

建隆二年，以前代傳置悉用民夫，①至是詔募軍卒代之。至三年正月，詔不得以逆旅僑民充遞夫。②

註釋：

①傳置：驛站，此指驛站轉運。
②逆旅：旅居。僑民：寄居外鄉的人。遞夫：猶遞人，指驛站的役卒。

饑民強盜人穀米

舊法：歲饑，強發倉窖皆死。太祖、真宗多因奏讞特許貸配，①元不明立爲法。天聖三年，詔："陝西州軍持杖劫人倉廩，非傷主者減死刺配，②非首謀者又減一等。"仍令長吏密以詔書從事。自是諸路災傷，即降不下司救，③而饑民盜取穀食多蒙活宥。④按此，即是矜其迫饑爲之，⑤故特貸其死。然不明立之法，亦不明降詔命者，恐人恃此以犯也。寶元二年，西川饑饉，詔："劫廩穀非傷殺人者，並刺配牢城，爲首者配出川界。"皇祐三年，信州民有劫米傷主者當死，上以其迫饑，故貸死。至和元年，楊安國讀《周禮》"大荒大札，則薄征緩刑"。"楊安國曰：'所謂緩，乃過誤之民耳。⑥今衆持兵仗劫糧廩，一切寬之，恐不足以禁奸。'帝曰：'不然，饑饉不能恤，至爲盜而又殺之，不亦甚乎！'"治平四年九月，詔："災傷州縣持仗強盜，不以財物斛斗，⑦但同火三人以上，傷人及計贓罪死者，⑧捕獲，已嘗爲盜至徒，⑨經斷不以赦前後。今犯至死者，依元條，不用災傷減等。⑩"則是覺恕貸之不足以戢盜,⑪而改出此令,足爲至當也。

註釋:

①奏讞:對獄案提出處理意見,報請朝廷評議定案。貸配:寬恕饒其死罪而代之以發配到邊疆。貸,恕,減免。配,發配。

②刺配:古代刑罰名。在犯人面部刺字,發配邊遠地區。

③即降不下司赦:謂"強發倉窖"者多不用通過專門敕令得以赦免,賴以全活。

④活宥:通過寬恕得以活命。

⑤矜:憐憫。迫饑:困厄,飢餓。

⑥此句及以下引文見《資治通鑒長編》卷一百七十七。過誤:過失犯錯。

⑦不以:不論,不管。斛斗:斛與斗,皆糧食量器名。按,"不以財物斛斗"指不論所盜財物的多寡。

⑧計贓:累計貪污受賄或偷盜所得的財物。

⑨徒:古代刑法名,指拘禁使服勞役。整句言曾經爲盜觸犯法律至"徒"這個程度。

⑩用:因。

⑪戢:收斂、止息。

三司借內藏錢①

景祐元年閏六月,謝絳言:②"內藏歲受鑄錢百餘萬緡,③而歲給左藏庫及三年一郊,④度歲及九十萬緡,⑤所餘無幾。請以天下所鑄錢,盡入三司。十年,責以移用,……與夫滯積大盈,⑥利害遠矣。"祖宗時,三司常借內庫錢,觀此即知當時新鑄錢亦入內庫,卻從而給與之耳。今鑄錢數雖少於舊,要之,悉入外藏,則難如祖宗時常借矣。景祐四年,內藏庫言:"歲收緡錢三十萬助三司。天禧三年詔書切責三司,毋得復借。自明道二年距今才四年,所借錢帛凡九百十七萬二千。詔戒飭之。"治平元年,詔:"三司用內藏庫錢三十萬貫,修奉仁宗山陵,依乾興例,蠲其半,餘聽漸還。"

註釋：

①該條見《續資治通鑑長編》卷一百十四。三司：唐、宋以鹽鐵、度支、户部爲三司，主理財賦。清嵇璜、劉墉等《續通志・職官四》："三司起於唐末，五代特重其職，至宋而專掌財賦，皆以重臣領之。"内藏：内藏庫，宋初宮内貯藏金帛之庫，屬太府寺。《宋史・職官志》："舊分南北兩庫，政和六年修建新庫，以東西庫爲名。西京、南京、北京各置左藏庫、内藏庫，掌受歲計之餘積，以待邦國非常之用。"

②謝絳（994—1039）：字希深，北宋富陽（今屬浙江）人。大中祥符八年（1015），登進士甲科，累官至三司度支判官，知制誥，且長於制誥。

③緡：量詞。指成串的銅錢，古代通常以一千文爲一緡。宋時又稱貫。

④左藏庫：與内藏庫（見註①）同屬太府寺，以其在左方，故稱左藏。三年一郊：古代天子於郊外祭祀天地，南郊祭天，北郊祭地，三年一次。郊，即郊祀、郊祭。

⑤度歲：一年的開支用度。及：至，達到。

⑥滯積：積壓。大盈：極其充盈。

改官用職司

景祐三年，詳定内外官所舉州縣幕職官，①各有合舉員數。其轉運使副、②提刑不限人數，舊當三人者止當一人，仍須有本部監司、長吏及通判薦舉者，始聽磨勘。③按此時監司、長吏、通判皆得爲職司，④今則不可兼，轉運使及副、提刑，一狀當三狀，⑤今皆不然也

註釋：

①内外官：内朝官和外朝官。幕職：地方長官屬吏。宋趙升《朝野類要・幕職》："幕職：僉判、司理、司法、司户、錄參、節推、察推、節判、察判之類。"

②轉運使副：爲轉運使副使的簡稱。《宋史・職官志》七記載："都轉運使、轉運使、副使、判官，掌一經度一路財賦。"

③磨勘：爲唐宋官員考績升遷的制度，期滿根據考核成績决定升降，並經吏部和各道觀察使等復驗。宋范仲淹《答手詔條陳十事》："今文資三年一遷，武職五年一遷，謂之磨勘。"

④職司：主管，或主管官員。

⑤一狀：下對上的一件呈文。

張亢

仁宗時，契丹聚兵幽、涿間，張亢丁母憂，①起爲北京使、②知安肅軍。③亢曰："萬·契丹背約，臣請擐甲爲諸軍先。④"既而，元昊叛。⑤慶曆元年，亢爲鄜延路都鈐轄，⑥知鄜州，與部署○英宗廟諱。許懷德不相能，⑦上令戒諭，若固爲此以求内徙，當悉奪官，安置緣邊。⑧既而亢上邊事，乞赴闕面陳；⑨"如臣言狂率不可用，乞重降黜。"不報。本傳言"令驛奏"。○據本傳，亢乃出力多。非避事。

註釋：

①張亢：字公壽，家於臨濮人（今山東臨濮集），官至鄜延路都鈐轄及並、代路都鈐轄，邊疆大將。丁：當，遭逢。母憂：母親喪事。

②北京：此指大名府（今河北大名東北）。宋仁宗慶曆二年（1042）吕夷簡以宋真宗咸平三年（1000）駐蹕大名府親征契丹爲由奏請建大名府爲北京。

③知：暫行主管。軍：宋代行政區劃名，與府、州、監同屬於上一級行政區劃"路"。《文獻通考·輿地考》："天下凡十八路，州、府、軍、監三百二十二，縣一千二百六十二。"

④擐甲：穿上鎧甲，貫甲。此指出征。

⑤元昊（1004—1048）：李元昊（李爲賜姓），黨項族人，西夏開國之君（1028—1048年在位）。

⑥都鈐轄：兵馬鈐轄，北宋前期爲臨時委派的統兵官，後爲固定的差遣。

⑦部署：軍中武官，據胡三省《資治通鑑註》："部署之官始見於《通鑑》，本在招討使之下，其後有都部署，遂爲專任主帥之任。"能：親善，和睦。

⑧安置：貶官。宋時官吏被貶謫，輕者稱送某州居住，稍重者稱安置，更重者稱編管。緣邊：邊遠地區，邊境。

⑨赴闕：入朝。指面見皇帝。

講讀官坐立

皇祐三年，"詔邇英閣講讀官當講讀者立侍敷對，餘皆賜坐侍於閣中。天聖以前皆坐侍，自皇祐以前皆立侍。至是，帝屢面諭以'經文義旨，須詳悉詢説，卿等無乃煩倦否？'遂有是詔，以爲永制"。①熙寧元年，侍講吕公著、②王安石言："故事，侍講者皆賜坐。自乾興後，講者始立，而侍者皆坐聽。臣等竊謂侍者可使立，而講者當賜坐。"詔付禮官。後韓維、刁約、胡宗愈等言："賜坐，蓋出優禮。祖宗或賜講臣坐者，以其敷暢經藝也。③太宗開寶中，李穆薦王昭素召對便殿，④賜坐講《易·乾卦》。太宗端拱中，幸國子監，令有司張帝幕設别座，令李覺講《易》之《泰卦》，令列侍之臣得坐執經，而講者顧使獨立於前，臣以爲宜如天禧舊制。"判太常寺龔鼎臣等言：⑤"執經人主之前，本欲便於指陳，則立講爲宜。若謂傳道近師，則今講解皆先儒章句，非有爲師之實，安可專席安坐以自取重也？初孫奭坐講，⑥仁宗尚幼，跂案以聽之，⑦奭因遂立講。"論者不以爲是。上問曾公亮，⑧公亮但稱："臣侍仁宗書筵，亦立。"後安石因講賜留，上面諭"卿當講日可坐"，安石不敢坐，遂已。⑨

註釋：

①見《續資治通鑑長編》卷一百七十一。邇英閣：宋代禁苑宫殿名，義取親近英才。敷對：奏對，陳奏廷對。敷，陳述，鋪叙。

②吕公著（1018—1089）：字晦叔，壽州（今安徽鳳臺）人，吕夷簡之子，累官御史中丞，尚書右僕射，中書侍郎兼侍講。

③敷暢：廣爲鋪陳而加以發揮。經藝：儒家經書的統稱，古稱六經爲"六藝"。

④李穆（928—984）：字孟雍，開封武陽（今河南西平）人。周顯德初以進士，官至參知政事。便殿：正殿以外的别殿，古時帝王休息消遣之處。宋范祖禹《帝學》："開寶元年，知制誥李穆薦王昭素，召見便殿。昭素，開封酸棗人。通九經，尤精《詩》《易》。時年七十七。"

⑤判：代理或兼攝。龔鼎臣（1009？—1086）：字輔之，鄆州須城（今山東東平）人。宋景祐年間進士，官至吏、禮二部郎中，宋初著名學者，著有《東原錄》。

⑥孫奭（962—1033）：字宗古，北宋博平（今山東茌平）人。博學多知，仁宗即位，被召爲翰林侍講學士，判國子監，後遷兵部侍郎、龍圖閣學士、禮部尚書。

⑦跂：踮起腳跟，翹足。

⑧曾公亮（998—1078）：字明仲，號樂正，宋泉州晉江（今福建泉州市）人。累官至參知政事、樞密使和同中書門下平章事等。與丁度合撰《武經總要》。

⑨"熙寧"至"遂已"二百八十字：又見宋彭百川撰《太平治迹統類》卷二十六。

殿前三司軍職

周恭帝時，①李重進出鎮揚州，②領宿衛如故。③太祖受禪，④命韓令坤代爲馬步軍都指揮使，正是奪其所帶軍職耳。建隆二年七月，凡諸將職典禁衛者，例罷，悉除節度使，獨石守信兼侍衛都指揮使如故，實亦帶以爲職，元不典兵也。至三年，守信亦表解軍職，⑤許之，則守信竟不自安也。

註釋：

①周恭帝：即柴宗訓（953—973），五代時期後周最後一位皇帝（959至960在位），趙匡胤時任其殿前都點檢。

②李重進（？—960）：其先滄州人，後周太祖之甥，福慶長公主之子也，生於太原。後周淮南節度使，趙匡胤稱帝後，命令韓令坤代替李重進，將重進移鎮至青州，李重進起兵抗命，敗死。

③宿衛：皇帝的警衛人員，禁軍。

④禪：禪讓。太祖受禪，指趙匡胤陳橋驛兵變。

⑤表解：上表請求解除。

殿試不落人

《長編》曰：①嘉祐二年，賜進士章衡等及第出身共三百八十八人，是歲，進士與殿試者始皆不落。②李復圭《紀聞》云，是春，以進士群辱歐陽修之故，殿試不落一人。案《實錄》："試進士李寔等四百人，而得第者三百八十八人。"謂之"不落一人"固舉大約言之耳。特不知禮部奏名實爲幾人，③故其留黜之數不容參考。④案皇祐元年：庭試取四百九十八人，五年取五百二十人。至嘉祐四年，所取又止一百六十五人，六年一百八十三人，閱兩舉才共取三百四十八人耳。⑤雖緣其時初制間年一開科舉，⑥故約此意指，似是禮部奏名先減其額，故庭試雖不落人，其得第者少，是亦朝三暮四之比也。又緣其時立制減去諸州解額之半，⑦禮部以半額紐數而取，故奏名已少，及至庭試不用汰黜也。

註釋：

①《長編》：即《續資治通鑑長編》，宋李燾編，共九百八十卷，體例仿司馬光《資治通鑑》。

②進士與殿試者始皆不落：宋太祖推行殿試製度後，凡省試合格進士若殿試不合格者都會被黜落。然而仁宗嘉祐二年，進士與殿試者三百八十八人"皆不落"，即全部被錄取。至於爲何不黜落，説法不一，其中之一就是下文所説落第進士群辱歐陽修，仁宗爲避免事態進一步擴大，遂下詔殿試不黜落。爲何群毆歐陽修？據《續資治通鑑長編》卷一百八十五（嘉祐二年，1057）載，翰林學士歐陽修深疾當時學界"奇僻，鈎章棘句，寖失渾淳"之文風，"遂痛加裁抑"並嚴禁挾書者。"及試榜出，時所推譽，皆不在選"，故落第進士群辱歐陽修。仁宗皇帝爲避免事態擴大，遂下詔"殿試不黜落"。

③奏名：科舉考試時禮部送呈皇帝的審核擬錄取進士名册。

④留黜：錄取和不錄取。黜：貶降，罷退。

⑤閱：經過。

⑥間年：隔一年。

⑦解額：州郡應舉合格者到京參加禮部會試的名額。

階級法

《階級法》本文曰："一階一級，全歸伏事之儀。"①世傳太祖聖語，故著諸令。今《長編》則遂於真宗時登載。案，司馬光嘉祐七年上疏論禮法曰："太祖申明軍法，自押官以上各有階級，②小有違犯，罪皆殊死。③"然則其制不起真宗時，恐《長編》不審也。

註釋：

①宋呂中《宋大事記講義·太祖皇帝》"嚴階級"條："開寶五年十一月，嚴階級法，詔禁軍將校有帶遙郡（宋無實際職掌的承宣使、觀察使、防禦使、團練使、刺史等皆僅爲武臣遷轉之階。凡不帶階官者爲正任，否則爲遙郡）者，許以客禮相見，自餘廂都指揮使，一階一級，全歸伏事之儀。"伏事："伏"通"服"。指在朝廷或官員屬下任職，爲朝廷或國家服務。

②押官：吏名。押，主管、統轄。指軍事部門內作戰系統或軍馬管理系統官吏。宋代，宣徽院有此屬吏，分都勾押官、勾押官等，分掌兵、騎、倉、冑四案。階級：官的品秩、等級。

③殊死：古時指斬首等死刑。

鄉兵保捷義勇等

咸平四年，取陝西稅戶爲義軍，家出一丁，號曰保毅軍。四年，吳蒨點得六萬八千七百餘人，官給糧戍邊。則此義軍行諸陝西未及它路也。其年五月，集近京諸州丁壯選隸軍籍，則已用陝西法行之它路矣。其年名河北鄉兵爲忠烈、宣勇○未見名始何時，並、代司兵爲廣銳。①祥符六年，以雄、霸所調爲忠順指揮○名始此年。慶曆元年，概於近邊募土人爲之，名護塞。二年二月。簡河北疆壯勁勇者，②刺手背爲義勇指揮。○嘉祐四年，大名府路安撫李昭亮言："河北州軍見闕義勇，乞令二年內補足。其疆壯緣不係教閱，欲候義勇足日，亦令補復。"即是疆壯別是一法，卻於疆壯中選補義勇也。三月簡河東弓手不刺面，爲義勇，陝西弓手爲保捷。③治平元年，宰臣韓琦乞於陝西路選鄉兵，富戶三丁揀取一丁，仍刺手背，以義勇爲名。差徐億等往，凡刺十三萬八千四百餘人，而河北義勇之制，始達於陝西。司馬光陳請："今但怪陝西無義勇，不知三丁已有一丁充保捷。○即慶曆二年所創是也。"是其實也。然《會要》記保捷始慶曆二年，而天聖五年已有臣僚言："秦州，十年不曾揀選保捷。"嘗令秦州分析，④則前乎慶曆已有保捷矣。熙寧八年，夔州路提刑言："乞差黔州義勇往瀘州界防托。⑤"不聞黔州自置義勇，今之所指黔州義勇，當是自陝西抽戍耶？其年，兵部言：隴、成州義勇應援熙河，不足，乞差保丁充數。則義勇外又差保丁。

註釋：

①並：並州（今山西太原）。代：代州（今山西忻州市代縣）。司兵：與"鄉兵"對言。

②簡：選擇，選拔。

③"三月"至"保捷"共二十字：《續資治通鑒長編》卷一百三十五：慶曆二年，"中書、樞密院奏，乞簡河東弓手有武勇者不刺面爲義勇指揮，陝西弓手刺面爲保捷指揮，從之"。宋高承《事物紀原·軍伍名額·保捷》："咸平四年九月，詔陝西緣邊州軍兵士，先選中者，並升爲禁軍，名保捷。"

④分析：申辯、解釋。

⑤防托：又作"防拓"。防禦，抵拒。宋范仲淹《奏陝西主帥帶押蕃落使》："如撫馭之間，恩威得所，大可防托邊界。"

潁昌府順昌軍

神宗初爲忠武軍節度、淮陽郡王，後封保捷。①案，忠武軍即許州也，故元豐三年升許州爲潁昌府者，以嘗領節忠武也。後封眞王而國於潁，②則潁州也。故元豐二年升潁州爲順昌軍者，爲王封之舊也。軍後升府，即順昌府也。張舜民言："熙寧初，升潁州爲順昌軍，久知其誤，遂升許州爲潁昌府。"《長編》辨其誤，③蓋升潁州爲順昌府，在元豐二年，不在熙寧；而神宗之爲郡王，乃淮陽郡，亦非潁州也。舜民兩說皆誤也。

註釋：

①"神宗"至"保捷"共十七字：《宋史·神宗本紀》："九月，加忠武軍節度使、同中書門下平章事，封淮陽郡王，改，今諱。治平元年六月，進封潁王。"

②國：立國，封國。

③《長編》辨其誤：《資治通鑒長編》卷三百二："詔升許州爲潁昌府。"註曰："張舜民云：'神宗自潁州郡王即位，熙寧初，升潁州爲潁昌

軍，久之，知其誤，遂升許州爲潁昌府。'按，升潁州爲潁昌軍，乃元豐二年八月二十四日、九月十八日德音（詔書），非熙寧初也。神宗初爲忠武節度、淮陽郡王，後封潁王。忠武即許州軍額，郡王則封淮陽，非潁州，舜民誤也。《舊記》書'升許州舊鎮爲潁昌府'，《新紀》削'舊鎮'兩字。"

密院進入文字押字

予在館中見秘閣所藏，有太祖時宰執進入文字。[①]上有御筆自加處分，而趙韓王輩奉行以出，[②]則皆押字，[③]不書名，不書臣。常疑之，後因閲《實錄》，見元豐五年五月，詔三省、樞密院，自今後應入進文字用押字者，並依三省例，書臣名。乃知至神宗時猶存押字例也。

註釋：

①宰執：指宰相等執掌國家政事的重臣。據《宋史·職官志》，宋先後以同平章事、尚書左右僕射、左右丞相爲宰相，以參知政事、門下侍郎、中書侍郎、尚書左右丞、樞密使、樞密副使、知樞密院事、同知樞密院事爲執政，合稱宰執。進入文字：指進呈的文字或文件。

②趙韓王：趙普（922—992），字則平，北宋初年宰相，晉封爲韓王，故稱。

③押字：也叫花押，采用切割、變體等方法造成一個新的符號，代替簽字。

外人得分同居物產

元豐六年，提舉河北保甲司言：[①]"乞義子孫、[②]舍居婿、[③]隨母子孫、接腳夫等，[④]見爲保甲者，[⑤]候分居日，比有分親屬給半。[⑥]"詔著爲令。按，今令文，外人曾與本家同居久者，許給分數，[⑦]恐立法因此。然深詳此法，是特欲優立科條，使外人肯以它姓代充保甲焉耳。

註釋：

①提舉河北保甲司：即河北提舉保甲司。提舉保甲司，宋官署名，主

管組織鄉兵，教以武藝。

②義子孫：認領的子孫。

③舍居婿：上門女婿。

④隨母子孫：跟隨母親改嫁的子女。接脚夫：系指丈夫死後，婦女再招之夫，此稱多見於宋元時期。

⑤保甲：宋代的一種鄉兵制度。

⑥"候分"至"給半"共十一字：謂參照有份分享財產的親屬給予一半財產。

⑦分數：比例。

配流法

太宗已前，因犯合配人，①不以遠近，並押赴闕下，②恐是欲揀其强悍者爲兵也。後數有言其在道費傳送或逃亡者，乃始立地里數配隸。③神宗以流人遠去鄉邑，又有弊如上所言，遂效古犯罪應流法，加決刺隨所在配諸軍重役。④元豐八年八月，中丞黃履有言，於是降旨令配行。又王巖叟深言其害本鄉及報讐事。⑤

註釋：

①配人：發配犯人，把犯人流放、充軍。

②闕下：宮闕之下，指帝王所居之處，即京城。

③配隸：將流放犯人發配至某地服役。《宋史·刑法志三》："太宗以國初諸方割據，沿五代之制，罪人率配隸西北邊，多亡投塞外，誘羌爲寇。"

④"遂效"至"重役"共十九字：《續資治通鑒長編》卷三百六十，李燾自註"詔改新配法"曰："故仿古犯罪應流者加決刺，隨所在配諸軍重役。"決刺：決杖（處以杖刑）和刺字。

⑤"又王"至"讐事"共十四字：《續資治通鑒長編》卷三百五十九："監察御史王巖叟亦言：'竊見諸州自行就配法以來，民間多苦凶徒騷擾之患。'"報讐：報仇。

差除行詞①

舊制：凡有除授格當命詞者，②無今時初除信札，皆即日命詞，詞出便給告。故唐制五禁，③稽緩居其一。王震序《曾鞏集》，述其詞命敏疾，曰："元豐官制初行日，多除授詞頭，④至子固即爲之詞，授院吏上馬去。⑤"又熙寧間，司馬光除樞副，⑥光適入對，神宗面諭之曰："告已在閤門矣。"用此觀之，則凡有除授即命詞，詞下即給告，不淹日也。至元祐二年五月戊辰，殿中侍御史孫升罷知濟州，諫議梁燾知潞州。⑦其月壬子朔，⑧則戊辰者，十七日也。其日，右丞劉摯上疏論升、燾行遣太重，⑨其文曰："十五日，呂公著送示內降批旨，⑩爲升、燾罷臺諫，乞留此二人。今雖已有成命，命猶未下，比至進告，⑪尚須一兩日。"據摯此言，即十五日降命，其進告當在十九、二十日間，則是時已自隔數日不給告矣。不知不候授告先降札子供職起自何時？⑫或說在南渡後。

註釋：

①差除：官職任命。行詞：謂草擬誥命。據《宋史·職官志》，北宋前期的知制誥和以後的中書舍人及翰林學士負責撰寫敕命或制敕包括誥詞的初稿，稱爲"書行"，又稱"行詞""書名行下""行""命詞""演詞""撰述""草"等。

②除授：拜官授職。格：法律，制度。命詞：見註①"行詞"。

③五禁：《新唐書·百官志》："（舍人）掌侍進奏參議表章，凡詔旨制敕、璽書册命，皆起草進畫。既下，則署行，其禁有四：一曰漏泄，二曰稽緩，三曰違失，四曰忘誤。"不知"五禁"所從何來。稽緩：延遲。

④詞頭：朝廷命詞臣撰擬詔敕時的摘由或提要。

⑤"至子"至"馬去"共十三字：此兩句言曾鞏寫"詞頭"迅捷，除授一定，即擬好，交由院吏上馬送達。

⑥樞副：宋代樞密副使的簡稱。

⑦"殿中"至"潞州"十八字：按，據《宋史·梁燾傳》及《續資治通鑒長編》卷四百一，哲宗初，御史張舜民因論大臣遭貶時，侍御史孫升與右諫議大夫梁燾上疏救助，分別被貶知濟州和知潞州。

⑧壬子朔：壬子月首日。天干丁年和壬年，大雪到小寒的時間段爲壬

子月。

⑨行遣：指處置、發落。

⑩吕公著：見續卷一"講讀官坐立"條。内降：謂不按常規經中書等省議定，而由宫内直接發出詔令。

⑪進告：稟告。

⑫札子：官府中用來上奏或啓事的一種文書。

吕公著論臺諫[①]

元祐二年，監察御史張舜民言，夏國封册使劉奉世，是文彦博欲有所潤，[②]故以起居舍人使藩臣，詔罷御史。已而臺諫王巖叟、傅堯俞等救之，屢章不已。[③]右僕射吕公著奏，乞稍與優遷，[④]令解言職。[⑤]巖叟等皆它除出臺，别用賈易爲司諫。[⑥]易因論蘇軾曰："文彦博實主之。"太皇欲峻責易，[⑦]曰："不責易，此亦難作○音做。"公著力争曰："不先逐臣，易命亦不可行。"乃止罷諫職。既退，公著謂同列曰："主上方富春秋，異時將有進導諛之説以惑主上者，[⑧]當爾之時，正賴左右力静，不可預使人主輕厭言事也。[⑨]"吕大防、王存皆曰："仁者之勇也。"按，此章公著先乞移臺諫，既嘗行之，則禁中以爲當然，故不一日，便徑欲峻責賈易。公著覺之，故因易事力静，以冀他時不爾，其實公著失之於前也。至三年二月，正言劉安世論不當罷言事官，[⑩]曰："陽餌以美遷，陰奪其言責，若出於大臣之私意，臣謂奸人用事之始，任臺諫以折其謀。及禍胎既成，聖賢不能救其害。"安世乃因宣仁問司馬光門下最厚人，吕公著以安世對，遂自正字遷正言。[⑪]此之所指，可見前輩不爲比周。[⑫]三年六月内批：[⑬]王覿論列不當，[⑭]罷諫議大夫，與外任，不與職名，以覿論胡宗愈除右丞不當也。翌日甲子，吕公著論疏未行，内批後又與文彦博、吕大防、范純仁等繼論，曾肇封還詞頭，[⑮]純仁不敢簽書，趙挺之、楊康國皆乞留覿。竟不許，僅加直龍圖閣、知潤州。此又起於輕易臺諫云。

註釋：

①下文又見《宋史·梁燾傳》及《續資治通鑑長編》卷三百九十九。

②文彦博（1006—1097）：字寬夫，號伊叟，宋汾州介休（今山西介休）人。天聖五年（1027）進士及第，官至太師、平章軍國重事，封潞

國公。潤：圖謀，恩惠。

③屢章不已：據《宋史·梁燾傳》及《續資治通鑒長編》卷三百九十九，張舜民因爲進言不該差遣劉奉世等册封使者前去夏國，而"詔罷御史"。梁燾、王巖叟、傅堯俞等多人多次上奏章救援張舜民，"章十上，不聽"。

④優遷：指榮升，升任顯赫之職。

⑤言職：負責監督與上諫的官職，宋代由專職和兼職諫官組成。時任監察御史張舜民因言事罷職，言官紛紛上書反對，呂公著"慮言者將激上意，致朝廷有罪言者之失"，故奏"乞稍與優遷，令解言職"，保留監察御史的其他職責。

⑥司諫：官名，主管督察吏民過失，選拔人才。據《文獻通考·職官四》，唐門下省的諫官，有補闕、拾遺。宋太宗端拱初改補闕爲左右司諫，掌諷諭規諫。

⑦太皇欲峻責易：據《續資治通鑒》卷八十，元祐年間，除變法派和反變法派間的鬥爭仍在繼續外，在反變法派內部又有爲洛黨、蜀黨等。洛黨以程頤爲首，朱光庭、賈易等爲之輔；蜀黨以蘇軾爲首，呂陶等爲之輔。軾、頤交惡，其黨迭相攻。洛黨朱光庭、賈易等借"策題"攻擊蘇軾對先王不敬，呂陶、上官均挺身而出爲蘇軾辯護，賈易又劾呂陶黨附蘇軾兄弟，語涉老臣文彥博等，太皇太后怒，欲峻責易，呂公著言易所言頗切直，惟詆大臣太甚爾，乃止罷易諫職，出外。峻責：嚴厲責備。

⑧導諛：逢迎獻媚。

⑨預：通"豫"，懈怠。白居易《和微之詩》"仙亭日登眺，虎丘時游預。"

⑩正言：官名。掌規諫，分隸門下、中書二省。《續資治通鑒·宋太宗端拱元年》："帝以補闕、拾遺多循默不修職業，二月乙未，改左右補闕爲左右司諫，左右拾遺爲左右正言。"

⑪正字：官名，與校書郎同掌校讎典籍，訂正訛誤。

⑫比周：結黨營私。

⑬三年：元祐三年（1088）。內批：從宮內傳出來的皇帝聖旨。

⑭論列：指言官上書檢舉彈劾。《續資治通鑒長編》卷四百十一"元祐三年"："胡宗愈除尚書右丞，諫議大夫王覿疏：'宗愈自爲御史中丞，論事建言多出私意，與蘇軾、孔文仲各以親舊相爲比周，力排不附己者，

而深結同於己者。操心頗僻如此,豈可以執政?'內批:'王覿論列不當,落諫議大夫,與外任差遣,仍不得帶職。'"

⑮按,北宋兩制官往往用"封還詞頭"(不發詔敕)的合法方式反對官員及宦官的升遷,據《續資治通鑑長編》卷四百十一"元祐三年",中書舍人曾肇同呂公著、文彥博、呂大防等一樣反對罷王覿諫議大夫官職,故不發詔書。

兩制

蘇易簡《續翰林志》:"晉天福中,從宰臣馮道奏,詔翰林學士院公事,宜並歸中書舍人。自是舍人晝直者當中書,夜直者當內制。①至開運元年六月,詔曰:'翰林學士與中書舍人分爲兩制,偶自近年,權停內字,②況司詔命,必在深嚴,宜復置學士院。'桑維翰所建也。③"凡今合言兩制者,皆始此也。此時未有權侍郎,④故外制爲從官之初也。

註釋:

① "自是"至"內制"十六字:內制指唐宋時由翰林學士所掌的皇帝詔令。宋趙彥衛《雲麓漫抄》卷五:"至唐置翰林學士,以文章侍從,本朝因之。翰林學士司麻制批答等,爲內制;中書舍人六員分房行詞爲外制云。"

② 內字:內署,即翰林院。

③ 桑維翰(898—947):五代十國後晉大臣,曾奏請建學士院。

④ 權:代理(官職)。

濮王

太宗子魯王元份之第四子是爲濮王。祖宗之法,天子之子封王,故元份已封魯王矣,而濮王乃元份之子,太宗之孫也。至仁宗慶曆四年,封汝南郡王。嘉祐四年,薨,追封濮王,諡安懿。本傳。英宗治平三年,以王塋爲園,即園立廟,俾王子孫主奉祠事。尋以王之子宗懿爲濮國公,奉祀,後至元豐七年,方有嗣王。其年詔曰:"朕以上承仁宗宗廟之重,義不得兼奉私親,故但即園立廟,俾王子孫世襲濮國,自主祭祀。"①

註釋：

① "朕以"至"祭祀"共三十五字：《宋史·列傳第四·宗室二》載，仁宗在位久，無子，以趙允讓第十三子趙宗實爲皇子，改名趙曙。仁宗崩，皇子趙曙繼位，是爲英宗。宋英宗即位後，朝廷針對其生父趙允讓當爲皇叔還是皇父產生了很大爭議，故有此詔。

讀疑

明道二年，集賢、①平章事張士遜加門下侍郎、②昭文館大學士，監修國史。不知並加二館職何也？③

註釋：

①集賢：指集賢殿大學士。
②平章事：唐代以尚書、中書、門下三省長官爲宰相，因官高權重，不常設置，選任其他官員加同中書門下平章事之名，簡稱"同平章事"，同參國事。唐睿宗時又有平章軍國重事之稱。宋因之，專由年高望重的大臣擔任，位在宰相之上。金元有平章政事，位次於丞相。元代之行中書省置平章政事，則爲地方高級長官。簡稱平章。明初仍沿襲，不久廢。門下侍郎：秦漢時稱黃門侍郎，據《新唐書·百官志》和《宋史·職官志》載，唐天寶改稱門下侍郎，爲門下省長官侍中之副，唐宋時多以此官同平章事爲宰相之稱。
③館職：唐宋時期統稱在史館、集賢院、昭文館等處擔任修撰、編校等工作的官職。按，張士遜爲集賢殿大學士、平章事、門下侍郎、昭文館大學士，集賢大學士的職務和昭文館大學士的職務是雷同的，故作者不解。

試銜

"明道二年，懷安軍判官熊文雅，乞以三任告回乞母封。①詔與之，仍授，家便試銜知縣。②"如此，試銜亦任事受俸耶？不然何爲令就家便優養也。

註釋：

①告回：告身，古代授官憑證。《續資治通鑒長編》："懷安軍判官熊文雅言母老，願以三任告身授母一邑封。詔特與之，仍令流內銓註文雅家便試銜知縣。"《北齊書·傅伏傳》："周克並州，遣韋孝寬與其子世寬來招伏……授上大將軍、武鄉郡開國公，即給告身。"

②試銜：古代朝廷授予官吏虛銜，未授正命，謂之試銜。

莊獻不入景靈宮

明道二年，奉安莊獻明肅神御於慈孝寺彰德殿，①莊懿太后於景靈宮廣孝殿，然則莊獻不入景靈耶？②

註釋：

①奉安：舊指安葬皇帝或父親，後稱安置神像、神位等。莊獻明肅：劉娥（968—1033），宋真宗趙恒的皇后。神御：一般指先朝帝王的肖像，此指莊獻。御，謂御容。《宋史·禮志九》："國家道觀佛寺，並建別殿，奉安神御。"

②莊懿太后：莊懿太后爲宋真宗妃嬪，宋仁宗趙禎生母。景靈宮：創建於大中祥符五年，中有萬壽殿以敬奉真宗。按，程大昌蓋據常規言應是作爲皇后的莊獻明肅入景靈宮，但因莊懿太后爲仁宗生母，故得入景靈宮，而莊獻未得入景靈宮。然王應麟《困學紀聞·考史》云："《演蕃露》：'明道二年，奉安莊獻神御於慈孝寺彰德殿，則莊獻不入景靈。按，景靈宮建于祥符五年，以奉聖祖。其爲原廟，自元豐五年始。前此，帝后館御，寓佛、老之祠者多矣，非止莊獻也。'"

政和官制

題云，政和官制因其舊名耳。中載元豐新制與國朝舊制，參列釐革，①簡净易見。至大觀二年，以元豐改制有未盡者，如寄禄官不分左右，②則叙爵制禄等級希少，③人易以及，遂自朝議大夫至金紫光禄大夫，增創新名。於是以光禄大夫代舊右銀青光禄大夫，以宣奉大夫代左光禄大夫，正奉大夫代右光禄大夫，通奉大夫代右正議大夫，中奉大夫代左中散大夫，奉直大夫代右朝議大夫，而又別立武選郎大夫新名，悉換舊某宮、某使、侍禁、三班之類。④政和三年，又立選人七階，⑤換舊州縣節察推判之類，⑥與婦爵封夫人以下，革去郡、縣君之號。五年又創置貼職。⑦五年，道職視文臣品秩有詔。⑧

註釋：

①釐革：改革。

②寄禄官：官階名。據龔延明著《中國歷代職官別名大辭典》（上海辭書出版社2006年版），宋初，官名與職務分離，官名如尚書、侍郎、中書舍人、給事中等皆有名而不任事，僅爲敘遷之階，稱寄禄官，非有皇帝特命，不管本部門事務，另以差遣如判吏部尚書、知制誥等治事，稱職事官。

③敘爵制禄：按功勞大小授予不同爵位和俸禄。

④三班：宋代官制，以供奉官、左右班殿直爲三班，後亦以東西供奉，左右侍禁及承旨借職爲三班。

⑤選人：文官裏面最爲低等的一個階層。唐代稱候補、候選的官員，後沿用之。

⑥節察推判：宋代節度使、觀察使、節察推官、軍監判官的簡稱。推官，唐始置，初爲節度使、觀察使等官的屬官，多掌理，後期成爲對法官的雅稱。判官，唐始置，多爲地方藩鎮節度使、觀察使之輔吏。

⑦貼職：兼職。宋時，凡以他官兼領諸閣學士等職名及三館職名者稱貼職。

⑧道職：道教官員的職務。《宣和遺事》載："及置道官，自太虛大夫至金壇郎，凡十六等，同文自中大夫至迪功郎。道職自冲和殿侍宸至凝神殿校經，凡十一等。"

高麗境望

《海外行程記》者，①南唐章僚記其使高麗所經所見也。中引保大初徐弼使事爲證，②即當是後主末年也。僚之使也，會女真獻馬於麗，其人僅百餘輩在，市商物價不相中，輒引弓擬人，③人莫敢向，則其凶悍有素，麗不能誰何矣。④麗主王建嘗資其馬萬匹以平百濟。⑤則諸家謂"女真犯遼初時，力弱無器械"者，誤也。予見舊史，自平遼問陸趨高麗者，多直東行，意麗並海與平遼等處，對東而出，而明人登航商販於麗者，⑥乃皆微北並東而往耳。今觀僚所書，水程乃自海、萊二州，須得西南風乃行。則麗地之與中國對者，已在山東之東矣。而麗之屬郡有康州者，又在麗南五千里，乃與明州相對。康之鄰郡曰武州，自產橘柚，又明言其氣候正似餘姚。則麗之與明，其斜相對值，蓋相爲東西而微並西北矣。

註釋：

①《海外行程記》：《宋史・藝文志》《直齋書錄解題》等作"《海外使程廣記》三卷，南唐章僚撰"。史虛白爲之作序，據本序知，此書作於959年，"蓋本朝開國前一歲也"。主要記載章僚出使高麗所見所聞，"記海道及其國山川事迹物產甚詳"。

②保大：南唐元宗李璟的年號，從943年三月至957年，共計15年。徐弼：當作"徐熙"。據《高麗史・列傳・徐熙》載，徐熙（942—998），小字廉允，內議令徐弼之子，高麗著名外交家。光宗二十三年（971）（徐弼卒於光宗十六年），徐熙訪問宋朝，被宋太祖授爲檢校兵部尚書。

③擬人：指向人，指做拿弓箭射人的架勢。

④誰何：盤查詰問。

⑤百濟（前18—660）：又稱南扶餘，古代朝鮮半島西南部的國家，660年被唐與新羅聯軍滅亡。在古代朝鮮，百濟與高句麗、新羅並稱爲三國。

⑥明人：明州人。據唐李吉甫《元和郡縣圖志》載，明州即餘姚。

謝花在殿上殿下

閣門舊儀：大宴更衣降坐，群臣退，及再坐，群臣先升殿。既御坐，群臣謝花，①拜於坐次。②天禧中，司諫祖士衡上言："乞御再坐謝花於庭，乃引上。"○《文昌錄》四，龐元英。

註釋：

①謝花：又作"謝賜花"。群臣叩謝皇帝賜花。宋代大宴及御筵時的

一種禮節。其所賜花，並須戴歸私第，不得更令僕從持戴，違者糾舉。

②坐次：座位。

忌日惟宰執不入

敕：大忌日，六曹諸司並不作假，^①執政官早出，官司不得隨出。^②○前次凡有駕幸百官，皆早出也。《文昌錄》四。

註釋：

①六曹：宋徽宗時，州縣置兵、刑、工、禮、户、吏六曹，故俗以六曹爲地方胥吏之通稱。作假：放假。

②官司：指官銜普通官吏。隨出：隨執政官早出。

到官呈告敕

今人初之官，齎告敕呈長官，^①乃得視事，^②其來尚矣。《漢·王尊傳》曰：尊爲東平王相，^③"視事，奉璽書至庭中，王未及出受詔，尊持璽書歸舍，食已乃還，致詔謁"者，則是古已有呈敕例矣。

註釋：

①齎：持，帶。告敕：即告身，朝廷授官的文憑。

②視事：就職辦事。

③據《漢書·王尊傳》，時東平王驕奢無度，王尊爲東平王宰相，上任時按慣例拿著相印前去拜謁，東平王未及時召見，王尊亦未等待，歸舍，飯畢回來後，才得召見。

宰執宮觀降再任指揮

紹興七年正月二十一日詔："前宰執宮觀難以理數，^①任滿未有除授，即合依舊宮祠。"自此宰執嘗得奉祠者，^②始不計年而長食祠禄也。前乎此者，如范宗尹、富直柔、葉夢得之在三年，韓肖冑、徐俯之在六年，皆再降命，乃得再任。是時雖嘗位宰執，亦以二年爲任，滿二歲即再降差命乃可得録也。至十二年四月，依朱勝非所乞，宮祠滿日再任，當是有司失引前詔耶？至十七年四月，前持服人程克俊乞奉祠，③詔令依舊以端明殿學士提舉洞霄宮。即是因持服解官，故須再乞而再降命，非任滿則命也。

註釋：

①宮觀：又作"宮祠"，宮觀使的省稱。宋宮觀本爲崇奉道教而設，大中祥符五年玉清昭應宮建成，始置宮觀使，由前任宰相或現任宰相充任。

②奉祠：據《宋史·職官志十》載，宋代設宮觀使、判官、都監、提舉、提點、主管等職，以安置五品以上不能任事或年老退休的官員等。神宗熙寧（1068—1077）後，整頓吏治，凡疲老不任事者，皆使任祠録官，因祠録官主管祭祀，故充任祠禄官稱奉祠。

③持服：守孝，服喪。

永厚陵方中[1]①

《溫公日記》記英廟山陵舊制曰：②"山陵皇堂累石爲四壁，積材木於上，乃卷石以覆之。神宗以材木有時而朽，則卷石必墜於梓宮，③不便，更令就地爲石椁以藏梓宮。總管張若水恐穿地或隳陷四壁，乃請於平地累石爲椁。及後山陵復土，梓宮入降隧道，升石椁西首，御夷床不及地一尺而止，④俟巳時一刻乃下。仍於其上布方木及蓋條石，乃設御座於蓋下，闔石門出，築合隧道。"案此則是神宗慮木久遠必朽，朽必壓，故專令卷石爲椁，起自地上。石既四周捲起，交相鈎鬥，⑤永不壓壞，最爲堅耐。趙州石橋正用捲石法，故大水不能嚙，重車不能墊也。⑥神宗雖有此旨，若水董役不敢廢去舊制，⑦故捲石之上仍鋪蓋木，設使蓋木朽壞，而其下自有捲石承之，殆無害也。

註釋：

①永厚陵：宋英宗趙曙的陵墓。方中：古代帝王的壽穴。

②《溫公日記》：北宋司馬光著，今存。司馬光死後被贈"溫国公"，

---

[1] 學津本、四庫本均無此條。

亦簡稱溫公，事詳《宋史》本傳。英廟：英宗廟。

③梓宮：皇帝、皇后的棺材，因用梓木制作，故稱。

④御夷床：古皇帝的喪禮陳尸之床。夷，尸也。《儀禮·既夕禮》："夷床饌於階間。"鄭玄註："夷之言尸也。朝正柩用此床。"

⑤鉤門：交錯。

⑥墊：陷，下陷。此爲使動用法，即"使……下陷"。

⑦若水：張若水，詳《宋史·張若水傳》。董役：監督勞作。

臺諫官許與不許言事[1]

雍熙元年，田錫以拾遺知睦州，上書言事曰："職次忝居於諫省，敢不常思補報。"此時拾遺乃階官也，①則是階帶拾遺者，亦得言事也。淳化五年，詔三司官屬不得出位言事。張觀階爲司諫，而充三司判官，上疏言："自唐則天時置遺、闕，②固當言事。"上怒曰："比令三司率職耳，非令諫官不言事也。"則是時階官之爲遺、闕者，亦許言事也。天聖九年七月，權度支判官右正言陳執中罷度支判官，諫院供職。説者曰："國朝承五代之弊，官失其守，故官、職、差遣離而爲三。今之官，裁用以定俸入，而不親職事。諫議大夫、司諫、正言皆須別降敕許諫院供職者，乃曰諫官。"故慶曆二年，以魚周詢、王素、歐陽修並知諫院，周詢固辭，以太常博士、集賢校理余靖爲右正言。十一月，以秘閣校理孫甫爲右正言，皆明令諫院供職。則是至此始立定制，階帶諫職者不得言事，而詔許赴院供職，乃得言事也。其年七月，以太常丞尹洙爲右司諫、知渭州，則用司諫爲階，使有升進，以寵其行耳，不得真爲諫官也。知制誥田況言："今諫議大夫無復職業，自司諫、正言、知諫院皆唐遺、補之任，而朝廷責其言如大夫之職矣。而位序不正，乃與衆人同進同退，非所以表顯之也。前王素、歐陽修、蔡襄皆以它官知諫院，居兩省之職，③而不得預內朝之列。乞今後令綴兩省班。"已而丁度等詳定，乞許比直龍圖閣及修起居註例，④日赴內朝。則是以它官知諫院者，始許列於兩省官班也。皇祐五年，詔以新知復州、主客員外郎、殿中侍御史裹行唐介爲殿中侍御史，⑤充言事御史。至和二年，開封府判官、殿中侍御史俞希孟爲言事。御史中丞張昇

---

[1] 學津本、四庫本均無此條。

言："希孟論事私邪，向者親奉德音，面責希孟，故自言事臺官除開封判官，中外稱快。今卻充言事臺官，士人失望。又言侍御史，舊雖二員，自來多止除一員，已有馬遵矣。"詔改希孟爲外郎，除湖南運使。按此即是御史之中自有許之言事者，亦有不許言事者，皆聽臨時專命，不謂階帶諫職即許言事也。嘉祐五年，以侍御史趙抃爲右司諫，赴諫院供職。七年，召右正言、知蔡州王陶赴諫院供職。熙寧二年，召右正言、知通州孫覺諫院供職。則是仍其所帶之階，許之歸院供職，更不別除諫員也。

註釋：

①階官：表示官員品級的稱號，以別於職事官而言。例如正一品爲光祿大夫，從一品爲榮祿大夫之類。只用於封贈，並非實官。

②遺、闕：拾遺、補闕。武則天垂拱（658—688）中置，《通典·職官三》載，"垂拱中置補闕、拾遺二官，以掌供奉諷諫"。

③兩省：中書省和門下省的合稱。

④直龍圖閣：一種虛銜，屬加官、貼職。詳《宋史·職官志》。

⑤裏行：官名，唐置，宋因之。有監察御史裏行、殿中裏行等，皆非正官，也不規定員額。

太祖右文[①]

五代間，凡爲節度使，皆補親隨爲鎮將。鎮將者，如兩京軍巡，[②]諸州馬步軍判官是也。此等既是武人，又皆有所憑恃，得以肆爲非法，民間甚苦之。太祖微時，[③]深知其弊。建隆二年二月，謂近臣曰："今之武臣，欲盡令讀書，貴知爲治之道。"近臣皆莫對。史臣李沆表載此事，罪當時之臣不能將順也。[④]其年十月，詔吏部流內銓，[⑤]鎮將皆註擬選人。[⑥]又至三年，每縣置尉一員，盜賊鬥訟，不得更委鎮將，復如舊制，並以委尉，蓋趙普之謀也。武人多不知書，案牘、法令、書判、[⑦]行移悉仰胥吏，[⑧]民之受病既多，而又果於營私，如親隨悉爲鎮將，其類不止一事。太祖於是州置通判，明詔州事取決焉，而武臣之爲太守者，不得專執。聖見皆出乎此也。

註釋：

①右文：崇尚文治。

②軍巡：即軍巡使，唐末始置，五代後唐分左、右軍巡，宋沿置於京城開封府，先以牙校充任，太祖開寶六年（973）改用士人。分掌京城争鬥、推鞫事務。詳《新唐書·百官志》和《宋史·職官志》。

③微時：卑賤而未顯達的時候。《史記·吕太后本紀》："吕太后者，高祖微時妃也。"

④將順：順勢促成；附和。

⑤流内銓：宋官署名，屬吏部。掌幕職州縣官以下選官、考績、升遷等事。

⑥註擬：宋代因襲唐時選舉官員的辦法。凡應試獲選者先由尚書省登錄，經考詢後再按其才能擬定官職，稱爲註擬。

⑦書判：指書法和文理等案牘、法令、行移方面的公務内容。《新唐書·選舉志下》："凡擇人之法有四：一曰身，體貌豐偉；二曰言，言辭辯正；三曰書，楷法遒美；四曰判，文理優長。"

⑧行移：舊時官署簽發的通知事項的文件。胥吏：小官吏。

續集卷之二　制度

知州

　　唐世州郡分上、中、下三等，其結銜分節度、觀察、防禦、團練，名稱雖有高下，實皆守臣也。①於是其銜爲某州節度若觀察或防團者，②苟非遙領，③即是真任此州太守，非虛稱矣。太祖之平李筠也，④會李繼勛上黨來朝，即命繼勛就守其郡。繼勛官品適與上黨郡品兩相當匹，遂以繼勛爲昭義節度。⑤既曰節度昭義，即是昭義太守焉耳，非如遙領節鎭，但虛假名稱而已也。及平揚州，以宣徽使李處耘權知揚州。⑥宣徽者，處耘之官也，權知揚州者，實爲揚州太守也。爲其職元爲宣徽，故不改本鎭節鉞，⑦而實行州事，故其結銜曰"權知揚州"也。此時雖一時權制，而太祖之規橅，⑧實已素定矣。⑨乾德元年，⑩有事荆湖，⑪方會兵襄陽，即以邊光範權知襄州，其銜亦爲權知也。此時高繼沖尚據荆南，朝命已嘗使之權判荆南矣。及其納土，⑫不欲遽易它人，⑬即就命繼沖爲荆南節度，而用王仁贍爲巡檢以參總其兵，則仁贍實預州事，而繼沖之節度荆南者，但以繫銜而已。⑭至其年六月，竟用仁贍權知荆南，則太祖初橅可考矣。後既盡得荆湖北，乃遂分命呂餘慶鎭潭州、李昉鎭衡州、薛居正鎭鼎州○州之舊名犯廟諱，⑮其結銜皆曰權知，而凡它臣得郡者，皆放此爲制。行之積久，大藩鎭多授文臣，乃始盡正其銜，明曰"知某府某州軍州事"也。慶曆八年，塞澶州決河，命步軍副都指揮使郭承祐權知澶州，又以戶部判官燕度同知澶州兼修河事。非一州而兩太守也，同知之名即通判也。皇祐五年，詔知州、軍武臣，並須與僚屬謀議公事，毋得專決，監司常檢舉之。⑯案，皇祐此制而參以太祖詔旨，即武臣之爲知州、軍者，實爲其人常有功績，無以處之，故令領郡，以郡祿優酬之耳。即柳子厚之論封建，謂聖人之不得已者也。⑰然則太祖用武臣爲守，而使文臣與爲通判，其意正與置文尉而換鎮將，同爲一見矣。

註釋：

①守臣：鎮守一方的地方長官。
②防團：防禦使、團練使的並稱。
③遙領：謂只擔任職名不親往任職。
④太祖平李筠：據《宋史·李筠傳》，960年5月，李筠反叛，太祖親征，"筠赴水死"，"太祖進伐上黨，守節以城降"。
⑤昭義：唐方鎮名。又名澤潞，治所在潞州（今山西長治市）。
⑥宣徽使：宣徽院最高長官，宣徽院分南、北兩院。唐始置，初多爲唐宦官之官，所掌皆瑣細之事。唐末，天祐二年（905）改由士人擔任。李處耘（920—966），宣徽北院使。
⑦節鉞：符節與斧鉞。古代授與官員或將帥，作爲加重權力的標志。
⑧規橅：同"規模"。制度，程式。
⑨素定：預先確定。
⑩乾德元年：即建隆四年（963年），《宋史》作"建龍四年"。建隆（960—963）是宋太祖趙匡胤使用的第一個年號，乾德（963—968）是其使用的第二個年號。
⑪有事：用兵。
⑫納土：獻納土地，謂歸附。
⑬遽易：馬上更換。
⑭繫銜：舊官吏原職外別加的稱呼名號，即所掛的官銜。
⑮鼎州：原名朗州，即註言"州之舊名犯廟諱"者，宋真宗時爲避趙氏始祖名玄朗諱改名，疑因此地歷來人文鼎盛，故稱鼎州。
⑯監司：是有監察州縣之權的地方長官簡稱。據《宋史·職官志》，宋轉運使、轉運副使、轉運判官與提點刑獄、提舉常平皆有監察轄區官吏之責，統稱監司。
⑰按，柳宗元《封建論》認爲"封建非聖人意也，勢也"。

宗子取解取應額

紹興十五年十一月，臣寮札子：①"昨來國子監申請行在宗室並赴監試，②如外任及宮廟並赴漕試，③其監試有官鎖應，④七人取三人；無官應舉七人取四人；無官袒免親取應，⑤文理通者爲合格，不限人數；惟赴運司試，⑥所取之數與進士一同，非所以獎進宗子。乞除行在宗子依見法外，諸路宗子不以有官無官，如願試行在，應舉、鎖應，並依熙寧舊制，許赴監試，請解赴省；如不願前來，依見行"崇寧貢舉法"行。⑦案，此所言是崇寧運司取人數必少於熙寧，蓋崇寧非不欲優之，爲親遠屬疏比熙寧不同。

註釋：

①臣寮：同"臣僚"，指文武百官。札子：官府中用來上奏或啓事的一種文書。宋歐陽修《歸田錄》卷二："唐人奏事，非表非狀者爲之榜子，亦謂之錄子，今謂之札子。凡群臣百司上殿奏事，兩制以上，非時有所奏陳，皆用札子。中書樞密院事有不降宣敕者，亦用札子。"

②行在：天子所在之地，此地當爲杭州。據《宋史·高宗本紀》，靖康之變後，北宋淪亡，宋高宗逃亡南方建立南宋，爲顯示收復故土決心，南宋在苗劉兵變後，升杭州爲臨安府，稱之爲行在（紹興八年才定都於杭州），直到元代早期的《馬可·波羅游記》和同時期的西方著作均將杭州稱爲行在。

③漕試：宋貢舉考試方式之一。景祐年間，命各路轉運司類試現任官員親戚。此後形成制度，由轉運司類聚本路現任官所牒送隨侍子弟和五服內親戚，以及寓居本路士人、有官文武舉人、宗女夫等，舉行考試，試法同州、府解試。漕試合格，即赴省試。

④鎖應：宋代稱現任官或有爵錄者參加進士考試爲鎖廳試，亦稱鎖廳試。《宋史·選舉志三》："熙寧十年，始立《宗子試法》。凡祖宗袒免親已受命者，附鎖廳試，自袒免以外，得試於國子監。"

⑤袒免：袒衣免冠。古代喪禮，凡五服以外的遠親，無喪服之制，唯脫上衣，露左臂，脫冠扎髮，用寬一寸布從頸下前部交於額上，又向後繞於髻，以示哀思。袒免親：五服以外的遠親。

⑥運司試：考取運司的考試類別。運司爲古代官名，爲轉運使司轉運使、鹽運使司鹽運使的省稱。

⑦崇寧貢舉法：王安石變法失敗、神宗去世，徽宗即位後頒布一系列詔令，其中包括崇寧興學，"崇寧貢舉法"是崇寧興學內容之一。《宋

史·選舉志一》曰："崇寧三年，遂詔：天下取士，悉由學校升貢，其州郡發解及試禮部法並罷。"

大敕改京官

嘗聞人説，今前宰執，一年許舉五員改官者。初立法時，一年止發一削，①有此一削，便徑改京官。丁未九月二十五日，讀《青箱雜記》，云解賓王爲登州黃縣令，陳執中用大敕舉改京官。②大敕者，豈非一狀遂可改官者耶？又景祐三年制：舊制，轉運使、副及提點刑獄，舊當三人者，止當一人。

註釋：

①削：簡札。"一削"即下文所説"一狀"。

②"讀青"至"京官"共二十五字：宋吴處厚《青箱雜記》曰："執中好閲人，而解賓王最受知，初爲登州黃縣令，素不相識，執中一見，即大用，敕舉京官。"

舊已授差遣不待闕

祥符八年，"'詔審官院以近地二年半以上、遠地二年以上，權與差替，不爲永例。'上以京朝官俟闕既久，奉朝者頗多，故有是詔。"①案，此則其時京朝官，有在京奉朝，須有闕出乃授，授已即赴，不嘗逆用未該替闕也。自太祖、太宗時，數下詔，戒已授而路程外逾月不赴者，又有川峽在任人，未及三年優恩許替者。②《會要》：咸平三年二月，向敏中言，③選人有在任一年已註替人，④致不成三考，⑤今後須見任官二周年半即得註替。如未有闕，曉示各令待闕，每季一集，更不使隔季員闕。⑥川廣漳泉等處見任，並許成資日註。○即見不差待闕人也。⑦天聖元年，晏殊言："大中祥符三年，東封敕放選時三千人，⑧銓司註擬不足，⑨始擘畫隔年預使季闕，⑩後遂爲例。今待闕人不多，欲今後且用見闕。"景祐三年，審官院言："見在院待闕官凡九十二人，欲並以到任一年半使闕，候見任官滿三十月許赴。"此則註官後待闕之始也。

註釋：

①見《續資治通鑒長編》卷八十五《真宗》，李燾註曰："此據會要，不得其日。"審官院：官署名。《續資治通鑒·宋紀·太宗淳化四年（993）》："（二月）丙戌，以磨勘京朝官院爲審官院，幕職州縣官院爲考課院。時金部員外郎謝泌，言磨勘之名，非典訓也，故易之。"差替：調換。

②優恩：厚恩。

③向敏中（949—1020）：字常之，宋開封人，官至同平章事。

④選人：唐代指候補、候選的官員，宋沿用之。宋趙彥衛《雲麓漫抄》卷四："選人之制始於唐，自中葉以來，藩鎮自辟召，謂之版授，時號假版官，言未授王命假攝之耳。"註替人：後補人選。

⑤三考：古代官吏考績之制。指經三次考核決定升降賞罰。

⑥員闕：官職空缺。

⑦成資：任職滿期。

⑧東封：據《史記·司馬相如列傳》，司馬相如臨終前作《封禪文》，盛頌漢德宏大，請武帝東幸封泰山、禪梁父，以彰功業。相如卒後八年，武帝從其言，東至泰山行封禪事。後因以"東封"謂帝王行封禪事，昭告天下太平。

⑨銓司：主管選授官職的官署。

⑩擘畫：籌劃、謀劃。

徽州苗絹

自楊炎立兩稅法，①農田一年歲輸官兩色：夏蠶熟，則輸綢綿絹絲，亦有輸麥者；秋稻熟，則專輸米。皆及時而取所有也。唐行兩稅不久○只三、四年，遂令當輸者皆折價輸錢。陸贄奏議具在可見也。②徽州，唐歙州也。有水可通浙江，而港洪狹小，閱兩旬無雨，③則舟膠不行。④以此入之於秋苗額中，量州用米數，許於本色外，⑤餘盡計米價，準絹價，令輸以代納苗，以便起發也。⑥而苗絹無定額，吏得出入爲奸。乾道丁亥，趙德莊爲江東漕，問所委。予曰："徽，吾桑梓也。⑦稅額之重，居田收十之六也。自五代楊行密時已如此，⑧今難減矣，而惟有司年年於法外多科。⑨此即可以檢轄,⑩令毋羨取也。"趙曰:"予略知其似矣。徽之苗米,本州全得用,不起一粒,⑪已自優如它州矣。而不知起發苗絹,即是計米輸絹也。"觀德莊此言,已是爲吏輩先言所入矣。予但悵然,因與之詳道曲折,始嘆程琳之爲達識也。⑫琳爲三司時,有建議者,患二稅色目多,⑬欲並爲一,以便稽檢。琳獨不可,曰:"今並其入而沒其名,它日奸人捻取舊目曰:'昔嘗取而今漏檢者。'遂成添稅一重也。"此即徽之苗米藏於秋苗絹之類也,程公達識也哉!

註釋:

①兩稅法:建中元年(780)"炎因奏對,懇言其弊,乃請作兩稅法。"詳《舊唐書·楊炎傳》。

②據《舊唐書·陸贄傳》,兩稅法實行不久,陸贄上《均節賦稅恤百姓六條》,論兩稅之弊。陸贄(754—805):字敬輿,吳郡嘉興(今浙江嘉興)人,大曆八年(773)進士,德宗貞元八年(792)出任宰相,但兩年後因與裴延齡有矛盾,罷相。卒諡宣。有《陸宣公翰苑集》24卷行世。

③閱:經過。

④膠:粘住;使不能移動。此指舟船擱淺。

⑤本色:自唐末至明清原定徵收的實物田賦稱本色,如改徵其他實物或貨幣,稱折色。《宋史·食貨志上二》:"紹興十六年詔旨:絹三分折錢,七分本色;綢八分折錢,二分本色。"

⑥起發:徵調、發送、運輸。

⑦桑梓:比喻故鄉。

⑧楊行密(852—905):字化源,廬州合肥(今安徽合肥)人,唐末受封吳王,902—905年在位,爲五代十國中南吳國的實際開國者。

⑨科:課稅,賦稅。

⑩檢轄:拘束。

⑪起:起發。見註⑥。

⑫程琳(985—1054):字天球,北宋永寧軍博野人。歷任吏部侍郎、參議政事、尚書左丞、同中書門下平章事等職。有很多利國和惠民政績。達識:富於才幹、識見(者)。

⑬色目:種類名目。宋陸游《監丞周公墓誌銘》:"邑賦色目極繁,

以入償出，不足者猶四萬緡，率苛征預借，苟逭吏責。"

黜責帥臣亦降召命

凡今爲帥者，不問文武，雖以罪罷，亦降召命，未知始於何時。或言此制爲武臣握兵者設，而概以用諸文臣，使不爲兩體耳。乾興元年，曹瑋〇本字該避任真定都部轄〇本字該諱，①責授容州觀察使、②知萊州。丁謂疑其不受命，詔河北運使韓億馳往收其兵。既而曹得責命，即日上道。則是此時大帥徑加責徙，③遂不托名爲召矣。"又建隆二年，孫行友鎮定州，欲據山寨以叛。太祖命武懷節會鎮、趙之兵，僞稱巡邏，直入定州，出詔示之，行友聽命，削官爵禁錮之。"④則又不以召罷也。

註釋：

①本字該避："瑋"字原作"偉"，避諱。因爲宋孝宗趙昚，名瑗，賜名瑋。曹瑋（973—1030），字寶臣，北宋大將，官至御史大夫。部轄：即部署，避宋英宗趙曙諱改。
②責授：謂降級授予官職。
③大帥：曹瑋。責徙：降職調用。
④見《續資治通鑒長編·太祖》。

萬壽觀

端拱造上清宮，慶曆三年火，止存壽星殿，因葺爲觀。大中祥符元年，造玉清昭應宮，至天聖七年災，止存長生及章獻本命殿，因葺以爲萬壽觀。〇《東宮記》。

舉子稱習進士

同進士出身始太平，進士出身始祥符，諸州助教始熙寧，御試不黜落始嘉祐四年。①舉子前此許挾書，②至祥符，止許帶《禮部韻》。③景祐五年，舉人見，有落解經生唐突，自此遂只許解元見。聞喜宴錢，熙寧始賜。④蘇紳父仲昌，生紳十九年，解入京，始父子相識。景德二年，契丹犯河北，特推舉人恩。⑤

註釋：

①"嘉祐四年"當爲"嘉祐二年"。參見續卷一"殿試不落人"正文及其《長編》卷一八五，嘉祐二年三月丁亥條。

②挾書：專指應科舉考試時夾帶時文書籍。

③《禮部韻》：即《禮部韻略》，宋仁宗景祐四年（1037）由丁度等人奉命編寫的官方韻書。

④聞喜宴錢，熙寧始賜：《續資治通鑒長編》（太平興國二年）："唐時禮部放榜之後，醵飲於曲江，號曰'聞喜宴'。"《五代會要》卷二二："天成二年十二月敕：'新及第進士有聞喜宴，今後逐年賜錢四百貫。'"

⑤恩：恩科。宋時科舉，承五代後晉之制，科舉制度每三年舉行鄉、會試，是爲正科。遇皇帝親試時，可別立名册呈奏，特許附試，稱爲特奏名，一般皆能得中，故稱"恩科"。

令甲令丙

《後漢·蕭紀》詔："《令丙》棰長短有數。"註：《前書》令有先後，有令甲、令乙、令丙。①

註釋：

①見《後漢書·蕭宗孝章帝紀》。李賢註："《令丙》爲篇之次也。《前書音義》曰：'令有先後，有令甲、令乙、令丙。'又景帝定《棰令》：棰，長五尺，本大一寸，其竹也，末薄半寸，其平去節，故曰長短有數也。"

郊後謝太一宫

天聖五年，劉筠言："南郊朝饗玉清昭應宫、景靈宫，又宿齋於太廟。①一日之内，陟降爲勞，②請罷朝饗玉清昭應宫，俟郊祠畢，行恭謝之禮。"從之。《實錄》。

註釋：

①"南郊"至"太廟"十八字：宋沈括《夢溪筆談·故事一》："上親郊廟，册文皆曰：'恭薦歲事。'先景靈宮，謂之朝獻；次太廟，謂之朝饗，末乃有事於南郊。"朝饗：猶朝拜，朝貢。宿齋：古代指舉行祭祀等禮儀前的齋戒。

②陟降：升降，謂來回走路。

初禁礬

天聖六年，用齊宗矩言，巡捉私礬，①如私茶鹽法。〇《實錄》。

註釋：

①礬：含水複鹽的一類，是某些金屬硫酸鹽的含水結晶。最常見的是"明礬"，亦稱"白礬"。

諫官不兼他職

天禧元年，始詔置諫官六員，不兼它職，首以魯宗道爲之。①〇《實錄·天聖七年》。

註釋：

①魯宗道（966—1029）：字貫之，宋亳州人，官至秘書丞，宋真宗天禧元年（1017）爲右正言。北宋著名諫臣，官至吏部侍郎、參知政事。

諫官始得面論事

是時，諫官章須由閤門進，又罕得對者。魯宗道請得面論事，而上奏通進司，遂爲故事。①〇同上。

註釋：

①見《宋史·魯宗道傳》。閤門：宋代負責官員朝參、宴飲及其禮儀

等事宜的機關。得對：謂臣下獲准與皇上當面奏對。通進司：官署名。《宋史·職官志》卷第一百一十四："通進司，隸給事中，掌受三省、樞密院、六曹、寺監、百司奏牘，文武近臣表疏及章奏房所領天下章奏案牘，具事目進呈，而頒布於中外。"

郎中致仕與一子官

郎中已上致仕，與一子官。①《實錄·天聖四年》。

註釋：

①《續資治通鑑長編》卷一百四（天聖四年）："壬辰，詔郎中以上致仕者，自今與一子（一個兒子）官。"

帶館職出外

以館閣校勘王琪簽署南京留守判官公事。①故事，館閣校勘無出外者，以留守晏殊所辟，特許之。《實錄·天聖四年》。

註釋：

①晏殊（991—1055）：字同叔，北宋撫州臨川（今南昌進賢）人，著名文學家、政治家。辟：徵召並授予官職。

枌榆

漢高祖少時，常祭枌榆之社，①及移新豐，②亦立焉。《長安記·臨潼縣》。

註釋：

①枌榆：漢高祖故鄉的里社名。北魏酈道元《水經註·渭水三》："高祖王關中，太上皇思東歸，故象舊里，制茲新邑，立城邑，樹枌榆，令街庭若一。"

②新豐：劉邦的出生地。

張公吃酒李公醉

"則天時，讖謠曰：'張公吃酒李公醉。'張公，易之兄弟也。李公，言李氏不盛也。"①

註釋：

①唐張鷟《朝野僉載》："天后時，謠言曰：'張公吃酒李公醉。'張公者，斥易之兄弟也；李公者，言李氏大盛也。"易之：張易之，與其弟張昌宗同爲則天男寵。

參知政事知外郡

乾德中，蜀平呂餘慶以參知政事知成都。①參知政事出權藩府自此始。

註釋：

①宋楊仲良《皇宋通鑑長編紀事本末》卷一，太祖"收復西川"後，"（乾德）二月癸卯，命參知政事呂餘慶權知成都府。"

監司

漢置刺史察州。成帝綏和元年，更刺史爲州牧，光武復爲刺史。①隋初，雍州置牧，餘州並置刺史。開皇三年，罷郡，以州統縣，自是刺史名存而實廢。唐武德，罷郡置州，改太守爲刺史。神龍，分天下爲十道，②道置巡察使二人，景雲，改置按察使。開元二十二年，改置采訪處置使。

註釋：

①光武：東漢第一位皇帝劉秀之謚號。
②道：行政區域的名稱，唐宋時相當於現在的省。

女樂隸太常①

隋大業六年，以所召周、齊、梁、陳散樂悉配太常，②皆置博士弟子以相傳授。

註釋：

①女樂：即樂舞者，奴隸社會之表演樂舞供人娱樂者，以女性爲主，故稱。後發展爲真正專業歌舞藝人。屬散樂。

②散樂：是隋唐時期重要的藝術表演形式之一。宋王溥《唐會要》："散樂，歷代有之，其名不一，非部伍之聲，俳優、歌舞、雜奏，總謂之百戲。"配：配給，隸屬。

納錢度僧道

安禄山反，楊國忠遣侍御史崔衆至太原，納錢度僧尼、道士，①旬日得百萬緡而已。

註釋：

①納錢度僧尼、道士：唐宋時，官府可出售度牒（官府發給僧道的憑證），以充軍政費用，楊國忠遣侍御史崔衆至太原納錢度僧尼道士，是爲賣度牒之始。宋趙彦衛《雲麓漫抄》卷四："紹興中，軍旅之興，急於用度，度牒之出無節。上户和糴所得，減價至二、三十千。時有'無路不逢僧'之語。"

江南丁口錢

"吴有丁口錢，又計畝輸錢。徐知誥秉吴政，宋齊丘説徐知誥：①'請減丁口錢。'"②從之。由是江淮曠土盡闢，桑柘滿野，國以富強。

註釋：

①徐知誥（888—943）：即南唐烈祖李昇，字正倫，小字彭奴，徐州人，五代十國南唐的建立者。原爲南吴大將徐温養子，故姓徐氏。在位期間勤於政事，變更舊法；又與吴越和解，保境安民，與民休息。宋齊丘曾爲徐知誥謀士，後官至宰相。

②請減丁口錢：《資治通鑑·後梁紀五》："先是，吴有丁口錢。又計

畝輸錢。錢重，物輕，民甚苦之。齊丘説知誥，以爲錢非耕桑所得，今使民輸錢是教民棄本逐末也，請蠲丁口錢。"

收茶征聽民自賣茶

馬殷據湖南，判官高郁，請聽民自采茶，賣於北客，收其征以贍軍。①殷從之。○《紀事》三十八。②

註釋：

①征：賦税。贍軍：供給軍費。
②宋袁樞《通鑑紀事本末》卷四十上、司馬光《資治通鑒》卷二百六十六皆引此文。

驛券出樞密

舊制，館券出於户部。①唐明宗天成二年，卞圜以宰相判三司，②安重誨爲樞密使，請館券從內出。圜與爭於上前，宮人問上，知爲宰相，曰："妾在長安中，未嘗見宰相、樞密奏事敢如此者，蓋輕大家耳。③"上不悦，卒從重誨言，圜罷。按，國初每給驛券，④皆樞密院出頭子，⑤令三館中有藏太祖御書帝翰，⑥有親與決者，即其來已久矣。

註釋：

①館券：宋代政府發放的免費供給官員食宿的憑證。
②卞圜：當作"任圜"。卞圜爲南宋紹興乾道時期人，任圜爲後唐人，事情發生在後唐明宗時期。詳《舊五代史·安重誨傳》《舊五代史·任圜傳》。
③大家：近臣或後妃對皇帝稱呼。
④驛券：憑以乘用驛站車馬、使用夫役的紙券。
⑤頭子：宋初樞密院所發差使驛傳馬匹的一種憑證。宋岳珂《愧剡錄·金銀牌》："皇朝符券，皆樞密院主之。舊有銀牌，以給乘驛者，闊一寸半，長五寸，面刻篆字曰'敕走馬銀牌'，凡五字，首爲竅，實以韋帶。其後罷之，樞密院給券，謂之頭子。"

⑥翰：毛毫，毛筆。

內中

《漢紀》"元封二年，甘泉宮內中產芝。"註："內中謂後庭之室也。"①

註釋：

①《漢書·武帝紀》第六：元封二年，"六月詔曰：甘泉宮內中產芝，九莖連葉。"顏師古註："劭曰：'芝，芝草也，其葉相連。'"

新亭[1]

《丹陽記》：①"新亭，吳舊立，先基崩淪，隆安中，丹陽尹司馬恢之徙創今地。"案，此所言乃王導正色處，②則凡晉、宋間新亭，已非吳時新亭矣。

註釋：

①《丹陽記》：宋山謙之撰，南朝地志，原書已佚，現存清人輯錄本。《太平御覽》卷一百九十四引《丹陽記》曰："京師三亭。新亭，吳舊亭也，故基淪廢，丹陽尹司馬恢移創今地。謝石創征虜亭，三吳搢紳創治亭。並太元中。"

②《晉書·王導傳》："過江人士，每至暇日，相要出新亭飲宴。周顗中坐而嘆曰：'風景不殊，舉目有江山之異。'皆相視流涕，惟導愀然變色，曰：'當共戮力王室，剋復神州，何至作楚囚相對泣邪！'"

三司使

置使自後唐張延朗○聖祖名諱始。①○本傳。

---

[1] 卷十六有"建康新亭"條，內容較詞條詳細，可參看。

註釋：

①置使自後唐張延朗始：《五代史·張延朗傳》："詔以延朗充三司使，班在宣徽使下。三司置使自此始。"聖祖名諱，指張延朗之"朗"字與趙匡胤的父親趙玄朗之"朗"字同。

方鳩僝功

《説文·人部》釋"僝"曰："具也，從人、孨聲，讀若汝南潹水。《虞書》曰：'旁救僝功○士戀反。'"與今書文不同，而孔安國以"鳩"爲"聚"，則本文誠爲"鳩"，不爲"救"矣。不知許、孔孰爲真也。

馬步殿三司

《五代·康義成傳贊》：① "侍衛親軍馬步都指揮使○云云。親軍之號，始於明宗，其後又有殿前都指揮使之名，皆不見其更置之始。今天下之兵，皆分屬此兩司矣。②" 豈歐公時未有三司耶？

註釋：

①康義成：《五代史》作"康義誠"，字信臣，山西代北三部落人，五代後唐大臣。
②兩司：當指侍衛親軍馬步軍都指揮使和殿前都指揮使。

父子同省人以爲非

《五代·豆盧革傳》：革與韋悦俱爲莊宗相，① "二人各以其子爲拾遺。父子同省，人以爲非，遽改它官。"

註釋：

①豆盧革（？—927）：五代後唐舒州刺史，父瓚。莊宗即位後拜同中書門下平章事。本傳言"素不學問，除拜官吏，多失其序，常爲尚書郎蕭希甫駁正，革頗患之"，"革以韋説能知前朝事，故引以佐己"，並薦韋

悦爲相。實悦亦無學術，徒以流品自高。韋悦：亦作"韋説"。

避親

《舊唐·職官志·吏部下》："凡同司聯事、勾檢之官，[1]皆不得注大功以上親。[2]"按此即知，有職掌相涖者應避。[3]

註釋：

[1]聯事：同僚，同事。勾檢：考核檢查。
[2]注：推薦，推舉。大功：喪服五服之第三種，服期九個月。舊時堂兄弟、未婚的堂姊妹、已婚的姑、姊妹、侄女及衆孫、衆子婦、侄婦等之喪，都服大功。
[3]相涖：互相管理或監視，即職責相關聯。此句指凡在同一部門職責相聯者，及負責監察職能的勾檢官與同署官員之間，不得有"大功"以上親屬關係。

直學士

唐初定制，以五品以上官爲集賢學士，六品以下爲直學士。[1]今六閣學士、直學士高下必視此爲別。

註釋：

[1]直學士：官名。唐置。凡官資較淺者，初入直館閣，爲直學士，班在學士下，待制上。

元祐入仕數

"今特奏名進士諸科約八九百人，一郊子弟奏補得二三百人。"[1]○同上。

註釋：

[1]據蘇軾《東坡全集·奏議》："每，一次科場放進士諸科及特奏名約八九百人，一次郊禮，奏補子弟約二三百人，而軍職轉補、雜色入流、

皇族外戚之薦不與。"

唐世疆境

元稹《樂府》註：① "長安西門，開元時立堠，②名萬里堠。書其國西疆境曰：西至安西都護府九千幾百里。且云：其實萬里，慮征戍者遠之，乃減其數，使不盈萬。"此稹之說然也。然《唐書·地理志》總載唐極盛時地里，曰："東極海，西至焉耆，東西九千五百里。"夫合唐地東西言之，僅爲九千餘里，安得自長安至安西而盈萬里者哉？

註釋：

①見元稹樂府詩《西涼伎》註。
②堠：即堠子。古時築在路旁用以分界或計里數的土壇。每五里築單堠，十里築雙堠。

寄祿官階官

政和三年，敕特進至承務郎爲寄祿官，①承直郎至迪功郎爲階官。②按，元豐未改官制以前，如朝奉、將仕、承務之類，③別名階官，皆須在職，遇郊始得加之。④自元豐制行，既不以京朝官，如正字、三丞、列曹郎官之類爲寄祿官，遂取唐世承務、朝議之類，⑤增廣比序，以爲磨勘遷進之則，因以寓祿。⑥而神廟時，⑦未改州縣掾官簿尉之類，其元豐三年，改定新制，詔曰："今推本製作參酌損益，使臺、省、寺、監之官實典職事，領空名者一切罷去，而易之以階。"此時未分寄祿與階官也。至政和六年，以神宗官制有未暇盡改者，如選人有帶知安州雲夢縣事，而實任河東轉運司管幹公事者，⑧淆亂莫甚。今選定選人七等之制，如易留守節察判官爲承直之類，凡七階。立制既定，以特進至承務既名寄祿，始以新定選人七級名爲階官，以別於舊寄祿官稱。今人概謂非職掌者爲階官，不詳考也。

註釋：

①特進：官名，始設於西漢末。授予列侯中有特殊地位的人，位在三

公下。東漢至南北朝僅爲加官，無實職。隋唐以後爲散官。承務郎：官名，隋文帝時始置，唐代再改爲員外郎，又置承務郎爲文散官，宋因之。寄祿官：官階名。宋制，官分階官和職事官，如吏部尚書同中書門下平章事，吏部尚書是階官名，同中書門下平章事是職事官名。階官有名銜而無職事，只作爲銓敘、升遷的依據，稱爲寄祿官。元豐三年改行新官制，又以尚書、侍郎等爲職事官，而以舊時所置散官爲寄祿官。凡職事官，自尚書至給舍諫議，其職俸以寄祿官高下分行、守、試三等，以祿令爲准。

②承直郎：文散官名。宋徽宗崇寧初置，以換留守、節度使、觀察使的判官，正六品。迪功郎：又稱宣教郎，始於宋，從九品。

③朝奉：宋有朝奉郎、朝奉大夫等官名，宋人因以"朝奉"尊稱士人。將仕：將仕郎，文散官名，唐宋從九品下爲將仕郎。承務：隋唐官名。《隋書·百官志下》："廢諸司員外郎，而每增置一曹郎，各爲二員⋯⋯尋又每減一郎，置承務郎一人，同員外之職。"唐（620年）復改爲員外郎。另置承務郎爲文散官第二十五階，從八品下。宋同唐。

④郊：郊祭，古代祭祀天地的典禮，由天子主持，祭祀完畢分封臣下。

⑤朝議：朝議大夫的省稱。始置於隋，散官。

⑥寓祿：用以表示資歷待遇。《宋史·職官志·職官三》："凡序位有品，寓祿有階，列爵有等，賜勛有給，分任有職，選官有格。"

⑦神廟：此指宋神宗趙頊。

⑧管幹：猶管理，辦理。

京朝官實封札子

《三朝聖政錄》：①太宗許京朝官實封札子於閤門上進。②

註釋：

①《三朝聖政錄》：北宋石介編，凡十九篇，今存。石介有感於大宋基業"太祖作之，太宗述之，真宗繼之，太平之業就矣"而作，編纂三朝"君人之遠體，爲邦之善訓"，類而次之，爲十二門，稱《三朝聖政錄》，每篇之末又自爲之贊，以申諷喻之意，希望能夠"開助後聖而垂之無窮"。

②實封：密封；固封。

元絳知潁州使服學士金帶如舊①

《臨安志》：元時從翰林侍讀、參知政事出。據此即應不得服參政帶矣，而學士帶亦不該服，其服學士帶，特恩也。②

註釋：

①元絳（1008—1083）：字原之，一説字厚之。錢塘（今浙江杭州）人，累遷翰林學士，拜參知政事。《續資治通鑑長編》卷二百九十八曰："先是，絳數請老，……絳謝罪不敢擇，願得潁州，許之。賜坐，使服學士帶。"學士金帶：綉有御仙花的金帶。
②特恩：皇帝所給予的特殊的恩典。

舉官連坐自謝濤始①

濤，真宗時爲巡撫益、利兩路使，回舉所部官三十餘人，宰相以爲多，乃陳諸吏治狀，而願連坐。奉使舉吏連坐，自濤始。

註釋：

①謝濤（960—1034）：字濟之，祖籍河南陽夏，北宋浙江富陽望族，其父謝崇禮曾爲吳郡節度使推官。謝濤太宗淳化三年（992）進士，歷官兵部尚書員外郎、侍御史，官至太子賓客。事見《續資治通鑑長編》卷六十二。

摛文堂

強淵明宣政間爲翰林學士承旨，①上爲增廣直廬，②書"摛文堂"榜以寵之。③○《臨安志》云出本傳。

註釋：

①強淵明：字隱季，宋杭州錢塘人，以進士第，官至中書舍人、翰林

學士，與蔡京爲死交。宣政間：指宋徽宗政和至宣和間 15 年。承旨：官名。唐代翰林院有翰林學士承旨，位在諸學士上。凡大誥令、大廢置、重要政事，皆得專對。宋元仍其制。

②直廬：舊時侍臣值宿之處。

③榜：牌額，題榜，寫在宮闕門額上的大字。

吴越改元

寶正六年，歲在辛卯，見封落星石制書，①"辛卯"乃後唐明宗長興二年。寶太元年，②羅隱記修新城縣，③記云"癸未歲"，"癸未"乃後唐莊宗同光元年。④○《臨安志》。以此知吴越雖云稟中原正朔，⑤既後唐長興、同光年號，與其寶貞、寶太同歲，而名不同，知吴越自嘗改元審矣。

註釋：

①見：同"現"。封：賜封。落星石：又名落星墩，爲小石島，位於江西省九江市星子縣城南三里的鄱陽湖上水邊，形如星斗，傳爲墜星所化，錢鏐賜封它爲"寶石山"。

②寶太：或作寶大，吴越太祖錢鏐的年號，從 924 年至 925 年。

③羅隱：原名橫，字昭諫，自號江東生，後唐餘杭（今浙江杭州）人。以十舉不中第，乃更名。朱温篡唐以諫議大夫召不應，後仕錢鏐，歷任錢塘令、司勳郎中、給事中等職。

④同光：後唐李存勖之年號，從 923 年至 926 年。

⑤稟：遵循，奉行。正朔：謂帝王新頒的曆法。古代帝王易姓受命，必改正朔；故夏、殷、周、秦及漢初的正朔各不相同。

裴延齡科草①

陸贄奏：度支以稅草支用不免，②令京兆折今年和市草一千萬束，③每束草兼車脚與折錢二十五文，④公私兼濟。贄奏：每年稅草不過三百萬束，令入城輸納只二百三十萬而已。今既加徵○仁宗廟諱約計百里般運，⑤已當三十五文，買草本價，又更半之，而度支徑以每束限爲二十五文。○十卷。

註釋：

①裴延齡（728—796）：唐河中河東（今山西永濟西）人。官至膳部員外郎、祠部郎中。貞元八年（792）以户部侍郎判度支，以苛刻剥下附上爲功。時陸贄秉政，反對由他掌管財賦，但德宗信用不疑。科草：徵草。科，課稅，徵稅。

②度支：官名，掌管全國財賦的統計與支調。免：當作"充"，充足。明楊士奇《歷代名臣奏議卷·賦役》及《全唐文》皆爲"充"："唐德宗時，中書侍郎同中書門下平章事陸贄《論度支令京兆府折稅市草事狀》曰：度支奏，緣當年稅草支用不充，諸場和市所得又少，所以每至秋夏常有欠缺，請令京兆府折今年秋稅和市草一千萬束，便令人户送入城輸納，每束兼車脚與折錢二十五文，既利貧人兼濟公用。"

③和市：官府按價向民間購買實物，此指購買。

④車脚：即車脚錢，車資。

⑤仁宗廟諱：指宋仁宗名趙禎之"禎"。"徵"與"禎"音近，故諱之。

預買

太宗時，馬元方爲三司判官，建言："方春民乏絕時，預給庫錢貸之，至夏秋令輸絹於官。"預買綢絹始於此。○《東記》九。①

註釋：

①《東記》：宋范鎮《東齋記事補遺》。

周田畝數

《通典》"古雍州"卷曰："周制，步百爲畝，畝百給一夫。○即一頃。商鞅佐秦，以一夫力餘，地利不盡，於是改制二百四十步爲畝，百畝給一夫。"

羨道墓志①

《南史》二十三《裴子野傳》:"子野葬,湘東王爲之墓志銘,陳於藏內。邵陵王又立墓志於羨道。羨道列志自此始。"

註釋:

①羨道:通入墓穴的路,上不蓋土。

台鈞銜

節使未有平章事,①即不合稱台階、②台造、③鈞慈、④鈞造;不兼郡牧,⑤亦不合著某官銜字。上事後早晚兩銜。○右出李商隱所撰《使範》。

註釋:

①節使:節度使的省稱。平章事:此官爲差遣性質,任此職者必另兼職事官銜。
②台:舊時用爲對高級地方官吏或同輩人的尊稱,如台鑒、台甫。階:官爵的等級。
③造:爵位名。秦制定爵位二十級,第二級爲上造,後世承襲秦制。
④鈞:敬辭,用於對尊長或上級,如鈞安,鈞鑒,鈞座。鈞慈:對帝王或長官的敬稱,謂其仁厚慈愛。
⑤郡牧:郡守。郡的行政長官。

聖節進馬①

人主誕節,宰臣舊例,進衣一副。②元和七年,李吉甫固恩澤,別進馬二匹。賜通天犀帶以答之。③○《唐會要·節日門》。

註釋:

①聖節:即下文之"誕節",皇帝的生日。宋洪邁《容齋隨筆·誕節受賀》:"誕節之制,起於明皇。"

②衣一副：劉禹錫《爲京兆韋尹降誕日進衣狀》："衣一副四事：黃折造衫一領，白吴綾汗衫一領，白花羅半臂一領，白花羅褲一腰。"《舊唐書·職官志·職官二》："凡時服稱一具者全給之，一副者減給之。"
③通天犀：一種上下貫通的犀牛角。

誕日設齋用樂

開成五年，以六月十一日爲慶陽節，天下州府常設降誕齋行香。①京城內，宰臣與百官就大寺設僧一千人齋，仍許量借教坊樂官充行香。

註釋：

①降誕齋：祝賀誕辰的齋宴。行香：參見卷七"行香"條。

入兩閣門吉凶異制

天祐二年四月敕：自今年五月一日後，常朝出入取東上閣門，或遇奉慰，①即開西上閣門，永爲定制。

註釋：

①奉慰：唐宋禮制，逢帝、后忌辰，百官列班進名拜慰天子或皇太后，稱奉慰。本段文字見《唐會要》卷三十。

差考試道卒有恩澤①

衢州西安令宋宏以使牒考試它州，②在道遭水禍以死。其子拯以父死職事推恩補太廟齋郎。③○《蘇子容集》。

註釋：

①此條見宋蘇頌《壽州霍丘縣主簿宋君墓志銘》。
②使牒：觀察使牒。牒，證件，憑證。考試：考察。
③推恩：帝王對臣屬推廣封贈，以示恩典。齋郎：掌宗廟社稷祭祀的小吏，屬太常。

簽樞①

石熙載平梅山蠻，②入爲尚書兵部外郎，充樞密直學士，歲中以本官兼職同簽書樞密院事。簽書院事自公始也。○《蘇子容集》。

註釋：

①簽樞：簽署樞密院事之簡稱，亦稱僉院，宋太平興國四年（979）置，簡稱簽樞，位次於樞密副使或同知樞密院事。

②石熙載（928—984）：字凝績，北宋河南洛陽人，官至户部尚書、樞密使、尚書右僕射。據《宋史·石熙載傳》，太平興國二年，石熙載曾奉命平定梅山蠻人的叛亂。梅山蠻：《宋史·梅山峒傳》："梅山峒蠻，舊不與中國通。其地東接潭，南接邵，其西則辰，其北則鼎澧，而梅山居其中。"蠻：我國古代對長江中游及其以南地區少數民族的泛稱。

臨奠已罷執政①

熙載爲密使，乞解政，除右僕射。太平興國九年薨，太宗即往臨其喪。近世執政既罷而卒，車駕臨視自公始。○同上。

註釋：

①臨奠已罷執政：（人主）親臨祭奠時，（大臣）已經不在執政之位。

改劭字

文帝生元凶劭，①初命之曰"劭"，在文爲"召刀"，惡之，改"刀"爲"力"。

註釋：

①元凶劭（424—453）：即宋元帝劉劭，字休遠，宋文帝劉義隆長子。元嘉六年立爲皇太子，元嘉三十年（453）弑父即位，在位僅三月。

納陛①

尊者不欲露而升陛，鑿殿基際爲陛。納之霤下，②不使露也。○《王莽傳》註。

註釋：

①納陛：古代帝王賜給有殊勳的諸侯或大臣的"九錫"之一。鑿殿基爲登升的陛級，納之於檐下，不使尊者露而升，故名。

②霤：屋檐。

四川總領財賦結總領在四川上

建炎間，軍遽須財，典計之臣不暇盡如常制。①遂仿河北、陝西路法，置都轉運使通領數路，以侍從爲之，其結銜不爲都運者，則直以從官總領某路某路財賦。後至紹興三四年間，始以郎官總領江西或江東財賦，則今總領之始矣。紹興十五年十月二十八日，汪勃言："四川既已休兵，可罷都轉運使，歸其職於宣司。②宣司既典兵又總財賦，則爲非是，乞即宣司置四川總領一司，應辦宣司錢糧。"旨用其言，其年十一月十八日，除趙不棄爲之。初降指揮，以四川宣撫司總領財賦爲銜，至其命詞給告，則結銜曰"總領四川財賦"。是初時使爲宣司屬官，已而返來總領宣司財賦也。是時鄭剛中爲宣撫使，既見不棄全銜結總領於宣司之上，乃始驚疑，而知其有異矣。此蓋秦丞相微機，或者云不棄有請，而秦從之。○用《日曆》撮考。

註釋：

①典計：官名，屬尚宮局，主管財物。《後唐書·職官三》："典計二人，正七品。"

②宣司：宣撫司。其長官爲宣撫使，宋代宣撫使爲鎮撫一方之軍政長官，職位高於安撫使。詳《文獻通考·職官十三》《續文獻通考·職官十》。

當講官口義

今講日，講官以所撰講義進講，①即講筵內侍收掌。②紹興十三年正月，王普奏其父在建炎元年爲講官，講"孝弟仁之本"，合上意，退批"早來講義"，即今進入。普仍言故事，次日方進。今此即日促進，非常儀也。

註釋：

①講官：爲皇帝經筵進講的官員，也指東宮侍講官員。
②講筵內侍：官名，掌宮廷講經事。雖亦參用士人，仍以宦官爲主。收掌：收存掌管。

不兼經筵遇講讀即赴

熙寧二年，召中丞呂公著赴經筵。①公著以臺臣侍講，不兼經筵職，遇講讀即赴。如此，即侍講之與經筵異耶。是年十月，翰林學士范鎮兼侍讀。鎮前爲侍讀學士，及還翰林，即落侍讀，②至是，雖復侍讀，而不兼學士。《長編》據《日記》所載如此。③詳此，當是以翰林侍讀學士，或天章閣侍讀學士等爲經筵，④而以單帶侍讀，講爲講讀所耶。

註釋：

①經筵：宋代始稱經筵，置講官以翰林學士或其他官員充任或兼任。宋代以每年二月至端午節、八月至冬至節爲講期，逢單日入侍，輪流講讀。元、明、清三代沿襲此制，而明代尤爲重視。
②落侍讀：不擔任侍讀。
③《日記》：司馬光撰，包括《日錄》三卷、《手錄》五卷（其中三卷僅存目錄）及《日記佚文》《瑣語》四種，是司馬光爲編寫《資治通鑒後記》神宗朝而用的編年史。
④天章閣：據《宋史》，宋真宗天禧四年（1020）下令營建，以奉真宗御集御書。次年（1021）閣成，天聖八年（1030）置天章閣侍制，景祐四年（1037）置天章閣侍講。

知州不該舉京官職官即令通判舉

熙寧三年,[1]詔諸路知州軍,不該舉京官、[2]職官處,令通判舉。《長編》存疑云:"不知州軍何故不該舉。"予案元立舉官格,須舉主是某官已上,恐是知州軍官未及品耶。

註釋:

[1]熙寧三年:宋洪邁《容齋三筆·神宗待文武臣》爲"元豐三年":"元豐三年,詔知州軍不應舉京官職官者,許通判舉之。蓋諸州守臣有以小使臣爲之,而通判官入京朝,故許之薦舉。"

[2]該舉:猶詳備。

丞郎

唐稱丞郎,謂尚書左右丞及尚書侍郎輩也。今人多承丞郎之語,文字間便以寺監丞郎當之,[1]承襲之誤也。《唐·劉寬夫傳》〇八十五:"寶曆中,寬夫爲監察御史,言以王府官攝祠,[2]位輕,乞以尚書省左右丞、侍郎通攝。"又《潘孟陽傳》:"爲侍郎,年未四十,其母謂曰:'以爾之才,而位丞郎,使吾憂之。'"馮道曰:"宰相之權,吾初入能用人爲丞郎,後但能用人作郎官耳。"

註釋:

[1]寺監:爲古時太常寺、光祿寺和將作監、都水監兩級官署的並稱。

[2]攝祠:即兼理祠部。祠部,官名。三國魏尚書有祠部曹,掌禮制,歷代因之。北周始改爲禮部。隋唐別置祠部曹,屬於禮部,掌祠祀、天文、漏刻、國忌、廟諱、卜祝、醫藥等,及僧尼簿籍。宋元迭有變革,明改爲祠祭司。

續集卷之三　文類

韓文用古法

韓愈《原道》曰："不塞不流，不止不行。"①其語脈本自《易》出。《易》曰"不耻不仁，不畏不義"也。②《項羽傳》曰："聞大王不聽不義。"註曰："凡不義之事，皆不聽順也。"

註釋：

①不塞不流，不止不行：没有堵塞，也就没有流通；没有停止，也就没有行進。比喻只有破除舊的、錯誤的東西，才能建立新的、正確的東西。塞，堵塞；止，停止。

②不耻不仁，不畏不義：見《易·繫辭下》，言小人不以不知仁義爲耻，不怕行爲不符合仁義。程氏認爲韓愈之"不塞不流，不止不行"語脈出自《易》之"不耻不仁，不畏不義"，應指格式相同。

古文相似

《洪範》曰："于時厥庶民，錫汝保極。"①言民以其保極者，報答人主建極之施也。《洛誥》曰："乃惟孺子頒，朕不暇。"②言成王不能察知人情，則是以多事遺我也。光武謂劉盆子曰："待汝以不死。"③陳後山曰："報以永不諼。"④皆一格也。⑤

註釋：

①錫：通"賜"。保極：遵守法則。
②清孫星衍《尚書今古文註疏》："頒者，鄭註《祭禮》云：'頒之言

分也．'《説文》'頒'作'攽'，云'分也'．引《周書》曰：'乃惟孺子攽．'亦讀與彬同。攽，蓋孔壁古文。言聽政之事繁多，孺子分其任，我有所不遑也。"

③據《後漢書·劉盆子傳》，劉盆子（10—?）爲漢高祖劉邦之孫城陽景王劉章之後，赤眉軍曾擁立他爲帝，遇劉秀大軍，赤眉"驚震不知所爲，乃遣劉恭乞降"，劉秀承諾"待汝以不死"。

④諼：欺詐、欺騙。《説文·言部》："諼，詐也。"

⑤一格：一樣的格式。

大體

班固曰："賈誼通達國體。"①文帝策賢良曰："明於國家大體。"説者不能明言其如何爲體。賈誼曰："大臣特以簿書不報、②期會之間，③以爲大故。④至於移風易俗，使天下回心而向道，類非俗吏之所能爲也。⑤俗吏所務，在於刀筆箱篋而不知大體。⑥竊爲陛下惜之。"夫簿書期會，體之小者也。移風易俗，乃其大者，故曰大體也，又曰國體者。體如人之有體焉，四支與身，皆體也。又作屋、作文，皆有大指，如曰"辭尚體要"是也。⑦

註釋：

①《漢書·賈誼傳》："贊曰：劉向稱賈誼言三代與秦治亂之意，其論甚美，通達國體，雖古之伊管，未能遠過也。"通達：通曉，洞達。

②簿書：官署中的文書簿册。

③期會：謂在規定的期限內實施政令，轉指有關朝廷或官府的財物出入。間：間斷。

④大故：重大的事故。多指對國家、社會有重大影響的禍患，如災害、兵寇、國喪等。

⑤類：大抵，皆。《後漢書·郅壽傳》："賓客放縱，類不檢節。"李賢註："類，猶皆也。"

⑥刀筆箱篋：師古註曰："刀所以削，書扎筐篋所以盛書。"謂俗吏只關註具體的事物。

⑦"又作"至"是也"十七個字：作屋，建造房屋。大指：即大旨。

體要：大體，綱要。言作屋、作文都有主要框架，就像說話要抓住要領一樣。

月旦十五日

韓退之《弔武侍御文》曰：①月旦、十五日，出其衣珥拜之。②夫不言朔望，③而變言月旦、十五日，其語脈有自也。魏武帝遺令曰："美人著銅雀臺上，施八尺床繐帳，朝晡上酒脯，月朝、十五，輒向帳作伎。"④曹公此語，即韓公之所祖也。月朝者，一月之朝，即朔日也。《兩都賦》正旦爲三朝：日之朝，月之朝，歲之朝也。以朔旦爲月朝，而於月望，則變文爲十五日。其語出此，乃新奇也。《南史·孝義傳》："王文殊父没於魏，文殊立小屋，月朝、十五日，未嘗不北望長悲。"⑤

註釋：

①《弔武侍御文》：又作《弔武侍御所畫佛文》。

②"月旦"至"拜之"十一字：《弔武侍御所畫佛文》："侍御武君，當年喪其配，斂其遺服櫛珥縏帨於篋，月旦、十五日，則一出而陳之。"月旦：舊曆每月初一。衣珥：代指"遺服櫛珥縏帨"等。珥，耳飾。

③朔望：朔日和望日，即舊曆每月初一和十五。

④此事《樂府古題要解》《藝文類聚》《太平御覽》等皆有載。繐帳：泛指布帛製成的帳幕。朝晡：朝時（辰時）至晡時（申時），此指一日兩餐之食。酒脯：酒和和幹肉。月朝：月初，後多指舊曆每月初一。作伎：表演歌舞或演奏音樂，此謂祭拜。

⑤《南史·孝義傳》："王文殊，字令章，吳興故鄣人也。父没魏，文殊思慕泣血，立小屋於縣西，端拱其中，歲時伏臘，月朝、十五，未嘗不北望長悲，如此三十餘年。"

不愆于素

柳子厚《梓人傳》述其作室之樵，曰："不愆于素。"①《左氏·哀元年》："楚子圍蔡，里而栽，夫屯晝夜九日，如子西之素。"②杜註曰："本計爲壘，九日而成。"

註釋：

①《左傳·宣公十一年》："事三旬而成，不愆於素。"杜預註："不過素所慮之期也。"楊伯峻註："素，謂原來計畫。《廣雅·釋詁》：'素，本也。'"

②《左傳·哀公元年》杜預註曰："栽，設板築爲圍壘，周匝去蔡城一里。""夫，猶兵也。"

賽越王神文①

李商隱《樊南集·賽越王神文》曰："今來古往，常教威著越城；萬歲千秋，勿使魂歸眞定。②"此即模韓文《羅池碑》詞也。③其詞曰："北方之人兮爲侯是非，千歲萬歲兮侯毋我違。"玉溪生自言其文體之所從來，④則已曰：時人目爲韓文杜詩也。⑤

註釋：

①賽：酬報，舊時行祭禮以酬神。

②眞定：地處冀中平原，歷史上曾與北京、保定並稱"北方三雄鎭"，爲趙佗、趙雲之故里。

③韓文《羅池碑》：韓愈的《柳州羅池廟碑》。

④玉溪生：李商隱（813？—858）號。商隱，字義山，唐懷州河內（今河南沁陽縣）人。曾任校書郎、弘農尉、秘書省正字等職。有《玉溪生詩》。

⑤按，唐代杜甫的詩與韓愈的文爲詩文的典範。李商隱詩文有意學習杜甫和韓愈，"自負杜詩韓文"，憂國憂民、沉鬱頓挫繼承了杜甫，雄放奇崛、率眞大膽又近似韓愈。

主在與在

袁盎論社稷臣曰："主在與在，主亡與亡。"①如淳曰："人主在時，與共治在時之事。人主雖亡，其法度存，當奉行。如勃等坐視非劉而王，是從生主之欲，不與亡者也。"②予以爲非也。與讀如預，方主之存也，吾固預同其存；主如喪亡，吾亦與同其亡，終不肯獨存其身也。絳侯當劉氏"不絕如帶"之時，③顧惜軀命，不能救正，是獨存其身而不顧社稷之危亡。故雖幸有功，第可名爲功臣，④而不得名爲社稷臣也。陸贄論救姜公輔也，⑤曰："位列朝廷，任當宰輔，主辱與辱，主安與安。"正是此理也，故知如淳之說未通也。唐世諸儒，有學有守者，⑥吾得二人焉，魏徵、陸贄是也。取其奏讀之，其理悉與經合，學能發古，吾故敢云爾也。

註釋：

①見《史記·袁盎列傳》和《漢書·袁盎傳》。

②見《漢書·袁盎傳》顏師古註引。"從生主之欲，不與亡者"言周勃等未遵高祖"非劉氏不王"之遺命。

③不絕如帶：同"不絕如綫"，言子孫衰落或後繼者稀少。參見註②。

④第：僅，只。

⑤見唐陸贄《興元論解姜公輔狀》。姜公輔：字德文，唐甘肅天水愛州人。官至諫議大夫，同中書門下平章事。《新唐書》本傳載，"公輔有高材，每進見，敷奏詳亮，德宗器之"，但因反對德宗厚葬行軍途中喪亡的唐安公主而遭貶官，陸贄寫《興元論解姜公輔狀》上奏爲之辯解。

⑥守：操守。

先天

《易》曰："先天而天不違。"①《書》曰："自貽哲命。②"又曰："自作元命，配享在下。"③《詩》曰："永言配命，自求多福。"④《莊子》曰："神動而天隨。"⑤皆一理也。天下事孰有非天理之自然者乎？而天安可先也？曰惟其處心與天相似，故意舉於我，事應於彼。⑥比次而言之，⑦則倡之者人也，應之者天也。"神動而天隨"，語最要也。

註釋：

①《易·乾卦·文言》："夫大人者，與天地合其德，與日月合其明，與四時合其序，與鬼神合其吉凶；先天而天弗違，後天而奉天時。"孔穎

達疏:"先天而天弗違者,若在天時之先行事,天乃在後不違,是天合大人也。"

②哲命:謂賢明的秉賦。孔安國傳:"自遺智命。"孔穎達疏:"智命,謂有賢智,命由己來,是自遺也。"

③孔穎達《書‧呂刑》疏:"享,訓當也。是此人能配當天命,在於天之下。"一説,謂配天享禄。孫星衍《尚書今古文註疏》:"配謂配天,享謂享其禄,言惟能肩任天德,自作善命,則配天命而享天禄於下矣。"

④見《詩經‧大雅‧文王》。謂上合天心,自求多福。

⑤見《莊子‧在宥》。謂所思所想天道隨之。

⑥意舉於我,事應於彼:事情發起於我,卻應驗在其他方面。

⑦比次:比較,排比。

古語相襲

宋子京贊尉遲敬德曰:"桑蔭不徙而大功立。"①語甚新矣。然葛洪《抱朴子》已嘗言之,曰:"文王之接呂望,桑蔭不移,已知其可師矣。"《抱朴子》之言近也。《戰國策》馮忌之言曰"堯舉舜於草茅之中,桑蔭移而受天下",則其語有所自來矣。項羽王沛公於南鄭,②沛公怒,蕭何諫曰:"夫能屈於一人之下而信於千人之上者,湯武是也。"太公《六韜》嘗曰:"文王尚疾岐小,太公曰:'屈一人下,伸萬人上,聖人自行之。'"然則何之語又本太公也。翟公追恨爵羅,③及其復用,題其門曰:"一貴一賤,交情乃見。一死一生,乃知交情。"④《説苑》已有此語矣。禪家嘗譏學道而不知其方者,⑤曰:"長安在西,東向笑。"桓譚《新論》亦已言之曰:"里語云:'人聞長安樂,出門西向而笑。'⑥"

註釋:

①宋祁《新唐書‧尉遲敬德傳》:"敬德之來,太宗以赤心付之,桑蔭不徙而大功立。"桑蔭不徙:又作"桑蔭未移",桑樹的樹蔭還沒有移動,形容時間短暫。

②《史記‧項羽本紀》:"故立沛公爲漢王,王巴、蜀、漢中,都南鄭。"

③《漢書‧鄭當時傳》:"下邽翟公爲廷尉,賓客填門,及廢,門外

④見劉向《說苑》卷十六和《史記·汲鄭列傳》。

⑤方：規律、道理。

⑥"人聞"至"而笑"十一字：長安爲都城，在西，故以"出門西向而笑"比喻心裏想而得不到手，只好用不切實際的辦法來安慰自己。

仁者必有勇

"舜舉皋陶，不仁者遠矣"，①此其賞中有仁也。"四罪而天下咸服，誅不仁也"，②是其罰中有仁也。"大賚于四海，而萬姓悅服"，③喜中有仁也。"文、武一怒而安天下之民"，④怒中有仁也。故仁者之勇，藏於無事之日，而見乎不可不發之地。仁主慈，義主勇。慈者所向，皆在所愛。勇者所向，人不可禦。它人非無勇也，"根也欲，焉得剛"。⑤資本不仁，爲欲所蔽，則其剛決不能遂也。若夫剛、毅、木、訥，本不爲仁，其平時則質木而訥鈍，⑥遇事則剛果而猛毅，惟其無欲，故有不可牽制之象，是爲近仁也。近者，言其氣象似之也，然亦不可信以爲誠仁，故特曰"近之"而已。而又謂"勇者不必有仁也"。⑦若夫"仁以爲己任"者，⑧則不然矣。"造次顛沛，不肯與仁相舍"，⑨則遇事而前，必達其欲，不可阻挫也。如舜之所好者生也，四凶或敗吾生，則明以不仁誅之。雖禹方任用，不能救鯀也。⑩文、武之怒，未嘗妄興，直待天下皆忿，不復可以容忍，乃始應之。其怒一發，必使害仁者去，此其所以一怒而天下遂安，不待再舉也。

註釋：

①《論語》："子夏曰：'富哉言乎！舜有天下，選於衆，舉皋陶，不仁者遠矣。湯有天下，選於衆，舉伊尹，不仁者遠矣。'"皋陶：據傳爲虞舜時的司法官。

②四罪：謂舜治共工、驩兜、三苗、鯀四凶之罪。《書·舜典》："流共工於幽州，放驩兜於崇山，竄三苗於三危，殛鯀於羽山，四罪而天下咸服。"又見《孟子·萬章上》。鯀，大禹之父。

③見《書·武成》。孔安國傳曰："施捨已責，救乏賙無，所謂周有大賚也，天下皆悅仁服德也。"孔穎達疏："已責，'止逋責'也。"按，逋責，猶欠債。大賚：謂免除欠債來救乏。

④《孟子·梁惠王下》:"文王一怒而安天下之民""武王亦一怒而安天下之民,今王亦一怒而安天下之民,民惟恐王之不好勇也。"孟子認爲勇有小勇、大勇之分,像文、武二王因爲國家社稷,一怒而推翻商朝暴君,"一怒"反而成就了一件功德,解救許多百姓,這是大勇。

⑤《論語》:"子曰:'吾未見剛者。'或對曰:'申棖。'子曰:'棖也欲,焉得剛?'"棖:申棖,字周,春秋時魯國人,精通六藝,孔子七十二賢之一。

⑥訥鈍:言語遲鈍。

⑦《論語·憲問》:"仁者必有勇,勇者不必有仁。"

⑧《論語·泰伯》:"曾子曰:士不可以不弘毅,任重而道遠。仁以爲己任,不亦重乎?"

⑨《論語·里仁》:"君子無終食之間違仁,造次必於是,顛沛必於是。"謂流離困頓但不肯捨棄仁。

⑩雖禹方任用,不能救鯀也:《史記·夏本紀》曰:"(舜)行視鯀之治水無狀,乃殛鯀於羽山以死,天下皆以舜之誅爲是。於是舜舉鯀子禹,而使續鯀之業。"

碑碣

《後漢·傳〇十三》:"方者爲碑,圓者爲碣。"①

註釋:

①見《後漢書·竇憲傳》:"封神丘兮建隆碣。"李賢註:"方者謂之碑,員者謂之碣。碣,碣也。"

不遷怒

《左氏》:"范武召文子曰:①'燮乎,吾聞之,喜怒以類者鮮矣,易者實多。'②"○《宣十七年》。

註釋:

①范武(前660?—前583):祁姓,士氏,名會,字季,因封於隨,

亦稱隨會；封於范，又稱范會。春秋晉國大夫，在晉國政壇長達40年，卒謚武。文子：士燮，范武之子。

②以類：言喜怒合乎禮法。易：杜預註曰"遷怒"。范武引古語誡其子喜怒要合乎禮法，不遷怒。

續集卷之四　詩事

蝶粉蜂黃

嘗有問予，周美成詞曰"蝶粉蜂黃都過了"用何事？①予曰：記得《李義山集》有之。李《酬崔八早梅》曰："何處拂胸資蝶粉，幾時墮額藉蜂黃。"又《贈子直花下》曰："屏緣蝶留粉，窗油蜂印黃。"周蓋用李語也。

註釋：

①蝶粉蜂黃都過了：見周邦彥《滿江紅》（晝日移陰）詞。周美成：周邦彥（1056—1121），字美成，號清真居士，宋錢塘（今浙江省杭州市）人。其於徽宗時曾爲徽猷閣待制、提舉大晟府。精通音律，曾創作不少新詞調。

取日虞淵

呂溫贊狄仁傑曰："取日虞淵，洗光咸池。"①《淮南子·天文訓·第三》曰：②"日出于暘谷，浴于咸池，拂于扶桑，③是謂晨明；至於悲谷，④是爲晡時；至於虞淵，是謂黃昏。"溫蓋言仁傑復辟，⑤如取夜日而復諸晨朝也。

註釋：

①見呂溫《狄梁公立盧陵王贊》文。據《新唐書·狄仁傑傳》，呂溫（771—811），字和叔，又字化光，唐河中（今永濟市）人。德宗貞元十四年（798）進士，官至户部員外郎、刑部郎中兼侍御史。因其説服武則天重新召回中宗，故呂溫贊之。取日：謂迎回落日，喻扶廢帝復位。虞

淵：傳説爲日入之處。咸池：傳説中的日浴之地。

② "《淮南子·天文訓·第三》"，即 "《淮南子·卷三·天文訓》"。

③拂：接近，停落。扶桑：傳説中的神木。

④悲谷：古代傳説中的山谷名。高誘註曰："悲谷，西南方之大壑，言其深峻，臨其上令人悲思，故曰'悲谷'。"

⑤復辟：謂參與和幫助失位的君王重新掌權。

斬無極

坡詩曰："屬鏤無眼不識人，楚國何曾斬無極。"①無極，費無極也，蓋言譖死伍奢者無極也，而屬鏤之劍乃不能以及無極。案，昭二十七年楚令尹子常殺無極，②則無極終遂不免也。

註釋：

①見蘇軾《田國博見示石炭詩有鑄劍斬佞臣之句次韻答之》詩。屬鏤：古代名劍，又稱"屬盧""屬鹿""屬婁""獨鹿"。《左傳·魯哀公十一年》載有"吳王夫差賜伍子胥屬鏤自刎"事。

②子常：春秋時楚國大夫囊瓦的字，曾爲楚共王和楚康王時令尹。

吳越分境

唐僧詩曰：①"到江吳地盡，對岸越山多。"②陳後山曰："聲言隨地改，吳越到江分。"善謔者曰："此杭、越堠子詩也。③"其謔亦有理，然以後山之博，而於杭、越二州分境亦隨世傳言之，似未諦審也。案，《國語》，越雖爲吳所侵，栖之會稽，然其國境北至禦兒。禦兒，今嘉興縣禦兒鄉，亦曰語兒也。勾踐伐吳用禦兒人涉江駐此。江，松江也。襲吳，勝之。夫禦兒之人越王得以爲用，則禦兒之人素隸越籍審矣。則吳境何嘗抵江也耶！

註釋：

①唐僧：指唐代僧人釋處默。處默，約生於唐文宗前後，婺州金華人，幼於蘭溪出家，曾居住廬山，與貫休、羅隱等人交往密切。

②見處默《聖果寺》詩。

③堠子詩："堠"見續卷二"唐世疆境"條註②。古人常以堠子爲對象吟詩，曰堠子詩。

蒲萄緑

李白詩："遥看漢水鴨頭緑，恰似蒲萄初醱醅。"錢希白《南部新書》曰：①"太宗破高昌，收馬乳蒲萄，種於苑中。並得酒法，仍自損益之，造酒緑色，長安始識其味。"太白命蒲萄之色以爲緑者，本此也。蒲萄酒，西域古已有之，而中國未見，故漢人一斗可博涼州也。②

註釋：

①錢希白（968—1026）：名易，號慧照大師，官至翰林學士。《南部新書》是錢易編撰的一部小説選集，今存。

②一斗可博涼州：漢趙岐《三輔決録》載，東漢孟佗以中原稀少的葡萄酒賄賂宦官張讓，得任涼州刺史。後遂用"斗酒博涼州""一斗得涼州"等代指美酒賂官。

水落魚龍夜

《水經》："汧水出小龍山，①歷澗，注以成淵，潭漲不測，出五色魚，俗以爲靈，莫敢采，因謂龍魚水，②自下亦通名龍魚川。"

註釋：

①汧水：因源出陝西隴縣西北汧山南麓而得名。小龍山：《水經註》中爲"小隴山"。《水經·渭水》註：汧水"水有二源，一水出縣西山，世謂之小隴山，巖嶂高險，不通軌轍。"

②龍魚水：《水經·渭水》註："汧水出汧縣西北，……復以汧水爲龍魚水，蓋以其津流徑通而更攝其通稱矣。"

山空鳥鼠秋 ○杜詩①

渭水出隴西首陽縣鳥鼠山，《禹貢》謂"導渭，自鳥鼠同穴"者也。②

○《水經》。

註釋：

①見唐杜甫《秦州雜詩》之一。
②孔安國傳："鳥鼠共爲雌雄，同穴處此山，遂名山曰鳥鼠，渭水出焉。"意爲從鳥鼠山疏導渭水。導：疏導。

荆州爲南京

上元元年九月，置南都於荆州，①以荆州爲江陵府。二年九月，停四宫及江陵南都之號。②寶應元年，復爲南都。老杜詩曰："南京犀浦道，四月熟黄梅。"③

註釋：

①南都：複都制體系下位於南方的都城。
②停：廢止。四宫：即四京，指京兆、河南、太原、鳳翔。《資治通鑒》卷二百二十二："以建子月爲歲首，月皆以所建爲數，因赦天下，停京兆、河南、太原、鳳翔四京及江陵南都之號。"
③見杜甫《梅雨》詩。

東坡用杜詩

東坡謝賜御詩，叙陝西戰勝，曰"已覺談笑無西戎"，①老杜《觀安西兵》曰〇十卷"談笑無河北"。

註釋：

①見蘇軾《聞洮西捷報》詩。

張籍後不盲

韓愈《贈張十八助教》云："喜君眸子重清徹，携手城南歷舊游。"則張之目疾後嘗復舊也。①

註釋：

①張十八：唐代詩人張籍（766—830），在同族兄弟中排行第十八，張籍在汴州認識韓愈，韓愈爲汴州進士考官，薦張籍，貞元十五年在長安進士及第，爲太祝十年，期間罹患目疾，幾乎失明。後爲國子監助教，目疾初愈。歷官國子博士，水部員外郎，主客郎中。助教：學官名，協助國子祭酒、博士教授生徒。

火齊

天竺有火齊，①如雲母而色紫。②裂之則薄如蟬翼，積之則紗縠之重。③據此，即老杜謂"火齊堆金盤"，誤以火齊爲珠也。○《太平寰宇記》。④

註釋：

①火齊：即"火齊珠"。此處指琉璃。《太平御覽》："《拾遺記》曰：'董偃嘗臥延清之堂，設火齊屏風。'"
②雲母：礦石名，俗稱千層紙，薄且有彈性。
③縠：縐紗一類的絲織品。重：爲"重沓"之省。
④本條又見《通典》卷一百九十三。

木難

木難，①出翅鳥口中結沫所成碧色珠也。②曹子建詩曰："珊瑚間木難。"

註釋：

①木難：寶珠名。又寫作"莫難"。《文選·曹植〈美女篇〉》："明珠交玉體，珊瑚間木難。"李善註引《南越志》曰："木難，金翅鳥沫所成碧色珠也。"
②翅鳥：又作"金翅鳥"，梵語，鳥名，佛教傳說中的大鳥。

酒浮蟻

曹子建《七啓》註曰：[1]"《釋名》曰：'酒有泛齊，[2]浮蟻在上泛泛然。'"○《文選》三十四。

註釋：

[1]見李善《文選·曹子建〈七啓〉》註。
[2]泛齊：古代供祭祀用的五種酒之一。《周禮·天官·酒正》："辨五齊之名：一曰泛齊，二曰醴齊，三曰盎齊，四曰緹齊，五曰沉齊。"鄭玄註："泛者，成而滓浮，泛泛然。"泛齊因酒色最濁，上面有浮沫，故名。

評詩

詩思豐狹，自其胸中來，若思同而句韻殊者，皆象其人，不可強求也。張祐《送人游雲南》，固嘗張大其境矣，曰："江連萬里海，峽入一條天。"至老杜則曰："窗含西嶺千峰雪，門泊東吳萬里船。"又曰："路經灩澦雙蓬鬢，天入滄浪一釣舟。"[1]以較祐語，雄偉而又優裕矣。[2]

註釋：

[1]見杜甫《將赴荆南寄別李劍州》詩。灩澦：灩澦灘，舊時是長江三峽的著名險灘。
[2]優裕：指景象闊大而豐富。

莫射雁

牧之《獵》詩曰：[1]"憑君莫射南來雁，[2]恐有家書寄遠人。"沈存中用之作《拱辰樂府》，曰："彎弓莫射雲中雁，歸雁而今不寄書。"

註釋：

[1]《獵》：指杜牧《贈獵騎》或《獵騎》詩。
[2]憑：煩，請。張相《詩詞曲語辭匯釋》卷五："憑，亦猶煩也，

請也。"

春風不度玉門關

　　唐王之渙與王昌齡、高適飲于旗亭，①有伶人唱兩詞，皆昌齡詞也。昌齡夸其同游，②遂書壁以記曰："二絶句矣。"之渙指雙鬟令唱，③曰："脱是吾詩，④子等當拜床下。"鬟唱曰"羌笛何須怨楊柳，春風不度玉門關"，之渙辭也。之渙擻歈二子。⑤東坡詩曰："固知無定河邊柳，得共中原雪絮春。"豈采其意耶？然點換精巧，逾之渙矣。○王之渙語，出薛用弱《集異記》，⑥在諸家雜説中。

註釋：

①旗亭：指酒樓，懸旗爲酒幌，故稱。
②夸其同游：向其同游夸耀。
③鬟：婢女，此指伶人。
④脱：表示假設，相當於"倘若"。
⑤擻歈：亦作"揶揄"。嘲笑，嘲弄。
⑥薛用弱：字中勝，唐河東（今山西永濟西）人。據《新唐書·藝文志》和《三水小牘》等知，在穆宗長慶間任光州刺史，文宗大和年間曾以儀曹郎出守弋陽郡，"爲政嚴而不殘，尚稱愛民之官"。《集異記》：傳奇小説集，又稱《古異記》，共三卷。

會意

　　陶詩"把菊東籬下，悠然見南山"，本只賞菊，而山忽在眼，故爲可喜也。"池塘生春草"，①若只就句説句有何佳處？惟謝公久病起，見新歲發生，故可樂耳。柳惲○《南史·傳》十八詩曰：②"亭皋木葉下，隴首秋雲飛。"③蓋亭皋常時遠望，木常遮山。今秋至，木葉皆脱，而又有飛雲焉。其思致恢遠，故可喜也。王融少所許可，④特愛此句，因云"可以行遠"。此非爲其語工也，意到也。

註釋：

①見謝靈運《登池上樓》詩。

②柳惲（465—517）：字文暢，南朝梁河東解州（今山西運城）人，南朝梁著名詩人，官至秘書監、領左軍將軍。

③見柳惲《擣衣詩》。

④王融（467—493）：南朝齊文學家，字元長，原籍琅琊臨沂（今屬山東），累遷太子舍人、中書郎。許可：贊許。

天閱象緯逼

杜詩"天閱象緯逼"，①王介父曰"閱當爲閱"，非也。《水經》紀穀水曰："《漢官典職》曰：'偃師去洛西四十五里，望朱雀闕，其上鬱然與天連。'"明其峻極之至也。《白虎通》曰："今閶闔門外夾建巨闕，以應天宿。②"

註釋：

①見杜甫《游龍門奉先寺》詩。宋陳巖肖《庚溪詩話》："此詩'天闕'，指龍門也。後人爲其屬對不切，改爲'天關'，王安石改爲'天閱'，蔡興宗又謂世傳古本作'天窺'……以餘觀之，皆臆說也。且'天闕象緯逼，雲臥衣裳冷'，乃此寺中即事耳。以彼天闕之高，則勢逼象緯；以我雲臥之幽，則冷侵衣裳。語自混成，何必屑屑，較瑣碎失大體哉？"象緯：指星象經緯，此指日月星空。逼，迫近，靠近。

②天宿：二十八星宿。

唐史記杜甫死誤

本傳云：杜以永泰二年卒於耒陽。詩中乃云"大曆二年調玉燭"。①案，代宗永泰二年十一月改元大曆。以曆求之，②則永泰二年歲在丙午，而大曆二年歲在丁未，是子美不卒於永泰二年也。《蘇子美集》末亦嘗言之。③

註釋：

①"杜以"至"玉燭"共二十一字：永泰二年爲766年，大曆二年是767年，杜詩曰"大曆二年調玉燭"，說明該年還健在，故程大昌認爲

"是子美不卒於永泰二年也"。"大曆二年調玉燭"見唐杜甫《喜聞盜賊總退口號》之五。

②曆：日曆，曆書。

③蘇子美：當爲"杜子美"。蘇子美，即蘇舜欽（1008—1048），爲北宋詞人，字子美。

劉禹錫蘇子瞻用孔子履事

東坡《跋歐公家書》曰：①"仲尼之存，人削其迹；夢奠之後，②履藏千載。③"劉禹錫《佛衣銘》曰："尼父之生，土無一里；夢奠之後，履存千祀。"東坡語意或因劉耶？然其作問處，不如東坡脉貫也。

註釋：

①《跋歐公家書》：全稱《跋陳瑩中題朱表臣歐公帖》，見《蘇東坡全集》第十七卷。

②夢奠：《禮記·檀弓上》載，孔子將死，曰："予疇昔之夜，夢坐奠於兩楹之間……予殆將死也。"奠，祭祀。孔子夢見自己棺材停在兩楹之間受祭拜，後以"兩楹夢""兩楹""奠楹""夢奠"借指死亡。

③履：履行，行爲，德行。

思古刺今

寧戚《飯牛歌》曰"生不逢堯與舜禪"，①則太斥言矣。②杜牧曰："清時有味是無能，閑愛孤雲淡愛僧。擬把一麾江海去，樂游原上望昭陵。"③一麾而出，④獨望昭陵，此意婉矣。

註釋：

①寧戚：春秋時衛國人，早年懷才不遇，在車下喂牛時，望見齊桓公，敲牛角放歌"生不逢堯與舜禪"等，桓公當夜接見，並重用之。

②斥言：謂直言指責過失。太斥言，謂過於直白地指責過失。

③見杜牧《將赴吳興登樂游原》詩。杜牧在此詩中運用了反話正說的筆法，委婉地表達了對時政的不滿。首句說是"清時"，其實心裏認爲

是濁世；明説自己對登臨閑游一類事"有味"，暗指自己的主張不能被采用，因而感到無味；説自己愛"孤雲"和"僧"，正因爲對朝政失望故轉而留戀山水和佛道；説自己要去"江海"，正是説自己在朝廷中無容身之地；説自己"望昭陵"，正因爲對當朝國君不滿，故欲以開國明君來反襯之。昭陵，唐太宗的陵墓，因以"望昭陵"代指期待明君。

④一麾而出：常作"一麾出守"，見卷八"州麾"條註①。

沙河塘

潘洞《浙江論》云："胥山西北，舊皆鑿石以爲棧道。景龍四年，沙岸北漲，地漸平坦，桑麻植焉。州司馬李珣始開沙河，水陸成路。"事見《杭州龍興寺圖經》。胥山者，今吴山也。吴山有廟，相傳其神伍子胥故也。又《州圖經》云："塘在縣南五里。"此時河流去青山未甚遠，故李紳詩曰"猶瞻伍相青山廟"，①又曰"伍相廟前多白浪"也。②景龍沙漲之後，至于錢氏，③隨沙移岸，漸至鐵幢。④今新岸去青山已逾三里，皆爲通衢，居民甚衆，此《圖經》之言也。及今紹興間，紅亭沙漲，其沙又遠在青山西南矣。

註釋：

①見李紳《欲到西陵寄王行周》詩。李紳（772—846），字公垂，祖籍亳州譙縣（今安徽亳州市），後遷居無錫（今屬江蘇），唐元和年間進士，歷任校書郎、翰林學士，詩人。

②見李紳《遥知元九送王行周游越》詩。

③錢氏：指吴越國王錢鏐。錢鏐見卷九"上元觀燈四日"條註④。

④鐵幢：《浙江通志》卷九載，在候潮門外，錢氏射潮築塘，箭所至處，嘗用鐵鑄成幢（旗幟）樣，以示鎮壓之意。

鳳池鵝

晏丞相嘗籠生鵝餉梅聖俞，①聖俞以詩謝之曰："昔居鳳池上，曾食鳳池萍。乞與江湖客，從教養素翎。"②丞相得詩，不悦。其後有宣州司理者，③以鵝餉梅，蓋蒸而致之，故梅詩曰："昔年相國籠之贈，今日參軍餉以蒸。一咀肥甘酬短句，定應無復謗言興。"④詳其意趣，是先一詩去時，有摘語以問者，故追言興謗也。○《梅集》四十五。

註釋：

①晏丞相：當作"宋庠"，諸本皆未迴改。晏丞相（即"晏殊"）和宋庠皆謚號元獻，故混。宋·魏泰撰《東軒筆錄》卷十一和宋江少虞撰《事實類苑》卷三十五："宋元獻公庠，初罷參知政事，知揚州，嘗以雙鵝贈梅堯臣。詩曰：'昔居鳳池上，曾食鳳池萍。乞與江湖去，從教養素翎。不同王逸少，辛苦寫黃庭。'宋公得詩殊不悅。"《困學紀聞》《漁隱叢話》等皆爲宋庠。梅聖俞：梅堯臣（1002—1060），字聖俞，世稱宛陵先生，北宋著名詩人。

②見梅堯臣《謝宋元憲贈鵝詩》，此詩襲用王羲之以經換鵝的典故。《晉書·王羲之傳》載王羲之"性愛鵝"，山陰有一道士養好鵝，羲之"固求市之"，道士借此提出讓王羲之抄寫經文以換白鵝的要求，羲之欣然寫畢，籠鵝而歸。

③司理：宋代官職，掌管刑獄，從九品。

④見宋梅堯臣《宣司理餉蒸鵝》。

玉魚葬地

杜詩曰："昨日玉魚蒙葬地。"①韋述《兩京記》："含元殿成，②每夜有鬼，云：'我是漢王戊太子，葬於此，死時天子斂我以玉魚一雙。'③改葬，果得玉魚。"

註釋：

①見杜甫《諸將五首》（其一）詩。見本條註③。下句爲"早時金碗出人間"，寫陵墓被發掘的情況。玉魚、金碗均皇家用以陪葬的寶物。《西京雜記》：漢楚王戊太子死，用玉魚一對殉葬。

②含元殿：《唐六典》載，大明宮"丹鳳門內正殿曰含元殿"。

③"我是"至"一雙"共二十一字：漢王，此指西漢楚王。據唐韋述《兩京新記》，七國之亂時，戊太子適朝京師，未從坐，死於長安，斂葬時漢景帝賜以玉魚一雙。後因以"玉魚"指殉葬品。

端午飛白扇

坡詩曰："一扇清風灑面寒，應緣飛白在毫端。"①《唐會要》三十五曰："貞觀十八年，太宗爲飛白書，作鸞鳳蝶龍等，筆勢驚絕，謂長孫無忌等曰：'五日，②舊俗必用服玩相賀。朕今反是，賜君白羽扇二枚，庶對清風，以增美德。'"

註釋：

①見蘇軾《元祐三年端午節貼子詞·皇帝閤》。
②五日：此指端午節。

竹批雙耳峻

杜甫詩云。①《會要》：貞觀二十一年，骨利幹貢良馬，②太宗名爲"十驥"，仍叙其奇曰："耳根纖鋭，杉竹難方。③"

註釋：

①杜甫詩云：指標題"竹批雙耳峻"。見杜甫《房兵曹胡馬詩》。
②骨利幹：部落名。唐段成式《酉陽雜俎·忠志》："骨利幹國獻馬百匹，十匹尤駿，上爲制名。"
③杉竹難方：杉、竹難以比方、形容。即馬的雙耳比杉木和竹木的葉尖還纖細尖鋭。

笋根雉子

杜詩二十二："笋根雉子無人見，沙上鳧雛旁母眠。"①雉子，雉雛也。見者，現也。言笋根草密，雉雛可以藏伏，候無人時乃始出現。蓋以有人無人爲出没之候也。説者乃以"雉"爲"稚"，則是以人屬言之，而爲稚幼也矣。稚兒須人扶將，何爲自藏竹根無人乃見也？此全無意味也。若用下句儷而求之，②則鳧雛恃母而安睡，與雉雛畏人而不輕出，其理一也。又如杜之别章曰："共醉終同卧竹根。"③言傾銀注瓦，瓦銀之奢窶固不侔矣,④然要其極致,則飲期於醉耳。初飲時用器,固有瓦、銀之異,及其醉也,同於並竹而眠,不復知其始時銀、瓦之別也。或者謂以竹根爲飲器,則上下文皆不貫。

註釋：

①見杜甫《漫興九首》（其七）絕句。
②儷：對偶、對仗。
③見杜甫《少年行二首》（其一），上句是"傾銀注瓦驚人眼"。
④奢窶：奢侈與簡陋。侔：齊等，相當。

乞爲奴

杜詩："不敢長語臨交衢，但道困苦乞爲奴。"①《南史》齊武子真，②明遣殺之。③子真走入床下，叩頭乞爲奴，贖死，不許。〇本傳。

註釋：

①見杜甫《哀王孫》詩。
②齊武子真：指南朝建安王蕭子真（476—494），齊武帝蕭賾第九子，蕭道生之孫。
③明：指南朝齊明帝蕭鸞（452—498），蕭道生之子。

有鞭不施安用蒲

崔景真爲平昌太守，①有惠政，常垂一蒲鞭而未嘗用。②東坡《送彭州》詩曰："有鞭不施安用蒲。"③〇《祖思傳》。

註釋：

①崔景真：見《南史·崔祖思傳》。
②蒲鞭：以蒲草爲鞭，常用以表示刑罰輕微，執政寬仁。《後漢書·劉寬傳》載，劉寬溫仁多恕，"吏民有過，但用蒲鞭罰之，示辱而已。"
③見蘇軾《送宋彭州迎侍二親》詩。

早時金碗出人間

杜詩："早時金碗出人間。"①《南史》："沈烱行經漢武通天臺,②爲表奏之,曰：'甲帳朱簾,③一朝零落。茂陵玉碗,遂出人間。④'"

註釋：

①見本卷"玉魚葬地"註①。明唐元竑撰《杜詩攟》卷二："近見夢弼註《諸將》詩'昨日玉魚蒙葬地,早時金碗出人間',是用茂陵玉碗事,避玉魚改金耳。"
②通天臺：臺名。《漢書·武帝紀》："（元封）二年冬十月,作甘泉通天臺。"顏師古註："通天臺者,言此臺高,上通於天地。"
③甲帳：《北堂書鈔》卷一三二引《漢武帝故事》："上以琉璃、珠玉、明月、夜光雜錯天下珍寶爲甲帳,次爲乙帳。甲以居神,乙以自居。"
④茂陵玉碗,遂出人間：《太平御覽》卷七百五十九："《漢武故事》曰：上崩,後鄠縣有一人於市貨玉杯,吏欲捕,因忽不見。縣送其器,推問,茂陵中物。霍光呼問,説市人形貌如先帝。"

半夜鐘

"夜半鐘聲到客船",或疑半夜非鳴鐘之時,非也。《南史·邱仲孚傳》："好讀書,常以中宵鐘爲限。①"僧語亦云"分夜鐘"。

註釋：

①中宵：中夜,半夜。鐘：鐘聲,鐘鳴。

小卻置之白玉堂

後山上蘇公詩曰：①"小卻置之白玉堂。"②宋武帝疾,戒太子曰："謝晦常從征伐,頗識機變,若有異志,必此人也。小卻可以會稽、江州處之。"③○出《南·紀》。

註釋：

①後山：即陳師道，有《贈二蘇公》。見卷十二"琵琶皮弦"條註④。
②小卻：稍後，過些時候。白玉堂：翰林院。
③見《南史·宋本紀上》。太子：即少帝劉義符。據本紀，劉裕臨終前叮囑太子稍後將不可靠的謝晦安置於會稽或江州，會稽、江州地處偏遠，對建康威脅小。謝晦（390—426）：字宣明，陳郡陽夏人，謝朗之孫，仕晉爲孟昶建威中兵參軍，後輔佐宋武帝劉裕，爲劉宋重臣。少帝劉義符居喪無禮，好爲游狎之事，謝晦與徐羨之等廢而弒之於金昌亭。元嘉三年其終因廢帝之事不自安，舉兵抗命，爲檀道濟所破，伏誅，時年37歲。機變：機敏權變。

蹄間三丈

杜詩曰：①"蹄間三丈是徐行。"《史記》陳軫曰：②秦馬蹄間三尋。③

註釋：

①當作"蘇軾詩"，題爲《戲書李伯時畫御馬好頭赤》，見《東坡全集》卷十七。
②陳軫：當作"張儀"。《史記·張儀列傳》載張儀説韓王："秦馬之良，戎兵之衆，探前趹後、蹄間三尋者，勝者不可勝數。"
③尋：長度單位。《説文·寸部》："度人之兩臂爲尋，八尺也。"

玉衣晨自舉

杜詩："玉衣晨自舉。"①《平帝紀》：乙未，義陵寢神衣柙中。②丙申旦，衣在外床上，寢令以急變聞。③

註釋：

①見杜甫《行次昭陵》詩。見卷十二"玉衣"條註①。
②義陵：義陵是漢哀帝劉欣墓。寢：寢殿。
③急變：緊急情況。聞：使（之）聞，即向上級報告。

村

　　古無村名，今之村即古之鄙野也。凡地在國中、邑中，則名之爲都。都，美也。言其人物、衣製皆雅麗也。凡言美者曰都，曰子都①、都人士②、車騎甚都是也③。及在郊外，則名之爲野、爲鄙，言其樸拙無文也。曰鄙者，如列子自謂"鄭之鄙人"是也。故古語謂美好爲都、粗陋爲鄙，本此爲義也。隋世已有村名。《唐令》"在田野者爲村，別置村正一人"，則村之爲義著矣，故世之鄙陋者，人因以村名之。東坡詩王定國曰④："連車載酒來，不飲外酒嫌其村。"⑤

註釋：

①《詩·鄭風·山有扶蘇》："不見子都，乃見狂且。"毛傳："子都，世之美好者也。"

②都人士：指居於京師有士行的人。如《詩·小雅·都人士》："彼都人士，狐裘黃黃。"

③甚都：很盛，很美。《史記·司馬相如列傳》："相如之臨邛，從車騎，雍容閒雅甚都。"裴駰《集解》引郭璞曰："都猶姣也。《詩》曰：'恂美且都。'"

④詩王定國：爲王定國作詩。王定國：王鞏（1048？—1117？），字定國，自號清虛居士，北宋魏州（今河北大名）人。據蘇軾《辨舉王鞏札子》知，其與蘇軾私交甚好。累官大理評事，遷太常博士。著有《甲申雜記》《聞見近錄》《隨手雜錄》，見《四庫總目》。

⑤見蘇軾《答王鞏》詩。村：粗俗，土氣。

騎白鳳

　　東坡《雪》詩："鵝毛垂馬鬃，自怪騎白鳳。"《北夢瑣言》五卷曰：①沈詢侍郎除山北節使②，誦曹唐《游仙》詩云："不知今夜游何處，自怪身騎白鳳凰。"

註釋：

①《北夢瑣言》：唐孫光憲（901—968）著，唐五代筆記小說集，共

二十卷，今存。

②沈詢：唐人，歷任中書舍人、翰林學士、禮部侍郎。

橫海鱗

謝世基與謝晦謀叛被收。^①世基爲詩曰："偉哉橫海鱗，壯矣垂天翼。一旦失風水，翻爲螻蟻食。"^②東坡《送劉貢父》詩曰："安得北溟池，養此橫海鱣。"^③

註釋：

①謝世基：南朝詩人，謝晦侄子。元嘉三年（426）謝晦反叛被誅，謝世基亦被牽連誅殺。被收：遭拘捕。見《宋書·謝晦傳》。

②此爲謝世基絕命詩，見《宋書·謝晦傳》。大意是：雄偉啊，橫游大海的鱗魚；壯美啊，遮翼天空的鵬鳥。一朝失去了依憑的海水和颶風，旋即成爲螻蛄和螞蟻腹中之物。鍾嶸《詩品》將其列入中品，稱其"文雖不多，氣調警拔"。海鱗：海中大魚。張衡《西京賦》"海鱗變而成龍"。

③按，本文意在解釋"橫海鱗"，但這句卻是"橫海鱣"，無證據表明海鱣與海鱗是同一種魚，疑程氏錯把詩中的"海鱣"誤作"海鱗"，故而引證。

冰柱雪車

劉乂聞韓愈接後進，^①步歸之，吟《冰柱》《雪車》二詩，出盧仝、^②孟郊右，乂自有集，此二詩正爲集首。《冰柱》者，謂雪凍而有冰如柱也。其語曰："檐間冰柱，削出交加。"終篇之意，皆譏成壞無常也。^③至落句則曰："我願天上回造化，藏之韞櫝，^④玩之生光華。"《雪車》詩大意曰：官家不知民餒寒，盡驅牛馬盈道載玉屑，藏之以御炎酷，不知車轍血點點，盡是農夫哭。

註釋：

①劉乂：唐代詩人，生平活動在元和年間，以"任氣"著稱。聽説

韓愈善接天下士，故徒步前往拜見。

②盧仝（795？—835）：唐代詩人，"初唐四杰"之一盧照鄰之孫。

③成壞：成功和失敗。

④韞櫝：藏在櫃子裏。《論語·子罕》："有美玉於斯，韞櫝而藏諸？求善賈而沽諸？"韞，藏也。櫝：櫃、函一類的藏物器具。

盧仝茶詩

盧仝《謝惠茶》詩，歷叙一碗至六碗，皆有功用，蓋淺深不同耳。其誇茶力至曰："既覺兩腋習習清風生，蓬萊山在何處？玉川子乘此欲歸去。"①案，温庭筠《采茶録·天台記》："丹丘出大茶，服之生羽翼。"又《茶譜》記蒙山中頂茶效，曰："若獲四兩，服其一則祛疾，二即無病，三即換骨，四兩即爲地仙。"有僧信其言，僅獲一兩，服之病差，②容貌若三十許人，眉髮綠色。然則謂茶能輕身，可爲飛仙，唐世通有其傳，非仝出意，自爲怪奇也。

註釋：

①玉川子：盧仝號。玉川本爲井名，盧仝喜飲茶，常汲此井泉水煎茶，因號玉川子。韓愈《寄盧仝》詩："玉川先生洛城里，破屋數間而已矣。"後世詩文中常以"玉川"代指茶。

②差：後作"瘥"，病愈。《方言》卷三："差，愈也。南楚病愈者謂之差。"

使君公

東坡《離徐州》詩曰："父老拜馬前，請壽使君公。"君即公也，語似重出。今見《白樂天集○十五卷·送劉江州》曰："遥見朱輪來出郭，①相迎勞動使君公。"坡蓋用白語云。

註釋：

①朱輪：代指王侯顯貴所乘的車子，亦指禄至二千石之官。

帕頭讀道書

張津爲交州刺史,①好鬼神事。②嘗著絳帕,鼓琴,燒香,讀道書,故東坡詩曰:"絳帕蒙頭讀道書。"③

註釋:

①張津:據《三國志·蜀書八·許靖傳》裴松之註,張津,字子雲,東漢末年荆州南陽人,官至交州牧。

②據《三國志·吳書一·孫破虜討逆傳·孫策》裴松之註引《江表傳》孫策曰:"昔南陽張津爲交州刺史,舍前聖典訓,廢漢家法律,嘗著絳帕頭,鼓琴燒香,讀邪俗道書,云以助化,卒爲南夷所殺。此甚無益,諸君但未悟耳。"

③見蘇軾《客俎經旬無肉又子由勸不讀書蕭然清坐乃無一事》詩。

三句一韻

元結《浯溪頌》,①每三句一更韻,此秦皇會稽頌德之體也。其體少有用者,元好古,特法之,其辭亦瑰傑相稱也。

註釋:

①《浯溪頌》:即《大唐中興頌》,或因刻永州浯溪上故,程大昌名爲《浯溪頌》。

嚏

氣逆而噴涕,則爲嚏。《詩》"願言則嚏"是也。①

註釋:

①願言則嚏:見《詩經·邶風·終風》。鄭玄箋:"言我願思也。嚏讀爲'不敢嚏咳'之嚏。我其憂悼而不能寐,汝思我心如是,我則嚏也。今俗,人嚏云'人道我'。此古語之遺語也。"

續詩事

天子呼來不上船

范傳正作李白墓碑云：[①]"玄宗泛白蓮池，白不在宴。皇歡既洽，[②]召白作序。白已被酒於翰苑中，命高力士扶以登舟。"案，此即杜詩謂"天子呼來不上船"者也。或者謂方言以衣襟爲船，[③]誤矣。○本集。

註釋：

[①]范傳正：字西老，唐南陽人，一説鄧州（今河南鄧縣）人。貞元十年（794）登進士第，官至歙州刺史。在任期間，曾訪得太白墓，撰《唐左拾遺翰林學士李公新墓碑》。

[②]洽：和諧，融洽。

[③]船：《康熙字典》："又《韻會》衣領曰船。《正字通》俗以船爲襟穿。""按蜀人呼衣繫帶爲穿，俗因改'穿'作'船'。"按，有人釋"船"爲李白由於醉酒，在天子召見他的時候不扣扣子、衣冠不整、邋邋遢遢。

羅趙

《三輔決録》：趙襲、[①]羅暉能草，[②]張伯英與襲同郡，[③]太僕朱賜書曰：[④]"上比崔、杜不足，[⑤]下方羅、趙有餘。"○同上出。東坡"羅趙前頭敢眩書"。[⑥]

註釋：

[①]趙襲：字無嗣，東漢京兆杜陵（今西安）人，爲敦煌太守。擅長

章草，爲當時書法名家。衛恒《四體書勢》稱："羅叔景、趙元嗣者，與張芝同時，見稱於西州。"

②羅暉：字叔景，東漢京兆杜陵（今西安）人，官至羽林監。擅草書，聲聞三輔。與書法家張芝友善。

③張伯英：即張芝（？—192），字伯英，敦煌郡淵泉縣（今甘肅安西縣東）人。擅長草書，後來取法崔瑗、杜操，其書大進，被後人譽爲"草聖"。

④朱賜：唐張懷瓘《書斷》載，朱賜東爲漢杜陵（今西安）人，官太僕，"時稱工書也"。

⑤崔、杜：指崔瑗、杜操，皆爲東漢著名草書書法家。杜操：字伯度，晉人避曹操諱，改稱杜度，京兆杜陵（今西安）人。擅長章草，崔瑗、崔寔父子學他的書法，後人並稱"崔杜"。杜操書法有骨力而微瘦，張懷瓘《書斷》列爲"神品"。崔瑗：字子玉，涿郡安平（今河北安平）人，師法杜操，然青出於藍，是第一個被尊稱"草聖"的人。

⑥見蘇軾《次韻孫莘老見贈時莘老移廬州因以別之》詩。

萬壽白雲杯

《李義山集》中《漢南書事》云："陛下好生千萬壽，玉樓長御白雲杯。"

半段鎗

《唐傳〇十六·哥舒翰》："吐蕃犯苦拔海，哥舒翰持半段鎗迎擊，①所向披靡。"東坡譏集句曰：②"路旁拾得半段鎗。"③

註釋：

①哥舒翰（？—757）：唐朝名將，突厥人。在吐蕃進犯苦拔海戰役中，哥舒翰長槍折斷，就持半截槍與敵人搏殺。

②集句：集句詩，舊時作詩方式之一，截取前人一代、一家或數家的詩句拼集而成一詩。故被蘇軾譏笑。

③見蘇軾《次韻孔毅父集古人句見贈五首》（其二）詩。

桃李喻所薦士

趙簡子謂陽虎曰：①"惟賢者爲能報恩，不肖者不能矣。夫植桃李者，夏得休息，秋得其食；植蒺藜者，夏不得休息，秋得其刺焉。今子之所得者，蒺藜也。"今世通以所薦士爲桃李者，説皆本此。唐人刺裴度詩曰：②"不栽桃李種薔薇，荆棘滿庭君始知。"③用此爲據也。

註釋：

①趙簡子：即趙鞅（？—前475），春秋後期晉國卿大夫，嬴姓，時人尊稱其趙孟。陽虎：姬姓，陽氏，名虎。春秋後期魯國人。曾以季孫家臣之身，左右魯國國政，失勢後投奔趙簡子，爲趙氏强大做出了貢獻。

②唐人：指賈島。晉國公裴度晚年隨俗沉浮以避禍，據宋計敏夫《唐詩紀事》載："晉公度初立第於街西興化里，鑿池種竹，起臺榭。島方下第，或以爲執政惡之，故不在選，怨憤，題詩曰：'破卻千家作一池，不栽桃李種薔薇，薔薇花落秋風起，荆棘滿庭君始知。'"

③見賈島《題興化寺園亭》詩。

婿乘龍

桓焉兩女嫁李元禮、①孫雋，②時人謂桓氏兩女俱乘龍，言得婿如龍也。

註釋：

①桓焉（？—143）：東漢大臣，字叔元，沛郡龍亢人。歷官太子少傅、太子太傅，桓氏家族曾爲東漢名門望族。李元禮（110—169）：名膺，字元禮，東漢潁川襄城（今屬河南）人。舉孝廉，後歷任青州等地太守、烏桓校尉、徵度遼將軍、河南尹。

②孫雋：東漢名士，生卒年及生平事迹不詳。

金釵十二行

梁劉孝綽《莫愁》詩，莫愁"十五嫁爲盧家婦，盧家蘭室桂爲梁，頭上金釵十二行。人生富貴何所望，愧不嫁與東家王。"① 詳此金釵十二行，乃排插十二釵也。唐制，命婦以花樹多少爲高下，② 曰"花釵若干"也。

註釋：

①按，此詩之作者和題目有三種説法，本文爲一種，另，多數著作如郭茂倩《樂府詩集》等，認爲此詩爲梁武帝蕭衍的《河中之水歌》，徐陵《玉臺新詠》認爲是梁元帝蕭繹的《樂府一首》。洪邁在《容齋隨筆》中認爲有"兩莫愁"：其一，"莫愁者，郢州石城人"；其二，"盧家有莫愁，此莫愁者，洛陽人，梁武帝《河中之歌》曰：'河中之水向東流，洛陽女兒名莫愁。'"

②命婦：泛稱受有封號或爵位的婦女。一般多指官員的母、妻而言，又稱爲"誥命夫人"。花樹：花釵的數量。

婁猪艾豭

衛南子召子朝於宋，①太子蒯聵過宋，②野人歌之曰："既定爾婁猪，盍歸吾艾豭。"③註："婁猪，求子猪也，喻南子。艾豭，喻宋朝。艾，老也。"太子羞之，因是欲殺南子，不果，出奔。

註釋：

①南子：宋國人，衛靈公寵姬，生性淫亂，與宋公子朝私通。子朝：亦稱宋朝，春秋時期宋國公子，美貌。

②蒯聵：衛靈公太子、衛出公之父。蒯聵因南子與靈公男寵公子朝有染，故謀殺南子，事敗出奔宋、晉。後趙簡子派陽虎送蒯聵回衛國，推翻其子出公，成爲衛國第三十任國君，是爲莊公，執政後殺南子。

③見《左傳·定公十四年》。陸德明釋文："豭，牡豕也。"南子淫亂，故以喻之。

麻没橐駝

種麻以夏至十日前爲上，時諺曰："夏至後，不没狗。"或答曰："但雨多，沒橐駝。"① 魯直書其學子課帙曰：② "大雨若懸河，禾深沒橐駝。"用此。

註釋：

①橐駝：駱駝。《山海經·北山經》："其獸多橐駝，其鳥多寓。"

②魯直：黃庭堅（1045—1105），字魯直，自號山谷道人，洪州分寧（今江西修水）人。北宋詩人、詞人、書法家，江西詩派開山鼻祖。帙：書套，此指書卷。

何遜梅花詩

《初學記·梅門》載梁何遜《早梅詩》，①其警句曰："枝橫卻月觀，②花繞凌風臺。"

註釋：

①《初學記》：唐徐堅撰，類書，共三十卷。本書取材於群經諸子、歷代詩賦及唐初諸家作品，保存了很多古代典籍的零篇單句。何遜（480—518）：字仲言，南朝梁著名詩人。

②卻月：半圓的月亮。觀：臺榭。

金斗

顧渚《茶錄》：①唐張文規爲湖守，②詩寄劉環中秀才云："待醉烏程酒，思斟平望羹。烟雲金斗暗，苔蘚石尊平。"

註釋：

①顧渚：地名，今浙江省長興縣，適合種植茶葉。《茶錄》：宋人蔡襄（1012—1067）撰，是繼陸羽《茶經》之後最有影響的論茶專著。

②張文規：唐河東猗氏（今山西永濟）人，歷官吳興太守、湖州刺史。湖州是著名的茶鄉。

萬壽三元

宋沈約上皇太子壽酒，奏《分雅》詩一曲，①曰："百福四象初，萬壽三元始。②拜獻惟袞職，③同心協卿士。北極永無窮，④南山安足擬。"○《藝文·歌門》。

註釋：

①《分雅》：當作"《介雅》"。介雅爲古代樂府詩的一種，《隋書·音樂志上》："上壽酒，奏《介雅》，取《詩》'君子萬年，介爾景福'也。""《介雅》三曲五言"。

②三元：指日月星。

③袞職：三公的職位。袞：古代三公八命，出封時加一命可服袞，後因以借指三公。

④北極：北辰最尊者。此指朝庭、朝堂。

續集卷之五　談助

漢馬負重

《趙充國傳》："辛武賢欲引萬騎出張掖，充國曰：'一馬自佗○駝。負三十日食，爲米二斛四斗、麥八斛，又有衣裝兵器，難以追逐。'"①案此而言，若使一馬所負，衣裝兵器之外，別有米麥一十石四斗，馬力已恐難勝。雖漢斗差小，②然不可更容有人騎之而行也。予嘗以此問軍帥，帥曰："馬皆牽行，至交戰時，卸下他負，乃始騎以接戰也。"

註釋：

①見《漢書·趙充國傳》。趙充國（前137—前52）：字翁孫，原爲隴西上邽（今甘肅省天水市）人，西漢著名將領，擅長同匈奴和氐羌作戰。辛武賢：隴西郡狄道（今甘肅省臨洮縣）人，在漢宣帝時爲酒泉郡太守，後任破羌將軍。佗：《説文》"佗，負何也。"朱駿聲《通訓定聲》："佗，俗字作駝、作馱。"

②差小：略微小，比較小。

漢奏報疾

趙充國在金城奏邊事，①以六月戊申上，七月甲寅得璽書報從所奏。②案，金城距長安一千五百里，七日之間，一往一返，中間又須付朝臣奏擬，略計其奏，一日蓋行五百餘里也。今敕書雖有日行五百里之文，③實不及數，漢法之於邊事必加重於它事也哉。

註釋：

①金城：蘭州，始建於公元前 86 年。據載，因在此築城時挖出金子，故名。又，依據"金城湯池"的典故，喻其堅固。兩漢、魏晉時在此設置金城縣。
②璽書：皇帝之敕詔。因易於破損，故用泥封固，鈐以璽。
③敕書：頒布敕令的文告。

貢禹年七十一生子

貢禹爲光禄大夫，①乞骸骨曰：②"臣犬馬之齒八十一，凡有一子，年十二。"以年計之，是年七十有一而生此子也。③武王之壽九十三歲，當成王嗣位時十餘歲，是武王八十而生成王也。

註釋：

①貢禹（前 124—前 44）：字少翁，琅琊郡（今山東諸城）人，西漢中期大臣。
②乞骸骨：指年老告退，即讓骸骨得以歸葬故鄉。
③七十有一：七十一。有，通"又"，用於整數與零數之間。

鼓樓警盗

元魏李崇令鄉保各置鼓及樓，①每一處有盗，雙搥亂擊，四面傳聲，皆遮路收捕。②盗發輒得，此亦善策，然漢時已有其制矣。張敞守京兆尹，史書其政曰："枹鼓稀鳴，市無偷盗。"③後又書其去職而盗起，則曰："敞罷數月，京師吏民解弛，枹鼓數起。"然則此時京兆已用擊鼓爲捕逐之節矣。至哀帝時，鮑宣上書曰："今民凡有七亡。"④其六曰"部落鼓鳴，男女遮迣"，⑤亦其一也。師古曰："言無枹鼓之聲，⑥以爲有盗賊，皆當遮列而追捕。"然則擊鼓追賊尚矣，崇特舉而行之焉耳。

註釋：

①李崇（454—525）：字繼長，小名繼伯，頓丘（今河南省鶴壁市浚

縣）人。北魏高祖、世宗、肅宗三朝元老，歷治八州，五拜都督將軍，政績顯赫，戰功卓著，堪稱一代名臣。

②遮路：堵住道路。

③見《漢書·張敞傳》，下同。枹鼓：擊鼓。枹，鼓槌。

④《漢書·鮑宣傳》："凡民有七亡：陰陽不和，水旱爲災，一亡也；縣官重責更賦租稅，二亡也……部落鼓鳴，男女遮迣，六亡也；盜賊劫略，取民財物，七亡也。"

⑤遮迣：列隊遮攔。顏師古註："晉灼曰：'迣，古列字也。'言聞桴鼓之聲以爲有盜賊，皆當遮列而追捕。"

⑥無：當作"聞"。《漢書·鮑宣傳》之顏師古註作"聞"。

彭祖無八百歲

《史記·楚世家》："帝嚳誅重黎"，①"以其弟陸終吳回生六子，三曰彭祖。"②"彭祖氏，商之時嘗爲侯伯，商之末世滅彭祖氏。"予以年數計之，若吳回自帝嚳時已生彭祖，③至商末之世而彭祖猶在，則彭祖之壽不啻八百年矣。然予詳其文，既曰"彭祖氏"，則不專指彭祖一身，並其子孫皆包舉矣。或其族壽數皆長，不止一人也。此如誤讀《桃源記》，謂漁父所見者，猶是初來避秦之人也。王介父詩曰："種桃食實枝爲薪，世上紛紛經幾秦。"則"食實薪桃"者，避秦之子孫也。

註釋：

①《史記·楚世家》："共工氏作亂，帝嚳使重黎誅之而不盡。帝乃以庚寅日誅重黎，而以其弟吳回爲重黎後，復居火正，爲祝融。"

②"弟"與"陸終"之間，學津本補"吳回生爲重黎後，吳回生陸終。陸終生六子"等字，是。《史記·楚世家》："吳回生陸終。陸終生子六人，坼剖而產焉。其長一曰昆吾、二曰參胡、三曰彭祖……。"

③吳回：當爲"陸終"。參見註②。

夷亭

平江嘗有讖語曰"水到夷亭出狀元"，傳聞日久，莫知所起。而夷亭本是港浦，水到之説亦不可曉。淳熙庚子，浙西大旱，河港皆涸，海潮因得專派捷上，①直過夷亭。來年辛丑，黃由果魁多士。②由，平江人也。人謂此讖已應矣。至甲午年，③衛涇荐魁焉，④人大異之。予問夷亭何以名夷，雖其土人不能知也。偶閲陸廣微《吳地記》而得其説，蓋吳闔閭時名之也。闔閭嘗思海魚，而難於生致，乃令人即此地治生魚鹽漬，而日乾之，故名爲鮺，其讀如想。又《玉篇》《説文》無"鮺"字，《唐韻》始收入也。鮺即魚身矣，而其腸胃别名逐夷，爲此亭之嘗製此魚也，故以"夷"名之。《吳地志》仍有註釋云："夷即鮺之逐夷也。"熙寧四年，郟亶奏言《平江水利》所記昆山支港有夷亭，⑤即其地矣。但以"亭"爲"停"，當是傳訛耳。

註釋：

①得專派捷上：水直流而上。派，水的支流。捷，迅疾。

②黃由（1150—1225）：字子由，號盤野居士，宋平江長洲（今江蘇蘇州）人。宋范成大《吳郡志》卷六："狀元坊：淳熙八年黃由魁天下，郡守韓彥質以表其間。十一年，衛涇魁天下，涇居昆山之石浦，亦立狀元坊。"吳地自開科以來，從黃由開始才出狀元和名士。魁多士：在衆多士人中奪魁。

③甲午：當作"甲辰"，即淳熙十一年（1184）。《姑蘇志》卷五十九："甲辰科，昆山人衛涇亦爲狀元。黃、衛相繼大魁天下，傳爲奇事。"

④衛涇荐魁：謂衛涇繼黃由後接連奪魁。荐：屢次、接連。參看註②和③。

⑤郟亶（1038—1103）：字正夫，北宋蘇州昆山（今屬江蘇）人，水利學家。嘉祐二年（1057）進士，歷任睦州團練推官、廣東安撫司機宜。詳宋范成大《吳郡志·水利上》。

湖州東門外上塘路

《梅聖俞集》九《送胡武平解湖州》詩曰：①"始時繞郊郭，水不通蹄輪。②公來作新塘，直抵吳松根。"詳此，即今城東堤路，武平始築也。

註釋：

①《送胡武平解湖州》：亦作《送胡武平》。

②蹄輪：借指車馬。

佛師老子

《通典·天竺門》云："《浮圖》所載與中國《老子經》相出入。①蓋昔老子西出關，過西域之天竺，教胡爲浮圖。徒屬弟子號各有二十九，②諸家紀天竺事，多錄僧法明、道安之徒傳記，③疑皆恢詭不經，不復纂也。"

註釋：

①《浮圖》：學津本作"《浮圖經》"，是。即佛經。"浮圖"，亦作"浮屠"。

②各：《通典》作"合"，是。

③法明、道安：法明是唐朝的高僧，道安是東晉時代傑出的佛教學者。

曹丕不爲侯必爲太子

《御覽》載魏武令有告子文曰："沙等悉爲侯。①子亘○本字從木，諱獨不封，②而爲五官中郎將。③此是太子可知矣。"案，觀《志》，魏文帝丕，操之長子，字子亘。○沙恐是它王小名也。此言兄弟皆侯，而子亘不侯，可以知其必爲太子也。

註釋：

①沙：下文作者自註"沙恐是它王小名也"，即曹操的其中一個兒子。

②子亘：即子桓，魏文帝曹丕的字，避宋欽宗趙桓諱改。

③五官中郎將：官名。兩漢沿秦制，又有改革，掌宿衛殿門、出充車騎，東漢初又參與征戰，協助光祿勳典領郎官選舉，有大臣喪事，則奉命持節策贈印綬或東園秘器。曹丕於建安十六年任，則是以此名義爲丞相之副職，後遂不置。

將毋同[1]

王戎問老莊、[2]孔子異，阮瞻曰："將毋同？"[3]不直云"同"，而云"將毋同"者，晉人語度自爾也。庾亮辟孟嘉爲從事，[4]亮高選儒官，[5]正旦大會，[6]褚裒問嘉何在，[7]亮曰："但自覓之。"裒歷觀，[8]指嘉曰："將毋是乎？"將毋者，猶言殆是此人也，意以爲是而未敢自主也。其指孔、老爲同，亦此義也。

註釋：

①下文内容又見《晉書·桓温列傳·孟嘉》和《世說新語箋疏·識鑒》。

②王戎：《世說新語·文學》作"王夷甫（王衍）"，"阮宣子有令聞，太尉王夷甫見而問曰：'老莊與聖教同異？'對曰：'將無（毋）同。'"

③阮瞻：字千里，陳留尉氏人。"竹林七賢"之一阮咸之子。《晉書》卷四十九有傳。將毋同：明方以智《通雅》卷五："將母（毋）、得亡、母（毋）乃稱，皆發問之聲也。"表示選擇疑問，或反問。吕叔湘在其《語文雜記》中認爲"將無"是魏、晉時人常用的一個熟語，是表示測度而意思偏於肯定的詞語，大約相當於"恐怕……吧"，這樣"將無同"的意思就是"恐怕没有什麼兩樣吧"。朱慶之在《將無考》一文中認爲"將無同"語氣上比"恐怕""大概"更委婉，用否定的方式表示肯定的語氣，類似於"該不是……"。

④從事：官名。漢以後三公及州郡長官皆自辟僚屬，多以從事爲稱。《漢書·丙吉傳》："坐法失官，歸爲州從事。"

⑤高選：謂用高標準選拔官吏。

⑥正旦：正月初一。

⑦褚裒（303—349）：字季野，河南陽翟（今河南禹縣）人，官至尚書、衛將軍、刺史等，其女爲晉康帝。

⑧歷：盡，遍。

桑無附枝

"蠶月條桑",釋者曰"斫取其條,而擷葉以用也"。今浙桑則然,歲生歲伐,率皆稠行低幹,無有高及二丈者。吾徽之桑則高矣,必得梯,葉乃可采,不剪其條也。春每氣應,土脉欲動,①木津未上,②則相與腰刀,③相其良鹽,④凡柯枝繁密而相翳者,⑤倒垂亂行而不上達者,或又半枯半萎不善茁葉者,⑥率皆刪劂棄之,⑦不使分其正力。俗語謂之剃桑,言能剪惡存好也。張堪守漁陽,⑧勸民耕種,百姓歌曰"桑無附枝,麥穗兩岐"。⑨夫桑枝以無所附著爲貴,則是嘗加刪剪,而無有交戛相妨者矣。⑩古親蠶法有皇后采桑鈎,⑪若並條列剥之,則何所用鈎也。《左傳》晉重耳與從者謀於桑下,蠶妾在上而重耳不知也。⑫《列女傳》秋胡子見婦人采桑,下車願托陰桑下。凡若此者,皆是采葉不劃其枝也,⑬若並枝劃去,則何緣有蔭也。故剃桑之來古也。

註釋:

①土脈:土壤,謂春天土壤開凍松化,生氣勃發,如人身脉動。
②木津未上:樹木還沒有返青的時候。
③相與腰刀:共同佩帶腰刀。
④鹽:粗糙,不堅固。
⑤翳:遮蔽,掩蓋。
⑥茁葉:使葉茁壯成長。
⑦劂:刪削,割去。
⑧張堪:字君游,東漢南陽宛縣人,爲張衡的祖父。39—46 年,曾拜漁陽太守,行休養生息國策,出現了史學家所稱的"漁陽惠政",百姓稱頌"張君爲政,樂不可支"。
⑨見《後漢書·張堪傳》。麥穗兩岐:一棵小麥長兩穗。
⑩交戛:交錯纏結。
⑪采桑鈎:鈎取桑枝的用具。明徐光啓《農政全書·蠶桑》:"桑鈎,采桑具也。凡桑者欲得遠揚枝葉,引近就摘,故用鈎木以代臂指扳援之勞。昔者親蠶,皆用筐鈎采桑。唐上元初,獲定國寶十三,內有采桑鈎一。以此知古之采桑皆用鈎也。"

⑫鹽妾：古代育鹽女奴，後亦泛指育鹽婦女。
⑬劀：用刀、斧等利器切割或剖分看。

泉洌酒香

歐陽文忠公《醉翁亭記》曰："酒洌而泉香。"及蘇文忠書其文於石，①乃曰："泉洌而酒香。"若循泉酒本性求之，則歐公本語，恐是采用《月令》，②以出奇健也。況泉清者，無穢濁也，無穢濁則酒清洌，殆別自一理也。

註釋：

①蘇文忠：蘇軾諡號文忠，故稱。
②《禮記·月令》："仲冬之月……乃命大酋，秫稻必齊，麴蘗必時，湛饎必潔，水泉必香。"

不揚

《昭二十八年》"鬷蔑惡"，①註："貌醜也。"叔向舉賈大夫射雉以方之，②而曰："今子少不揚，③子若不言，吾幾失子。④"註："顏貌不揚顯也。"《漢·田蚡傳》："蚡貌侵。""侵"讀如"寢"，"寢"即"不揚"也。《後漢》正書"貌侵"爲"貌寢"。裴度自贊曰："爾材不長，爾貌不揚。"⑤蓋本此。

註釋：

①鬷：嘉靖本、四庫本作"駿"，據學津本和《左傳》改。鬷，姓也。《左傳·昭公二十八年》："賈辛將適其縣，見於魏子，魏子曰：'辛來！昔叔向適鄭，鬷蔑惡，欲觀叔向，從使之收器者而往，立於堂下，一言而善，叔向將飲酒。'"唐陸德明音義："鬷，音子工反。"鬷蔑：字然明，春秋時鄭國大夫，貌丑，但有政治才能。
②方：比喻，比擬。《左傳·昭公二十八年》："賈大夫惡，娶妻而美，三年不言不笑。御以如皋，射雉，獲之，其妻始笑而言。賈大夫曰：'才之不可以已，我不能射，女遂不言不笑。'"

③少：稍微。不揚：相貌丑。
④幾：幾乎，差點。按，指因齪蔑貌丑而幾乎失掉他。
⑤唐·裴度《自題寫真贊》："爾才不長，爾貌不揚。胡爲將？胡爲相？"

陛下

《戰國策·秦語》曰："太子楚曰：'陛下嘗軔車於趙矣。'①"註："陛下，孝文王也。"即此時已有謂人君爲陛下者矣，而陛下之稱，乃對它人亦可用，無嫌也。韓退之詩曰："曷不薦賢陛下聖。"亦其比也。

註釋：

①軔車：停車。軔，用來阻止車輪滾動的木頭，引申爲停止，阻止。

杜君

司馬遷父名談，故《袁盎傳》曰"同子驂乘"。①同子者，趙談也。以其名與父同，故避"談"書"同"也。郭林宗本名泰，范曄之父名泰，故書其名爲郭太。孔穎達疏《書》，凡孔安國所註，悉言孔君。而杜佑《通典》，杜預事言，悉曰杜君。

註釋：

①驂：通"參"。驂乘，謂陪乘或陪乘的人。

五岳真君

開元九年，司馬承禎言：①"今五岳神祠，是山林之神，非正真之神也。"敕五岳各置真君祠一所。○《會要》四十六。

註釋：

①司馬承禎（647—735）：字子微，法號道隱，自號白雲子，唐代河內溫（今河南溫縣）人，道教上清派茅山宗第十二代宗師。

武后稅浮屠

《張廷珪傳》："武后稅天下浮屠錢,①營佛祠於白馬坂。廷珪諫曰：'僧尼乞丐自贍而州縣督輸,②星火迫切，鬻賣以充，非浮屠所謂隨喜者。③'"案，此雖非鬻度,④亦計人數敷斂矣。⑤

註釋：

①稅：向……徵稅。
②自贍：自給自足。贍，供養。督輸：監督輸運（錢財）。
③隨喜：佛教指見人做善事而樂意參加。
④鬻度：超越定規。鬻，越。
⑤敷斂：徵收，施行。

《史記》自抵牾

《朱建傳》曰：平原君建不預黥布謀反,①得不誅，語在《黥布傳》中。裴駰曰："案，《布傳》無此語。"

註釋：

①平原君建：即平原君朱建。據本傳，"平原君朱建者，楚人也。故嘗爲淮南王黥布相，有罪去，後復事黥布。布欲反時，問平原君。平原君非之，布不聽而聽梁父侯，遂反。漢已誅布，聞平原君諫不與謀，得不誅。語在黥布語中"。

小小倉

王莽末，"鄧曄開武關迎漢"。①莽將九虎中三虎保守京師倉,②曄攻之，未下，曄謂："京師小小倉尚未下,③何況長安城？"

註釋：

①見《漢書·王莽傳》。鄧曄：西漢末王莽時析縣（今河南西峽縣）

農民起義英雄，討伐王莽，屢建奇功。

②京師倉：又名華倉，修建於漢武帝時期（前140—前88），爲首都長安貯存、轉運糧食。《漢書·王莽傳》："莽拜將軍九人，皆以虎爲號，號曰'九虎'。""三虎郭欽、陳翬、成重收散卒，保京師倉。"

③小小倉：指上文京師倉。小小：最小，很小。

警枕

吴越王錢鏐在軍中，夜未嘗寢，倦極，則就圓木小枕，或枕大鈴，寐熟則欹而寤，①名曰"警枕"。

註釋：

①寐：睡著。欹：通"倚"，傾斜，偏。寤：睡醒。謂睡熟後就會因爲腦袋傾斜而醒來。

粉盤

錢鏐置粉盤卧內，有所記則書于中。《南·祖珽傳》：①"以銅箸浸醋中，②令青有見，即睡中書記之。"

註釋：

①《南史》未有《祖珽傳》，《北齊書》有《祖珽傳》，然未見引此文。祖珽，字孝徵，范陽（今河北容城）人。北魏、北齊時詩人，官吏。

②銅箸：銅筷子。

蠟茶

建茶名蠟茶，爲其乳泛湯面，與熔蠟相似，故名蠟面茶也。楊文公《談苑》曰"江左方有蠟面之號"是也。今人多書"蠟"爲"臘"，云取先春爲義，①失其本矣。

註釋：

①按，臘讓人聯想到臘月，臘月先於春天，故人們臆斷"臘茶"之

"臘"爲"取先春爲義"。

攝官奉使

　　本朝遣使而適外國，多越班攝官。[1]如庶官借從官之類，[2]慮其體輕而假借使重也。然亦有古，《文公六年》，晉使先蔑如秦逆公子雍。[3]荀林父止之，使以疾辭，且曰："攝卿以往可也，何必子？"弗聽。[4]及晉不納雍，先蔑奔秦，果如林父之言。夫先蔑，卿也，林父勸其以攝卿代行，是此時嘗有位未至卿而攝卿以使者矣。

　　註釋：

　　[1]越班攝官：即越級授予臨時官職，即連升幾級。

　　[2]庶官：此指正式途徑任命升遷的官員。從官：指君王的隨從近臣等非正式途徑任命升遷的官員。

　　[3]"文公"至"子雍"十四字：《左傳·文公六年》："八月乙亥，晉襄公卒。靈公少，晉人以難故，欲立長君。""趙孟曰：'立公子雍。'""使先蔑、士會如秦，逆公子雍。"先蔑：先氏，名蔑，一名眛，又被稱爲士伯，左行蔑，曾任晉國左行將和下軍將。公子雍：姬姓，名雍，是晉文公的庶子。

　　[4]"荀林夫"至"弗聽"共二十二字：見《左傳·文公七年》。荀林父（？—前593）：姬姓，中行氏，名林父。春秋中期晉國正卿，中軍元帥，名將。攝卿：代理"卿"位的官員。

信

　　晉人書問，[1]凡言信至或遣信者，皆指信爲使人也。今人以信爲書誤矣。《文十七年》，"鄭子家使執訊而與之書，以告趙宣子。"[2]杜預曰："執訊問之官爲書與宣子也。"則訊之與書，明爲二事，晉人之言有本矣。兵交，使在其間，故《詩》亦曰"執訊獲醜"也。[3]

　　註釋：

　　[1]書問：書信。

②見《左傳·文公十七年》。鄭子家：鄭公子歸生，字子家。趙宣子：趙盾，晉卿，晉國的執政大臣。

③《詩·小雅·出車》："執訊獲醜，薄言還歸。"鄭玄箋："執其可言問所獲之眾。"執訊：謂對所獲敵人加以訊問。醜：敵眾。

逐鹿

"秦失其鹿，天下共逐"，①以天下喻鹿，語雖出於漢世，然《春秋》有其語矣。《襄十四年》，戎子駒支曰：②"殽之師，秦師不復，我諸戎實然。譬如捕鹿，晉人角之，諸人掎之，與晉踣之。③"則其語尚矣，不獨是也。《六韜》：太公謂文王曰："取天下若逐野鹿，而天下共分其肉。"④則逐鹿之說久矣，不在漢世也。

註釋：

①見《史記·淮陰侯列傳》《漢書·蒯彤傳》。
②戎子駒支：姜姓，名駒支，四岳的後裔，吾離的孫子。春秋時代的部落民族之一——姜戎——的首領，姜戎是西戎一支，為晉國附庸。前627年（周襄王二十五年），協同晉國在殽之戰大敗秦軍。
③與晉踣之：與晉國人一起將鹿摔倒。踣，同"仆"。
④《文選·班彪〈王命論〉》"至比天下於逐鹿"，李善註引《六韜》："取天下若逐野鹿，得鹿，天下共分其肉。"

浮橋

橋必有柱，浮橋以舟為柱。《詩》云"造舟"是也。①李巡註《爾雅》云："比其船而度也。"郭云："並舟為橋。"○《六經釋文·左氏·昭元年》。

註釋：

①造舟：《詩·大雅·大明》："造舟為梁，不顯其光。"

大董

湖州人事廣德張王者，①不食豬肉。言張王曾現身為豬，故並剛鬣一牲避之，②不敢以祭，亦不敢食。陸德明曰："鯀爲黃熊，③東海人祭禹廟不用熊白及鱉。④"亦此意也。

註釋：

①廣德張王：指廣德王張渤，關於張渤之傳説甚多。據《説郛》中《三柳軒雜識》《祠山神事要》《能改齋漫録》《留青日札》《清嘉録》等記載：廣德王張渤，二月八日生，西漢吴興郡烏程人。開河貫通内河水網，以抗洪防暑，行船通商，造福人民，"神始自長興，自疏聖澤，欲通津廣德，便化爲豨，役使陰兵，後爲夫人李氏所見，工遂輟，故避食豨（豬）"，張渤欲效大禹治水，最終未能實現，後遁於廣德縣城西北五里橫山之巔，修煉得道，人稱"禹後第一人"，死後葬於橫山，百姓爲建張公祠，禋祀不斷。

②剛鬣：指野豬。

③黃熊：亦作"黃能"。《左傳·昭七年》："今夢黃熊入于寢門"，陸德明曰："黃熊，音雄，獸名，亦作能，如字，一音奴來反，三足鱉也。解者云：獸非入水之物，故是鱉也。一曰：既爲神，何妨是獸？案，《説文》及《字林》皆云：能，熊屬，足似鹿。然則能既熊屬，又爲鱉類，今本作能者勝也。東海人祭禹廟，不用熊白及鱉爲膳，斯豈鯀化爲二物乎？"

④熊白：熊背上的白脂。

笠澤

越伐吴，軍于江南。註："吴子禦之笠澤。"①江，松江也。

註釋：

①見《左傳·哀公十七年》。吴子：此指吴人。笠澤：清高士奇《春秋地名考略》卷十一："臣謹按，笠澤即震澤，《禹貢》：震澤底定。孔傳：震澤，吴南太湖。"

内子

《楚語》："司馬子期欲以其妾爲内子。"①註："卿之適妻曰内子。"②

註釋：

①見《國語·楚語》。司馬子期：楚平王之子、楚昭王庶兄。
②適妻：正妻。

桐油

桐子之可爲油者，一名荏桐。○見《本草衍義》。予在浙東，漆工稱當用荏油。予問荏油何種，工不能知。取油視之，乃桐油也。

烏桕①

油可作燭者是。○《衍義》。②

註釋：

①烏桕：宋寇宗奭《本草衍義·烏桕》："取子出油，燃燈及染髮。"
②《衍義》：《本草衍義》。下條同。

槵子數珠

佛家貫患子爲數珠，①俗書"患"爲"槵"。○《衍義》云名"無患子"，則當書爲患子。

註釋：

①貫：穿。患子：無患子，落葉喬木，其圓形的果實也叫患子。數珠：亦稱"念佛珠"，念佛號或經咒時用以計數的串珠。《本草衍義·無患子》："今釋子取以爲念珠，出佛經。惟取紫紅色小者佳，今入藥絕少，西洛亦有之。"

複名單書一字

今人有複名而單書一字者，劉韶美名儀鳳，守蜀郡，嘗有公牘至省部，單書一"儀"字。予在禮部見之，以語同舍，皆笑之。《定三年》，祝鮀舉踐土之盟，①其載書曰"王若曰：晉重、衛武"，②註："重，文公也；武，叔武也。"則複名而單書其一，亦有古也。

註釋：

①祝鮀：春秋衛人，能言善辯，後因以爲佞人的典型。踐土：地名。晉文公爲確立霸主地位曾在此會盟。

②《左傳·定公四年》："其載書云：'王若曰：晉重、魯申、衛武、蔡甲午、鄭捷、齊潘、宋王臣、莒期。'"重：重耳，晉文公名。武：叔武，衛成公之弟。

婿之父爲姻

晉荀寅之子娶范吉射之女，①故《左氏·定十三年》曰："荀寅，范吉射之姻也。"註："婿父爲姻。"

註釋：

①荀寅：中行文子、中行寅，荀吳之子，春秋晉六卿之一。范吉射：春秋晉卿，范鞅（范獻子）之子，謚昭，稱范昭子，與荀寅和邯鄲午爲姻親。

彌甥從母

對父之舅氏，自稱彌甥。彌，遠也。○《哀二十三年》。亦仍、昆之義也。①從母即姨母也，言於母爲從。

註釋：

①仍：仍孫。《爾雅·釋親》："玄孫之子爲來孫，來孫之子爲昆（晜）孫，晜孫之子爲仍孫。"郭璞註："仍，亦重也。"昆：昆孫，子孫，後代。《爾雅·釋言》："昆，後也。"

從孫甥

姊妹之孫爲從孫甥，言與孫同也。○《哀二十五年》。

硯

晉人最重書學，然未嘗擇硯，故石林曰：[1]"晉之善書者，不自研墨，使人研之成漿，乃以斗供。"其說不知何出。北齊試士，其惡濫者，[2]飲墨水一升。在試而有墨水，可及一升，則石林之言信矣。故東坡詩曰："麻衣如再著，墨水真可飲。"[3]用此事也。唐以前多用瓦研，[4]今天下通用石研，而猶概言研瓦也。至李肇《國史補》曰："端溪之紫石硯，天下通用。"則其時已用端石矣。[5]歙之龍尾研，[6]乃江南李主創爲，[7]唐世未之見也。見王中舍《研譜》。[8]

註釋：

[1]石林：即葉夢得，見卷十二"琵琶皮弦"條註[1]。
[2]惡濫：猶濫竽充數。
[3]見宋蘇軾《監試呈諸試官》詩。
[4]研：通"硯"。《集韻·霰韻》："硯，《說文》：'石滑也。'或作研。"
[5]端石：端溪所產之石，唐宋以來皆采做硯材。
[6]歙之龍尾研：四大名硯之一，產於江西省婺源縣龍尾山，因婺源古棣歙州，故又稱歙硯。
[7]江南李主：當指南唐后主李煜。李煜酷愛歙硯，所藏歙硯堆積如山。
[8]王中舍《研譜》：王中舍當爲宋代書法家，中舍當爲其官職。具體未詳。明代著名書法家董其昌《畫禪室隨筆》中曰："永嘉（郡）王中舍，爲吳太學手摹一本，不差毫髮。"

漢酒薄

王莽時，酒一釀用粗米二斛，[1]麴一斛，[2]得成酒六斛六斗。此酤賣之齊也。③用此數計之，米麴通用三斛，取酒三斛不啻也。故漢世通米酒計之，其米多而酒少者爲上尊也。④

註釋：

①酒一釀：釀一次酒。斛：舊量器名，亦是容量單位，一斛本爲十斗，後來改爲五斗。
②麴：把麥子或白米蒸熟發酵後再曬乾，稱爲麴，可作釀酒的引子。
③齊：後作"劑"，數量。
④上尊：謂上等酒。

税契

晉自過江，①至於梁、陳，凡貨賣奴婢、②馬牛、田宅有文券，率錢一萬輸估四百入官。③賣者三百，買者一百，名爲散估，即今田宅報券輸錢之數也。④建炎時，每券之直及一千，則其稅四十，今爲百餘，殆十一矣，⑤方滋建增也。⑥

註釋：

①過江：特指西晉王室東渡。
②貨賣：出售。貨，賣。
③輸估：東晉、南朝時對買賣行爲所征的稅，類似後代的契稅和營業稅，這里爲動詞。
④輸錢：繳納錢財。
⑤十一：十分之一。
⑥方滋建增：正在增長。

騙馬

嘗見藥肆鬻脚藥者，榜曰"騙馬丹"，①歸檢字書，其音爲"匹"轉，②且曰"躍而上馬"。已，又見唐人武懿宗將兵，③遇敵而遁，人爲之語曰"長弓度短箭，蜀馬臨階騙"。言蜀馬既已低小而又臨階爲高，乃能躍上，始悟騙之爲義。《通典》曰："武舉，④制土木馬於里閭間，教人習騙。"

註釋：

①榜：公開張貼的文書。騙：騎，意爲側身抬起一條腿跨上。

②其音爲"匹"轉：指"騙"音爲"匹"之轉。

③武懿宗（641—706）：並州文水人，其祖父武士逸是女皇武則天的伯父，憑藉其姑母武則天的提拔，累遷至左金吾大將軍。

④武舉：指科舉制度中的武科。

下官

《通典·封爵門》曰："凡郡縣內史、相，並於國主稱臣。宋孝武孝建中始革此制，①不得稱臣，宜云下官而已。"

註釋：

①孝建：宋孝武帝年號，454年至456年。《通典·職官十三》："凡郡縣內史、相，並於國主稱臣，去任便止。孝武孝建中始革此制，不得追敬，不得稱臣，止宜云下官而已。"

續集卷之六　談助

殿下

蕭梁之制："諸侯王之言曰今，境內稱之曰殿下。"①南朝人皆稱其國王爲殿下。

註釋：

①今：當作"令"，《隋志》《通志》《通典》等皆作"令"。《隋書·百官志》："諸王言曰令，境內稱之曰殿下。"

社公

勾龍、周棄爲社稷，①故日食，伐鼓於社，責上公也。②今俗猶言社公者，上公之義也。杜佑駁之云："公者尊稱，以人尊社，故曰社公。"王肅言："社公爲上公。"俗言天公、雷公，豈上公乎？

註釋：

①勾龍：中華民族遠古祖先之一，在古史傳說中爲"共工"之子"后土"之別稱，後爲社神名。《左傳·昭公廿九年》："共工氏有子曰勾龍，爲後土，后土爲社。"周棄：周民族祖先，後爲農業神。《史記·周本紀》："周后稷，名棄。其母有邰氏女，曰姜原。""棄爲兒時，屹如巨人之志。其游戲，好種樹麻、菽，麻、菽美。及爲成人，遂好耕農，相地之宜，宜穀者稼穡焉，民皆法則之。""帝舜曰：'棄，黎民始饑，爾后稷播時百穀。'封棄於邰，號曰后稷，別姓姬氏。"

②責上公：杜佑《通典》卷四十五："按，公者尊稱，以人尊社，故

曰社公。王肅以俗言社公，及以社爲上公者，俗言天公、雷公，豈上公乎？又，日蝕伐鼓於社，責陰助陽之義也。夫陽爲君，陰爲臣，日蝕者，陰蝕陽也。君弱臣強，是以伐鼓於社，云責上公耳。"

豆粉糍

《周禮·籩人》："羞籩之實，[1]糗餌、粉糍。"註："粉稻米、黍米合蒸之爲餌，○今之米粉果也。餅之則爲糍○音粢，即今人書爲糍。"恐餌、糍粘，故粉大豆以傅之。糗，熬大豆也○即今人以豆粉傅糍也。"

註釋：

[1]羞籩：爲古代祭祀宴享時進獻食物的竹制盛器。

脾析

牛百葉也。○同上。百葉既爲牛脾，[1]而片片分析，故云脾析也。○同上。醢掌薦。[2]

註釋：

[1]牛脾：實爲牛胃。《周禮·天官·醢人》："饋食之豆，其實葵菹、蠃醢、脾析。"鄭玄註引鄭司農曰："脾析，牛百葉也。"按，牛是反芻動物，與其他的家畜不同，最大的特點是有四個胃，分別是瘤胃、網胃（蜂巢胃）、瓣胃（百葉胃，俗稱牛百葉）和皺胃。

[2]醢掌薦：醢人掌管進獻肴饌之事。《周禮·天官·醢人》："醢人，掌四豆之實。"

兵厨○設廳　設厨

今人謂公庫酒爲兵厨酒，[1]言公庫之酒，因犒軍而醞也。[2]太守正廳爲設廳，[3]公厨爲設厨，[4]皆以此也。漢有步兵校尉，掌上林苑屯兵。晉阮籍聞步兵厨營人善釀，有貯酒三百斛，乃求爲之，則亦兵厨之祖也。

註釋：

①公庫酒：官營酒坊所釀之酒稱爲公庫酒或公使庫酒。兵厨酒：《晉書·阮籍傳》："籍聞步兵厨營人善釀，有貯酒三百斛，乃求爲步兵校尉。"後因以"兵厨"代稱儲存好酒的地方。
②醖：釀酒。
③設廳：古代官府、寺廟之廳堂，因常作爲設宴之所，故稱。
④設厨：官家的厨房，因常辦宴席，故稱。

土山頭

韋述《兩京記》："省郎有不歷員外郎而拜省郎者，謂之土山頭果毅。①"果毅，兵官也，言從兵士便作兵官也。唐有不歷員外而徑爲省郎者，或嘲之曰：②"誰言粉省裏，③卻有土山頭。"用此謔也。其爲外郎者酬之曰：④"錦帳隨時設，金爐任意熏。惟慚員外置，不應列星文。⑤"

註釋：

①果毅：隋唐時武官名。唐劉肅《大唐新語·諧謔》："言其不歷清資，便拜高品，有似長征兵士，便得邊遠果毅也。"《太平廣記·詼諧五》："唐諸郎中不自即員外郎拜者，謂之土山頭果毅。言便拜崇品，有似長征兵士，便授邊遠果毅。趙謙光自彭州司馬入爲大理正，遷户部郎中。户部員外賀遂涉詠曰：'員外由來美，郎中望不優。寧知粉署里，翻作土山頭。'趙謙光答詩曰：'錦帳隨情設，金爐任意薰。唯愁員外置，不應列星文。'人以爲奇句。"
②或：指賀遂涉。詳見註③。
③粉省：尚書省。《太平御覽》卷二一五引漢應劭《漢官儀》："省皆胡粉塗畫古賢人烈女，郎握蘭含香，趣走丹墀奏事。"世因稱尚書省爲"粉省"。
④其爲外郎者：指趙謙光。詳見註①。
⑤列星文：置於文曲星之列，"星文"即文星，文曲星，指有能力的人。爲押韻而倒文。

蕭寺

《國史補》曰:"梁武帝造寺,^①令蕭子雲飛帛大書'蕭'字,^②至今一字猶在。李約竭產自江南買之,^③並洛建水亭,目曰蕭齋。"按,此則蕭寺者乃因"蕭"字而名也。劉禹錫〇集二十九《送如智法師》曰:"前日過蕭寺,看師上法筵。^④"則是概以僧寺爲蕭寺,恐不然也,今人亦多誤用。

註釋:

①梁武帝:即蕭衍(464—549),南朝梁(502—549)開國皇帝。見唐李肇《唐國史補》卷中。

②飛帛:飛白是書法中的一種特殊筆法,相傳是書法家蔡邕創造的,東漢靈帝時匠人用刷白粉的帚寫字裝飾鴻都門,蔡邕見後,歸作"飛白書"。蕭子雲(487—549):字景齊,南朝梁蘭陵人,史學家和文學家,善草隸書法,深得梁武帝贊許。

③李約(751—810?):字存博,號蕭齋,隴西成紀(今甘肅天水縣)人。唐宗室,國公李勉之子,官至兵部員外郎,有書畫癖。

④法筵:佛教語,指講經説法者的座席,引申指講説佛法的集會。

保長

韓延壽守東海,^①置正、伍長。師古曰:"正若今之鄉正、里正也。伍長,同伍之中置一人爲長也。"

註釋:

①韓延壽(?—前57):漢宣帝時期著名的士大夫,曾做淮陽太守、潁川太守、東郡(海)太守。詳《漢書·韓延壽傳》。

吕溱

吕溱舉進士,^①爲天下第一。《涑水記聞》云"歙人也",^②汪彦章亦云。然歐陽公記溱父士元墓,乃曰江陵人。^③

註釋：

①《宋史·吕溱傳》："吕溱，字濟叔，揚州人，進士第一。"

②司馬光《涑水記聞》："吕文仲，歙人，爲中丞，有陰德。"按，《新安志》等資料，吕溱爲吕文仲之孫。

③"然歐"至"陵人"共十五字：見《隴城縣令贈太常博士吕君墓誌銘（慶曆八年）》（《文忠集》卷二十八《墓誌六首》），曰："君諱士元，字佐堯，江寧人也。""江陵"疑爲"江寧"之訛音。

歐陽曄

歐陽曄，文忠之叔也，①乃教文忠讀書者。○《六一文》二十七。

註釋：

①文忠之叔：文忠爲歐陽修謚號。《歐陽修文集·尚書都官員外郎歐陽公墓志銘》："公諱曄，字日華"，"於修爲叔父。修不幸幼孤，依於叔父而長焉。"

孫明復

石介爲弟子，①孔道輔見孫明復，②介執杖屨侍左右，③先生坐則立，升降拜則扶之，魯人由是始識弟子禮。

註釋：

①石介（1005—1045）：字守道，兖州奉符（今山東泰安市岱嶽區徂徠鎮）人。北宋初著名學者、思想家，魯人號爲徂徠先生。進士及第，御史臺辟爲主簿，入爲國子監直講，官至太子中允。曾創建泰山書院、徂徠書院，以《易》《春秋》教授生徒，從之者甚衆。師事孫復，與孫復、胡瑗並稱"宋初三先生"。見《宋史·儒林二》。

②孔道輔（985—1039）：字原魯，初名延魯，孔子四十五世孫。孫明復（992—1057）：孫復的字，晉州平陽人。舉進士不第，退居泰山。宋初教育家、理學家，學《春秋》，著《尊王發微》十二篇。

③杖屨：手杖與鞋子。屨：單底鞋。多以麻、葛、皮等製成。後亦泛指鞋。

字以表德

《西京雜記》四卷曰："梁孝王子賈從朝，年少，竇太后強欲冠之。王謝曰：'禮二十而冠，冠而字，字以表德。①安可強勉之哉！②'"《後漢·傳》亦以字爲表德。

註釋：

①字：相對於"名"而言。《顔氏家訓·風操篇》："古者，名以正體，字以表德。"
②安可強勉之哉：《西京雜記》卷四："自非顯才高行，安可強冠之哉？'"

竄名

《王莽傳》："哀章作銅匱，①書莽大臣八人，又取令名王興、王盛，章因自竄姓名，凡十一人。"師古曰："竄謂厠著也。"本無其名，而私置名其中也。今人以列名歌詩文記者，亦用"竄名"字，恐不美也。韓退之則曰："辭列三王之右，②有榮耀焉。"

註釋：

①匱：同"櫃"。《漢書·王莽傳上》："梓潼人哀章……見莽居攝，即作銅匱，爲兩檢，署其一曰'天帝行璽金匱圖'，其一署曰'赤帝行璽某傳予黃帝金策書'。"
②右：韓文皆作"次"，下邊。三王：指寫《滕王閣序》的王勃、寫《滕王閣賦》的王緒、寫《重修滕王閣記》的王仲舒。

潢匠

秘書省吏有裝潢匠。《廣韻》引《釋名》云："染書也，又音潢。①"

註釋：

①染書也，又音潢：此句是對"潢"的解釋。書：四庫本、學津本作"紙"，是。潢：當作"黃"。《廣韻》："潢，染書也，又音黃。"《重修廣韻》"潢"引"《釋名》云：'染紙也。'又音睆"。

惟師曾是百年人①

唐天寶間，有真上人者，②至杜牧之時，其人年已近百歲，故題其寺曰："清羸已近百年身，古寺風烟又一春。寰海自成戎馬地，惟師曾是太平人。"此意最遠，不言其道行，獨以其年多，曾見天寶時事也。元祐間，東坡典外制，③有百歲得官者曰"繄此百年之故老，④曾爲四世之遺民"，與此意合而皆有味。○《杜外集》。

註釋：

①百年人：即下文"太平人"，見杜牧《早春題真上人院（生天寶初）》詩。此指真上人生活在天寶年間太平盛世。

②真上人：真人和上人的合稱。真人最早出於《黃帝內經》，是形容修道養生的人。上人：指內有智德、外有勝行的僧人，後泛指德行兼備之人。

③典：掌管。外制：唐宋時由中書舍人或知制誥所掌的皇帝誥命稱外制，由翰林學士所掌之誥命稱內制。

④繄：唯，只。

拜

許叔重曰："拜，首至地也。"《甘棠》"勿剪""勿拜"，①三章皆曰勿剪。剪者，斷也。勿拜，則不止不剪，且不敢屈其枝而垂之，敬之至也。孟子論天下易事曰"爲長者折枝"②，即肢體之肢與木枝一義。則拜者，折枝之謂也。

註釋：

①《詩·召南·甘棠》："蔽芾甘棠，勿翦勿拜，召伯所說。"

②爲長者折枝：有三種解釋。一、趙岐註《孟子》云："折枝，案摩折手節解罷枝也。少者恥是役，故不爲耳，非不能也。"二、朱熹集註曰："爲長者折枝，以長者之命，折草木之枝，言不難也。"三、《文獻通考·經籍考》引宋陸筠《翼孟音解》："折枝，磬折腰肢。"後將"折枝"解爲"跪拜"。程大昌顯然同意此種觀點。然《詩·召南·甘棠》鄭箋云："'拜'之言'拔'也。"按，聯繫上文知，因人民愛戴有德政的召伯而不忍拔除召伯曾在其蔭下休息過的甘棠樹，後以"勿拜"指德政。

悔

《東坡奏議》十四卷《論知定州不得上殿》曰："自古英睿之君，勇於立事，未有不悔者。景帝之悔速，故變而復安。武帝之悔遲，故幾至於亂。雖遲速、安危小異，然比之常靜無心，終始不悔，如孝文帝者，不可同語矣。"①

註釋：

①見《東坡全集卷六十四·奏議》，名爲《朝辭赴定州論事狀》。

蒸餅

《釋名》曰："餅，並也。溲麥使合並也。①"蒸餅、湯餅之屬，隨形而名之，束晳《餅賦》曰起溲、牢丸。②"何曾蒸餅，不拆作十字不吃"。③蕭子顯《齊書》曰："詔太廟四時祭薦宣皇帝麵起餅。"④起者，入教麵中，○俗書爲"酵"。令松松然也。本朝讀蒸爲炊，以"蒸"字近仁宗御諱故也。⑤

註釋：

①溲：攪拌。
②束晳《餅賦》：見《晉書·束晳傳》。起溲：發麵方法，亦指用此法製成的麵食。"牢丸"，原作"牢九"，缺筆避諱，避宋欽宗趙桓諱（"丸"與"桓"音近）。"牢丸"即湯糰，一說爲蒸餅。
③見《晉書·何曾傳》。拆：《晉書·何曾傳》作"坼"，同，裂開，

綻開。《集韻·陌韻》："㧬，《説文》：'裂也。'或從手，亦作坼、拆。"按，"不拆作十字不吃"，意即蒸餅上不蒸出十字裂紋就不吃。有十字裂紋的饅頭酥軟適口。

④見《南齊書·禮志上》卷九。祭薦：祭奠、進獻。宣皇帝：蕭承之（383—447），齊高帝之父，卒後被尊奉爲齊宣帝。麵起餅：麵粉發酵後製成的餅。清徐珂《清稗類鈔·飲食·面起餅》："麵起餅，即俗所言發麵餅，俟麵發酵製成之者也。"

⑤按，宋仁宗名禎，"蒸"與"禎"音近，故避諱之。

下馬錢

《令狐楚傳》："始，汴、鄆帥每至，以州錢二百萬入私藏，楚獨卻不取。"①案，此即今世郡守下馬錢也。②

註釋：

①詳《新唐書·令狐楚傳》。令狐楚（766或768—837）：字殼士，宜州華原（今陝西銅川市耀州區）人，令狐綯之父，唐德宗貞元七年（791）登進士第，官至中書侍郎，同平章事，檢校尚書右僕射。卻：拒絕。

②下馬錢：也叫下擔錢。唐時太守等交替移接時，有贈送上任財物的慣例，婉稱下馬錢。

回面避家妓

"宋顏師伯豪貴，王琨過之，傳酒行炙，皆悉內妓。琨以男女無親，傳授每至，令置床上，回面避之，然後取。"①〇《南史》十三。

註釋：

①見《南史·王琨傳》。顏師伯：字長淵，琅邪臨沂人，官至尚書右僕射，《南史》有傳。據本傳載，顏師伯居權日久，納賄甚多，家產豐厚，"妓妾聲樂，盡天下之選，園池第宅，冠絕當時，驕奢淫恣"。王琨（284？—368）：南朝琅琊臨沂人也，官至光禄大夫，散騎常侍。《南齊

書》及《南史》皆有傳，《南齊書》載"琨性既古慎，而儉嗇過甚"。過：拜訪。傳酒行炙：上酒上菜。

庶姓作揚州

王景文○或領揚州刺史，[1]辭。明帝曰："庶姓作揚州，徐干木輩皆處之不辭。"[2]

註釋：

[1]王景文：名彧，字景文，避宋明帝（439—472）劉彧諱以字行。明帝皇后王貞風之兄，官至尚書右僕射、揚州刺史、太子詹事等。位高權重，爲明帝所忌，景文"以盛滿爲憂，屢辭位任，上不許"。然終被明帝賜藥致死。詳《宋書·王景文傳》或《南史·王彧傳》。

[2]《宋書·王景文傳》："庶姓作揚州，徐干木、王休元、殷鐵並處之不辭。"庶姓：古代指與天子或諸侯國君異姓且無親屬關係者。此句言徐干木等身爲庶姓都做過揚州刺史，王景文貴爲皇親國戚當然更做得。

秘書有競

"王敬弘之子恢之召爲秘書郎，[1]敬弘令求爲奉朝請，[2]與書曰：'彼秘書有限，故有競；朝請無限，故無競。吾欲使汝處不競之地。'文帝許之。"○十四。

註釋：

[1]王敬弘（360—447）：本名王裕之，避宋武帝劉裕諱改，以字行，又避趙弘殷諱改爲王敬洪。琅邪臨沂（今屬山東省）人，歷官天門太守、桓偉安西長史、南平太守。見《宋書·王敬弘傳》或《南史·王裕之傳》。

[2]朝奉請：官職。古代諸侯春季朝見天子叫朝，秋季朝見爲請。因稱定期參加朝會爲奉朝請。漢代退職大臣、將軍和皇室、外戚多以奉朝請名義參加朝會。晉代以奉車、駙馬、騎三都尉爲奉朝請，南北朝設以安置閑散官員。

鈴下威儀

《晉書》："楊方爲郡鈴下威儀,①諸葛恢待以門人之禮。②"案,鈴下威儀,殆今典客之吏耶。〇《覽》四百四十三。

註釋:

①楊方:字公回,東晉會稽(今紹興)人。出身寒微,少好學,有奇才,名震一時。著有《五經鉤沉》《吳越春秋削繁》及文集二卷,今僅存《合歡詩》五首。鈴下威儀:古代官員特賜的侍從。《通典·職官六》:"其尚書令僕、御史中丞,各給威儀十人。"

②諸葛恢(284—345):字道明,琅邪陽都(今山東臨沂)人。弱冠知名,官至尚書令、吏都尚書、大中正。楊方爲鈴下威儀時,諸葛恢任內史,賞識楊方的才能,"待以門人之禮",由是楊方始得周旋於貴人間。

被受

今人受朝命者,或曰備受。備,言有司登載事目備具而吾得之也。或曰"備當爲被,非備也",此說有本。南海尉任囂召趙佗,被書行南海尉事。①杜佑曰:"被,受也。"〇《通鑒》百八十八。

註釋:

①"南海"至"尉事"十五字:事見《史記·南越尉佗列傳》《漢書·西南夷兩粵朝鮮傳》《通典·邊防·南蠻下》及《資治通鑒·漢紀·太祖高皇帝下》等。任囂(？—前206):秦朝將領。與趙佗共同率軍入嶺南,並統一嶺南,而首任南海郡尉,病將死時囑托趙佗"行南海尉事"。趙佗(前240？—前137),嬴姓,趙氏,名佗。秦朝恒山郡真定縣(今中國河北正定縣)人,南越第一代王和皇帝,公元前203年至前137年在位,號稱"南越武王"或"南越武帝"。

樂天知蘇州久方開宴

《白樂天集〇二十一·蘇州郡宴呈同僚》曰:①"下車已二月,②開筵始今晨。"以樂天風流詩酒,而閱兩月方燕飲,可謂知本末也已。③

註釋:

①蘇州郡宴呈同僚:《白氏長慶集》卷二十一作"《郡齋旬假始命宴呈座客示郡寮(自此後在蘇州作)》"。
②下車:官吏到任。
③知本末:知道事情輕重緩急。

李娟

李義山詩曰"隨宜教李娟",①《樂天集〇二十·霓裳詩》曰:②"妍蚩優劣寧相遠,③大都只在人擡舉。④李娟張態君莫嫌,亦擬隨宜教歌舞。"註:"娟、態,蘇妓也。"

註釋:

①李義山:當作"蘇軾",詩見蘇軾《至真州再和二首》最後一句。
②《霓裳詩》:《白氏長慶集》卷二十一作《霓裳羽衣歌》。
③妍蚩:又作"妍媸"。美好和醜惡。
④擡舉:扶持、提拔、獎掖。

下檐得替例物

介父《送王介知湖州》詩曰:①"遙想郡人迎下檐。②""下檐"猶古之"下車"也。《會要〇六十九》曰:大中五年奏,刺史交割及初到任下檐,得替後資裝,③天下州郡自有規制,自今後應刺史下檐什物及除替後資送錢物,④但不率斂官吏,⑤不科配百姓,⑥一任各守州郡舊例。

註釋:

①介父:王安石(1021—1086)字介甫,"甫"與"父"同。王介

（1015—1087）：字中甫（父），北宋衢州常山（今浙江省常山縣）人。進士出身，歷任秘書丞、靜海知縣、湖州知州等，著名詩人，王安石摯友。

②下檐：見本卷"下馬錢"條註②。

③得替：到任並辦理完交接手續。與"除替"相對。

④除替：卸任，免去官職。

⑤率斂：搜刮聚斂。

⑥科配：謂官府攤派正項賦稅外的臨時加稅。

磔棄市

漢景帝罷"磔"曰"棄市"，止令就死於市，不磔。磔者，陳其尸。〇《通典·刑法》。

弔服

溫公著論士夫弔喪可服公服。①案，孔子謂"羔裘玄冠不以弔"，②則恐公服之說未穩。北魏大和中，文明太后崩，③齊遣裴昭明往弔，④欲以朝服行事。⑤孝文遣成淹論執，⑥昭明言："不聽朝服行禮，⑦義出何典？"淹言："'羔裘玄冠不以弔'，童孺共聞。"昭明說屈，乃借衣幘以申國命。⑧則夫吉服而弔，⑨似與夫子之說異也。

註釋：

①溫公：即司馬光，逝後被追贈溫國公，諡號文正。公服：舊時官吏的制服。《資治通鑒·齊武帝永明四年》胡三省註："公服，朝廷之服。五等：朱、紫、緋、綠、青。"

②見《論語·鄉黨》。魏何晏《集解》引孔安國曰："喪主素，吉主玄，吉凶異服。"按，"羔裘玄冠"皆爲黑色，用作吉服，故"不以弔"。

③文明太后：北魏馮氏（442—490），文成帝皇后，長樂信都（今河北冀縣）人，獻文帝即位尊其爲皇太后。死後，諡文明太后。詳《魏書·文明皇后馮氏傳》。

④裴昭明（？—502）：北齊時河東聞喜人，初仕宋，後入齊，累遷安北長史，廣陵太守。

⑤朝服：即"公服"。

⑥成淹：字秀文，一作季文，北魏上谷居庸（今屬北京市）人，明帝以爲員外郎，假龍驤將軍，領軍主。論執：理論，據理力爭。

⑦聽：允許。

⑧衣幍：便衣與便帽。

⑨吉服：此指禮服，公服。

不識草書

《唐傳○二十七》：①李玄道佐王君廓○御名同音，②玄道寄書於房玄齡，君廓○御名同音。發其書，不識草字，疑其謀己，③遂反。玄道坐是流筠州。④"

註釋：

①《唐傳》：指《新》《舊唐書·李玄道傳》。

②李玄道（？—629）：祖籍隴西，世代居住鄭州。官至給事中。任幽州長史時，王君廓爲其輔佐都督。房玄齡是其外甥，貞觀元年，王君廓奉詔入朝，玄道讓其捎信於房玄齡。君廓與玄道有隙，故私發其書，因不識草書而懷疑玄道告發自己，心中恐懼，遂反。御名同音：指王君廓之"廓"與南宋寧宗趙擴之"擴"同音，故底本缺字避諱。

③謀己：算計自己。指懷疑李玄道告發他。

④筠州：當作"巂州"，見《新唐書》《舊唐書》。

唐憲銜使頭使下

唐世節度、觀察等使辟置官屬，許理年轉入臺官，①至侍御史止。其御史中丞，須有軍功乃得轉入。已上皆名憲銜。②所帶憲銜者，得按本道州縣，○出《李夷簡傳》百二。故宇文融括田，③多假御史以張其威。○出本傳。其曰假者，以貞觀元年嘗有旨，見任御史，不得奏請任使，故假其名以威所部也。唐世既許在外爲使者兼帶憲銜，故化外諸國世襲爵封者，④仍不廢削，爲其習見，不容驟削也。是以交趾加恩，⑤至今猶帶御史大夫，是其例也。又唐制有使下御史，謂仕於使幕之下，⑥亦猶帶郎中而爲使屬。⑦如杜甫在嚴武幕爲參謀，而帶檢校工部員外郎，是爲使下郎官也。其又仕在使幕之下者，既名使下，故謂之使者，名爲使頭也。[8]大中五年敕：「如聞江淮之間，多有水陸兩路。或使頭陸路，即隨從船行；或使頭乘舟，即隨從登陸。一道牒券，兩處支供。[9]用今以後，[10]委出使郎官、御史覺察。」○《唐會要》六十一。

御史，周官也。其初但掌天子所御之書，故曰御史。至秦漢，爲糾察之任。秦以御史監郡。漢叔孫通新定禮儀，以「御史執法，舉不如儀者輒引去」是也。○《通典》二十四。惠帝初，遣御史監三輔、郡，[11]又置監御史。○出同上。《漢官儀》曰：「侍御史出督州郡盜賊，還漕軍糧，[12]言督軍糧御史。」○同上。武帝之置侍御綉衣直指者，[13]出討奸猾，理大獄，而不常置。隋煬帝始置監察御史十六員，掌出使檢校。[14]《唐會要○七十八》貞觀元年敕：「中書、門下兩省供奉官、御史臺見任郎官、御史，更不得奏請任使。」○《通典》七十八。乾元二年敕：「令御史大夫充纘騎使，[15]令御史充判官。」《唐傳○一百二》《高元裕傳》：「故事，三司監院帶御史者，號外臺，得察風俗，舉不法。元和中，李夷簡因請按察本道州是。[16]後益不職。[17]元裕請監院御史隸本臺，[18]得專督察。詔可。」開成元年，中書門下奏：「准大和七年，敕諸道節度使下，都押衙、都虞候轉押衙兵馬使，其序遷止於侍御史。[19]其御史中丞以上官，並須因立戰功，方得奏請。諸道團練已下萬人已上軍所奏請，不得過殿中侍御史。未有戰功者，不在奏限。旨依。」開成二年，中書、門下奏：准貞元二年敕，諸道節度、觀察、團練使，不得奏請見任御史。

淳熙丁未，高廟上僊，[20]有赴總護使司辟命者，[21]堂帖稱「使下某官」。[22]一日會沈德遠，德遠舉似大笑之，[23]爲今世俗之語，以「僕使」爲「使下」故也。予曰：「此固行帖者欲並古以爲之稱，然唐時實有此制，通奏檄皆嘗用之，非今創也。」案，《唐會要○六十一》曰：「大中五年敕，如聞江淮之間，多有水陸兩路。近日乘券牒，兩處祇供。」此則使頭、使下之文聚著一處者也。若其他言使下者甚多。蓋使頭，爲使之人也，首也；使下者，爲某使所辟而隸屬其下者也。取其事之顯者而言之，節度使者，今之安撫使也。安撫之屬有御史、有郎官，故朝列文移明曰「使下御史」，[24]或曰「使下郎官」，以別於在朝之御史、郎官也。既嘗命使屬以爲使下，故後人因緣命「使下」爲「僕從」，如今人以「僕從」爲「僕射」及「軍長」爲「司徒」之類。

註釋：

①理年：當爲在職年限，一般爲三到十二年。臺官：對唐宋御史臺長官的統稱。《宋史·職官志》："臺官職在繩愆糾謬，自宰臣至百官，三省至百司，不循法守，有罪當劾，皆得糾正。"

②憲銜：唐宋以來官制中在正職外所加的御史之類虛銜。《宋史·職官志四》："御史大夫宋初不除正員，止爲加官。檢校官帶憲銜，有至檢校御史大夫者。"

③宇文融（？—730）：唐京兆萬年（今陝西西安市長安縣）人，官至黃門侍郎，同中書門下平章事。括田：丈量田畝，檢查漏賦情況。據《舊唐書·宇文融傳》，宇文融任監察御史期間，天下逃戶甚多，免役之事多"僞濫"，融乃上奏請"括田"。

④化外：指政令教化所達不到的地方。《唐律疏義·名例·化外人相犯》："諸化外人，同類自相犯者，各依本俗法。"

⑤交趾：後泛指五嶺以南地區。加恩：格外恩寵。

⑥使幕：指節度使的官署。幕，幕府。

⑦使屬：節度使所自辟的僚屬。

⑧使頭：下文曰"爲使之人也，首也。"唐宋元明時奴僕對家主的稱呼，亦用於稱上司以至國主。

⑨支供：下文作"祇供"，同。供應，使用。

⑩用：《唐會要·館驛使》作"自"。

⑪三輔、郡：代指京城附近所轄的地區和全國各郡。

⑫還槽軍糧：謂由水路運糧。古時陸運稱"轉"，水運稱"漕"。

⑬綉衣直指：見卷十一"綉衣使所始"條註①。

⑭檢校：查核察看。

⑮纊騎：《舊唐書·張說傳》載，開元十年，宰相張說建議召募壯丁以充宿衛（禁軍），號曰"纊騎"。《新唐書·兵志》："府兵廢而爲纊騎，纊騎又廢而方鎮之兵盛。"

⑯是：當作"縣"，《新唐書·高元裕傳》作"縣"。

⑰不職：不稱職。

⑱元裕：高元裕，字景圭，唐渤海人。本名允中，太和初，爲侍御史，累遷左司郎中，官至中書舍人。

⑲序遷：按等級次第升遷。
⑳高廟：死後廟號爲"高"的君主。上僊：帝王死亡的婉辭。此指宋高宗趙構去世。
㉑總護使司：皇宫負責保衛工作的部門。辟命：任命。
㉒堂帖：亦稱"堂帖子"。唐宋時指由宰相簽押下達的文書。
㉓舉似：江藍生《"舉似"補説》中認爲"似"爲語助詞，是動詞後綴，無義。
㉔朝列：朝班。泛指朝廷官員。文移：文書，公文。

水精宫奏天樂①

遂州蕭翰林家乳母初生，遭亂，父母棄之。有飼以松柏露者，遂活，能飛。後因其父母以果栗食之，與俱來之兒唱曰："水精宫奏天樂，可聽否？"踴欲飛，又墮於地。群兒曰："吃了俗物，不能升矣。"遂爲乳母。○張君房《逸史》。

註釋：

①本條又見於《太平廣記》卷六十五《女仙十·蕭氏乳母》。

語訛

難容州人去知無良縣。容州加"南"字，以其在南也。無良縣，饒州浮梁縣也。難容、無良，皆不循謹之名也。①

註釋：

①循謹：循善恭謹，即不雅。

樂府雜録

瑟中有賀若，①乃文宗時賀若夷，②善琴也。

註釋：

①賀若：代指曲名。宋朱翌《猗覺寮雜記》卷上："琴曲有《賀若》，

最古淡。東坡云:'琴裏若能知賀若,詩中定合愛陶潛。'以賀若比潛,必高人。或謂賀若弼也。考弼之爲人,殊不類潛……余考之,蓋賀若夷也。夷善鼓琴,王涯居別墅,常使琴娛賓,見涯傳。"

②賀若夷:人名。賀若,複姓。北周有賀若敦(見《北史》本傳)。按,唐段安節《樂府雜録·琴》曰:"貞元中,成都雷生善斫琴,至今尚有孫息,不墜其業,精妙天下無比也。彈者亦衆焉。太和中有賀若夷尤能,後爲待詔,對文宗彈一調,上嘉賞之,仍賜朱衣,至今爲《賜緋調》。"

矢貫左右目

王建將秦承厚攻西縣,矢貫左目,達于右目,鏃不出,建自舐其創,膿潰鏃出。①

註釋:

①按,王建替秦承厚舐創,見《資治通鑑》卷二百六十三。胡三省註曰:"王建仿佛吳起吮疽、太宗吮血之意。"王建(847—918):河南舞陽人,一説陳州項城(今河南沈丘)人。少年無賴,後因參加平叛黃巢起義而起家,唐哀帝天祐四年(907)自立爲皇帝,國號"大蜀",史稱前蜀。

外舅

母之兄弟爲舅,妻之父爲舅,"謂我舅者,吾謂之甥"。①

註釋:

①見《爾雅·釋親》。

鄭玄牛識字

白樂天詩"鄭牛識字吾常嘆",①註云:"諺云'鄭玄家牛觸牆成八字'。"○五十六。

註釋：

①見《白氏長慶集》卷二十六《雙鸚鵡》詩。

會心處不在遠

簡文謂華林園曰："翳然林水，便有濠濮間想。"①

註釋：

①簡文：謂晉簡文帝司馬昱。濠濮：分指《莊子·秋水》篇中"濠梁之辯"和"垂釣濮水"。"濠濮間想"，謂逍遥閑居、清淡無爲的思緒。劉義慶《世説新語·言語》："簡文入華林園，顧謂左右曰：'會心處，不必在遠。翳然林水，便自有濠濮間想也。覺鳥獸禽魚，自來親人。'"

正朝酒從小起①

李膺《家録》：膺坐黨事，②與杜密、荀翊同繫獄時，歲日引杯曰：③"正朝酒從小起。"④膺曰：'死，人所惡，子無吝色。'"

註釋：

①正朝：本指正月一日，此暗喻端正朝綱必須從小事做起。小：指小歲，古代於冬至後第三個戌日行臘祭，臘祭次日爲小歲。後世以元日、冬至夜爲小歲。

②黨事：指黨錮之事。東漢桓帝、靈帝時，士大夫、貴族等對宦官亂政不滿，與宦官發生黨爭，事件因宦官以"黨人"罪名禁錮士人終身而得名。李膺與荀翊、杜密等百餘人在第二次黨錮之禍中被捕並死於獄中。詳《後漢書·黨錮列傳》。

③歲日：元旦，新年第一天。"引杯"指荀翊舉杯。

④吝色：捨不得的神情。整句謂從容赴死可也。

附 錄[1]

一 宋陳應行跋（儒學警悟本後、嘉靖本續集後邊、學津本正集後）

閣學尚書程公博極群書，古今之事無不稽考，其所以辨疑解惑以示後學者，無一字無來處。應行庚子夏分教溫陵，始得其《禹貢圖論》，時獲請益，而公方究心郡政，不能奉客盡叩。間與其倩丁教授叔聞游，丁蓋同年進士也，最相善。且言公之好學，不以寒暑晝夜易其志，裁決之餘，即研核古事，未嘗去手。因力求其所得於公者，久之，乃出其所錄二書，曰《考古編》，曰《演繁露》。乃密請以歸，披讀展玩，曠若發蒙，始嘆曰："人之有疑不決者，得其書，豈不大有開明乎？" 即亟命繕寫鋟木，以傳與天下之疑者爲蓍龜，亦一快也。淳熙辛丑季秋朔日，迪功郎充泉州，州學教授陳應行謹跋。

二 龍圖閣學士宣奉大夫贈特進程公大昌神道碑慶元三年
（周必大《文忠集》卷六十二，校以明·程敏政《新安文獻志》卷六十八）

故吏部尚書程公以龍圖閣學士就第，踰年而卒，其子準等持兵部侍郎楊公大法所狀行實屬某以銘。予與公同年進士，數嘗同僚，厚我莫如公，知公莫如我，其何敢辭？恭惟孝宗皇帝聖學高妙，勵精政事，尤有知人之明。惟公歷兩省六曹，以該洽直諒見知，相與論道，統評政體，在廷少比。公亦忘身徇國，思爲朝廷植悠久之計。其在外則心乎愛民，長慮却顧，未嘗便文自營，士大夫皆以不大用爲恨。及事壽康皇帝，興念舊僚，叠加恩禮，而左右乏裏言，公亦老矣，無意仕進，得謝於家。盡發所蘊，

---

[1] 序跋作者名及朝代系筆者所加，"演繁露" 又作 "演蕃露"，尊重原文。

著書立言，啓迪後生。蓋其自幼至老，機祥卜祝無所信，玩好技藝無所嗜，惟通經評史，考古驗今，一事未詳，一理未窮，弗措也。其始終大概如此。若乃爵里議論，則可一二數矣。

公諱大昌，字泰之。按程氏其先出自重黎，周有休父封於程，地在關中，子孫散居西北。有開府儀同三司靈洗者，效節蕭梁，著功於陳，封忠壯公。《南史》以爲新安海寧人，即今徽州休寧也。厥後或北歸，或遂留，故公爲休寧人也。曾祖晟，娶洪氏，祖士彥，娶金氏。父昹，累贈正奉大夫。妣淑人陳氏。世積善尚義，孜孜教子。至公穎悟殊常兒，十歲能爲文。紹興癸亥重立太學，年甫冠矣，一試即預選，學官爭爲延譽。二十一年，登進士第一，左迪功郎、主吴縣簿。丁正奉憂。服除，獻文於朝，宰府奇之。二十六年，除太平州教授，明年召爲太學正。三十年，詔館職必試乃除，初召朱熙載等，再召劉儀鳳等，皆辭。上命宰執擇人，不許辭。以公應詔，仍諭上旨，遂除秘書省正字，改左宣教郎。三十二年六月，孝宗受禪，擢著作佐郎。初政銳意事功，命令四出，貴近或預密議，公因輪對及之。尋命百官條弊事，公又極言："漢石顯知元帝信已，先請夜開宮門之詔。他日故投夜還，稱詔啓闕。或言顯矯制，帝笑以前詔示之。自是顯真矯制，人不復言。國朝命令必由三省，防此弊也。請自今被御前直降文書，皆申省審奏乃得行，以合祖宗之規，以防石顯之奸。"又論："去歲完顏亮入寇。無一士死守，而兵將至今策動未已。惟李寶捷膠西，虞允文戰采石，實屠亮之階，今寶罷兵，允文守夔，此公論所不平也。"上韙其言。三皇子就傅，遴擇官僚，九月以公爲尚書駕部員外郎，兼恭王府贊讀，又兼兵部郎官。隆興元年，兼慶王府直講。十二月丁母憂，乾道二年春服闋，召爲考功員外郎，六月復兼恭邸贊讀，八月選國子司業。三年十二月，兼權禮部侍郎，一時文柄舉屬公。其成就人才不可計，凡今老師宿儒多公門生也。五年正月，兼權直學士院，宣對選德殿。上曰："朕治道不進，如何？"公知上志在恢復，迎合者多，即奏："陛下勤儉過古帝王，北虜自通和知尊中國，不可謂無效。但當求賢納諫，使政事日修，則大有爲之業在其中，不必用迎合之言，求奇策以幸速成。"又言："（淮上）築城太多，緩急何人可守？臣謂設險莫如練卒，練卒則在選將。"上深然之。後數日再召對，上曰："卿前言朕儉是也，獨病風俗太奢，用度不足，今早與大臣議立法以止之。"公奏："居室衣服、吉凶之禮，皆由著令，要在上之人持久以化之耳。"上又問："卿更有何事爲朕言之？"公曰："事有大小，有先後。今四方獄案必經聖覽，大臣因是亦困省閱，何暇議大事、急先務乎？往陛下嘗增左右司爲四員，若漸復減員，分以委之，中書之務清矣。"後數年，迄如公言。八月除直龍圖閣、江東轉運副使，蓋公求試民事，故以鄉部寵之。公引嫌改浙東提點刑獄。越帥多大僚，適歲豐，酒稅溢額，漕臺不敢問，乘公攝帥，遣其屬挾朝命括羨財，且將增額。公力拒之，曰："某寧罪去，不可增也。"越人迄今德公。七年，復徙江東運副，詔勿引嫌。公猶不自安，踰年乞祠，就徙江西路。公曰："可以興利除害，行吾志矣。"九年歲儉，出錢十餘萬緡代輸贛、吉、臨江、南安四郡五等夏稅折帛，遏飢民爲盜之原；又遷吉州造船場於臺治，以省費革弊，凡吉舊欠皆捐之。清江縣有破坑、桐塘兩堰，堤江四十里，護田三千七百頃，民居陸地又三百頃。堰壞四十年，歲罹水患，公力復其舊。又奏，漕臣遇代，積累欠數病州縣，乞行蠲削。淳熙元年各詔可，凡乾道七年、八年諸路欠稅賦丁役及他錢物併除之。由公一言，上恩及天下矣。歲滿再任，進告不下，宰執問其故，上曰："程大昌職事修舉，自合加職。"乃陞秘閣修撰。二年四月，召爲秘書少監，九月兼權中書舍人。六和塔僧以鎮潮爲功，求內降給賜所置田產，仍免科徭。公奏："二稅外和預買折帛正額、額外科借皆科也。保正長、身丁雜役皆徭也。僧寺既違法置田，復移科徭於民，奈何許之？況自紹興二十二年修塔之後，潮果其不齧岸乎？"御前置忠銳、忠武軍，以浙西路鈐轄李師古兼統制，帶御器械戚世明兼訓練，援例增請給。公執不可，其命俱寢。俄兼崇政院說書。三年四月除權刑部侍郎，升侍講，五月兼國子祭酒。公言："辟以止辟，未聞縱有罪爲仁也。今四方讞獄例擬貸死，臣謂有司當守法，人主察其可貸則貸之，如此則法伸乎下，仁歸乎上矣。"上以爲然。舊法宰執初除、轉廳，皆有給賜減半。其後太尉、使相、三少而上往往取旨視樞密使，都官用例，浸失法意。公請自侍從而執政、自執政而相則爲初除，法當全與；餘爲轉廳，皆減其半，遂爲定制。上知公特立不避怨，滋欲用之。四年八月兼給事中。江陵統制官率逢原縱部曲毆百姓，守帥辛棄疾謂曲在軍人，坐徙豫章。公極論不可，上曰："朕治軍民一體，逢原已削兩官，降本軍副將矣。"康與之在紹興時以談諧進，後坐事長流廣南，至是有與爲地，刊除舊犯。還其資歷，公封還勅黃。上喜曰："待遷擢卿，其益盡心，毋避忌。"十月落權字。五年正月同知禮部貢舉，御製《原道辨》，尋易名《三教論》，獨公與聞之。六月進吏部右侍郎，兼同修國史。舊小使臣注令尉若監鎮兼烟火者，驗老病而已，公以其親民，面令讀律，具詰其大旨，不通者輒罷遣。八月兼權尚書。六年夏，正除權吏部尚書。公遇事啓請，知無不言。如論軍中強壯子弟及西北伉健之人不可輕聽離軍，禁衛不以膂力進，今率三年輒補外官，用違所長，宜留置三衙。又欲酌紹興舊制，命諸軍挽強轉資，稍示勸誘。又請究歸正僞冒，裁減添差，以寬州郡。面奏堂白累萬餘言。會舉行中外更迭之制，公力請郡，是冬除敷文閣直學士、知泉州。陛辭，上諭曰："凡有見，悉奏來。"自南渡後，泉爲台、信、建昌、邵武四郡代輸銀二萬二千兩，諸縣並緣苛斂預借。公條便民事，具言本末，有司待之未下。明年首爲民代輸一年，且乞禁絕後日預借，又蠲前歲秋苗之未輸者。八年春，汀賊沈師作亂，詔併剿其徒。公請罪止渠魁，赦其脅從，仍許徒中相糾，可使亡命解散，不然數州據亂，是堅其附賊也。宰相然公言，奏行之。是冬，沈師獨與死黨竄伏漳州山谷間，距城百餘里。州有左翼軍戍將蕭統領者卷甲赴之，逮夜力疲，搏賊不勝，死焉。閩中大震，漕檄左翼統制裴師武出兵。師武置司在泉，謂帥符未下，不敢擅興。公手書趣之，曰："事急矣，有如帥責，君可持吾書自解。"又取前得釋脅從之旨，散榜以間其黨。師武至漳，群情頓安，捕獲諜者十餘曹，皆櫝藏兵器，謀刻日縱火爲賊內應。微公先事從權趣師武行，漳且屠矣。太守劉立義、郡人今左司郎中鄭公顯馳書謝公曰："城邑獲全，公之賜也。"終更提舉江州太平興國宮。十三年秋，起知建寧府，十四年復提舉南京鴻慶宮。自公爲郎，首侍壽康於王邸，多所宏益，其後間謁東宮，必款語移時，嘗用家人禮許見，今上及公主親取寶器酌酒飲公。受禪之初，與宮僚一等推恩。紹熙元年加寶文閣直學士，旋知明州，示將復用，遽以祠歸。四年，超進龍圖閣直學士。明年請老，進本閣學士致仕，皆非常典也。慶元改元十一月甲申，以疾不起，享年七十三。積官先奉大夫，爵新安郡開國公，一百戶，贈特進。公自宦游去鄉里，樂吳興溪山之勝而卜居焉。晚得安吉縣梅谿鄉邸閣山，規營塋域，未成而卒。

　　淑人陳氏，公母之從兄女，生百日，值方臘亂，父母攜匿谷中，祝曰："兒若貴，勿啼。"自是悄然。既長歸公，事舅姑以孝聞，生諸子躬自鞠育。公嗜書，未嘗省家事，賓祭孔時，淑人力也。年七十六遭公喪，謂諸子曰："吾得從而父足矣。"病不服藥。後公四十七日，安然而逝，遂合葬焉，二年四月辛酉也。四男：準，朝散郎、新通判太平州；本，早世；阜，朝奉郎、知上元縣；覃，宣教郎、新浙西茶鹽司幹辦公事。三女：適承直郎、監行在文思院都門鄭汝止；次適奉議郎、新知湖州武康縣丁大聲；季，早亡。孫三人：端復，登仕郎；端節、端履以遺澤補官。孫女三人。

公有文集若干卷，別著《禹貢論》五十二篇，辨江、河、淮、濟、漢、弱水、黑水甚詳，凡諸儒捨經泥傳注失禹本旨者一皆正之。又爲《山川地理圖》，端明殿學士汪公應辰博洽重許可，讀之大嘆服，謂不可及。公在講筵，遂以進御，天語嘉奬，今行於世。別有《演蕃露》六卷；《考古編》《易老通言》《易原》《雍錄》四書各十卷；《北邊備對》六卷；《書譜》二十卷，取五十八篇互相發明，篇爲一論，抉隱正譌，尤有功於學者。嗚呼！公可謂博學篤志者矣！銘曰：

浩浩千古，孰知其津？擾擾萬生，孰致其身？偉歟程公，絕類離倫。氣以直養，業以勤精。士之指南，國之寶臣。其在兩禁，昌言復君。使於四方，仁心庇民。胡不弼諧，迄其經綸，歸而著書，極道之貞。既没言立，庶幾不泯。自歙而湖，肇自於今。有式新阡，尚考斯銘。

三　宋俞成跋（儒學警悟本後、嘉靖本續集後）

右書承命刊布久矣，方次纂成倫類，其可負先生之托哉？謹用鏤版以廣程氏先生之學，使學者由其言而得其書。蓋自陳公廣文之用心，玆所以兩全其美也。門弟俞成，故識諸卷末。

四　宋程覃跋（嘉靖本續集後、學津本續集後）

先君文簡公嘗著《演繁露》一書，泉南郡博士刊于泮宮，歲久字漫。覃侍伯仲氏家居，遂以所藏繕本刻於家塾。先君晚得閒寓里，復爲續編，近方鋟木。覃自惟材謭識陋，不能仰紹先世致知格物之學，手澤滿前，徒泚顙流涕耳。覃將指饟師，敬攜是板，留諸京口總所。嘉定庚辰十月既望，男覃敬書。

五　明陳塏刻演繁露序（原嘉靖本卷一前）

漢董子著《繁露》於天人事物備矣，宋新安程文簡公因之爲《演繁露》，今其族裔孫國子生煦雕梓以傳。夫知先祖之美而傳之，禮之所賢也。煦嘗從予游走，使丐予爲之序。予惟君子之學以一物不知爲己病，故博綜而詳說之，會其歸以爲道，先儒云：灑掃應對是其然，必有所以然。夫其然者，迹也；所以然者，道也。故草木蟲魚，非道也，而所以生息，則道也；器數名物，非道也；而所以作爲，則道也。精粗無二致，見其所以然，則無適而非道矣。自禪教流布，於是始有談空守寂之學。格物之要，目爲支離；冥心之致，詭爲原本。歸儒于禪，是反爲吾道病。文簡之學非役役訓詁，而弊弊於涉獵者。說經則探其原、盡其變，眞見其所以然。《繁露》之演固窮經之餘事，涉海之支流焉耳，天人事物無復遺論，洞識周而精，義出非能會歸於一者邪？是可以謂之見道，周益公稱其爲篤志，汪文定遜其博，陳定宇尚其窮經考古之高，蓋皆心服之矣。若高續古爲《繁露》之詰，周公謹議其六么、羽調之不協爲未考，王厚伯議其潘尼太僕箴之誤、搏黍爲鶯之未詳所出，蓋得其千百之一二，固足爲《演繁露》之助，又何足爲文簡公病乎？抑文簡不見《繁露》之全，予得見其全於文簡之後，而又得見《演繁露》於文簡之裔孫，綴言於今刻，幸何如哉！故不辭而附其說。嘉靖己酉八月下旬日，賜進士湖廣布政使司右參政前奉敕提督廣東學校按察司副使後學餘姚陳塏撰。

六　明程煦跋（嘉靖本續集後、學津本續集後）

右《演繁露》十六卷、《續集》六卷，宋族祖文簡公所著。公學博洽，爲時所宗，雖朱子亦加敬重。舊本歲久湮没，抄録又皆訛舛，多失公之本旨，因校梓以廣其傳，庶公格致之精不致淪泯，俾後之人有所稽式焉耳。若夫著書命名之意，已見于公自序矣。顧煦何人，敢復贅云！

嘉靖歲次辛亥夏六月既望，族裔孫煦頓首拜書于思泉精舍。

七　明鄧渼重鍥《演繁露》序（載四庫全書本《演繁露》、程大昌自序後）

董仲舒有《春秋繁露》十卷，書名《演繁露》本此。然《繁露》專主釋經而時時雜以已見，穿鑿附會，可謂公羊之忠臣，未可謂尼山之素臣也。而其文亦靡靡不振，或是贗書不可知，是編義取校勘體雜訓詁頗傷煩碎。然其辨名正誤，出史入經，證據精覈，好古者所必資之，董書亦猶玉卮無當，不如土缶康瓠之適於用也。晏有言予恨不得請命於天，延年累百，博極羣書，予每讀其語而悲之。夫人之生有涯而知無涯，以有涯窮無涯殆已。博物若張平子而豐城劍氣必諮之雷令，嵩山竹簡亦訪之束生，然後神物爲開，亥豕無訛，況學謝三餘、書慚半豹者乎?！予少有嗜古癖，久而健忘，每讀書至會心處，有所欲語，取筆書之而尋以懶棄去，年紀蹉跎，恐此事便廢，徒欲窮搜古人已成書而讀之，彼則溉種而我乃食其實，亦巧拙勞佚之效也。是書得自友人謝耳伯，予愛其錯綜義理，不冗不浮，在諸小說家最爲可意，恨世不甚傳，因刻置文遂堂中以貽同好，至於是書撰述大旨，業詳程大昌自序，余故可毋論也。時萬曆丁巳端午簫曲山人鄧渼題。

八 《四庫全書》《演繁露》提要

臣等謹案《演繁露》十六卷、《續演繁露》六卷，宋程大昌撰。紹興中，《春秋繁露》初出，其本不完，大昌證以《通典》所引"劍之在左"諸條，《太平御覽》所引"禾實於野"諸條，辨其爲僞，因謂仲舒原書必句用一物，以發己意，乃自爲一編擬之，而名之以《演繁露》。後樓鑰參校諸家復得《繁露》原本，凡諸書所引者具在，譏大昌所見不廣，誤以仲舒爲小說家。其論良是。然大昌所演，雖非仲舒本意，而名物典故，考證詳明，實有資於小學。所引諸書，用李匡乂《資暇集》引《通典》例，多注出某書某卷。倘有訛舛，易於尋檢，亦可爲援據之法。其書正編不分類，續編分制度、文類、詩事、談助四門。中如謂"衛士扈駕清道""等子"當爲"鼎子"一條，岳珂《愧郯錄》引吳仁傑《鹽石新論》甲編，謂魏典韋傳有"等人"之稱，洪翰林云"等人"猶候人，蓋軍制如此。大昌所疑，未爲詳允。然書中似此偶疏者，不過一二條，其他實多精確，足爲典據。周密《齊東野語》云，程文簡《演繁露》初成，高文虎嘗假觀之，稱其博贍。文虎子似孫，時年尚少，因竊窺之。越日，程索回原書，似孫因出一帙曰《繁露詰》，其間多文簡所未載，而辨證尤詳。今其書不傳，諸家亦不著於錄。考似孫所著《緯略》，其精博不能勝大昌，或傳聞者過，周密誤載之歟？乾隆四十六年十一月恭校上。

總纂官臣紀昀、臣陸錫熊、臣孫士毅。
總校官臣陸費墀。

九 清彭元瑞《演繁露》跋（見《知聖道齋讀書跋尾》）

借《春秋繁露》以自名其書，固屬誤見，《容齋》已駁之。且其中或鶩遠遺近，事出正經、無煩紀錄者。高似孫《演繁露詰》，惜其書不存。

宋末言博學者，以王伯厚、程泰之並稱，是書遜《困學紀聞》遠甚，大約其學博而寡要，其議論廣而不堅，於考證中時墮類書窠臼。分別觀之，亦責賢者備之意耳。

十　葉德輝跋（《郋園讀書志》卷五）

宋程大昌《演繁露》十六卷、續六卷。世傳宋本，惟嘉慶時汪閬源士鍾藝芸精舍藏有不全本，僅存前十卷。顧千里廣圻取校於明鈔本上，其書後歸陸存齋心源皕宋樓。存齋歿後，其子儘以所藏售之日本，并此宋本之半亦絕矣。此爲明萬曆丁巳鄧渼刻本，世亦希見，惟常熟瞿仲雍鏞鐵琴銅劍樓、仁和丁松生丙善本書室兩《書目》載之。蓋雖明刻，其珍貴無異於宋、元矣。

伏讀《四庫全書總目提要》云："大昌所演，雖非董仲舒本意，而名物典故，考證詳明，實有資於小學。所引諸書，用李匡乂《資暇集》引《通典》例，多注出某書某卷。倘有訛舛，易於尋檢，亦可爲援據之法。"由此觀之，今人考據之學，注明原書，其派別原出於宋。不知者動以空疏譏宋人，未免使宋人受屈也。周密《齊東野語》謂程書初成，高文虎嘗假觀之，稱其博贍。文虎子似孫，年尚少，因竊窺之。越日，出一帙曰《繁露詰》，多程書未載，而辨證尤詳。今其書不傳，惟所著《緯略》行世。《提要》云"精博未必勝於大昌"，誠爲定論。然亦見宋時風氣，士務博通，彼此相持，正未可以枵腹白戰也。

壬子小滿，葉德輝記。

十一　張元濟跋（續古逸叢書後）

陳氏《書錄解題·雜家類》，程大昌《演蕃露》十四卷、續六卷，《宋史·藝文志》入"雜事類"，卷數同，《四庫總目》正編增爲十六卷、續編六卷。此爲宋刻，無續編、正編之稱，僅存十卷必非完本，特不知所闕者尚有如干卷。張氏《學津討原》所刊者十六卷取校是本，分卷大略相合，然余決其非同出一源，何以言之？是本卷十，嘉慶李、天鹿辟邪二條，學津本乃見於十五、十六卷內，此不同者一；是本卷四旌節、梅雨、佛骨，卷十筇、時臺、臺榭、吳牛喘月、韋弦、養和凡九條，學津本均無之，即續編亦不載，此不同者二；尤異者，卷九箭貫耳一條，卷十金吾、百丈、先馬三條，學津與是本同而又重現於十四十五卷內，是必爲後人所竄亂而非程氏原書可知，四庫本余爲獲見，倘編次與學津本同，則所謂十六卷者亦未必可信。惜此僅存十卷，恐已不足爲證耳。《儒學警悟》有是書六卷，適當學津本之十一至十六卷，然其卷六之玉食一條則見於學津本之第一卷，壓角、銅柱二條則見於第十卷，而玉食、銅柱二條文字全不相合，又嶓冢、立仗馬、漢闕三條均不見於學津本，然則儒學本僅存之六卷亦必有所竄亂，而非程氏之原書矣。卷三北虜於達魯河鈎魚條、虜字學津本均改契丹或北，卷四父之稱呼條，虜字又改回，此則純避清代之忌諱。今欲睹程書眞面非是本莫屬，雖有殘缺，亦可珍已。民國紀元二十有六年秋月海鹽張元濟。

十二　傅增湘宋本《演蕃露》跋（載《藏園群書題記》）

此書藏劉君惠之家，余丙子秋南游，道出上海，就其家見之。版式闊大，高約八寸，字體方整，鐫工精雅，在宋本中可推爲上駟，惜祇存十卷。其書半葉十一行，每行二十字，間有二十一字。白口，左右雙闌，版心魚尾下記"蕃露"幾，下記葉數，最下記刊工姓名。可辨者有吳鉉、龐知惠二人，或記張、吳二姓。收藏有"蔣揚孫考藏記""平陽汪氏藏書印""大琛""民部尚書郎""汪士鐘印""顧千里經眼記"諸印，其卷首"宋本"朱文橢圓印亦汪氏所鈐也。

按，程氏此書宋時始刻於泉州泮宮，所謂泉南本也。再刻於家塾，即其子覃與續編合刻，板留京口者也。此本鐫工渾厚，與閩中風氣不類，或即家塾本歟？

是書明代有二刻本，一爲嘉靖三十年裔孫煦所刻也，一爲萬曆四十五年建武鄧渼所刻也。此二本余皆先後得而藏之，曾經手勘。嘉靖本視宋刻爲近，萬曆本則奪失弘多，余別有題識，此不具詳。至《學津討源》本，則從鄧氏本出，沿訛襲謬，更不足言矣。余昔年校此書時，未得見此宋刻，然所據二鈔本皆依宋刻校定者。一本毛斧季手校，爲涵芬樓所藏，余以鄧渼本移録之，惜祇存前八卷。一本何心友所校，余以學津本移録之。其原本爲明鈔，有茶夢散人姚舜咨藏印，僅存十卷，其下則後人依明刻補之。此爲其源出宋刻之證，然據此推知宋刻之殘缺自明代中葉已然矣。

宋刻之佳勝自不待言。取學津本校之，舉其最著者，如卷四多《旌節》《梅雨》《佛骨》三條；卷十多《筭》《時臺》《臺榭》《吳牛喘月》《韋弦》《養和》等六條，凡二千餘言。其他字句小有差訌者尚不可計。

最難索解者，《嘉慶李》《天禄辟邪》兩條，宋刻在卷十，而學津本乃羼入卷十五、卷十六中，蓋其誤乃自鄧氏本始也。

近見張君菊生此書跋尾，謂卷九之《箭貫耳》、卷十之《金吾》《百丈》《先馬》三條皆於學津本卷十四、十五內複出，頗疑"爲後人所竄亂，而非程氏原書"。以余考之，恐宋本即屬如此。今宋本自卷十以後雖不可見，然嘉靖本固存也。按其次第文字，前十卷與宋刻悉符，是其出於宋刻可知。取複出各條審之，其文字前後詳略殊不盡同。或叙一事實，而於後引者加詳，或考一名物，而知前所徵者未確，遂分別存諸卷中。至授梓時，未能薈萃以歸於一是，故參差歧出，致啟後人之疑竇，非無故也。即舉《金吾》一條言之，卷十祇引揚子雲《金吾箴》而粗加詮釋數語耳。卷十四則兼引《漢志》《古今注》及今制不同，多至百五十字。可知原本如是，非後人竄改明矣。且各卷題目複見者正多，如《玉食》見於卷一，又見卷十六；《護駕》《六帖》見於卷二，又見卷十六；"屋楹數"見於卷十，又見卷十四；皆同一題而前後詳略不同，或論辨迥異。疑其雕板時稿非手定，後人不復訂正，遂過而存之也。

惟宋本最異於今本者一事，爲前人所未發。卷一首題爲《秘書省書繁露後》，後有淳熙乙未跋，言《太平御覽》引《春秋繁露》各條。此乃作者撰述此書之第一條，以辨正今本《繁露》之非真。因與本書之名相關，故取以冠首。後人摘出，別列於序後，以爲是書之跋，而更取第二條《牛車》爲首。此大非程氏之本旨，然自嘉靖刊本已然，萬曆以後遂沿而不改，若非親見宋刻，又烏能知之耶！前人校此書者有毛斧季、何仲子、顧千里三人，皆目睹宋刻，而不發此覆。斯又不可解矣。

又，頃檢涉園陶氏新刻《儒學警悟》，其卷十一至十六正全采此書十一至十六卷。然其前正錄《書繁露》一條，與此下標題同式，可知其決非跋語別出矣。又，今宋刻存卷爲卷一至十，《儒學警悟》所取爲卷十一至十六。俞氏所見自爲宋刻，則合而觀之，宋刻全書面目宛然具存。然以俞氏本考之，則《金吾》、《箭貫耳》二條正複見於卷十四，《百丈》、《先馬》二條正複見於卷十六。其《嘉慶李》、《天禄辟邪》二條亦然。是宋刻原本重複，失於釐正，不得謂爲後來竄亂而然。此可爲是書得一確證，無所庸其疑慮者矣。

至宋刻流轉之迹，余見聞所及，頗有足紀。此書鈐有"蔣揚孫考藏記"一印，揚孫即蔣文肅公廷錫之別號也，世居海虞，家富藏書。康熙初，公以下第滯京師，流落殆不能歸，因出行篋中宋板書三百餘册，將藉措資斧。時吉水李宗伯振裕方貴顯，聞而取之，索直不得，竟攘爲己有。文肅坐是幾不能還鄉。未幾，宗伯奄逝，子孫不肖，獻其書于巡撫，以干媚求進。時撫江右者爲白潢，方奉勅纂修《通志》，因禮聘查編修夏仲爲總纂。即初白也，志凡二百卷，題爲《西江通志》，同修者有陸太史奎勳，書成而夏仲以其弟閏木之獄連累入請室，《通志》遂未敢進呈。其書詳贍有法，前後諸志皆不及。以流傳極罕，人士多不之見。余曾收得一部，旋歸於北京圖書館，今亦不易尋求矣。夏仲從巡撫許見其書，因就中殘編小帙爲所不愛重者，乞得數十册以歸。此《演蕃露》十卷即殘本之一也。嗣後夏仲舉此書以贈之馬寒中。余昔年得見何仲子校本，始知仲子所校宋本乃從寒中得之。其先後豪奪巧取之情狀，亦皆仲子記諸卷尾者也。嗟夫！以百餘葉之殘編蠹簡，不及百年，流轉五姓，門族之盛衰，人情之變幻，皆托此戔戔者留其遺迹，以供後人感歎之資，斯亦足異矣。

據仲子所記，夏仲所得者尚有《新唐書糾繆》、《唐書直筆》、蔡幼學《育德堂奏議》、《育德堂外制》諸書。《育德堂奏議》及《外制》余前歲曾一見之。《奏議》自寒中售諸李秉誠，李舊有殘卷，合之竟爲完書。其書近年歸於魯人張提督懷芝家，聞今方懸價求售。《外制》則不知所往矣。兵興以來，文物凋喪，殆難以意計。偶披此書，因追憶舊事，不辭瑣屑，詳識於篇，非徒侈述異聞，資人談助，亦冀他時文治聿興，俾陳農、苗發之徒，據此爲訪求之張本云爾。己卯六月初九日，藏園老人識于抱蜀廬。

十三　傅增湘明嘉靖本《演繁露》跋（載《藏園群書題記》）

此爲明嘉靖辛亥裔孫煦刻本，半葉十一行，每行二十一字，白口，雙闌。前有嘉靖己酉湖廣布政使司參議陳塏序，後有嘉靖辛亥煦跋，蓋合續編六卷同刻者也。據煦跋言，舊本歲久湮沒，抄錄又皆訛舛，因校梓以廣其傳，是明之中葉，宋刻已不可見。此刻雖出於抄本，而雕工雅飭，行格精整，頗爲悅目。

今以殘宋本前十卷勘正，各卷次第悉符，文字殊罕奪誤，其後來萬曆本及學津本所脫各條，如卷四之《旌節》、《梅雨》、《佛骨》，卷十之《揖》此條脫後半。《笒》《時台》《台榭》《吳牛喘月》《韋弦》《養和》

凡十條此本咸宛然具存，是其源出於宋刻可斷言也。惟宋本卷十有《天禄辟邪》、《嘉慶李》二條，此本獨不載。詳稽其故，則《天禄》條見於卷十六、《嘉慶李》條見於卷十五，文字悉同，顯然複出，故刊落之。其他如《箭貫耳》、《金吾》、《百丈》、《先馬》四條雖亦先後重見，而詞旨詳略迥異，故悉仍之。其去取皆極矜慎，非漫然從事，亦可謂善本矣。

是刻流傳極罕，近世收藏家如虞山瞿氏、錢塘丁氏、長沙葉氏所著錄者皆萬曆鄧渼刻本，皕宋樓陸氏、抱經樓盧氏則皆鈔本，惟繆藝風前輩所藏獨題嘉靖校刻，與此本正同，其爲珍奇稀有之品亦可見矣。惟宋本卷一首條爲《秘書省書繁露後》，下以《牛車》次之，今此本乃取此條刊諸自序後，而以《牛車》冠首，斯爲巨繆。蓋視標題辨《繁露》真偽誤認爲此書之附跋，然檢首卷刊目，其《牛車》前獨留空白一行，則移出之迹猶存，一披卷而瑕隙宛然，讀者靜觀之，亦可知其故矣。卷中鈐有"周亮工印""衡齋藏書""新安戴氏家藏"三印，並附誌之。己卯六月十一日，沅叔記于藏園之池北書堂。

十四　傅增湘明萬曆鄧渼刻《演繁露》跋（載《藏園群書題記》）

嘉靖辛亥程焴刻此書，後跋謂"舊本湮沒，鈔錄訛舛，故校梓以傳"，蓋宋時京口、泉州兩刻明代已不可得。逮及萬曆丁巳，相距不過六十餘年，而程刻亦復稀見，於是建武鄧渼又重刻之。渼言得其本于謝耳伯，恨世不甚傳，因刻置文遠堂，以貽同好。然輾轉傳鈔，沿訛襲謬，而脱誤滋甚，視嘉靖本乃大不如。如卷四之《旄節》《梅雨》《佛骨》三則，卷十之《筭》《時臺》《臺樹》《吳牛喘月》《韋弦》《養和》六則，卷十六之《蟠冢》《立杖馬》《銅柱》《兩漢闕》《玉食》五則，《續編》卷一之《永厚陵方中》《台諫官許與不許言事》二則，卷二之《唐世疆境》一則，凡十數則，嘉靖本赫然具在，而鄧氏重刻乃全失之。至近世照曠閣本，又依鄧本以覆刊，而漏失差訛乃益失其真，洵有刻如不刻之歎矣。顧鄧刻雖未爲善本，而此書流布乃端賴此一線之延，嘉靖本既不可見，則得此亦聊以慰情，故近代收藏家如瞿氏鐵琴銅劍樓、丁氏善本書室皆以此本著錄，在此陋本亦幾稀如星鳳矣。

余獲此于南中，爲獨山莫氏舊藏，有"莫友芝圖書記"、"莫彝孫印"、"莫繩孫印"，書根標題識爲郘亭先生手蹟。此外鈐印累累，有"濟陽經訓堂查氏圖書""查日華""日華私印""體才櫨子穆父秘笈印""子穆流覽所及""查子穆閱過""古猷州查子穆藏書印""涇川查氏紫藤華館藏書之印""五峰朱氏收藏""南湖袁氏之書""酉山手校""穀芳手校""小萬卷書樓""松森居士家藏"諸印，蓋前人咸以秘笈視之，物罕見珍，其信然耶。

卷中舊有朱筆校字，亦隨意勘正，初無舊本可據。余乙丑閏秋南游，假得毛斧季校宋本于涵芬樓，因於西湖山中移校一過，卷八以後，又以家藏鈔本補校之，其續編六卷翊年又得秦氏石研齋本勘正，全書遂得訖功，耗數載之功勤，遂成此完善之定本。茲取校時二跋，附綴於後，俾後人閱吾書者知訪求舊本之不易，庶懇懇世守於勿替云爾。己卯六月伏暑，藏園老人書。

十五　余嘉錫跋（見《四庫提要辨證》第二冊）

"周密《齊東野語》云：'程文簡《演繁露》初成，高文虎嘗假觀之，稱其博贍。文虎子似孫，時年尚少，因竊窺之。越日，程索回原書，似孫因出一帙曰《繁露詰》，其間多文簡所未載，而辨證尤詳。今其書不傳，諸家亦不著於錄。'考似孫所著《緯略》，其精博不能勝大昌，或傳聞者過，周密誤載之歟？"

嘉錫案，楊守敬《日本訪書志》卷七載其所得影宋本《緯略》，有嘉定乙亥似孫自序（四庫及《守山閣》本均無自序）一首，略云："嘉定壬申春，程氏準新刊尚書公《演繁露》成，以寄先公，先公得書，晝夜看不休。似孫從旁問曰：'書何為奇古而耽視若此？'先公曰：'是皆吾所欲志者，筆不及耳。'似孫晝夜之力省侍旁見聞者，鈔作二卷，曉以呈先公。先公翻閱再三，且曰：'此書好於《演繁露》，何人所作？'對曰：'似孫嘗聞尊訓，有所慾志，而筆不及，是乃夜來旋加輯錄者。'先公喜曰：'吾志也，宜增廣卷帙，庶幾成書。'一月後，甫得卷十二，而先公已捐館，展卷輒墮淚。"周密所載，蓋即因此，而傳聞異辭。據似孫所自言，則《緯略》乃仿《演繁露》而作，而非所以詰難《演繁露》，自不當有《繁露詰》之名，周密殆亦未見似孫自序也。

參考文獻

1. 陳垣：《避諱舉例》，中華書局2004年版。
2. 沈起偉等：《簡明中國歷代職官辭典》，上海辭書出版社2014年版。
3. 龔延明：《宋代官制辭典》，中華書局1997年版。
4. 廖蓋隆等主編：《中國人名大詞》（歷史人物卷），上海辭書出版社1990年版。
5. 歐陽修等：《新唐書》，中華書局1975年版。
6. 安芮璕：《宋人筆記研究》，博士學位論文，復旦大學，2005年。
7. 周源：《宋代避諱研究》，安徽師範大學出版社2007年版。
8. 《十三经註疏》，上海古籍出版社1997年版。
9. 司馬遷：《史記》，中華書局1986年版。
10. 班固：《漢書》，中華書局1962年版。
11. 范曄：《後漢書》，中華書局2000年版。
12. 陳壽：《三國志》，中華書局2011年版。
13. 房玄齡等：《晉書》，中華書局1996年版。
14. 沈約：《宋書》，中華書局1974年版。
15. 蕭子顯：《南齊書》，中華書局1996年版。
16. 姚思廉：《梁書》，中華書局1973年版。
17. 姚思廉：《陳書》，中華書局1972年版。
18. 魏收：《魏書》，中華書局1997年版。
19. 李百藥：《北齊書》，中華書局1972年版。
20. 令孤德棻：《周書》，中華書局1971年版。
21. 魏徵等：《隋書》，中華書局1997年版。
22. 李延壽：《南史》，中華書局1975年版。

23. 李延壽：《北史》，中華書局 1974 年版。
24. 劉昫等：《舊唐書》，中華書局 1974 年版。
25. 薛居正等：《舊五代史》，中華書局 1976 年版。
26. 歐陽修：《新五代史》，中華書局 1974 年版。
27. 脫脫等：《宋史》，中華書局 1985 年版。
28. 脫脫等：《遼史》，中華書局 1974 年版。
29. 脫脫等：《金史》，中華書局 1975 年版。
30. 李燾：《續資治通鑒長編》，中華書局 2004 年版。
31. 王利器校註：《風俗通義校註》，中華書局 1981 年版。
32. 王先謙：《釋名疏證補》，中華書局 2008 年版。
33. 高步瀛：《唐宋文舉要》，上海古籍出版社 1982 年版。
34. 杜佑：《通典》，中華書局 1988 年版。
35. 王辟：《澠水燕談錄》，中華書局 1981 年版。
36. 司馬光：《資治通鑒》，中華書局 1956 年版。
37. 酈道元著，楊守敬等疏：《水經註疏》，江蘇古籍出版社 1989 年版。
38. 王利器：《鹽鐵論校註》，中華書局 1992 年版。
39. 李昉等：《太平廣記》，中華書局 1961 年版。
40. 北京大學古文獻研究所編：《全宋詩》，北京大學出版社 1982—1998 年版。
41. 李昉等：《太平御覽》，中華書局影印 1959 年版。
42. 左洪濤：《高似孫〈緯略〉校註》，浙江大學出版社 2012 年版。
43. 葉夢得：《避暑錄話》，中華書局 1985 年版。
44. 王應麟：《玉海》，江蘇古籍出版社 1987 年版。
45. 蕭統：《六臣註文選》，中華書局 1987 年版。
46. 蘇軾：《蘇軾文集》，中華書局 2004 年版。
47. 王先謙：《荀子集解》，中華書局 1988 年版。
48. 歐陽詢：《藝文類聚》，上海古籍出版社 1965 年版。
49. 李肇：《唐國史補》，中華書局 1991 年版。
50. 楊伯峻：《春秋左傳註》，中華書局 1990 年版。
51. 鄭玄註、陸德明釋義：《禮記》，影印宋淳熙四年撫州公使庫刻本。

52. 劉義慶：《世說新語》，中華書局 1990 年版。
53. 元稹：《元稹集》，中華書局 1990 年版。
54. 洪邁：《容齋隨筆》，中華書局 2005 年版。
55. 王利器：《鹽鐵論校註》，中華書局 1992 年版。
56. 高承：《事物紀原》，中華書局 1989 年版。
57. 孫星衍：《尚書·今古文註疏》，中華書局 1986 年版。
58. 焦循：《孟子正義》，中華書局 1987 年版。
59. 鄭麟趾：《高麗史》，文史哲出版社 1972 年版。

後　　記

　　《演繁露》十六卷，續集六卷，是南宋著名學者程大昌撰寫的一部學術筆記。校註整理《演繁露》是國家社科基金重大委託專案"子海整理與研究"的子課題，筆者自2012立項以來的六年時間幾乎全都投入這項工作中，儘管非常辛苦，但經常是痛並快樂着，因爲校註的過程就是從不知到知的過程。

　　校註之前認爲校註工作是輕而易舉的事情，但校註之後才知道校註是最考驗一個人的綜合實力的工作，它需要一個人有廣博的歷史、地理、天文、社會、文化知識，同時也需要作者扎實的語言文字功底，包括音韻、訓詁、文字，及其準確到位的概括能力、文字組織能力。此次校註我以程氏治學精神爲追求目標，力爭做到校勘精準、註解精要，以期拙作能廣先生之學、傳先生之言。校註過程中我幾乎翻遍了四庫全書和書中出現的經史子集文獻資料，對每一句話、每一個字都進行了落實和文獻互證，往往一個字要閱讀多篇文獻，費半天甚至是幾天時間。

　　《演繁露》是程大昌多年讀書心得的結晶。程氏一生主要在掌管國家圖書的秘書省和負責教學的太學、國子監任職，雖然做過地方官，勤於政事，但政績難説輝煌。他名垂青史，主要是因爲篤學求真的學者品質和他所寫出的多部精研覃思的學術著作，宋陳應行在爲《演繁露》所寫的跋中是這樣評價程氏及其《演繁露》的："博極群書，古今之事無不稽考"，"其所以辨疑解惑，以示後學者，無一字無來處。"其嚴謹的治學態度給後世治學者樹立了榜樣。此書像百科全書一樣使諸多歷史制度、草木蟲魚、訓詁音韻等知識得以保存，爲後世學者的研究工作提供了極大的便利。

　　感謝山東大學唐子恆教授的精準審校。另外，竇秀艷教授於本書校註過程中伴隨始終，並親自操刀詳細校正。很多問題因竇教授的指點而得以解決，給了我莫大幫助，在此對之表示衷心感謝。我的研究生呂萱等同學幫助我做了不少校對和協助工作，還有衆多親人朋友在我寫作過程中給予過關心和支持，在此一並表示感謝。